Florence Le Bras

Le grand livre des prénoms

MARABOUT

Sommaire

Introduction

Notre prénom est l'un des premiers mots que nous entendons à l'aube de notre vie.

On peut imaginer que l'une des premières syllabes articulées par nos lointains ancêtres de la préhistoire fut destinée à appeler leurs compagnons, leurs compagnes, leurs enfants. C'est peut-être par quelques ébauches de prénoms que le langage humain est apparu.

Le prénom est la première marque d'une identité qui nous individualise dans la fratrie et dans la famille. Le choix d'un prénom a été, pendant des siècles, une simple formalité : la gamme était fort limitée, et le poids de la tradition très présent. Aujourd'hui, le choix n'a pour limite que l'imagination parfois fertile des parents. Les modes se succèdent, à un rythme variant entre trois et cinq ans. Ce fut, par exemple, le cas de Vanessa ou d'Ophélie. La vogue de certains prénoms, comme Nicolas, dure parfois plus de vingt ans...

Au XXIe siècle, les courants d'inspiration sont très diversifiés. Si la mode des États-Unis a largement influencé le choix des parents, *via* le cinéma et les séries télévisées, depuis les années 1980, les prénoms latins, italiens, espagnols sont apparus plus récemment ainsi que les prénoms des héros de la mythologie et ceux des personnages de légende ou de la littérature.

Comment choisir le bon prénom ?

Le choix d'un prénom pour votre enfant est un acte personnel, acte d'amour, puisque c'est un don que vous lui faites, et acte de raison, car il engage votre responsabilité envers lui. Comment choisir le bon prénom ? Il me paraît bien présomptueux de vous proposer une recette ! Le maître mot est, à mes yeux, l'harmonie : harmonie entre les préférences des deux parents, bien sûr, mais aussi harmonie avec le cadre de vie et avec les origines, et harmonie phonétique entre le prénom et le patronyme.

Ce jeune couple qui hésitait entre Paul et Paolo a choisi ce dernier prénom, moins traditionnel que le premier, parce qu'il convenait mieux à leur style de vie moderne. Ces jeunes gens d'origine portugaise ont renoncé à prénommer leur fille Ingrid malgré leur attirance pour ce prénom, trop typé nordique. Ces parents bretons voulaient affirmer leurs origines en attribuant à leurs enfants des prénoms de la tradition celte : Malo, Aénor et Nolwenn.

Certains noms de famille particulièrement longs ou complexes réclament un prénom court ou simple ; les patronymes très courants gagnent à être personnalisés par un prénom original.

Les types de prénoms

Originalité, tradition, exotisme..., on a pris l'habitude, dans le domaine des prénoms comme dans d'autres, d'effectuer une classification.

• Les prénoms intemporels

Ne connaissant pas de mode, ils ne se démodent pas : Antoine et Nicolas, Anne et Sophie en sont les champions.

• Les prénoms traditionnels

Ils ont été portés par un aïeul plus ou moins lointain : la coutume est courante aux États-Unis, où l'on rencontre plusieurs générations qui portent le même prénom, assorti de senior ou de junior.

• Les prénoms à la mode

Chaque décennie a la sienne : dans les années 1920, Roger, Marcel, Denise, Yvonne... Dans les années 1950, Martine et Annick, Michel et Jean-Louis... Dans les années 1970, Sandrine et Christelle, Stéphane et Sébastien. Dans les années 1980, Kévin et Jordan ou Thomas et Mathieu, Audrey ou Camille, selon le milieu social. Dans les années 1990, Charlotte et Mathilde, Louis et Martin. En 2000, Lucas et Hugo, Chloé et Léa.

• Les prénoms étrangers

La consonance anglo-saxonne séduit toujours, comme Brittany ou Steve, mais ce sont les prénoms italiens qui ont le vent en poupe : Enzo, Matteo, Clara, Ornella...

• Les prénoms originaux

La volonté de choisir un prénom rare, voire méconnu est bien déterminée : Swanahilde, Trifine, Jagu, Clovis, Érispoé, Liébaut...

L'origine des prénoms

La grande majorité des prénoms a une signification ; leurs origines sont diverses :

- latins : Lucas, Maxime, Adrien, Victoire, Solène, Laetitia...
- hébraïques : Benjamin, David, Samuel, Abigail, Léa, Sarah...
- araméens : Marthe, Barnabé, Gaspard, Thomas...
- germaniques : Charles, Louis, Robin, Mathilde, Solveig...
- celtes : Arthur, Malo, Morgan, Nolwenn...
- slaves : Boris, Vladimir, Ludmilla, Véra...
- mythologiques : Ariane, Apolline, Diane...
- patronymiques : Vianney, Mazarine...
- littéraires : Lorelei, Wendy...

L'indulgence de la législation

L'administration a longtemps été pointilleuse, et l'attribution d'un prénom hors du commun donnait lieu à des procédures décourageantes. Ce n'est plus le cas. Jusqu'à la promulgation de la loi du 8 janvier 1993, le choix des prénoms n'était pas libre. Le Code civil était très strict et formel à cet égard :

« Les noms en usage dans les différents calendriers, et ceux des personnages connus dans l'histoire ancienne pourront seuls être reçus, comme prénoms, sur les registres de l'état civil destinés à constater la naissance des enfants ; et il est interdit aux officiers publics d'en admettre aucun autre dans leurs actes. »

Ces dispositions, qui dataient de la loi du 11 germinal an XI, avaient été prises pour éviter l'attribution de prénoms fantaisistes, parfois ridicules. L'imagination des parents était déjà fertile à cette époque, puisque des enfants furent déclarés sous les gracieux prénoms de Betterave et de Tricolore !

La coutume et la jurisprudence ont peu à peu assoupli ces règles en acceptant :

– les prénoms des calendriers français ou étrangers ;

– les noms de personnages connus de l'histoire ancienne ;

– les prénoms consacrés par l'usage et relevant d'une tradition étrangère ou française, nationale ou locale ;

– les prénoms conformes à une tradition familiale.

Ainsi, des prénoms coraniques, et d'autres prénoms à consonance étrangère, comme Dimitri ou Sheila, par exemple, étaient acceptés, ainsi que des orthographes moins classiques que celles couramment adoptées, comme Christèle pour Christelle. Encore fallait-il justifier son choix : une origine russe ou anglaise, même lointaine, par exemple. Mais, devant l'afflux de protestations et de réclamations qui submergeait la chancellerie, la loi fut aménagée.

Depuis la loi du 8 janvier 1993, les parents peuvent choisir librement le prénom de leur enfant. Voilà pour le principe. Mais, en réalité, cette liberté n'est pas absolue, le droit se conservant la faculté de protéger les enfants de fantaisies parentales qui pourraient leur nuire.

Introduction

La législation a donné deux limites à la liberté de choix des prénoms :

– L'intérêt de l'enfant : les prénoms ayant une consonance ridicule, péjorative ou grossière et ceux faisant référence à un personnage historique déconsidéré sont en majorité rejetés.

– La protection des droits des tiers : la jurisprudence a toujours protégé les patronymes, et il est rarement admis de prénommer un enfant d'un nom de famille, aussi harmonieux soit-il.

Dans la pratique, l'officier d'état civil qui reçoit la déclaration d'un prénom qu'il estime inacceptable doit en aviser immédiatement le procureur de la République, qui lui-même en saisit, s'il le juge nécessaire, le juge aux affaires familiales. Celui-ci décide en dernier lieu et ordonne éventuellement la suppression du prénom refusé ; il demande aux parents de choisir un autre prénom, plus conforme aux exigences de la loi. S'ils refusent, c'est lui qui attribue à l'enfant son prénom définitif. La mention de la décision est alors portée en marge des actes de l'état civil de l'enfant.

Cet ouvrage vous propose une gamme très vaste de prénoms : intemporels, grands classiques, démodés qui reviendront demain au goût du jour, médiévaux disparus malgré une belle sonorité, « branchés », dans l'air du temps, compositions originales... pour vous accompagner dans l'un des actes d'amour les plus merveilleux de votre aventure de parents.

Prénoms masculins

A

Aaron

Ce prénom biblique est plus courant aux États-Unis qu'en France.
Origine hébraïque, signifie « celui qui vient après ».
Chiffre 4 - couleur bleue.
Fête le 22 juin.
Saint Aaron est un ermite fondateur d'un monastère en Bretagne, à la fin du Ve siècle.
Caractère : virilité, autorité, sensibilité, ambition, fierté.
Arabe : Haroun.

Abbas

Ce prénom fut celui de l'oncle de Mahomet et d'un shah de Perse qui établit sa capitale à Ispahan, au VIe siècle.
Origine arabe, signifie « l'élevé ».
Chiffre 7 - couleur jaune.
Caractère : étude, réflexion, spiritualité, rigueur.

Abeau

Cette forme médiévale d'Abel n'est plus usitée depuis plusieurs siècles.
Origine hébraïque, signifie « ce qui passe ».
Chiffre 3 - couleur verte.
Fête le 5 août.
Saint Abel fut évêque de Reims au VIIIe siècle.
Caractère : émotivité, intuition, fidélité, rigueur.

Abel

Ce prénom biblique n'est pas plus courant que Caïn, contrairement à Adam et Ève.
Origine hébraïque, signifie « ce qui passe ».
Chiffre 2 - couleur jaune.
Fête le 5 août.
Saint Abel fut évêque de Reims au VIIIe siècle.
Caractère : dynamisme, adaptabilité, diplomatie, intuition.
Breton : Avel, Avelig. Polynésien : Apera. Portugais : Abelho.

Abélard

Ce prénom, autre forme médiévale d'Abel, a été rendu célèbre par le récit des amours du moine Abélard et de son élève Héloïse au Moyen Âge.
Origine hébraïque, signifie « ce qui passe ».
Chiffre 7 - couleur rouge.
Fête le 5 août.
Saint Abel fut évêque de Reims au VIIIe siècle.
Caractère : intelligence, affectivité, sens de l'observation.
Espagnol : Abelardo. Italien : Averardo.

Abelin

Forme médiévale d'Abel, il est rarissime.
Origine hébraïque, signifie « ce qui passe ».
Chiffre 7 - couleur orange.
Fête le 5 août.
Saint Abel fut évêque de Reims au VIIIe siècle.
Caractère : activité, secret, réalisme, vitalité.

Abraham

Ce prénom de patriarche est plus courant aux États-Unis qu'en Europe.
Origine hébraïque, signifie « père des nations ».
Chiffre 8 - couleur verte.
Fête le 20 février.
Caractère : courage, énergie, efficacité, impatience.
Autre orthographe : Abram.
Diminutifs : Abbie, Abby. Arabe : Brahim, Ibrahim. Espagnol : Abraham. Italien : Abramo. Portugais : Abrão. Russe : Avraam, Avraami.

Absalom

Ce prénom biblique était celui d'un fils du roi David qui se révolta contre son père ; vaincu au combat, il s'enfuit, mais sa longue chevelure se prit dans les branches d'un arbre, et il fut tué.
Origine hébraïque, signifie « mon père est paix ».

Chiffre 9 - couleur verte.
Fête le 21 mars.
Caractère : sensibilité, émotivité, fermeté, autorité.

Acace

Ce prénom rarissime est le surnom du dieu Hermès.
Origine grecque, signifie « innocent ».
Chiffre : 4 - couleur verte.
Fête le 10 mars.
Saint Acace, légionnaire romain au IVe siècle, est jeté nu dans une rivière gelée avec trente-neuf compagnons qui refusent comme lui de renier leur foi.
Caractère : travail, sens des responsabilités, patience, sérieux.
Espagnol : Acacio.

Achille

Origine grecque, de Achileos, prénom d'un demi-dieu de la mythologie grecque, fils de la nymphe Thétis et de Pélée, roi des Myrmidons.
Chiffre 5 - couleur rouge.
Fête le 15 mai.
Saint Achille est évêque de Larissa, en Grèce, au IVe siècle.
Caractère : curiosité, passion, responsabilité, ambition.
Diminutifs : Chilou, Chiloun. Anglo-saxon et germanique : Achilles. Basque : Akil, Akileo, Akiles. Espagnol : Aquiles. Irlandais : Aichill. Grec : Akilee. Italien : Achilleo.

Le talon d'Achille

Cette expression signifie point faible, défaut de la cuirasse. Savez-vous pourquoi ? Ce héros de la mythologie grecque était réputé invincible car sa mère l'avait trempé tout entier, à sa naissance, dans le fleuve Styx, censé protéger des blessures. Mais elle le tenait par le talon. Cette partie de son corps qui n'avait pas été immergée, d'après la légende, lui fut fatale- puisqu'elle fut touchée par une flèche ennemie empoisonnée.

Adalbert

On rencontre rarement cette forme originelle d'Albert.
Origine germanique, signifie « noble et illustre ».
Chiffre 9 - couleur bleue.
Fête le 15 novembre.
Saint Albert le Grand, né en Allemagne au XIIe siècle, devient dominicain à Padoue, puis enseigne la théologie à Paris ; il rédige trente-huit traités de physique, de biologie, de géographie, d'astronomie, de minéralogie et de botanique, conseille le pape, devient évêque de Ratisbonne et meurt à Cologne. Il est docteur de l'Église.
Caractère : prudence, réserve, travail, persévérance.
Espagnol et italien : Adalberto.

Adalgis

Prince lombard, fils du roi Didier, au VIIIe siècle, Adalgis fut dépossédé par Charlemagne.
Origine germanique, signifie « noble » et « sage ».
Chiffre 8.
Caractère : sens de la justice, harmonie, rigueur, travail.
Autre orthographe : Adalgise.

Adalric

Forme dérivée d'Alaric qui n'est guère plus courant.
Origine germanique, signifie « tout puissant ».
Chiffre 3 - couleur verte.
Fête le 29 septembre.
Saint Alaric, riche Suisse au Xe siècle, quitte une vie fastueuse pour se retirer chez les bénédictins, et achève sa vie en ermite.
Caractère : sensibilité, combativité, autorité, réserve.
Variantes : Adelric, Aldric, Alric, Auric.

A

Adam

Ce prénom, longtemps resté dans l'ombre, est plus fréquent en ce début de siècle. En revanche, Adam est un patronyme courant tant en Europe qu'aux États-Unis.
Origine hébraïque, signifie « fait de terre ».
Chiffre 1 - couleur rouge.
Fête le 24 décembre.
Caractère : énergie, ambition, audace, autorité.
Espagnol : Adan. Italien : Adamo.
Portugais : Adâo.

Adelind

Ce prénom est le masculin d'Adelinde.
Origine germanique, signifie « noble » et « doux ».
Chiffre 4 - couleur rouge.
Fête le 4 février.
Saint Adelind est prêtre en Belgique au VIIe siècle.
Caractère : rigueur, concience, travail, sens des responsabilités.

Adelphe

Ce prénom a une sonorité plus douce qu'Adolphe.
Origine grecque, signifie « frère ».
Chiffre 6 - couleur rouge.
Fête le 11 septembre.
Saint Adelphe est abbé d'un monastère à Remiremont, dans les Vosges, au VIIe siècle.
Caractère : générosité, harmonie, altruisme, perfectionnisme.

Adenet

Ce prénom est une forme dérivée d'Adam qui fut courante au Moyen Âge. Il fut porté par un célèbre trouvère du XIIIe siècle, auteur de *Berthe au grand pied*, éloge de la reine Bertrade, mère de Charlemagne.
Origine hébraïque, signifie « fait de terre ».
Chiffre 4 - couleur bleue.
Fête le 24 décembre.
Caractère : esprit logique, volonté, intelligence, mémoire.
Variantes : Adanet, Adenot, Adnet, Adnot.

Adhémar

Prénom médiéval rare, traditionnel dans certaines familles.
Origine germanique, signifie « noble maison ».
Chiffre 5 - couleur rouge.
Fête le 24 mars.
Saint Aldemar est moine bénédictin en Italie au XIe siècle.
Caractère : curiosité, intuition, opportunisme, habileté.
Autre orthographe : Adémar.
Variantes : Aldemar, Azémar.
Italien : Ademaro, Valdo.

Adjutor

Ce prénom rare est dans la même ligne que Victor.
Origine latine, signifie « celui qui secourt ».
Chiffre : 8 - couleur verte.
Fête le 30 avril.
Saint Adjutor, rescapé de la première croisade, devint bénédictin à son retour et vécut en ermite au XIIe siècle.
Caractère : ambition, efficacité, réalisme, générosité.
Variantes : Adjuteur, Ayoutre.

Adolphe

Ce prénom courant au début du XXe siècle est devenu tabou depuis la Seconde Guerre mondiale.
Origine germanique, signifie « noble loup ».
Chiffre 7 - couleur verte.
Fête le 14 février.
Saint Adolphe, évêque en Westphalie au XIIIe siècle, secourt les pauvres, et soigne les lépreux.
Caractère : esprit d'analyse, étude, réserve, ambition.
Espagnol, italien, portugais : Adolfo, Adulfo.

Germanique : Adolf, Adulf, Dolfus.
Polynésien : Ayo, Alban, Arapano.
Provençal : Adoufe, Aubanel.

Adonis

Adonis est, dans la mythologie, un dieu phénicien célèbre pour sa grande beauté ; blessé par un sanglier dans la forêt, Aphrodite le changea en anémone pour qu'il ne soit pas achevé par l'animal.
Chiffre 6 - couleur rouge.
Caractère : sensibilité, épicurisme, charisme, curiosité.

Adrien

Ce prénom d'empereur romain connaît un grand succès depuis 1990.
Origine latine, signifie « originaire d'Adria », ville de Vénétie qui donne son nom à l'Adriatique.
Chiffre 6 - couleur bleue.
Fête le 8 septembre.
Saint Adrien, gardien de prison au IVe siècle, se fait baptiser par les chrétiens qu'il surveille. Il les suit dans le martyre.
Caractère : équilibre, diplomatie, courage, générosité.
Autre orthographe : Hadrien.
Italien : Adriano. *Provençal :* Adrian.

Ael

Ce prénom mélodieux est une forme bretonne d'Ange.
Origine grecque, signifie « messager ».
Chiffre 9 - couleur bleue.
Fête le 5 mai.
Saint Ange, palestinien originaire de Jérusalem, étudie la théologie à Rome au XIIIe siècle. Il est assassiné en Sicile dans une église près d'Agrigente, en 1220, par un prince dont il avait converti la fille.
Caractère : émotivité, intuition, volonté, imagination.
Diminutif : Aelig.

Aelred

Ce prénom est resté méconnu à travers les âges.
Origine germanique, signifie « tout » et « conseil ».
Chiffre 9 - couleur bleue.
Fête le 12 janvier.
Saint Aelred quitte la cour du roi et sa fiancée pour devenir abbé d'un couvent cistercien en Écosse au XIIe siècle, où il rayonne de bonté et de charité.
Caractère : émotivité, altruisme, communication, douceur.

Agapé

Ce prénom typiquement grec est rare.
Origine grecque, signifie « amour ».
Chiffre 3 - couleur orange.
Fête le 20 septembre.
Saint Agapé, chrétien au IIe siècle à Rome est condamné au supplice par l'empereur Dioclétien.
Caractère : vivacité, charisme, curiosité, opportunisme.
Autre orthographe : Agapet. *Variante :* Agapit.
Espagnol : Agapito.

Agathon

Ce prénom, masculin d'Agathe, est surtout usité dans les familles roumaines.
Origine grecque, signifie « bon ».
Chiffre 3 - couleur violette.
Fête le 10 janvier.
Saint Agathon, sicilien, est pape au VIIe siècle.
Caractère : sensibilité, charisme, prudence, travail.
Arabe : Hassan. *Grec :* Agapes, Agapios.

Agénor

Ce prénom mythologique est celui d'un fils de Poséïdon, dieu de la Mer.
Origine grecque, signifie « vaillant ».
Chiffre 6 - couleur rouge.
Fête le 10 mars.

Saint Valens, patron des Agénor, était un soldat romain chrétien au IVe siècle ; il fut condamné à mort pour avoir refusé d'abjurer.
Caractère : confiance en soi, sens des responsabilités, énergie, ambition.

Agnan

Ce prénom est la version masculine d'Agnès.
Origine grecque, signifie « chaste ».
Chiffre 1 - couleur verte.
Fête le 21 janvier.
Sainte Agnès, chrétienne romaine au IVe siècle, est courtisée par le fils du préfet, qui lui donne le choix entre l'épouser, se consacrer au culte de la déesse Vesta ou être livrée à la prostitution. Agnès repousse l'impie, et refuse d'adorer un dieu païen. Elle est donc conduite au lupanar. Mais tous ceux qui l'approchent sont foudroyés. Agnès est accusée de sorcellerie et brûlée vive.
Caractère : sensibilité, éloquence, charisme, sens artistique.

Agrippa

Ce prénom, apparu dans l'Antiquité, revint timidement à la mode au XVIIe siècle avant de disparaître presque complètement.
Origine latine, signifie « issu des Agrippa », illustre famille romaine au Ier siècle avant J.-C.
Chiffre 5 - couleur bleue.
Fête le 8 août.
Saint Agrippin est évêque d'Autun au VIe siècle.
Caractère : curiosité, vivacité, éloquence, diplomatie.

Ahmed

Ce prénom est l'un des dérivés de Mohamed.
Origine arabe, signifie « le loué ».
Chiffre 4 - couleur orange.
Caractère : sensibilité, prudence, rigueur, perfectionnisme.
Variantes : Ahmad, Ahmet.

Ailbe

Ce prénom, dérivé d'Alban, est très rare.
Origine latine, signifie « blanc ».
Chiffre 2 - couleur blanche.
Fête le 12 septembre.
Saint Ailbe est un évêque irlandais du VIe siècle, réputé pour sa bonté et sa charité.
Caractère : sociabilité, autorité, sensibilité, ambition.

Aimé

Prénom rare, malgré quelques personnalités contemporaines.
Origine latine, signifie « aimé ».
Chiffre 1 - couleur verte.
Fête le 13 septembre.
Saint Aimé, moine au VIIe siècle, fonde un monastère, à Remiremont dans les Vosges.
Caractère : sérieux, calme, efficacité, exigence.
Variante : Aimable. Arabe : Azziz.
Espagnol : Amado. Italien : Amato.
Provençal : Amat.

Alain

Grand classique des années 1950, ce prénom a cédé la place à sa forme celte.
Origine latine, signifie « issu des Alani », nom d'une tribu des bords de la mer Noire qui envahit la Gaule en 406 et qui, passée en Espagne, fut vaincue par les Wisigoths.
Chiffre 1 - couleur orange.
Fête le 9 septembre.
Saint Alain de la Roche, dominicain breton au XVe siècle, prôna pendant tout son sacerdoce le culte de la Vierge Marie en Europe.
Caractère : passion, orgueil, sensibilité, courage.
Diminutif : Al.
Anglo-saxon : Alan, Allan, Allen.
Celte : Alan.
Espagnol : Alano.
Italien : Alano.
Provençal : Alano.

Alan

Forme celte d'Alain, ce prénom à consonance anglo-saxonne est très en vogue aujourd'hui. Origine latine, signifie « issu des Alani », nom d'une tribu des bords de la mer Noire qui envahit la Gaule en 406 et qui, passée en Espagne, fut vaincue par les Wisigoths.
Chiffre 1 - couleur orange.
Fête le 9 septembre.
Saint Alain de la Roche, dominicain breton au XVe siècle, prôna pendant tout son sacerdoce le culte de la Vierge Marie en Europe.
Caractère : passion, efficacité, volonté, rigueur.
Autre orthographe : Allan. Breton : Alanic.

Alaric

Origine germanique, signifie « tout-puissant ».
Chiffre 9 - couleur rouge.
Fête le 29 septembre.
Saint Alaric, riche Suisse du Xe siècle, quitte une vie fastueuse pour se retirer chez les bénédictins, et achève sa vie en ermite.
Caractère : solidité, charme, rigueur, ambition.
Variante : Alric. Anglo-saxon : Allary. Breton : Allor, Allore. Espagnol : Alarico. Germanique : Alarik, Alrik. Italien : Alarico.

Alban

Ce prénom qui dénote le raffinement a été en vogue dans les années 1990.
Origine latine, signifie « blanc ».
Chiffre 3 - couleur blanche.
Fête le 22 juin.
Saint Alban, païen à Verulanum, en Angleterre, au IIIe siècle, recueille un prêtre traqué ; il se convertit, prend son habit, et subit le martyre à sa place.
Caractère : élégance, éloquence, sensibilité, diplomatie.
Italien : Albano.
Provençal : Auban.

Albéric

Origine germanique, signifie « très illustre et puissant ».
Chiffre 5 - couleur rouge.
Fête le 26 janvier.
Saint Alberic est l'un des fondateurs de l'ordre cistercien, au XIIe siècle, en Bourgogne.
Caractère : rigueur, sérieux, activité, autorité.
Espagnol : Alberigo, Alvaro. Germanique : Alberich, Elberich. Italien : Alberico.

Albert

Prénom de roi dans l'histoire, Albert connut un franc succès au début du XXe siècle.
Origine germanique, signifie « noble et illustre ».
Chiffre 4 - couleur bleue.
Fête le 15 novembre.
Saint Albert le Grand, né en Allemagne au XIIe siècle, devient dominicain à Padoue, puis enseigne la théologie à Paris ; il rédige trente-huit traités de physique, de biologie, de géographie, d'astronomie, de minéralogie et de botanique, conseille le pape, devient évêque de Ratisbonne et meurt à Cologne. Il est docteur de l'Église.
Caractère : prudence, réserve, travail, persévérance.
Variante : Aldebert. Alsacien : Albrecht. Anglo-saxon : Albert, Bert, Bertie. Corse : Albertu. Espagnol, italien, portugais : Alberto. Germanique : Albrecht. Normand : Aubert, Aubertin, Oberon.

Albin

Dérivé d'Alban, ce prénom a une connotation plus précieuse.
Origine latine, signifie « blanc ».
Chiffre 2 - couleur orange.
Fête le 1er mars.
Saint Albin est abbé de Guérance, en Bretagne, au VIe siècle et lutte pour combattre les mœurs incestueuses des seigneurs.
Caractère : intuition, affectivité, adaptabilité, sociabilité.
Autre orthographe : Albain. Italien : Albino.

A

Alceste

Ce prénom mythologique grec a été repris par Molière pour nommer le principal personnage du *Misanthrope*.
À l'origine, ce prénom est féminin ; Alceste accepte de mourir à la place de son mari, et elle est sauvée des Enfers par le dieu Héraclès. Cette légende a inspiré une tragédie à Euripide.
Origine grecque, signifie « force active ».
Chiffre 2 - couleur rouge.
Caractère : sensibilité, diplomatie, adaptabilité, harmonie.
Espagnol : Alcestes.

Alcide

Ce prénom est une forme moderne d'Alcibiade.
Origine grecque, du nom d'un général grec du Ve siècle avant J.-C.
Chiffre 7 - couleur verte.
Fête le 2 juin.
Saint Alcibiade fut martyrisé avec sainte Blandine à Lyon au IIe siècle.
Caractère : indépendance, idéalisme, gentillesse, réserve.
Espagnol : Alcides.

Aldebert

Forme primitive d'Albert.
Origine germanique, signifie « noble et illustre ».
Chiffre 4 - couleur bleue.
Fête le 15 novembre.
Saint Albert le Grand, né en Allemagne au XIIe siècle, devient dominicain à Padoue, puis enseigne la thélogie à Paris ; il rédige trente-huit traités de physique, de biologie, de géographie, d'astronomie, de minéralogie et de botanique, conseille le pape, devient évêque de Ratisbonne et meurt à Cologne. Il est docteur de l'Église.
Caractère : prudence, réserve, travail, persévérance.
Variante : Adalbert.

Aldo

Ce prénom est une forme latine d'Aude, répandue en Italie.
Origine germanique, signifie « ancien ».
Chiffre 6 - couleur bleue.
Fête le 26 avril.
Sainte Alda est sa patronne. Jeune Toscane au XIVe siècle, elle se voue au service des malades à l'hôpital de Sienne à la mort de son mari.
Caractère : calme, prudence, curiosité, opportunisme.
Anglo-saxon : Aldous.

Aldric

Ce prénom strict est peu usité malgré sa belle sonorité.
Origine germanique, signifie « noble roi ».
Chiffre 3 - couleur orange.
Fête le 7 janvier.
Saint Aldric, évêque du Mans au IXe siècle, fit don de sa fortune aux indigents de son diocèse.
Caractère : activité, émotivité, intuition, charisme.
Variante : Aldred.

Aldwin

Ce prénom, dérivé de Baudouin, se rencontre surtout dans les pays germaniques.
Origine germanique, signifie « ami audacieux ».
Chiffre 9 - couleur rouge.
Fête le 17 octobre.
Saint Baudouin est un disciple de saint Bernard et fondateur d'un monastère en Belgique au XIIe siècle.
Caractère : volonté, altruisme, goût du pouvoir et de l'aventure.
Variante : Audouin.
Anglo-saxon : Alvin, Alwin, Alwynn, Elwin, Elwynn.
Espagnol et italien : Alvino.
Germanique : Adalwin, Adelwin.

Aleaume

Origine germanique, signifie « casque ».
Chiffre 4 - couleur bleue.
Fête le 30 janvier.
Saint Aleaume, militaire au XIe siècle, prend l'habit en Espagne, où il fonde une abbaye.
Caractère : détermination, opiniâtreté, rigueur, courage.

Alex

Diminutif d'Alexandre ou d'Alexis, il est devenu un prénom à part entière dans les années 1990.
Origine grecque, signifie « l'homme qui repousse ».
Chiffre 6 - couleur bleue.
Fête le 3 mai.
Saint Alexandre est son patron.
Caractère : charisme, intelligence, énergie, diplomatie.

Alexandre

Prénom de rois, d'empereurs, de papes et de plus de quarante saints, Alexandre est une valeur sûre. Illustré par Alexandre le Grand, conquérant par excellence, il est synonyme de puissance et de gloire. Aujourd'hui ce sont ses diminutifs Alex et Sacha qui sont à l'honneur.
Origine grecque, signifie « l'homme qui repousse ».
Chiffre 3 - couleur bleue.
Fête le 3 mai.
Saint Alexandre, pape au début du IIe siècle, subit le martyre sur ordre de l'empereur Trajan.
Caractère : séduction, éloquence, épicurisme, force.
Diminutifs : Alex, Sacha.
Anglo-saxon : Alec, Alexander, Alistair.
Basque : Aixandre. Germanique : Alexander.
Italien : Alessandro, Alessandrino.
Provençal : Aleandro. Roumain : Alexandru.
Russe : Aleksandr, Aliocha, Sacha.

Alexis

Ce prénom, qui a la même étymologie qu'Alexandre, est devenu un grand classique dans les années 1990, et demeure un favori.
Origine grecque, signifie « l'homme qui repousse ».
Chiffre 7 - couleur bleue.
Fête le 17 février.
Saint Alexis Falconieri, riche marchand florentin du XIIIe siècle, est fondateur de l'ordre des Servites de Marie, consacré au travail manuel et à la prière.
Caractère : indépendance, affectivité, ambition, volonté.
Basque : Alexko. Corse : Alessiu. Espagnol : Alejo. Italien : Alessio. Polynésien : Arata.
Provençal : Alessi. Russe : Aleksii.

Alfred

Prénom vedette du XIXe siècle, Alfred est bien discret aujourd'hui.
Origine germanique, signifie « grande paix ».
Chiffre 5 - couleur rouge.
Fête le 15 novembre.
Saint Alfred, moine en Allemagne au IXe siècle, est un excellent pacifiste et médiateur.
Caractère : volonté, exigence, autorité, rigueur.
Variantes : Aufray, Aufroy.
Anglo-saxon : Alf, Alfie, Alfy, Avery.
Irlandais : Ailfrid. Italien : Alfredo.
Occitan : Alfan. Polynésien : Aférati.
Provençal : Alfret.

Ali

Origine arabe, signifie « supérieur ».
Ali est le cousin de Mahomet et également son gendre, puisqu'il épouse sa fille Fatima au VIIe siècle. Il assure la lignée du clan hachémite et devient le quatrième calife.
Il est assassiné à la suite de troubles qui entraîneront la scission de l'islam en deux.
Chiffre 4 - couleur rouge.
Caractère : travail, stabilité, rigueur, autorité.

Allistair

Ce prénom est une forme gaélique d'Alexandre.
Origine grecque, signifie « l'homme qui repousse ».
Chiffre 2 - couleur bleue.
Fête le 3 mai.
Saint Alexandre, pape au début du IIe siècle, subit le martyre sur ordre de l'empereur Trajan.
Caractère : autorité, volonté, activité, énergie.
Variante : Allastair.

Allowin

La vogue d'Halloween, son homologue anglo-saxon, ces dernières années n'a pas permis à ce prénom de se faire une place à l'état civil. Il reste rare.
Origine germanique, signifie « tout » et « ami ».
Chiffre 5 - couleur verte.
Fête le 1er octobre.
Saint Allowin, riche seigneur en Flandre au VIIe siècle, se convertit au christianisme à la mort de sa femme et évangélise le Hainaut.
Caractère : discrétion, solidité, diplomatie, sociabilité.

Aloys

Forme médiévale de Louis, ce prénom est en vogue dans les milieux traditionnels.
Origine germanique, qui signifie « glorieux vainqueur ».
Chiffre 9 - couleur orange.
Fête le 25 août.
Saint Louis est le patron d'Aloys.
Caractère : sociabilité, sensibilité, affectivité, charisme.
Diminutifs : Alex, Sacha.
Autre orthographe : Aloïs.
Espagnol : Aloisio.
Germanique : Aloysius.

Alphée

Ce prénom mythologique reste rare.
Origine grecque, signifie « bouvier ».
Chiffre 3 - couleur bleue.
Fête le 17 novembre.
Saint Alphée, chrétien de Palestine au IVe siècle, subit le martyre sur ordre de l'empereur Dioclétien.
Caractère : calme, sociabilité, réserve, fidélité.

Alphonse

Comme Alfred, Alphonse régnait au XIXe siècle ; il a, pour l'instant, disparu de l'état civil.
Origine germanique, signifie « très vif ».
Chiffre 9 - couleur violette.
Fête le 1er août.
Saint Alphonse-Marie de Liguori, Napolitain du XVIIIe siècle, devient docteur en droit à 16 ans ; ordonné prêtre, il évangélise les campagnes et entreprend des études de théologie ; il fonde la congrégation du Très-Saint-Rédempteur et rédige un traité de théologie morale ; il est nommé docteur de l'Église.
Caractère : charisme, persuasion, charme, éloquence.
Corse : Alfu. Espagnol : Alonzo.
Italien : Alfonso. Occitan : Anfos.
Provençal : Anfos, Anfous.

Amalric

Ce prénom est une forme dérivée d'Aldric.
Origine germanique, signifie « noble roi ».
Chiffre 3 - couleur orange.
Fête le 7 janvier.
Saint Aldric, évêque du Mans au IXe siècle, qui fit don de sa fortune aux indigents de son diocèse, est son patron.
Caractère : activité, combativité, impatience, intuition.
Italien : Amalrico.

Amance

Ce prénom rarissime est très ancien.
Origine latine, signifie « qui aime ».
Chiffre 1 - couleur verte.
Fête le 4 novembre.
Saint Amance est évêque de Rodez au Ve siècle.
Caractère : énergie, vivacité, éloquence, exigence.
Autre orthographe : Amans.

Amand

Rare au masculin, ses féminins Amanda et surtout Amandine sont plus fréquents.
Origine latine, signifie « amoureux ».
Chiffre 6 - couleur orange.
Fête le 6 février.
Saint Amand, moine au VIIe siècle, consacre cinquante années de sa vie à prêcher dans les campagnes et à fonder des monastères avant de devenir évêque de Maastricht. Il meurt dans une ville de Hainaut qui désormais porte le nom de Saint-Amand-les-Eaux.
Caractère : calme, travail, amitié, affectivité.
Provençal : Amanet.

Amaury

Ce prénom est une forme moderne de Maur. Grand classique depuis les années 1980, il reste favori dans les milieux traditionnels.
Origine latine, signifie « d'origine maure ».
Chiffre 7 - couleur jaune.
Fête le 15 janvier.
Saint Maur fut l'adjoint de saint Benoît, à Rome au VIe siècle, et fondateur d'une congrégation, les mauristes.
Caractère : curiosité, impatience, affectivité, réserve.
Autres orthographes : Amauri, Amory.
Variantes : Aimeri, Aimery, Amauric, Améric, Amery.
Espagnol : Aimerigo, Amalrigo, Amerigo.

Ambroise

La vogue des prénoms Renaissance nous ramène ce beau prénom distingué.
Origine grecque, signifie « immortel ».
Chiffre 1 - couleur violette.
Fête le 7 décembre.
Saint Ambroise, avocat puis gouverneur à Milan au IVe siècle, devient théologien, lutte contre le paganisme et rédige plusieurs manuels pour l'éducation chrétienne des fidèles. Il est docteur de l'Église.
Caractère : autorité, indépendance, travail, énergie.
Variantes : Ambroisie, Ambroisin.
Anglo-saxon : Ambrose.
Germanique : Ambros, Ambrosius.
Italien : Ambrogio, Ambrosio.
Occitan : Ambrosi. *Russe :* Amvrosii.
Slave : Ambrossi.

Amédée

Prénom traditionnel de la dynastie de Piémont et Savoie, Amédée n'a jamais été courant dans le public. Sa forme latine Amadeus fut le second prénom de Mozart.
Origine latine, signifie « aimé de Dieu ».
Chiffre 6 - couleur jaune.
Fête le 30 mars.
Saint Amédée, duc de Piémont et Savoie, est l'époux de Yolande de France, sœur de Louis XI. Il secourt les miséreux et construit monastères et hôpitaux. Atteint d'épilepsie, il doit abandonner le pouvoir à sa femme.
Caractère : sensibilité, ambition, calme, activité.
Variante : Amadour.
Espagnol : Amadeo, Amadeu, Amadis.
Germanique : Amadeus.
Italien : Amadeo, Amedeo.

Amiel

Ce prénom est une forme provençale d'Émile.
Origine latine, signifie « émule ».

Chiffre 8 - couleur bleue.
Fête le 22 mai.
Saint Émile subit le martyre à Carthage, au IIIe siècle.
Caractère : sensibilité, passion, exigence.

Amos

Ce prénom est une forme moderne de Maur. Grand classique depuis les années 1980, il reste un favori dans les milieux traditionnels.
Origine latine, signifie « d'origine maure ».
Chiffre 3 - couleur verte.
Fête le 31 mars.
Caractère : sociabilité, fantaisie, curiosité, indépendance.

Anaël

Ce prénom est la forme masculine d'Anaëlle, forme dérivée d'Anne.
Origine hébraïque, signifie « grâce ».
Chiffre 1 - couleur bleue.
Fête le 26 juillet.
Sainte Anne fut la mère de la Vierge Marie, la grand-mère de Jésus.
Caractère : charisme, générosité, adaptabilité, curiosité.

Anastase

Ce prénom n'a jamais connu de réel succès.
Origine grecque, signifie « résurrection ».
Chiffre 8 - couleur verte.
Fête le 22 janvier.
Saint Anastase, militaire en Perse au VIIe siècle, devient moine pour évangéliser ses compatriotes qui occupent la Palestine. Il meurt en martyr.
Caractère : courage, persévérance, loyauté, ambition.
Grec : Anastasios.
Italien : Anastasio.
Russe : Anastasii.

Anatole

Ce prénom est surtout prisé des familles slaves.
Origine grecque, signifie « aurore ».
Chiffre 5 - couleur jaune.
Fête le 3 juillet.
Saint Anatole, évêque de Césarée au IIIe siècle et féru de mathématiques, rédige plusieurs traités scientifiques et théologiques. Il fut admiré pour sa grande bonté.
Caractère : indépendance, adaptabilité, curiosité, rigueur.
Russe : Anatolii, Astola, Tola.

Ancelin

Ce prénom est une forme dérivée d'Anselme.
Origine germanique, signifie « protégé du dieu Ans ».
Chiffre 4 - couleur bleue.
Fête le 21 avril.
Saint Anselme, Italien, est ordonné prêtre en France au XIIe siècle, puis est nommé archevêque de Cantorbéry pour son charisme et sa bonté. Il est proclamé docteur de l'Église.
Caractère : volonté, passion, intelligence, exigence.

Andéol

Ce prénom est la forme occitane d'André.
Origine grecque, signifie « homme ».
Chiffre 6 - couleur jaune.
Fête le 30 novembre.
Saint André est disciple du Christ.
Caractère : solidité, équilibre, charme, curiosité.

André

Ce prénom est un classique des années 1920 ; c'est maintenant sa forme italienne, Andrea, qui a les faveurs des parents tant pour les garçons que pour les filles.
Origine grecque, signifie « homme ».

Chiffre 6 - couleur rouge.
Fête le 30 novembre.
Saint André, frère de saint Pierre, pêcheur comme lui sur le lac de Tibériade, devient disciple de Jésus. Après la Pentecôte, il évangélise l'Asie Mineure et la Grèce. Il est arrêté à Patras, et meurt sur une croix en forme de X.
Caractère : charme, diplomatie, sens des responsabilités.
Anglo-saxon : Anders, Andy, Andrew.
Arabe : Lounès. *Basque :* Ander.
Breton : Andrev. *Corse :* Andria.
Espagnol : Andrès.
Germanique : Andreas.
Grec : Andros. *Hongrois :* Andor.
Italien : Andrea. *Normand :* Andrieu.
Occitan : Andéol, Andiou, Andreu, Andriu.
Provençal : Andiu, Andreu. *Russe :* Andréï.
Scandinave : Anders. *Slave :* Andrej.
Tchèque : Andrej.

Andrea

Cette forme italienne d'André, masculine à l'origine, est devenue mixte et connaît un réel succès depuis les années 1990.
Origine grecque, signifie « homme ».
Chiffre 7 - couleur verte.
Fête le 30 novembre.
Saint André, frère de saint Pierre, apôtre de Jésus, est son patron.
Caractère : harmonie, équilibre, sens de la justice, rigueur.

Ange

Ce prénom est surtout répandu en Corse et dans le Sud. Sa forme anglo-saxonne Angel a quelques adeptes.
Origine grecque, signifie « messager ».
Chiffre 9 - couleur bleue.
Fête le 5 mai.
Saint Ange, Palestinien originaire de Jérusalem, étudie la théologie à Rome au XIIIe siècle. Il est assassiné en Sicile dans une église près d'Agrigente, en 1220, par un prince dont il avait converti la fille.
Caractère : amabilité, charme, sociabilité, curiosité.
Variantes : Angel, Angelin. *Anglo-saxon :* Angel, Angie, Angy. *Breton :* Ael, Aelig.
Grec : Angelon. *Italien et portugais :* Angelo.

Angelo

Cette forme italienne du prénom Ange est très en vogue depuis le début de ce siècle.
Origine grecque, signifie « messager ».
Chiffre 5 - couleur bleue
Fête le 5 mai.
Saint Ange est son patron.
Caractère : sensibilité, créativité, charme, exigence.

Angilran

Forme dérivée d'Enguerrand.
Origine germanique, signifie « lame » et « corbeau ».
Chiffre 4 - couleur bleue.
Fête le 28 octobre.
Saint Engerand, moine cultivé au VIIIe siècle, est sacré évêque de Metz, puis chapelain et proche conseiller de Charlemagne.
Caractère : réserve, sensibilité, maîtrise, prudence.

Anicet

Ce prénom n'a jamais eu grand succès.
Origine grecque, signifie « invincible ».
Chiffre 7 - couleur jaune.
Fête le 17 avril.
Saint Anicet, Syrien, est pape au IIe siècle.
Caractère : indépendance, passion, aventure, sociabilité.

Anschaire

Ce prénom est la forme originelle d'Oscar.
Origine germanique signifie « lance d'Ans », divinité teutonne.
Chiffre 6 - couleur verte.
Fête le 3 février.

Saint Anschaire évangélisa la Scandinavie au IXe siècle.
Caractère : sensibilité, générosité, altruisme, diplomatie.

Anselme

Bien que rarissime, ce prénom a de nombreuses formes dérivées, toutes aussi peu fréquentes que lui.
Origine germanique, signifie « protégé du dieu Ans ».
Chiffre 6 - couleur bleue.
Fête le 21 avril.
Saint Anselme, Italien, est ordonné prêtre en France au XIIe siècle, puis est nommé archevêque de Cantorbéry pour son charisme et sa bonté. Il est proclamé docteur de l'Église.
Caractère : calme, sérieux, sens des responsabilités, réserve.
Italien et portugais : Anselmo.
Variantes : Ancelin, Anthelme, Aycelin.

Ansfrid

Ce prénom a toujours été rare.
Origine germanique, signifie « la paix du dieu Ans ».
Chiffre 8 - couleur verte.
Fête le 11 mai.
Saint Ansfrid est évêque d'Utrecht au XIe siècle.
Normand : Anfray.

Anthelme

Ce prénom est une forme dérivée d'Anselme.
Origine germanique, signifie « protégé par le dieu Ans ».
Chiffre 6 - couleur jaune.
Fête le 26 juin.
Saint Anthelme, chanoine dans le Bugey au XIIe siècle, devient premier général de l'ordre des Chartreux puis évêque de Belley.
Caractère : volonté, ambition, étude, autorité.
Variantes : Antheaume, Anthime.

Anthony

Ce prénom, forme anglo-saxonne d'Antoine, a connu un grand succès dans les années 1970.
Origine latine, signifie « inestimable ».
Chiffre 7 - couleur rouge.
Fête le 17 janvier.
Saint Antoine est son patron.
Caractère : calme, sensibilité, réserve, stabilité.
Autre orthographe : Antony.
Diminutif : Tony.

Antoine

Ce prénom est l'un des grands classiques indémodables du XXe siècle.
Origine latine, signifie « inestimable ».
Chiffre 6 - couleur jaune.
Fête le 17 janvier ou le 13 juin.
Deux illustres saints patronnent ce prénom. Saint Antoine le Grand, né en Haute-Égypte au IIIe siècle, vend les biens de l'héritage de ses parents pour les distribuer aux pauvres et passe trente années de sa vie en ermite dans le désert avant de fonder un monastère, puis de soutenir les chrétiens persécutés à Alexandrie. Il vit plus de cent ans.
Saint Antoine de Padoue, né au Portugal au XIIe siècle, devient franciscain et prêche au Maroc ; sa santé fragile le contraint à regagner Padoue, où il enseigne la théologie. Il meurt à 36 ans. Il fut proclamé docteur de l'Église.
Caractère : solidité, équilibre, curiosité, charme.
Variantes : Antonien, Antonin, Antoinon.
Diminutifs : Titouan, Toinet.
Anglo-saxon : Anthony.
Corse : Antoninu.
Espagnol et portugais : Antonio, Tonio.
Germanique : Anton.
Italien : Antonello, Antonino, Antonio.
Normand : Touenot.
Polynésien : Akoni.
Provençal : Antounet, Antoni.
Russe : Anton.

Antonin

Ce prénom dérivé d'Antoine qui date de l'Antiquité revient au goût du jour. Origine latine, signifie « inestimable ».
Chiffre 6 - couleur jaune.
Fête le 5 mai.
Saint Antonin, dominicain italien, fut archevêque de Florence au XVe siècle ; il passa commande à Fra Angelico de fresques et de peintures pour le couvent Saint-Marc.
Caractère : sociabilité, sérieux, calme, sens des responsabilités.
Italien : Antonino.

Apollinaire

Ce prénom ne rencontre pas le même succès que son féminin Apolline.
Origine grecque, signifie « relatif à Apollon ».
Chiffre 4 - couleur bleue.
Fête le 23 juillet.
Saint Apollinaire, compagnon de saint Pierre, fut le premier évêque de Ravenne et mourut en martyr en l'an 200.
Caractère : franchise, autorité, sens de l'organisation, sociabilité.
Portugais : Apolinario. Russe : Apolloni.

Aquila

Ce prénom est dans la même lignée qu'Agrippa.
Origine latine, signifie « aigle ».
Chiffre 7 - couleur bleue.
Fête le 8 juillet.
Saint Aquila, tisserand à Corinthe au Ier siècle, est un disciple de saint Paul.
Caractère : discrétion, intuition, opiniâtreté, réserve.
Variante : Aquilin.

Arcady

Ce prénom mixte désigne une région du Péloponnèse, réputée idyllique dans la poésie grecque.
Origine grecque, signifie « originaire d'Arcadie »
Chiffre 5 - couleur rouge.
Fête le 12 janvier
Saint Arcade est un martyr chrétien du IVe siècle.
Caractère : indépendance, activité, adaptabilité, curiosité.
Autre orthographe : Arcadie (davantage féminin).

Archibald

Ce prénom typiquement anglo-saxon trouve ses adeptes en Angleterre et en Écosse.
Il est très rare en France.
Origine germanique, signifie « très audacieux ».
Chiffre 4 - couleur jaune.
Fête le 30 avril.
Saint Archibald est évêque de Londres au VIIe siècle. Sa vie fut un modèle de piété et de charité.
Caractère : calme, affectivité, diplomatie, sociabilité.
Variante : Archambaud. Anglo-saxon : Archie. Espagnol : Archibaldo. Germanique : Erkenbald. Italien : Arcibaldo.

Argan

Forme bretonne de Barthélemy, ce prénom est peu courant malgré une belle sonorité.
Origine araméenne, signifie « fils de Tolomé ».
Chiffre 5 - couleur bleue.
Fête le 24 août.
Saint Barthélemy, apôtre du Christ, partit après la Pentecôte évangéliser la Phrygie et l'Arménie, où il mourut.
Caractère : dynamisme, éloquence, passion, finesse.

Ariel

Ce prénom est peu courant.
Origine hébraïque, signifie « vaillant ».
Chiffre 9 - couleur verte.
Fête le 29 septembre.

Saint Gabriel est le patron d'Ariel ; il dirige le monastère Saint-Étienne en Cappadoce, au Ve siècle.
Caractère : solidité, charisme, travail, exigence.

Aristide

Ce prénom connut son heure de gloire à la fin du XIXe siècle ; il est passé de mode pour l'instant.
Origine grecque, signifie « le meilleur fils ».
Chiffre 4 - couleur jaune.
Fête le 31 août.
Saint Aristide, professeur de philosophie à Athènes au IIe siècle, se fait baptiser et rédige une apologie, destinée à instruire des bienfaits du christianisme l'empereur Hadrien, qui persécute les chrétiens à Rome.
Caractère : prudence, réserve, discipline, travail.
Espagnol : Aristidés.
Italien : Aristeo.

Aristophane

Ce poète grec comique vécut à Athènes au Ve siècle avant J.-C. Il laissa une œuvre importante, véritable satire de la société de son temps.
Origine grecque, signifie « celui qui a la plus belle allure».
Chiffre 9 - couleur rouge
Fête le 21 août
Saint Aristide est son patron.
Caractère : sociabilité, sensibilité, intuition, idéalisme.

Armand

Ce prénom de charme de la fin du XIXe siècle réapparaît depuis 2000.
Origine germanique, signifie « homme fort ».
Chiffre 6 - couleur jaune.
Fête le 23 décembre.
Saint Armand, prêtre bavarois du XIIe siècle, devient évêque de Brixen, en Vénétie.
Caractère : calme, sérieux, stabilité, sens des responsabilités.
Variante : Armandin.
Corse : Amanza.
Germanique : Hermann.
Italien et portugais : Armando.

Armel

Typiquement breton, ce joli prénom est plus fréquent dans sa forme féminine.
Origine celtique, signifie « prince » et « ours ».
Chiffre 4 - couleur orange.
Fête le 16 août.
Saint Armel, ermite au pays de Galles au VIe siècle, fonde deux monastères en Armorique au VIe siècle.
Caractère : réserve, travail, opiniâtreté, stabilité.
Variante : Armaël.
Breton : Arzhel.

Arnaud

Ce prénom médiéval est un des indémodables du XXe siècle.
Origine germanique, signifie « aigle qui gouverne ».
Chiffre 5 - couleur bleue.
Fête le 10 février.
Saint Arnaud, originaire de Padoue au XIIIe siècle, entre très jeune chez les bénédictins. Il est élu abbé du monastère Sainte-Justine mais, capturé par le seigneur de la région, il meurt après huit années de réclusion.
Caractère : dynamisme, curiosité, vivacité, gentillesse.
Autres orthographes : Arnauld, Arnault.
Variantes : Arnold, Arnould, Arnoult.
Anglo-saxon : Arnall, Arnard.
Basque : Arnaltz, Arnas.
Breton : Arneg.
Espagnol : Arnaldo.
Italien et portugais : Arnaldo, Arnolfo.
Occitan : Arnal, Ernaut.
Scandinave : Arend, Arnd.

Arnold

Ce prénom est la forme primitive d'Arnaud.
Origine germanique, signifie « aigle qui gouverne ».
Chiffre 1 - couleur bleue.
Fête le 15 août.
Saint Arnold, abbé en Flandre au XIe siècle, est réputé pour ses talents de pacifiste. Il est élu évêque de Soissons, mais, envoyé en mission en Flandre, il est retenu par le comte, qui lui édifie un monastère.
Caractère : dynamisme, curiosité, vivacité, gentillesse.
Italien : Arnoldo.

Arsène

Le « gentleman cambrioleur » Arsène Lupin, s'il a illustré ce prénom, ne l'a pas mis à la mode ; il est toujours très rare.
Origine grecque, signifie « viril ».
Chiffre 8 - couleur jaune.
Fête le 19 juillet.
Saint Arsène, secrétaire du pape au IVe siècle, devient le précepteur des enfants de l'empereur d'Orient, Théodose. Bien qu'apprécié et comblé d'honneurs, il se retire dans le désert en Égypte, et meurt deux ans plus tard.
Caractère : élégance, charme, autorité, travail.
Russe : Arsenii.

Arthaud

On rencontre plus souvent ce prénom comme patronyme.
Origine germanique, signifie « celui qui gouverne » et « fort ».
Chiffre 1 - couleur verte.
Fête le 7 octobre.
Saint Arthaud, page à la cour d'Amédée III de Savoie, au XIIe siècle, devient chartreux, fonde un prieuré sur le Vieux Colombier, où il meurt à 105 ans.
Caractère : énergie, ambition, volonté, exigence.
Germanique : Artwald.

Arthur

Arthur est un prénom médiéval par excellence. Valeureux et royal, il est entré dans la légende avec les chevaliers de la Table ronde. Il est à l'honneur depuis 1980.
Origine celtique, signifie « ours ».
Chiffre 5 - couleur violette.
Fête le 15 novembre.
Saint Arthur, moine à l'abbaye de Glastonbury, dans le Somerset, au XVIe siècle, est soupçonné par le roi Henri VIII de refuser la séparation entre l'Église d'Angleterre et celle de Rome, et exécuté.
Caractère : indépendance, volonté, énergie, charme.
Variantes : Arthus, Artus, Thurel.
Anglo-saxon : Art, Artie, Arty.
Breton : Arzhul. *Italien :* Arturo.
Russe : Artur.

Ashley

Ce prénom celte inconnu en France jusqu'aux années 1990 commence à être attribué aussi bien aux filles qu'aux garçons.
Origine celte, signifie « bois de frêne ».
Chiffre 7 - couleur verte.
Fête le 4 mai.
En l'absence d'un saint Ashley, saint Sylvain, « homme de la forêt », évêque de Gaza en Palestine au IVe siècle, peut être par association d'idées le patron d'Ashley.
Caractère : stabilité, charme, prudence, opportunisme.

Athanase

Ce prénom est plus courant en Grèce qu'en France, où il n'a jamais été en vogue. Athos, prénom d'un des Trois Mousquetaires, est probablement une forme dérivée d'Athanase.
Origine grecque, signifie « immortel ».
Chiffre 6 - couleur violette.
Fête le 2 mai.
Saint Athanase, patriarche d'Alexandrie, en Égypte, au IVe siècle, lutta toute sa vie contre l'arianisme, malgré de longues périodes d'exil

qu'il mit à profit pour rédiger des ouvrages théologiques. Il est docteur de l'Église.
Caractère : stabilité, ambition, fidélité, énergie.
Grec : Athanasios. Italien : Atanasio.
Slave : Afanassi.

Aubéri

Ce prénom est une forme dérivée d'Aubert.
Origine germanique, signifie « très illustre ».
Chiffre 2 - couleur rouge.
Fête le 13 décembre.
Saint Aubert, ermite généreux qui fabrique du pain pour le donner aux pauvres, est tellement aimé qu'il est élu évêque de Cambrai au VIIe siècle.
Caractère : sensibilité, ambition, finesse, diplomatie.

Aubert

Ce prénom est la forme la plus ancienne d'Albert.
Origine germanique, signifie « très illustre ».
Chiffre 1 - couleur violette.
Fête le 13 décembre.
Saint Aubert, ermite généreux qui fabrique du pain pour le donner aux pauvres, est tellement aimé qu'il est élu évêque de Cambrai au VIIe siècle.
Caractère : volonté, activité, indépendance, ambition.
Variantes : Ober, Oberon.

Aubin

Cette forme dérivée d'Albin, d'une sonorité plus virile, commence à apparaître.
Origine latine, signifie « blanc ».
Chiffre 2 - couleur orange.
Fête le 1er mars.
Saint Aubin fut évêque d'Angers au VIe siècle, renommé pour sa piété et sa générosité.
Caractère : exigence, fidélité, travail, volonté.

Aubry

Il est une forme dérivée d'Albéric, que l'on rencontre souvent comme patronyme.
Origine germanique, signifie « très illustre et puissant ».
Chiffre 4 - couleur rouge.
Fête le 26 janvier.
Saint Alberic est l'un des fondateurs de l'ordre cistercien, au XIIe siècle, en Bourgogne.
Caractère : rigueur, sérieux, activité, autorité.
Normands : Aubriet, Aubriot.

Audifax

Origine grecque, signifie « celui qui agit avec audace ».
Chiffre 3 - couleur verte.
Fête le 19 janvier.
Saint Audifax osait visiter dans leurs cellules les chrétiens arrêtés par l'empereur à Rome au IIIe siècle. Il mourut comme eux en martyr.
Caractère : sociabilité, créativité, activité, harmonie.

Audouard

Ce prénom est une forme provençale d'Édouard.
Origine germanique, signifie « celui qui garde la richesse ».
Chiffre 4 - couleur rouge.
Fête le 5 janvier.
Saint Édouard le Confesseur, roi d'Angleterre au XIe siècle, pacifiste et généreux, s'attire l'affection de son peuple et le respect de ses ennemis.
Caractère : ambition, curiosité, autorité, sociabilité.

Audric

Forme masculine d'Audrey.
Origine germanique, signifie « noble gloire ».
Chiffre 7 - couleur rouge.
Fête le 23 juin.
Sainte Ethelred est sa patronne. Anglaise du VIIe siècle, elle a fait vœu de chasteté, mais elle est mariée de force par son père à un homme âgé qui meurt rapidement ; elle est aussitôt remariée à un homme de son âge. Elle s'enfuit

du domicile conjugal et se réfugie au monastère d'Ely dont elle devient abbesse.
Caractère : calme, charme, détermination, étude.
Variantes : Audry, Autric, Autry.

Augias

Prénom issu de la mythologie grecque.
Chiffre 4 - couleur verte.
Fête le 10 mars.
Saint Augias, légionnaire chrétien au IVe siècle, est jeté dans une rivière glacée avec trente-neuf compagnons pour avoir refusé de renier sa foi.
Caractère : travail, sens pratique, persévérance, courage.

Les écuries d'Augias

Dans la mythologie grecque, Augias est l'un des Argonautes partis à la recherche de la Toison d'or. Il possédait d'immenses écuries, que le dieu Héraclès nettoya en y faisant passer le fleuve Alphée.

Auguste

Ce prénom de l'Antiquité, synonyme de « majesté », était en vogue au XIXe siècle. Il réapparaît timidement.
Origine latine, signifie « vénérable ».
Chiffre 4 - couleur verte.
Fête le 29 février.
Saint Auguste, prêtre normand, est missionnaire en Chine au XIXe siècle, où il fonde une colonie chrétienne ; il y meurt en martyr.
Caractère : travail, énergie, sociabilité, ambition.
Variantes : Augustin, Gustave.
Anglo-saxon : August, Austin. Italien : Agosto, Augusto. Occitan : Angoustan, Aoust.
Portugais : Augusto. Provençal : Aguste, Guste, Gusto.

Augustin

Cette variante d'Auguste connaît un succès prometteur depuis le début de ce XXIe siècle.
Origine latine, signifie « vénérable ».
Chiffre 4 - couleur verte.
Fête le 28 août.
Saint Augustin, né en Tunisie au IVe siècle, fait de brillantes études de philosophie. Il se convertit au catholicisme et prend l'habit. Nommé évêque d'Hippone pour son grand talent d'orateur, il lutte, en Afrique du Nord, contre les hérétiques, et rédige deux ouvrages majeurs, les Confessions, *et la* Cité de Dieu. *Il est nommé docteur de l'Église.*
Caractère : sérieux, prudence, fidélité, opiniâtreté.
Anglo-saxon : Austen, Austin.
Breton : Aostin.
Espagnol : Agustin.
Italien : Agostino, Tino.

Aurèle

Ce prénom de l'Antiquité n'a jamais remporté le succès de son dérivé Aurélien.
Origine latine, signifie « en or ».
Chiffre 8 - couleur verte.
Fête le 20 juillet.
Saint Aurèle, évêque de Carthage au Ve siècle, en Tunisie, est chef de l'Église d'Afrique ; il correspond souvent avec saint Augustin, évêque d'Hippone, et comme lui combat l'arianisme.
Caractère : dynamisme, sens pratique, diplomatie, susceptibilité.
Autre orthographe : Aurel. Variante : Aurélien.
Anglo-saxon : Orell. Italien : Aurelio.

Aurélien

Forme dérivée d'Aurèle Il était l'un des favoris dans les années 1970, il est plus rare aujourd'hui.
Origine latine, signifie « en or ».
Chiffre 4 - couleur orange.
Fête le 16 juin.
Saint Aurélien, évêque d'Arles au VIe siècle, fonde, avec l'aide du roi Childebert Ier, deux monastères, l'un pour les hommes, l'autre pour les femmes. Et, fait rare pour l'époque, il impose aux religieux l'apprentissage de la lecture.

Caractère : calme, émotivité, exigence, prudence.
Basque : *Auru, Auriolo.*
Corse : *Aureliu.*
Italien et portugais : *Aureliano.*
Occitan : *Aurelian.*

Austen

Ce diminutif d'Augustin est très en vogue aux États-Unis, où il est devenu un prénom mixte.
Origine latine, signifie « vénérable ».
Chiffre 8 - couleur verte.
Fête le 28 août.
Saint Augustin, né en Tunisie au IVe siècle, fait de brillantes études de philosophie. Il se convertit au catholicisme et prend l'habit. Nommé évêque d'Hippone pour son grand talent d'orateur, il lutte, en Afrique du Nord, contre les hérétiques, et rédige deux ouvrages majeurs, les Confessions, *et la* Cité de Dieu. *Il est nommé docteur de l'Église.*
Caractère : équilibre, ambition, charisme, sens de la justice.

Auxane

Ce prénom est très rare, malgré sa belle sonorité.
Origine grecque, signifie « hospitalier ».
Chiffre 3 - couleur rouge.
Fête le 3 septembre.
Saint Euxane est évêque de Milan au VIe siècle.
Caractère : confiance en soi, habileté, sociabilité, goût de l'aventure.
Variante : *Euxane.*

Avel

Cette forme bretonne d'Abel est peu répandue.
Origine hébraïque, qui signifie « ce qui passe ».
Chiffre 4 - couleur verte.
Fête le 5 août.
Saint Abel fut évêque de Reims au VIIIe siècle.
Caractère : activité, sensibilité, discrétion, réflexion.
Diminutif : *Avelig.*

Avelain

Autre forme bretonne d'Abel, ce prénom n'est guère plus employé.
Origine hébraïque, signifie « ce qui passe ».
Chiffre 1 - couleur bleue.
Fête le 5 août.
Saint Abel fut évêque de Reims au VIIIe siècle.
Caractère : fidélité, rigueur, émotivité, réflexion.
Autre orthographe : *Avelin.*

Awen

Ce prénom est la forme bretonne de Venance.
Origine latine, signifie « celui qui vient ».
Chiffre 7 - couleur bleue.
Fête le 14 décembre.
Saint Venance, troubadour en Italie au VIe siècle, est ordonné prêtre à Poitiers et consacre ses talents d'écriture à la rédaction de vies de saints.
Caractère : intelligence, intuition, réserve, détermination.

Axel

Ce prénom nordique est une forme dérivée de l'hébraïque Absalom. Il est en vogue depuis les années 1980.
Origine hébraïque, signifie « père de la paix ».
Chiffre 6 - couleur jaune.
Fête le 21 mars.
Saint Axel, né au Danemark au XIIe siècle, fait ses études à Paris, puis devient premier conseiller du roi Valdemar Ier, et archevêque de Lund.
Caractère : sensibilité, diplomatie, courage, harmonie.
Italien : *Assalonne.*

Aymar

Ce prénom a toujours été discret.
Origine germanique, signifie « illustre maison ».
Chiffre 4 - couleur rouge.
Fête le 29 mai.
Saint Aymar, prêtre au XIIIe siècle, entreprend avec ses frères une mission contre les hérétiques ; il est massacré par les albigeois.
Caractère : activité, adaptabilité, courage, exigence.
Autres orthographes : Aimar, Eymard.

Aymeric

Ce prénom médiéval a connu un grand succès dans les années 1980.
Origine germanique, signifie « la maison du roi ».
Chiffre 2 - couleur bleue.
Fête le 4 novembre.
Saint Aymeric, fils de saint Étienne, fondateur du royaume de Hongrie, au XIe siècle, se consacra à la visite des monastères.
Caractère : réserve, élitisme, affectivité, persévérance.
Autres orthographes : Aimeric, Emeric.
Anglo-saxon : Emery.
Italien : Amerigo.

Azziz

Origine arabe, signifie « aimé ».
Chiffre 7 - couleur rouge.
Caractère : harmonie, équilibre, sens de la justice, rigueur.

B

Bachir

Ce prénom est l'un des noms qui désignent le Prophète.
Origine arabe, signifie « celui qui annonce de bonnes nouvelles ».
Chiffre 5 - couleur orange.
Caractère : indépendance, adaptabilité, curiosité, aventure.

Baldéric

Ce prénom germanique est peu courant.
Origine germanique, signifie « hardi et puissant ».
Chiffre 4 - couleur orange.
Fête le 24 avril.
Saint Baldéric, prince d'Austrasie, quitte sa vie fastueuse pour se retirer dans un monatère à Verdun, au VIIe siècle.
Caractère : émotivité, responsabilité, calme, sens pratique.
Variantes : Baldric, Baudry.

Balthazar

Voici les rois mages qui font une entrée remarquée dans l'état civil.
Origine akkadienne, signifie « Dieu protège le roi ».
Chiffre 8 - couleur rouge.
Fête le 6 janvier.
Saint Balthazar, homme de couleur, est, selon la tradition, l'un des trois Rois mages venus adorer Jésus dans la crèche. Il offre à l'Enfant la myrrhe, résine odorante d'un arbre d'Arabie.
Caractère : sensibilité, adaptabilité, rigueur, opportunisme.
Anglo-saxon : Balthasar. *Espagnol :* Baltasar. *Italien :* Baldassare. *Provençal :* Bautezar.

Baptiste

« Le Baptiste », c'est ainsi que l'on surnommait Jean, qui annonçait la venue du Christ sur une rive du Jourdain. Ce surnom est devenu prénom. Il a été courant sous sa forme composée avec Jean dès le XVIIe siècle. Aujourd'hui, on le préfère dans sa simplicité.
Origine grecque, signifie « celui qui baptise ».
Chiffre 2 - couleur jaune.
Fête le 29 août.
Saint Jean le Baptiste, fils d'Élisabeth et de Zacharie, est appelé par Dieu alors qu'il médite dans le désert. Il s'établit sur les rives du Jourdain, exhorte à la justice, à la charité, et baptise en immergeant dans l'eau du fleuve ceux qu'il convertit. Mais Hérode, tétrarque tout puissant de Galilée, ne supporte pas qu'il lui fasse la morale et le fait décapiter à la demande de Salomé.
Caractère : altruisme, calme, diplomatie, persuasion.
Variante : Baptistin.
Basque : Battista, Battit.
Espagnol : Bautista. **Italien :** Battista.
Provençal : Batisto, Batit, Baptistet, Batistoun, Titoun.

Barclay

Origine anglaise, signifie « vallée de bouleaux ».
Chiffre 8 - couleur verte.
Caractère : harmonie, équilibre, droiture, sens de la justice.

Barnabé

Ce prénom est en vogue depuis les années 1990.
Origine araméenne, signifie « fils de Nabû ».
Chiffre 7 - couleur verte.
Fête le 11 juin.
Saint Barnabé, Chypriote, vend ses terres à l'appel du Christ et en distribue le revenu aux pauvres ; apôtre de Jésus, il accompagne saint Paul en Asie Mineure, puis revient à Chypre, où il meurt lapidé par les Juifs.
Caractère : sensibilité, réserve, affectivité, discrétion.
Anglo-saxon : Barnabas, Barn, Barney.
Espagnol : Bernabe.

Barthélemy

Ce prénom fait immanquablement penser au massacre des protestants, en 1572.
Origine araméenne, signifie « fils de Tolomé ».
Chiffre 1 - couleur bleue.
Fête le 24 août.
Saint Barthélemy est apôtre du Christ au Ier siècle ; après la Pentecôte, il part évangéliser la Phrygie et l'Arménie, où il meurt écorché vif.
Caractère : ambition, travail, éloquence, charisme.
Anglo-saxon : Bart, Bartholomew.
Breton : Argan, Argantaël.
Espagnol : Bartolome.
Germanique : Bartholomaus.
Italien : Bartolo, Bartolomeo.
Provençal : Bartoumieu, Bertoumieu.

Basile

Répandu dans les pays slaves, Basile reste rare en Europe.
Origine grecque, signifie « roi ».
Chiffre 3 - couleur jaune.
Fête le 2 janvier.
Saint Basile, après de brillantes études, enseigne la rhétorique à Césarée, au IVe siècle. Sacré diacre, puis prêtre, il parcourt l'Asie Mineure pour y créer des monastères. Élu évêque, il fonde des hôpitaux et s'oppose à l'empereur Valence, qui renonce à persécuter les chrétiens. Il est proclamé docteur de l'Église pour ses qualités d'orateur.
Caractère : sociabilité, sens des responsabilités, épicurisme, harmonie.
Anglo-saxon : Basil.
Espagnol : Basilio.
Germanique : Basilius.
Normand : Bazire.
Provençal : Basillou.
Russe : Vassili.

Bastien

Ce diminutif de Sébastien est en vogue depuis les années 1990.
Origine grecque, signifie « couronné ».
Chiffre 7 - couleur verte.
Fête le 20 janvier.
Saint Sébastien, chrétien, capitaine de la garde prétorienne au IIIe siècle, est dénoncé ; il est livré aux archers débutants de Dioclétien, qui le laissent pour mort ; soigné par une sainte femme, il va reprocher à l'empereur sa cruauté ; il est assommé.
Caractère : sensibilité, exigence, volonté, travail.
Breton et occitan : Bastian.
Corse : Bastianu.
Italien : Bastiano.

Baudile

Ce prénom à la douce consonance est rare.
Origine germanique, signifie « audacieux combat ».
Chiffre 9 - couleur rouge.
Fête le 20 mai.
Saint Baudile subit le martyre près de Narbonne, au IIIe siècle, pour avoir refusé de renier sa foi.
Caractère : modération, diplomatie, émotivité, réserve.
Variantes : Baudilon, Baudis.
Espagnol : Baldirio.

Baudouin

Ce prénom royal imprégné de sagesse est un des favoris de ce début de siècle.
Origine germanique, signifie « audacieux ami ».
Chiffre 7 - couleur bleue.
Fête le 17 octobre.
Saint Baudouin, archidiacre, à Laon, au VIIe siècle, est assassiné par le maire du palais de Neustrie, qui le soupçonne d'avoir des sympathies avec l'ennemi.
Caractère : sens des responsabilités, exigence, générosité, prudence.
Autres orthographes : Baudoin, Beaudoin, Beaudouin.
Variantes : Aldwin, Audouin.
Espagnol : Balduino.

B

Ben

Ce prénom ressemble à un diminutif de Benjamin, mais il est un prénom à part entière. Dans la Bible, il est porté par le fils de Léa et de Jacob qui occupe la fonction de portier du Temple.
Origine hébraïque, signifie « le fils ».
Chiffre 3 - couleur rouge.
Caractère : sensibilité, intuition, diplomatie, harmonie.

Benjamin

Ce prénom est, dans la Bible, celui du dernier des douze fils de Jacob et de Rachel ; c'est un grand classique depuis les années 1980.
Origine hébraïque, signifie « fils de bon augure ».
Chiffre 5 - couleur verte.
Fête le 31 mars.
Saint Benjamin, diacre en Perse au Ve siècle, provoque de très nombreuses conversions chez les adorateurs du Feu ; le roi le condamne à deux ans de prison, pensant que cette peine le dissuadera de poursuivre son œuvre de prédicateur. Mais, à sa libération, Benjamin part à travers le pays pour enseigner l'Évangile. À nouveau arrêté, il est condamné au supplice du pal.
Caractère : passion, ambition, vitalité, affectivité.
Anglo-saxon : Benjamin, Benny.
Basque : Benkamin.
Espagnol, germanique : Benjamin.
Italien : Beniamino.
Russe : Beniamin.

Benoît

Ce prénom fait partie des classiques, jamais très en vogue et jamais démodé.
Origine latine, signifie « béni ».
Chiffre 2 - couleur orange.
Fête le 11 juillet.
Saint Benoît de Nursie se retire dans la montage, en Italie, au Ve siècle, pour prier. Il est nommé à la direction d'un monastère pour imposer la rigueur aux moines qui ont des mœurs très libres. Il fonde douze monastères, dont celui du Monte Cassino, et instaure la règle bénédictine basée sur la prière, le travail manuel et la lecture, et adoptée par la majorité des monastères européens.
Caractère : sensibilité, générosité, calme, efficacité.
Anglo-américain : Bennet. **Arabe :** Moubarak.
Basque : Benat, Benedeit, Benedikto, Benito, Bénédit.
Breton : Benead, Bénédig, Bennideg, Bennigan.
Italien : Benito, Benedetto.
Normand : Benoni, Benouet.
Provençal : Bénédit, Bénezet.

Béranger

Ce prénom médiéval est plus répandu sous sa forme féminine.
Origine germanique, signifie « ours » et « lance ».
Chiffre 7 - couleur violette.
Fête le 26 mai.
Saint Béranger est moine bénédictin près de Carcassonne au XIe siècle.
Caractère : dynamisme, émotivité, curiosité, imagination.
Autre orthographe : Bérenger.
Espagnol : Berenguer.
Italien : Bellingero.
Provençal : Bérenguié.

Bérard

Ce prénom est bien plus rare que Bernard, qui a la même étymologie.
Origine germanique, signifie « ours fort ».
Chiffre 7 - couleur jaune.
Fête le 3 novembre.
Saint Bérard, évêque de Marsi, en Italie, au XIIe siècle, secourt les pauvres et les malades de son diocèse.
Caractère : perfectionnisme, exigence, réflexion, sensibilité.
Espagnol : Berardo.

Berckeley

Ce prénom mixte, variante de Barclay, est en vogue aux États-Unis, dans la tendance des prénoms à consonance géographique.
Origine anglaise, signifie « vallée de bouleaux ».
Chiffre 5 - couleur verte.
Caractère : sensibilité, adaptabilité, goût de l'aventure, indépendance.

Bergat

Origine celte, signification inconnue.
Chiffre 8 - couleur rouge.
Fête le 3 août.
Saint Bergat fut nommé évêque de Tréguier au Ve siècle.
Caractère : rigueur, autorité, affectivité, travail.

Bernard

L'un des grands classiques du début du XXe siècle.
Origine germanique, signifie « ours fort ».
Chiffre 8 - couleur violette.
Fête le 20 août.
Saint Bernard, né près de Dijon au XIe siècle, se retire au monastère de Cîteaux avec trente personnes de son entourage. Trois ans plus tard, il fonde un monastère en Champagne et intervient souvent pour arbitrer les conflits des grands de son époque. Il participe à la lutte contre l'hérésie albigeoise et prêche la croisade qui rallie Éléonore d'Aquitaine, Louis de France et Conrad d'Allemagne. Il est docteur de l'Église.
Caractère : réalisme, volonté, fidélité, sens des responsabilités.
Variante : Bernardin.
Alsacien : Bernward.
Anglo-saxon : Barnard, Bernie, Berny.
Breton : Bernez.
Espagnol et italien : Bernardo.
Germanique : Bernhardt.
Provençal : Bernat.
Scandinave : Bjorn.

Bernardin

Ce prénom est une forme dérivée de Bernard.
Origine germanique, signifie « ours fort ».
Chiffre 4 - couleur jaune.
Fête le 28 septembre.
Saint Bernardin de Sienne, orphelin très jeune, reçoit de sa tante qui le recueille une éducation religieuse stricte et entreprend de brillantes études, interrompues par une épidémie de peste. Il soigne les malades, prend l'habit chez les franciscains, et parcourt l'Italie à pied pour prêcher. Il fuit les honneurs et refuse plusieurs évêchés. Il meurt à 64 ans, épuisé par ses périples.
Caractère : réflexion, prévoyance, rigueur, réserve.

Berthold

Ce prénom est rare.
Origine germanique, signifie « gloire illustre ».
Chiffre 6 - couleur jaune.
Fête le 29 mars.
Saint Berthold est un bénédictin qui vécut au XVIIIe siècle.
Caractère : réserve, étude, réflexion, conciliation.

Bertil

Ce prénom, assez répandu en Suède, apparaît timidement en France. Mixte, il s'écrit indifféremment Bertil ou Bertille.
Origine germanique, signifie « illustre et habile ».
Chiffre 3 - couleur verte.
Fête le 6 novembre.
Sainte Bertile est abbesse en Île-de-France au VIIIe siècle.
Caractère : sociabilité, diplomatie, habileté, coopération.

Bertrand

Ce prénom chevaleresque, illustré par Du Guesclin, a connu ses heures de gloire au milieu du XXe siècle.

B

Origine germanique, signifie « illustre corbeau ».
Chiffre 1 - couleur orange.
Fête le 6 septembre.
Saint Bertrand des Garrigues, Périgourdin disciple de saint Dominique au XIIIe siècle, consacra son immense fortune à la création de monastères à Paris, à Montpellier et à Avignon.
Caractère : calme, stabilité, sociabilité, détermination.
Anglo-saxon : Ebertram, Bertram.
Basque : Bertranet, Bertranon.
Germanique : Bertram.
Italien : Bertrando.
Provençal : Bertranet.

Béryl

Ce prénom traditionnellement féminin devient mixte.
Origine latine, signifie « béryl », nom d'une famille de pierres précieuses, de différentes couleurs (vertes, ce sont des émeraudes ; bleues, ce sont des aigues-marines ; jaunes, ce sont des héliodores ; roses, ce sont des morganites).
Chiffre 8 - couleur jaune.
Fête le 29 juin.
Saint Pierre, apôtre du Christ, est le patron de Béryl.
Caractère : réalisme, volonté, fidélité, sens des responsabilités.

Bienvenu

Ce prénom est peu courant.
Origine latine, signifie « bienvenu ».
Chiffre 2 - couleur orange.
Fête le 22 mars.
Saint Bienvenu, prêtre à Ancône, puis évêque d'Osimo en Italie au XIIIe siècle, parvient à juguler la révolte qui gronde dans son évêché.
Caractère : réserve, exigence, sérieux, persévérance.
Espagnol : Bienvenido.
Italien : Benvenuto.

Bilal

Ce prénom est celui d'un esclave noir dont la voix était si puissante et si belle qu'il devint le premier muezzin de la mosquée du Prophète.
Origine arabe, signifie « don ».
Chiffre 9 - couleur rouge.
Caractère : altruisme, discrétion, travail, rêverie.

Bili

Ce prénom n'est pas un diminutif, mais un vieux prénom breton.
Origine celte, signifie « brillant ».
Chiffre 5 - couleur jaune.
Fête le 23 juin.
Saint Bili fut évêque d'Alet au IXe siècle, et rédacteur d'une Vie de saint Malo.
Caractère : équilibre, générosité, rigueur, fidélité.

Bixente

Ce prénom est la forme basque de Vincent.
Origine latine, signifie « celui qui vainc ».
Chiffre 6 - couleur rouge.
Fête le 22 janvier.
Saint Vincent de Paul, ordonné prêtre au XVIe siècle, entreprend après ses études une vie de voyages et d'aventures. Envoyé par le pape auprès du roi Henri IV, il devient l'aumônier de la reine Margot, puis curé de Clichy. Il quitte la cour pour se consacrer aux pauvres et fonde la première confrérie de la Charité. Puis il crée la Société des prêtres de la mission, les lazaristes, vouée à l'apostolat rural. Il fonde enfin, avec Louise de Marcillac, la communauté religieuse des Filles de la charité.
Caractère : indépendance, exigence, volonté, opportunisme.

Blaise

Bien qu'il soit illustré par un homme de génie, Blaise Pascal, ce prénom est resté discret.

Origine latine, signifie « bègue ».
Chiffre 3 - couleur jaune.
Fête le 3 février.
Saint Blaise est évêque de Sébaste, en Arménie, au IVe siècle. Il vit dans une grotte en compagnie d'animaux, soigne les malades dans les campagnes, prêche le jeûne et la prière et la légende lui prête quelques miracles. Il est arrêté par le gouverneur romain et décapité pour avoir refusé de renier sa foi.
Caractère : sensibilité, sens des responsabilités, étude, sociabilité.
Anglo-saxon : Blaze. Breton : Bleiz. Espagnol : Blas. Germanique : Blasius. Italien : Biagio, Biasio. Occitan : Blaisian. Provençal : Blasioun. Russe : Vlasi.

Bodmaël

Ce prénom est une forme dérivée de Beuzeg, vieux prénom breton.
Origine celte, signifie « victoire du prince ».
Chiffre 7 - couleur verte.
Fête le 18 novembre.
Saint Budoc, patron de Bodmaël, né dans un bateau au VIe siècle, est recueilli par des moines en Irlande, qui, à l'âge adulte, l'élisent abbé de leur monastère. Mais il se rend en Bretagne, où il devient évêque de Dol.
Caractère : étude, réflexion, sagesse, rigueur.
Variantes : Bodvaël, Bodzaël.

Boèce

Ce prénom évoque le poète latin qui traduisit en latin de nombreux philosophes grecs.
Origine latine, signifie « de Boétie ».
Chiffre 4 - couleur verte.
Fête le 23 octobre.
Saint Boèce, poète et philosophe au Ve siècle, appartient à une illustre famille romaine. L'empereur des Ostrogoths, Théodoric, le nomme consul, mais il le soupçonne de trahison et le fait arrêter et mettre à mort.
Caractère : stabilité, travail, rigueur, réflexion.
Espagnol : Boecio.

Bogomil

Ce prénom n'a pas encore atteint la popularité de Dimitri.
Origine slave, signifie « ami de Dieu ».
Chiffre 1 - couleur rouge.
Fête le 10 juin.
Saint Bogomil est évêque en Pologne au XIIe siècle.
Caractère : autorité, doiture, travail, rigueur.

Bonaventure

Ce prénom est rare, tout comme Bienvenu, malgré une étymologie positive. Il a donné naissance à deux patronymes italiens : Venturo, Ventura.
Origine latine, signifie « bonne nouvelle ».
Chiffre 2 - couleur jaune.
Fête le 15 juillet.
Saint Bonaventure entre chez les franciscains, au XIIIe siècle, étudie la théologie à Paris, puis il est nommé évêque d'Abano, en Italie, et participe au concile de Lyon.
Caractère : émotivité, prudence, activité, curiosité.
Espagnol : Buenaventura.
Italien : Bonaventura.

Boniface

Ce prénom est surtout connu pour avoir été porté par neuf papes.
Origine latine, signifie « bonne destinée ».
Chiffre 1 - couleur bleue.
Fête le 5 juin.
Saint Boniface, moine en Angleterre au VIIIe siècle, fonde des monastères et multiplie les conversions en Allemagne. Archevêque de Mayence, il couronne Pépin le Bref, qui le charge de réformer l'Église franque. Il est massacré par des infidèles lors d'une mission d'évangélisation.
Caractère : énergie, autorité, travail, curiosité.
Espagnol et italien : Bonifacio.
Germanique : Bonifacius.
Provençal : Bounifaci.

B

Boris

Ce prénom n'a pas encore, en Europe, le succès de Dimitri.
Origine slave, signifie « combattant ».
Chiffre 9 - couleur violette.
Fête le 24 juillet.
Saint Boris, fils du grand-prince Vladimir de Kiev, au XIe siècle, parcourt la Russie avec son frère Gleb pour évangéliser la population. À leur retour, tous deux sont assassinés par leur frère lors du partage de la succession de leur père.
Caractère : sociabilité, tolérance, harmonie, affectivité.
Variante : Borislav.

Bradley

Ce prénom, issu du vieil anglais, est plus courant sous son diminutif, Brad, aux États-Unis.
Origine anglaise, signifie « vaste prairie ».
Chiffre 4 - couleur verte.
Caractère : calme, sérieux, persévérance, disipline.
Diminutif : Brad. *Variante :* Bradly.

Brahim

Ce prénom est le diminutif d'Ibrahim, forme arabe d'Abraham.
Origine hébraïque, signifie « père des nations ».
Chiffre 6 - couleur orange.
Caractère : affectivité, sens des responsabilités, harmonie, générosité.

Bran

Origine celte, signifie « corbeau ».
Chiffre 8 - couleur verte.
Fête le 18 mai.
Saint Bran fut évêque en Irlande au Ve siècle.
Caractère : réalisme, volonté, fidélité, sens des responsabilités.

Brandon

Ce prénom est une forme dérivée de Brendan, qui a connu quelques années de succès à la fin du XXe siècle.
Origine celtique, signifie « corbeau ».
Chiffre 5 - couleur bleue.
Fête le 16 mai.
Saint Brendan, né en Irlande au Ve siècle, retourne au pays natal après avoir voyagé pendant cinq ans, d'Islande en Amérique en passant par les Açores et les Canaries, et avoir fondé un monastère à Saint-Servan, en Bretagne.
Caractère : opiniâtreté, esprit d'aventure, curiosité, activité.
Italien : Brando.

Brendan

Ce prénom américain d'origine irlandaise s'implante en Europe depuis les années 1990.
Origine celtique, signifie « corbeau ».
Chiffre 4 - couleur bleue.
Fête le 16 mai.
Saint Brendan, né en Irlande au Ve siècle, retourne au pays natal après avoir voyagé pendant cinq ans, d'Islande en Amérique en passant par les Açores et les Canaries, et avoir fondé un monastère à Saint-Servan, en Bretagne.
Caractère : originalité, détermination, adaptabilité, curiosité.

Brett

Ce prénom anglo-saxon, diminutif de Brittany, est particulièrement en vogue en Australie.
Origine celte, signifie « qui vient de (Grande-) Bretagne ».
Chiffre 2 - couleur verte.
Caractère : adaptabilité, émotivité, diplomatie, sociabilité.
Variante : Britt.

Brévalaer

Ce prénom est une forme dérivée de Brendan.
Origine celtique, signifie « corbeau ».
Chiffre 7 - couleur bleue.
Fête le 1er juin.
Saint Brévalaer fut évêque de Dol-de-Bretagne au Ve siècle.
Caractère : calme, harmonie, réserve, conscience professionnelle.
Autres orthographes : Brévalaire, Bréwalaer.
Variantes : Brewalan, Brewalenn.

Brewen

Il est une forme dérivée de Bran, forme bretonne de Brévin.
Origine celte, signifie « corbeau ».
Chiffre 4 - couleur orange.
Fête le 27 juillet.
Saint Brévin fut abbé d'une église en Bretagne au Ve siècle.
Caractère : sérieux, patience, réserve, détermination.
Variante : Brewan.

Briac

Ce prénom typiquement breton est plus connu sous sa forme anglo-saxonne Bryan.
Origine celtique, signifie « importance ».
Chiffre 6 - couleur verte.
Fête le 17 décembre.
Saint Briag, Irlandais, étudie au pays de Galles, au VIIe siècle, puis s'installe avec saint Tudwall en Armorique, où il fonde plusieurs monastères.
Caractère : élégance, indépendance, charme, sens des responsabilités.
Variantes : Briag, Brieg. *Anglo-saxon :* Brian.

Brice

Ce prénom élégant est peu courant.
Origine celtique, signifie « bigarré ».
Chiffre 1 - couleur rouge.
Fête le 13 novembre.
Saint Brice, orphelin recueilli par saint Martin à Tours au IVe siècle, est placé dans un monastère, où il se montre rebelle ; clerc, puis évêque à la mort de son protecteur, il mène une vie dissolue. Après sept ans de pénitence à Rome, il revient assagi et achève son sacerdoce en prières, aumônes et actions de grâce.
Caractère : dynamisme, activité, habileté, indépendance.
Breton : Brizh.

Brieuc

Rendu familier par la ville de Saint-Brieuc, ce prénom revient en vogue depuis les années 1990. Il est une forme dérivée de Brieg.
Prénom d'origine celtique, signifie « importance ».
Chiffre 4 - couleur violette.
Fête le 18 décembre.
Saint Brieg, l'un des sept saints fondateurs de la Bretagne, est son patron. D'origine galloise, il débarque en Armorique et fonde un monastère à Tréguier, puis à l'emplacement de l'actuelle ville de Saint-Brieuc.
Caractère : affectivité, générosité, fidélité, perfectionnisme.
Variantes : Brieg, Briog.

Brivaël

Ce prénom est une forme dérivée de Briag.
Origine celtique, signifie « important prince ».
Chiffre 6 - couleur verte.
Fête le 17 décembre.
Saint Briag, Irlandais, étudie au pays de Galles, au VIIe siècle, puis s'installe avec saint Tudwall en Armorique, où il fonde plusieurs monastères.
Caractère : sens des responsabilités, générosité, calme, harmonie.

Bruce

Ce prénom était à l'origine un patronyme normand, porté par l'un des compagnons de Guillaume le Conquérant ; il fut adopté

comme prénom par les Écossais dès le XIVe siècle. Il est toujours en vogue chez eux.
Origine normande, signifie « épais buisson ».
Chiffre 4 - couleur rouge.
Caractère : réflexion, passion, réserve, activité.

Bruno

Malgré sa consonance latine, ce prénom a une origine germanique.
Origine germanique, signifie « bouclier ».
Chiffre 7 - couleur bleue.
Fête le 6 octobre.
Saint Bruno est ordonné prêtre à Cologne au XIe siècle. Il enseigne la théologie, puis part pour Grenoble. Devenu ermite dans le massif de la Chartreuse, il construit une église et des cellules pour ceux qui deviendront sur son exemple des chartreux.
Caractère : secret, réflexion, étude, gentillesse.
Corse : Brunone.

Bryan

Ce prénom est la forme anglo-saxonne de Briac.
Origine celtique, signifie « importance ».
Chiffre 6 - couleur bleue.
Fête le 18 décembre.
Saint Briag, Irlandais, étudie au pays de Galles, au VIIe siècle, puis s'installe avec saint Tudwall en Armorique, où il fonde plusieurs monastères.
Caractère : individualisme, intuition, sens du devoir, fiabilité.
Autre orthographe : Brian.
Italien : Briano.

Cadwal

Origine celtique, signifie « combat » et « valeur ».
Chiffre 8 - couleur bleue.
Fête le 12 novembre.
Saint Cadwal, farouche guerrier et roi du pays de Galles au VIIe siècle, se lasse un jour des combats ; il abdique et, entré en religion, construit des églises, des monastères, des hôpitaux, prêche l'Évangile dans les campagnes. Il meurt de la peste en soignant les malades.
Caractère : réserve, calme, activité, réflexion.
Variantes : Cadwallader, Cadwallen, Cadwallon.

Caleb

Ce prénom biblique désigne l'un des envoyés de Moïse pour apprécier les chances de pouvoir investir la terre de Canaan qui deviendra la Terre promise.
Origine hébraïque, signifie « comme le cœur ».
Chiffre 5 - couleur rouge.
Caractère : curiosité, sociabilité, autorité, goût du pouvoir.

Calendal

Ce prénom était jadis donné en Provence aux garçons nés le 25 décembre.
Chez les Romains, les calendes désignaient le premier jour du mois.
Origine latine, signifie « né aux calendes ».
Chiffre 7 - couleur blanche.
Fête le 15 novembre.
Saint Calendion chrétien en Afrique du Nord au IVe siècle mourut en martyr.
Caractère : réflexion, étude, réserve, sagesse.

Calliste

Ce prénom mixte longtemps méconnu apparaît discrètement à l'état civil.
Origine grecque, signifie « le plus beau ».
Chiffre 9 - couleur rouge.
Fête le 14 octobre.
Saint Calliste, esclave à Rome au IIIe siècle, est affranchi par son maître qui lui confie l'administration de ses biens. Piètre gestionnaire, il est condamné à travailler dans les mines. À sa libération, il revient à Rome, étudie la théologie et secourt les miséreux. Il est nommé diacre, puis pape à la mort de Zéphirin ; son indulgence, son extrême bonté sont reconnues de tous.
Caractère : intuition, émotivité, idéalisme, rêverie.
Variante : Calixte.
Basque : Kallisto, Kallixto.
Corse : Callistu.
Espagnol : Calixto.

Calvin

Ce prénom est, pour l'instant, surtout en vogue aux États-Unis. La renommée de Calvin Klein nous habitue à sa consonance.
Origine latine, signifie « chauve ».
Chiffre 7 - couleur jaune.
Caractère : réserve, sensibilité, esthétisme, perfectionnisme.

Cameron

Ce prénom est l'un des plus attribués en Écosse.
Origine gaélique, signifie « rivière ».
Chiffre 6 - couleur bleue.
Caractère : affectivité, harmonie, sens des responsabilités, réflexion.

Camille

Ce prénom mixte a été connu dès l'Antiquité. Il nommait les garçons et les filles qui, à Rome, assistaient les prêtres dans les cérémonies de sacrifice aux dieux païens.
Origine latine, signifie « qui fait partie des Camillus ».
Chiffre 1 - couleur jaune.
Fête le 14 juillet.
Saint Camille de Leilis, romain du XVIe siècle, part combattre les Turcs aux côtés de son père après une jeunesse dissipée ; il revient blessé, guérit,

retourne guerroyer, revient, s'adonne au jeu et, totalement démuni, entre comme homme de peine chez les capucins ; repenti, il devient novice, mais les frères refusent qu'il prononce ses vœux perpétuels. Il s'engage alors comme infirmier dans un hôpital. La négligence du personnel le révolte : il fonde l'Institut des clercs réguliers ministres des infirmes, érigé en ordre religieux.
Caractère : énergie, sociabilité, travail, indépendance.
Espagnol : Camilo. Germanique : Kamill.
Italien : Camillo. Provençal : Camilho.

Canut

Ce prénom est la forme francisée de Knut.
Origine scandinave, signifie « blanc ».
Fête le 19 janvier.
Saint Knut, roi du Danemark au XIe siècle, favorisa l'implantation de l'Église dans son pays. Il fut assassiné par des païens.
Variantes : Knud, Knut.

Caradec

Origine celtique, signifie « ami ».
Chiffre 8 - couleur bleue.
Fête le 17 mai.
Saint Karadeg, disciple de saint Patrick, évangélise la Bretagne à la fin du Ve siècle.
Caractère : communication, sensibilité, charme, éloquence.
Autre orthographe : Karadec.
Variantes : Caradoc, Karadeg.

Carel

Ce prénom est la forme originelle de Charles, courante dans les pays de l'Est.
Origine germanique, signifie « viril ».
Chiffre 3 - couleur rouge.
Fête le 4 novembre.
Saint Charles Borromée tient du prodige : docteur en droit à 16 ans, cardinal à 22, administrateur du diocèse de Milan à 23... Il profite largement de tous les avantages de sa situation, puis renonce aux biens terrestres lorsqu'il est sacré archevêque de Milan, se dévoue au service des humbles et des malades, participe au concile de Trente et met en place une nouvelle règle de discipline ecclésiastique. Il meurt à Milan en 1584.
Caractère : sociabilité, charisme, optimisme, sens artistique.
Autre orthographe : Karel.
Variantes : Carol, Karol.

Carloman

Ce prénom fut porté par plusieurs rois francs.
Origine germanique, signifie « homme fort ».
Chiffre 5 - couleur bleue.
Fête le 17 août.
Saint Carloman, fils de Charles Martel, reçut en héritage l'Austrasie, qu'il administra pendant six ans avant de se retirer dans un monastère.
Caractère : indépendance, goût de l'aventure, adaptabilité, charisme.

Casimir

Ce prénom, en vogue à la fin du XIXe siècle, évoque aujourd'hui davantage une marionnette d'émission télévisée qu'un homme politique.
Origine slave, signifie « assemblée » et « paix ».
Chiffre 9 - couleur bleue.
Fête le 4 mars.
Saint Casimir, prince héritier de Pologne au XVe siècle, dédaigne les richesses et les honneurs. Il refuse le trône de Hongrie et la gentille fiancée qu'on lui désigne, pour se consacrer à la prière.
Caractère : esprit d'entreprise, énergie, ambition, sensibilité.
Anglo-saxon : Casper, Jasper.
Basque : Kachimir. Espagnol et italien : Casimiro. Germanique : Kasimir, Kasper.

Casper

Ce prénom est une forme anglo-saxonne de Gaspard.
Origine sanscrite, signifie « celui qui vient voir ».

Chiffre 8 - couleur rouge.
Fête le 6 janvier.
Gaspard est, selon la tradition chrétienne, l'un des trois Rois mages venus d'Orient pour adorer l'Enfant Jésus quelques jours après sa naissance.
Caractère : ambition, harmonie, sens de la justice, réflexion.
Variantes : Caspar, Jasper.

Cassien

Origine latine, signifie « de la famille Cassius », patriciens romains au Ier siècle.
Chiffre 7 - couleur orange.
Fête le 5 août.
Saint Cassien, maître d'école sous l'empereur Dèce, fut mis à mort à coup de stylets par les élèves qu'il tentait d'évangéliser.
Caractère : réflexion, étude, discrétion, persévérance.
Italien : Cassio. *Portugais :* Cassiano.
Russe : Kassian.

Cédric

Ce prénom fut un favori des années 1980.
Origine celtique, signifie « chaise du roi ».
Chiffre 6 - couleur bleue.
Fête le 7 janvier.
Saint Cédric est moine en Angleterre au VIIe siècle lorsqu'il part évangéliser les Saxons. Nommé évêque, il fonde plusieurs monastères et soigne les malades lors de l'épidémie de peste qui ravage le pays. Il en meurt quelques années plus tard.
Caractère : exigence, raffinement, charme, indépendance.

Céleste

Ce prénom mixte commence à apparaître à l'état civil.
Origine latine, signifie « céleste ».
Chiffre 6 - couleur jaune.
Fête le 14 octobre.
Saint Céleste est évêque de Metz au IVe siècle ; on sait seulement que sa vie fut un modèle de piété et de bonté.
Caractère : douceur, sens des responsabilités, harmonie, discrétion.

Célestin

Origine latine, signifie « céleste ».
Chiffre 6 - couleur jaune.
Fête le 6 avril.
Saint Célestin, pape au Ve siècle, combat énergiquement le paganisme et réorganise l'Église.
Caractère : sens des responsabilités, fidélité, écoute, goût du pouvoir.
Basque : Zelestino.
Espagnol et italien : Celestino.

Césaire

Cette forme provençale de César apparaît timidement à l'état civil. On la rencontre souvent comme patronyme.
Origine latine, signifie « couper ».
Chiffre 2 - couleur jaune.
Fête le 27 août.
Saint Césaire, originaire d'une riche famille du sud de la France au Ve siècle, devint évêque d'Arles, puis primat des Gaules ; il lutta contre l'hérésie et fonda plusieurs monastères.
Caractère : ambition, détermination, sérieux, travail.
Variante : Césari.

César

Ce prénom a tout le charme du Midi et l'accent de Raimu. Son origine est... médicale : ainsi fut nommé, dans l'Antiquité, un enfant né par cette intervention appelée aujourd'hui « césarienne ».
Origine latine, signifie « couper ».
Chiffre 1 - couleur verte.
Fête le 27 août.
Saint Césaire, originaire d'une riche famille du sud de la France au Ve siècle, devint évêque d'Arles, puis primat des Gaules ; disciple de saint Augustin, il parcourut les routes pour lutter contre l'hérésie et fonda plusieurs monastères.
Caractère : calme, autorité, travail, ambition.

C

Autre orthographe : *Caesar.* *Variante* : *Césarin.*
Anglo-saxon : *Caesar.* *Basque* : *Zesar.*
Italien : *Cesare.* *Portugais* : *Cesario.*

Chamgar

Ce prénom biblique évoque l'un des « petits juges » d'Israël. La légende lui prête un fait d'armes peu commun : il aurait éliminé six cents Philistins avec un aiguillon à bœuf. Cet exploit lui valut d'être cité dans le cantique de Déborah comme un sauveur d'Israël.
Origine hébraïque, signifie « épée ».
Chiffre 6 - couleur rouge.
Caractère : affectivité, harmonie, sens des responsabilités, justice.

Charles

Ce prénom a connu bien des heures de gloire depuis le Moyen Âge. De grands hommes l'ont illustré dans des domaines très divers : Charlemagne, Charles de Gaulle, Charlie Chaplin...
Son dernier succès remonte aux années 1990 et ne se dément pas.
Origine germanique, signifie « viril ».
Chiffre 3 - couleur rouge.
Fête le 4 novembre.
Saint Charles Borromée est docteur en droit à 16 ans, cardinal à 22, administrateur du diocèse de Milan à 23, et sacré archevêque de Milan quelques années plus tard ; il renonce alors aux biens matériels, se dévoue au service des humbles et des malades, participe au concile de Trente et met en place une nouvelle règle de discipline ecclésiastique. Il meurt à Milan en 1584.
Caractère : indépendance, sens des responsabilités, passion, autorité.
Diminutifs : *Charlie, Charlot.*
Basque : *Karlos, Karol.* *Breton* : *Charlez.*
Corse : *Carlu.* *Espagnol* : *Carlos.*
Germanique : *Carl, Karl.* *Hongrois* : *Karoly.*
Italien : *Carlo, Lino.*
Occitan : *Carles.*
Provençal : *Charloun.*

Childebert

Médiéval, Childebert a nommé plusieurs rois francs.
Origine germanique, signifie « illustre combat ».
Chiffre 3 - couleur verte.
Luipram, Fulrad, Lantfried et compagnie...
Si Clovis et Clotaire sont récemment réapparus à l'état civil, ce n'est pas le cas de la grande majorité des prénoms mérovingiens. Hincmar, Théodulf, Gozlin, Alcuin, Dregon, Childebrand et Ragnefred ne sont jamais sortis de l'ombre. Quant à Childéric, Odilon et Pépin, ils font figure d'originaux, alors qu'au VIe siècle ils étaient des plus courants.
Caractère : sociabilité, sens artistique, harmonie, charisme.

Childéric

Ce prénom fut porté par plusieurs rois francs, au Ve et au VIIe siècle.
Origine germanique, signifie « combat » et « roi ».
Chiffre 8 - couleur rouge.
Caractère : dynamisme, opportunisme, charme, sens pratique.

Christian

Ce prénom fut l'un des grands classiques du milieu du XXe siècle.
Origine grecque, signifie « messie ».
Chiffre 2 - couleur verte.
Fête le 12 novembre.
Saint Christian est cuisinier dans un monastère en Pologne au XIe siècle ; il est massacré, une nuit, avec quatre compagnons.
Caractère : activité, indépendance, confiance en soi, prudence.
Variante : *Chrétien.* *Anglo-saxon* : *Chris, Kirsten.* *Corse* : *Cristianu.*
Espagnol : *Cristian, Cristiano.*
Germanique : *Christian, Karsten, Kirsten.*
Italien : *Cristiano.*
Provençal : *Crestian, Cristoù.*

Christophe

Il a pris le relais de Christian au hit-parade, dans les années 1970. C'est aujourd'hui sa forme anglo-saxonne Christopher qui est en vogue.
Origine grecque, signifie « qui porte le Christ ».
Chiffre 4 - couleur bleue.
Fête le 25 juillet.
Saint Christophe est un géant qui a pour surnom le Maudit, au IIIe siècle, en Asie Mineure. Chassé par ses employeurs, il devient, sur le conseil d'un vieil ermite, passeur de rivières. Un jour, il prend sur ses épaules un jeune enfant dont le poids manque de le faire trébucher. Il s'en étonne, regarde le visage de son passager, et reconnaît l'Enfant Jésus. Après cette apparition, il se fait baptiser, et continue son office... tout en essayant de convertir tous ceux qu'il convoie. Il y réussit si bien qu'il est arrêté et condamné à mort.
Caractère : calme, intuition, émotivité, humour.
Anglo-saxon : Christopher.
Corse : Cristofino. Espagnol : Cristobal.
Germanique : Christof, Stoffel, Toffel.
Grec : Kristoforo. Italien : Cristoforo.
Occitan : Cristau, Cristol, Cristoli.
Russe : Khristophor.

Ciaran

Ce prénom est l'un des favoris des familles irlandaises.
Origine irlandaise, signifie « aux cheveux noirs ».
Chiffre 1 - couleur verte.
Caractère : indépendance, ambition, énergie, volonté.

Clarence

Forme anglo-saxonne de Clair, ce prénom mixte s'affirme en France.
Origine latine, signifie « clair ».
Chiffre 7 - couleur bleue.
Fête le 26 avril.
Saint Clarence fut évêque de Vienne au VIIe siècle et se distingua par une vie d'une extrême piété.
Caractère : sociabilité, réserve, goût de l'aventure, vivacité.

Claude

Ce prénom nous vient de l'Antiquité. Les Claudius représentaient une illustre famille romaine qui donna deux empereurs, l'un au Ier siècle, époux de Messaline et d'Agrippine, l'autre au IIIe siècle.
Origine latine, signifie « issu des Claudius ».
Chiffre 1 - couleur orange.
Fête le 15 février.
Saint Claude La Colombière, natif du Dauphiné, est théologien et précepteur des enfants de Colbert, au XVIIe siècle. Il est appelé par le roi d'Angleterre, mais, atteint de tuberculose, il revient en France pour mourir.
Caractère : générosité, sociabilité, élégance, vivacité.
Basque : Klaudio. Breton : Claudic, Klaoda.
Espagnol et italien : Claudio.
Germanique : Claudius. Occitan : Glaudi.
Russe : Klavdii, Klava.

Cléante

Ce prénom fut porté par plusieurs personnages du théâtre de Molière, représentant l'homme sage, sincère, ardent, qui incarne l'amoureux type *dans Tartuffe, l'Avare, le Malade Imaginaire*.
Origine française, issu du théâtre de Molière.
Chiffre 6 - couleur bleue.
Caractère : sensibilité, générosité, sens des responsabilités, exigence.

Clément

Ce prénom fut porté par quatorze papes. Après avoir été méconnu pendant plusieurs siècles, il est en vogue depuis 1980.
Origine latine, signifie « indulgent ».
Chiffre 7 - couleur rouge.
Fête le 23 novembre.

Saint Clément est, à la fin du Ier siècle, un homme instruit et cultivé converti par saint Pierre. Il prêche la bonne parole avec tant de succès que l'empereur Trajan l'envoie aux travaux forcés en Crimée : il convertit les prisonniers, les gardes, et on accourt même de tout le pays... pour acheter les pierres qu'il casse ! Trajan ordonne qu'il soit jeté dans la mer Noire lesté d'une ancre de fonte.
Caractère : tendresse, émotivité, autorité, stabilité.
Anglo-saxon : Clemens.
Basque : Kliment. *Corse :* Clemente.
Espagnol et italien : Clemente.
Germanique : Klemens. *Russe :* Kliment.

Cléry

Ce prénom à la consonance anglo-saxonne apparaît timidement.
Origine grecque, signifie « clerc ».
Chiffre 9 - couleur blanche.
Fête le 14 janvier.
Saint Cler est diacre en Afrique du Nord au VIe siècle ; il meurt en martyr.
Caractère : sociabilité, écoute, générosité, émotivité.

Clodomir

Ce prénom fut porté par le fils aîné de Clovis et de Clothilde.
Origine germanique, signifie « grande gloire ».
Chiffre 8 - couleur verte.
Fête le 25 août.
Saint Louis, roi de France, est son patron.
Caractère : activité, courage, volonté, sens des responsabilités.
Espagnol : Clodomiro.

Clotaire

Prénom royal, Clotaire suit Clovis sur le chemin du succès.
Origine germanique, signifie « grande gloire ».
Chiffre 2 - couleur bleue.
Fête le 7 avril.
Saint Clotaire est le discret abbé d'une abbaye, en Champagne au VIIIe siècle.
Caractère : affectivité, fidélité, intuition, réflexion.
Autre orthographe : Clothaire.

Clovis

Ce prénom évoque le célèbre roi des Francs au Ve siècle, grand conquérant païen qui épousa Clothilde la chrétienne, accepta le baptême et réunit le concile d'Orléans pour établir l'organisation administrative de l'Église franque.
Sur le plan étymologique, il est une forme franque de Louis.
Origine germanique, signifie « glorieux vainqueur ».
Chiffre 8 - couleur verte.
Fête le 25 août.
Saint Louis est son patron.
Caractère : énergie, autorité, détermination, réserve.

Clyde

La vogue de ce prénom est récente, mais il n'est pas nouveau : le malfaiteur Clyde Barrow en avait fait un véritable mythe dans les années 1930 aux États-Unis.
Origine écossaise, du nom de la rivière Clyde qui arrose Glasgow.
Chiffre 4 - couleur verte.
Caractère : travail, énergie, créativité, autorité.

Coemgen

Ce prénom est la forme primitive de Kévin, beaucoup plus fréquent.
Origine celtique, signifie « enraciné ».
Chiffre 8 - couleur verte.
Fête le 3 juin.
Saint Coemgen, ermite en Irlande au VIe siècle, consacre ses journées à la prière, debout, les bras en croix. La légende raconte que les oiseaux viennent nicher dans ses manches.

Il crée un monastère dont il prend la direction à la demande des pèlerins.
Caractère : réserve, curiosité, étude, travail.
Variantes : Gauvain, Kevin.

Colin

Il est l'un des dérivés de Nicolas.
Origine grecque, signifie « victoire du peuple ».
Chiffre 8 - couleur jaune.
Fête le 6 décembre.
Saint Nicolas, évêque de Myra en Anatolie au IIIe siècle, lutte contre le paganisme malgré les persécutions de l'empereur Dioclétien.
Caractère : persévérance, énergie, sociabilité, autorité.

Colman

Ce prénom est la forme primitive de Colomban et de Colombe.
Origine celtique, signifie « colombe ».
Chiffre 4 - couleur rouge.
Fête le 24 novembre.
Saint Colman, barde païen en Irlande au VIe siècle, rencontre saint Brendan, qui le convertit et le baptise. Il devient évêque et consacre sa vie à l'évangélisation des campagnes.
Caractère : courtoisie, exigence, imagination, justice.
Variante : Coloman. Breton : Koulman.

Colomban

Origine celtique, signifie « colombe ».
Chiffre 2 - couleur bleue.
Fête le 23 novembre.
Saint Colomban, noble irlandais du VIe siècle, est ordonné prêtre à la fin de ses études et parcourt les routes pour prêcher et construire des monastères. Il s'embarque pour l'Écosse et se consacre à son évangélisation. Sa santé déclinant, il retourne dans son Irlande natale pour participer à des synodes et transcrire des livres.
Caractère : prudence, réserve, réflexion, persévérance.
Breton : Koulm. Corse : Colombanu. Espagnol : Colomo. Italien : Colombano. Portugais : Columbano.

Côme

On ne le sépare guère de son jumeau Damien, médecin comme lui.
Origine grecque, signifie « ordre ».
Chiffre 9 - couleur rouge.
Fête le 25 septembre.
Saint Côme et saint Damien sont tous deux chrétiens et médecins en Arabie au IVe siècle. Ils soignent gratuitement les blessés, les malades, réconfortent les désespérés, enseignent l'Évangile et convertissent grand nombre de patients. Lorsque les persécutions sont ordonnées, ils sont les premiers désignés pour le martyre.
Caractère : émotivité, altruisme, diplomatie, sérieux.
Espagnol : Cosme. Germanique : Kosmas. Italien : Cosimo. Russe : Kosma.

Connor

Ce prénom mixte est très en vogue en Irlande.
Origine irlandaise, signifie « grand désir ».
Chiffre 2 - couleur rouge.
Caractère : diplomatie, adaptabilité, émotivité, charisme.

Conrad

Ce prénom fut illustré par plusieurs rois d'Italie et de Germanie aux XIe et XIIe siècles.
Origine germanique, signifie « brave » et « conseil ».
Chiffre 1 - couleur verte.
Fête le 26 novembre.
Saint Conrad, évêque de Constance au Xe siècle, fit plusieurs pèlerinages à Jérusalem.
Caractère : dynamisme, originalité, travail, réflexion.
Variante : Conradin. Alsacien : Kurt. Espagnol : Conrado. Germanique : Konrad. Italien : Corrado.

C

Constantin

Origine latine, signifie « constance ».
Chiffre 3 - couleur rouge.
Fête le 21 mai.
Saint Constantin Ier le Grand, empereur de Rome au IVe siècle, est païen, mais tolérant. Il garantit la liberté de culte aux chrétiens, fonde Constantinople et se fait baptiser quelques mois avant sa mort.
Caractère : opportunisme, adaptabilité, sociabilité, prudence.
Corse : Constantino. Espagnol : Constancio.
Germanique : Konstanze, Konstantin.
Grec : Konstantin, Kosta.
Italien : Costanzo. Russe : Konstantin.

Corentin

La fin du XXe siècle a vu le succès de Corentin dans le sillage de Malo et d'Arthur.
Origine celtique, signifie « ami ».
Chiffre 8 - couleur bleue.
Fête le 12 décembre.
Saint Corentin, ermite en Bretagne à la fin du Ve siècle, fonde un monastère en Cornouailles, puis est nommé évêque de Quimper.
Caractère : énergie, activité, tendresse, exigence.
Breton : Kaourentin.

Les sept saints fondateurs de la Bretagne

Ils sont venus s'établir en Armorique au VIe siècle, quittant l'Irlande ou le pays de Galles, et y ont bâti des églises et des monastères : Brieuc, Corentin, Malo, Patern, Pol, Samson et Tugdual. De nombreuses paroisses portent encore leurs noms aujoud'hui.

Corneille

Origine latine, signifie « corneille ».
Chiffre 3 - couleur verte.
Fête le 16 septembre.
Saint Corneille, pape au IIIe siècle, fut exilé par l'empereur Gallus.
Caractère : dynamisme, charme, vivacité, volonté.
Variante : Cornille. Anglo-saxon : Cornelius.
Basque : Korneli. Espagnol et italien : Cornelio.
Russe : Kornilii. Slave : Kornel.

Couleth

Origine celte, signifie « colombe ».
Chiffre 3 - couleur verte.
Fête le 10 décembre.
Saint Couleth fut évêque de Kildarre en Irlande au VIe siècle.
Caractère : communication, créativité, énergie, éloquence.
Variantes : Conleth, Coulith, Konlez.

Courtney

Ce prénom mixte est en vogue actuellement dans les pays anglo-saxons.
Origine anglaise, signifie « vallée profonde ».
Chiffre 3 - couleur jaune.
Caractère : sensibilité, prudence, réserve, travail.

Craig

Surnom à l'origine, Craig est devenu un prénom à part entière voici une cinquantaine d'années.
Origine gaélique, signifie « rocher ».
Chiffre 2 - couleur violette.
Caractère : diplomatie, émotivité, sociabilité, éloquence.

Crépin

Origine latine, signifie « crépu ».
Chiffre 2 - couleur bleue.
Fête le 25 octobre.
Saint Crépin, Romain du IIIe siècle, s'établit à Soissons avec son frère Crépinien. Ils sont cordonniers, et prêchent l'Évangile à tous leurs clients, qu'ils parviennent à convertir grâce à leur éloquence. L'empereur Maximien de passage en Gaule l'apprend et les fait décapiter.

Caractère : sociabilité, charme, rêverie, charisme.
Variantes : Crépinien, Crespin.
Espagnol : Crispin.

Cyprien

Longtemps méconnu, Cyprien connaît un succès discret mais prometteur depuis les années 1990.
Origine latine, signifie « originaire de Chypre ».
Chiffre 9 - couleur rouge.
Fête le 16 septembre.
Saint Cyprien, orateur et professeur de réthorique à Carthage au IIIe siècle, mène une brillante vie publique. Il se convertit au christianisme à 40 ans, étudie les Saintes Écritures, et se fait ordonner prêtre ; peu après, il est nommé évêque de Carthage et aussitôt persécuté sur ordre de Dèce. Il est exilé, ses biens sont confisqués. Il revient à Carthage pour soutenir les chrétiens et soigner les victimes de l'épidémie de peste qui sévit alors. Il est arrêté et décapité.
Caractère : sensibilité, créativité, communication, fantaisie.
Anglo-saxon : Cyprian.
Basque : Zibrian, Ziprian, Zipriano.
Espagnol : Cipriano. *Occitan :* Cyprian.
Provençal : Cibranet, Ciprian, Ciprianet.

Cyr

Ce prénom est à l'origine de plusieurs dérivés : Cyrus, évocateur du roi de Perse au VIe siècle avant J.-C., et Cyril, qui connut un grand succès dans les années 1980.
Origine grecque, signifie « maître ».
Chiffre 1 - couleur rouge.
Fête le 16 juin.
Saint Cyr est un enfant de 3 ans, arrêté avec sa mère, sainte Juliette, en Asie Mineure au début du IVe siècle. Pendant le procès, il vient narguer le juge et lui annonce qu'il est chrétien lui aussi. Le magistrat attrape l'enfant, et lui fracasse la tête contre un pilier.
Caractère : franchise, indépendance, activité, réserve.
Variantes : Cyran, Cyril, Cyriaque, Cyrus, Siran.
Anglo-saxon : Cyrus.
Basque : Ziriako.
Espagnol et italien : Ciro.
Grec : Kyriak, Kyres, Kyros.
Occitan : Céri.

Cyran

Origine grecque, signifie « maître ».
Chiffre 7 - couleur rouge.
Fête le 16 juin.
Saint Cyr, enfant emprisonné avec sa mère en Asie Mineure au IVe siècle, proclame sa foi ; il est mis à mort.
Caractère : activité, travail, ambition, franchise.
Variante : Cyrano.

Cyril

Ce prénom évoque l'alphabet glacolithique, dit alphabet cyrillique.
Origine grecque, signifie « maître ».
Chiffre 3 - couleur rouge.
Fête le 12 février.
Saint Cyril, compagnon d'études du prince Michel à Constantinople au IXe siècle, ordonné diacre, enseigne la philosophie avant de rejoindre son frère Méthode, moine sur le mont Olympe. Michel devenu empereur l'envoie en mission avec son frère en Moravie, et lui demande de transcrire en slavon la Bible et les Saintes Écritures. Cyril crée l'alphabet cyrillique, inspiré des caractères grecs, encore en usage aujourd'hui dans les pays slaves.
Caractère : curiosité, patience, étude, fidélité.
Autre orthographe : Cyrille.
Basque : Kuirilo.
Espagnol : Cirilo.
Germanique : Cyrillus.
Grec : Kyrillos.
Italien : Cirillo.
Russe : Kyril.

D

Dalmace

Origine latine, signifie « originaire de Dalmatie ».
Chiffre 3 - couleur bleue.
Fête le 13 novembre.
Saint Dalmace, évêque de Rodez au VIe siècle, délivrait, d'après la légende, les possédés du démon et obtenait la libération des prisonniers par ses simples prières.
Caractère : sensibilité, réserve, prudence, fidélité.
Variante : Damase. Espagnol : Dalmacio.

Damase

Cette forme simplifiée de Dalmace est peu répandue.
Origine latine, signifie « originaire de Dalmatie ».
Chiffre 7 - couleur bleue.
Fête le 11 décembre.
Saint Damase, Romain et Espagnol par son père, est ordonné diacre très jeune, au IVe siècle, et devient pape à 60 ans. Il combat les hérétiques, charge saint Jérôme de traduire la Bible en latin, assainit, décore les catacombes et protège les reliques des martyrs.
Caractère : réflexion, sérieux, intuition, affectivité.
Variante : Damas. Espagnol : Damaso.

Damien

Origine grecque, du nom de Damia, déesse romaine de la Fertilité et des Moissons.
Chiffre 1 - couleur rouge.
Fête le 25 septembre.
Saint Damien, frère jumeau de Côme, est médecin comme lui, en Arabie, au IIIe siècle. Il soigne les corps et les âmes et prêche l'Évangile malgré les menaces de persécution. Il est arrêté, condamné au supplice, et décapité avec son frère.
Caractère : sérieux, stabilité, travail, réflexion.
Anglo-saxon, espagnol, germanique : Damian. Italien : Damiano.

Dan

Ce n'est pas un diminutif de Daniel, mais un prénom, celui, dans la Bible, du cinquième des douze fils de Jacob et ancêtre de l'une des tribus d'Israël.
Origine hébraïque, signifie « il fait justice ».
Chiffre 1 - couleur verte.
Caractère : générosité, traditionalisme, ambition, fierté.

Les tribus d'Israël

Jacob eut quatre compagnes, qui lui ont donné douze fils, fondateurs des douze tribus d'Israël : Ruben, Simon, Lévi, Juda, Issaccar, Zébulon, Joseph, Benjamin, Dan, Nephtali, Gad et Asher.

Daniel

Ce prénom a connu son apogée au milieu du XXe siècle.
Origine hébraïque, signifie « Dieu est juge ».
Chiffre 9 - couleur jaune.
Fête le 11 décembre.
Saint Daniel entre au couvent à Constantinople au Ve siècle, à l'âge de 12 ans. Il est fasciné par saint Siméon, le stylite, par la foule qui l'écoute, sollicite des audiences, demande prières et bénédictions. Daniel passe les trente-trois dernières années de sa vie sur cette même colonne, au bord du Bosphore, prêchant l'amour du prochain, recevant même des empereurs sur son étroite plate-forme.
Caractère : communication, intelligence, séduction, exigence.
Diminutif : Dany.
Anglo-saxon : Danny.
Breton : Deniel, Deniol. Hongrois : Danos.
Italien : Daniele, Danilo. Normand : Dannié.
Provençal : Danié, Daniset.
Russe : Daniil. Slave : Danilo.

Dante

Diminutif du latin Durante, ce prénom fut lancé à la Renaissance par l'écrivain italien Dante Alighieri, auteur de *La Divine*

Comédie, qui en fit un des personnages les plus illustres de l'histoire de l'Italie.
Origine latine, signifie « qui dure ».
Chiffre 8 - couleur verte.
Caractère : autorité, réalisme, énergie, franchise.

Darius

Roi de Perse au Ve siècle avant J.-C., Darius Ier reconstitua l'empire de Cyrus et fonda la ville de Persépolis.
Origine grecque, signifie « riche ».
Chiffre 9 - couleur rouge.
Caractère : sensibilité, imagination, altruisme, stabilité.
Espagnol et italien : Dario.
Grec : Darios.

David

Ce prénom majestueux évoque les exploits du roi David. Tout jeune, il vainc le géant Goliath en l'assommant avec sa fronde. Sacré roi de Juda et d'Israël en 1010 avant J.-C., il succède à Saul le mélancolique, dont, d'après la légende, il apaisait la dépression en jouant de la harpe. Grand adorateur de Yahvé, il compose les plus belles prières de la Bible. Il fait de Jérusalem sa capitale et remporte de nombreuses victoires sur les envahisseurs.
Origine hébraïque, signifie « bien-aimé de Dieu ».
Chiffre 4 - couleur bleue.
Fête le 29 décembre.
Saint David, moine au pays de Galles, au VIe siècle, voyage à travers le pays, créant abbayes et monastères.
Caractère : détermination, indépendance, charisme, sociabilité.
Anglo-saxon : Dave, David, Davy.
Arabe : Daoud.
Breton : Dewi, Divi.
Espagnol : David.
Italien : Davide.
Provençal : Davi, Davioun.

Delano

Ce prénom est connu pour avoir été porté par le président Franklin Delano Roosevelt.
Origine irlandaise, signifie « sombre ».
Chiffre 6 - couleur jaune.
Caractère : sens des responsabilités, harmonie, réflexion, calme.

Delphin

C'est surtout par sa forme féminine Delphine que ce prénom s'est fait connaître.
Origine latine, signifie « dauphin ».
Chiffre 5 - couleur verte.
Fête le 24 décembre.
Saint Delphin, évêque de Bordeaux à la fin du IVe siècle, combat les hérétiques et participe aux conciles de Saragosse et de Bordeaux.
Caractère : travail, méthode, curiosité, adaptabilité.
Variante : Dauphin. *Espagnol :* Delfin.
Italien : Delfino.

Denis

Ce prénom est un grand classique intemporel.
Origine grecque, du nom Dionysos, dieu de la Vigne et du Vin.
Chiffre 6 - couleur orange.
Fête le 9 octobre.
Saint Denis, prêtre puis évêque, en Italie au IIIe siècle, part évangéliser la Gaule païenne. Ses sermons font merveille et les conversions se multiplient. Il devient le premier évêque de Paris. L'empereur Domitien le fait arrêter et décapiter.
Caractère : autorité, réserve, activité, indépendance.
Autre orthographe : Denys.
Anglo-saxon : Dennis, Sidney.
Basque : Danel, Dioni.
Breton : Denez.
Espagnol : Denis, Dioniso.
Hongrois : Denes.
Italien : Denis, Dionisio.
Occitan : Danis.

D

Denoual

Origine celte, signifie « monde de valeur ».
Chiffre 9 - couleur bleue.
Fête le 24 décembre.
Saint Denoual est un prêtre gallois venu en Armorique au Ve siècle.
Caractère : altruisme, rêverie, réserve, persévérance.
Variante : Denoal.

Déodat

Ce prénom est la forme primitive de Dieudonné.
Origine latine, signifie « Dieu donne ».
Chiffre 4 - couleur verte.
Fête le 19 juin.
Saint Déodat, évêque de Nevers au VIIe siècle, quitte son évêché pour vivre dans une grotte dans les Vosges ; les pèlerins affluent et, à leur demande, il fonde un monastère dans ce lieu qui aujourd'hui se nomme Saint-Dié.
Caractère : autorité, détermination, travail, sociabilité.
Variantes : Adéodat, Déodate, Dié, Dieudonné. *Italien :* Deodato.

Dérek

Ce prénom est une forme slave de Théodoric.
Origine germanique, signifie « peuple roi ».
Chiffre 7 - couleur bleue.
Fête le 1er juillet.
Saint Thierry, fils d'un brigand au VIe siècle en Champagne, racheta les fautes de son père par la prière dans le monastère qu'il fonda sur le conseil de saint Remi.
Caractère : charme, harmonie, sens pratique, activité.

Derrien

Origine celte, signifie « chêne ».
Chiffre 2 - couleur verte.
Fête le 8 février.
Saint Derrien, moine breton, fit un pèlerinage en Terre Sainte au VIe siècle.
Caractère : sociabilité, diplomatie, émotivité, curiosité.

Désiré

Ce prénom peu courant fut rendu célèbre par la pièce de Sacha Guitry, *Désiré*.
Origine latine, signifie « désiré ».
Chiffre 6 - couleur violette.
Fête le 8 mai.
Saint Désiré, évêque de Bourges et gardien du sceau royal sous Clotaire et Childebert au VIe siècle, joua un rôle de diplomate et de médiateur à la demande des souverains dans les négociations délicates.
Caractère : charme, sens des responsabilités, curiosité, adaptabilité.
Espagnol et italien : Desiderio.
Germanique : Desider. *Provençal :* Désirat.

Dewi

Ce prénom est considéré comme une forme galloise de David.
Chiffre 5 - couleur rouge.
Fête le 1er mars.
Saint Dewi, fils de sainte Nonn, au VIe siècle, fonda plusieurs monastères en Bretagne et au pays de Galles, dont il est le patron.
Caractère : adaptabilité, indépendance, goût de l'aventure, sensibilité.

Didier

Origine latine, signifie « qui désire ».
Chiffre 4 - couleur jaune.
Fête le 23 mai.
Saint Didier, évêque de Vienne au VIe siècle, reproche à la reine Brunehaut ses mœurs légères et son manque de scrupules. Elle le fait exiler, puis le rappelle, mais Didier renouvelle ses remontrances. Il est enlevé pendant qu'il célèbre la messe, roué de coups et assassiné.
Caractère : prudence, réserve, stabilité, réflexion.
Alsacien : Dieter. *Breton :* Dider.

Diego

Forme espagnole de Jacques, ce prénom suit la vogue des prénoms des pays latins.
Origine hébraïque, signifie « Dieu a soutenu ».
Chiffre 4 - couleur rouge.
Fête le 25 juillet.
Saint Jacques le Majeur, frère de saint Jean l'Évangéliste, pêcheur galiléen au Ier siècle et témoin des miracles de Jésus, fut décapité en Espagne, où il prêchait, dans un village qui prit le nom de Saint-Jacques-de-Compostelle.
Caractère : émotivité, intuition, indépendance, humour.

Dierick

Forme dérivée de Théodoric.
Origine germanique, signifie « peuple et roi ».
Chiffre 1 - couleur violet.
Fête le 9 juillet.
Saint Théodoric est le patron de Diérick. Franciscain, il est pendu par des calvinistes aux Pays-Bas au XVIe siècle.
Caractère : énergie, efficacité, sens de l'organisation, autorité.
Anglo-saxon : Dirk. *Germanique :* Diderick, Diederik, Derek, Derk.

Dieudonné

Origine latine, signifie « Dieu donne ».
Chiffre 6 - couleur verte.
Fête le 19 juin.
Saint Déodat, évêque de Nevers au VIIe siècle, quitte son évêché pour vivre dans une grotte dans les Vosges ; les pèlerins affluent et, à leur demande, il fonde un monastère dans ce lieu qui aujourd'hui se nomme Saint-Dié.
Caractère : autorité, générosité, volonté, ambition.
Italien : Donatello, Donato.

Dimitri

Il est la forme slave d'un prénom latin, Démétrie, totalement tombé en désuétude.
Il suit la vogue de Cyril.
Origine latine, nom de Déméter, déesse romaine de la Terre et des Moissons.
Chiffre 1 - couleur verte.
Fête le 26 octobre.
Saint Dimitri, prêtre yougoslave venu s'établir en Gaule, devint le premier évêque de Gap au Ve siècle.
Caractère : sensibilité, raffinement, générosité, exigence.

Dinan

Origine celtique, signifie « homme ».
Chiffre 6 - couleur bleue.
Fête le 21 février.
Saint Dinan, ancien chef de pirates vikings, au IXe siècle, se repent de ses méfaits et fonde un monastère en Armorique, à l'emplacement actuel de la ville de Dinan.
Caractère : sensibilité, sens des responsabilités, harmonie, prudence.

Dirk

Ce prénom est une forme anglo-saxonne de Théodoric.
Origine germanique, signifie « peuple roi ».
Chiffre 6 - couleur bleue.
Fête le 1er juillet.
Saint Thierry est son patron ; fils d'un brigand au VIe siècle en Champagne, il racheta les fautes de son père par la prière dans le monastère qu'il fonda sur le conseil de saint Remi.
Caractère : sensibilité, travail, sérieux, prudence.

Djamel

Ce prénom est l'un des plus populaires de l'islam.
Origine arabe, signifie « le beau ».
Chiffre 9 - couleur verte.
Caractère : générosité, charisme, rêverie, sociabilité.
Égyptien : Gamal.

D

Doetval

Origine celte, signifie « sage valeur ».
Chiffre 7 - couleur bleue.
Fête le 22 janvier.
Saint Doetval est l'un des vingt-deux enfants du roi de Domnonée, en Armorique au VIe siècle.
Caractère : étude, réflexion, réserve, rêverie.

Dogmaël

Origine celtique, signifie « bon prince ».
Chiffre 3 - couleur verte.
Fête le 14 juin.
Saint Dogmaël, évêque au pays de Galles au VIe siècle, mena une vie de prière et de méditation.
Caractère : curiosité, souplesse, réflexion, indépendance.

Dominique

Il est rare qu'un prénom soit mixte à parité ; c'est le cas de Dominique, qui, dans les années 1950, nommait aussi bien les garçons que les filles.
Origine latine, signifie « maître ».
Chiffre 8 - couleur jaune.
Fête le 8 août.
Saint Dominique de Guzman, prêtre espagnol envoyé en France par le pape au XIIIe siècle pour combattre l'hérésie des cathares, prêche la pauvreté, le jeûne et fonde l'ordre dominicain, dont il rédige la règle de vie.
Caractère : charme, efficacité, détermination, indépendance.
Basque : Domeka, Domiku, Dominix.
Breton : Domineuc. *Provençal :* Doumenique.
Espagnol : Domingo. *Germanique :* Dominikus.
Hongrois : Demko. *Italien :* Domenico.

Domitien

Domitien, frère de Titus, fut empereur de Rome au Ier siècle. Absolutiste, il instaura un régime de terreur, persécuta les chrétiens et même le Sénat.
Origine latine, signifie « maison ».
Chiffre 8 - couleur violette.
Fête le 10 mars.
Saint Domitien, soldat romain chrétien au IVe siècle, est noyé dans un lac glacé pour avoir refusé de renier sa foi.
Caractère : droiture, travail, charme, fiabilité.
Espagnol : Domiciano.

Donald

Prénom écossais par excellence, Donald fut courant jusqu'en 1950, et son succès déclina à l'apparition du héros des dessins animés de Walt Disney.
Origine gaélique, signifie « peuple puissant ».
Chiffre 5 - couleur jaune.
Fête le 15 juillet.
Saint Donald, fils du roi d'Écosse au VIIIe siècle, brillant théologien et prédicateur renommé, évangélisa une grande partie de l'Écosse.
Caractère : intuition, prudence, curiosité, opportunisme.
Diminutifs : Donny, Donell. *Italien :* Donaldo.

Donan

Origine celte, signifie « élevé ».
Chiffre 3 - couleur bleue.
Fête le 15 avril.
Saint Donan fut un disciple de saint Brieuc au VIe siècle.
Caractère : sens artistique, charisme, harmonie, réserve.

Donatien

Comme Côme et Damien, Donatien est inséparable de son frère Rogatien.
Origine latine, signifie « donation ».
Chiffre 1 - couleur jaune.
Fête le 24 mai.
Saint Donatien, tout jeune chrétien qui vit à Nantes au IIIe siècle avec son petit frère Rogatien, est arrêté avec lui par les troupes de l'empereur Maximin, qui leur ordonne de se prosterner devant les dieux païens. Ils refusent : ils sont emprisonnés et décapités.

Caractère : calme, énergie, étude, curiosité.
Breton : Donasian. Occitan : Donatian.

Donovan

Ce prénom fut lancé par le chanteur anglais dans les années 1960.
Origine gaélique, signifie « sombre ».
Chiffre 4 - couleur verte.
Caractère : rigueur, travail, méthode, stabilité.

Dorian

Il est une forme moderne de Théodore, illustrée par *le Portrait de Dorian Gray*, d'Oscar Wilde, en 1891.
Origine grecque, signifie « don de Dieu ».
Chiffre 4 - couleur verte.
Fête le 9 novembre.
Saint Théodore, abbé d'un monastère en Asie Mineure au IXe siècle, fut exilé par l'empereur Nicéphore, à qui il reprochait sa conduite ; l'empereur Michel son successeur le rappella, mais il fut emprisonné pour avoir lutté contre le paganisme et mourut des suites de sa captivité.
Caractère : sensibilité, étude, réflexion, prudence.
Italien : Doriano.

Dosithée

Prénom masculin malgré une apparence féminine, Dosithée est rare.
Origine grecque, signifie « don à Dieu ».
Chiffre 4 - couleur orange.
Fête le 23 février.
Saint Dosithée est touché par la grâce au cours d'un voyage à Bethléem et demande le baptême ; de retour chez lui, il entre dans un monastère, et meurt après cinq années de prières et de méditation.
Caractère : réflexion, rigueur, loyauté, franchise.

Douglas

Écossais comme Donald, Douglas était à l'origine un prénom féminin qui s'est masculinisé au XIXe siècle. Très courant dans les années 1950, il s'est raréfié.
Origine gaélique, signifie « eau noire ».
Chiffre 7 - couleur rouge.
Caractère : réserve, harmonie, raffinement, exigence.

Dov

Origine hébraïque, signifie « ours ».
Chiffre 5 - couleur verte.
Caractère : énergie, ambition, volonté, autorité.

Duane

Ce prénom s'est révélé aux États-Unis dans les années 1940.
Origine celte, signifie « à la peau brune ».
Chiffre 3 - couleur verte.
Caractère : communication, générosité, sens artistique, harmonie.

Dunstan

Origine celte, signifie « bon » et « ardent ».
Chiffre 3 - couleur jaune.
Fête le 19 mai.
Saint Dunstan fut évêque de Canterbury au Xe siècle et développa la règle de saint Benoît dans les monastères anglais.
Caractère : charme, communication, sens pratique, éloquence.
Variante : Duncan.

Dylan

Bob Dylan n'est sans doute pas étranger au succès de ce prénom. Mais, avant lui, Dylan Marlais Thomas, poète anglais des années 1950, fut un héros et un modèle d'anticonformisme pour la jeunesse anglo-saxonne. Dans la mythologie galloise, Dylan est un demi-dieu, fils de la Mer.
Origine galloise, signifie « mer ».
Chiffre 2 - couleur verte.
Caractère : travail, discipline, persévérance, fiabilité.

E

Éberhard

Origine germanique, signifie « dur sanglier ».
Chiffre 4 - couleur verte.
Fête le 16 décembre.
Saint Éberhard, mari de Gisèle, petite-fille de Charlemagne, mène une vie exemplaire de bonté et de charité, au IXe siècle.
Caractère : volonté, sérieux, ambition, sens des responsabilités.
Variante : Évrard. *Espagnol et italien :* Eberardo.

Eddy

Cette forme diminutive anglo-américaine d'Edouard est devenue un prénom à part entière depuis le début de ce siècle.
Origine germanique, signifie « gardien de richesses »
Chiffre 2 - couleur bleue.
Fête le 5 janvier.
Saint Édouard, roi d'Angleterre au XIe siècle, est son patron.
Caractère : altruisme, affectivité, réflexion, intuition.

Éden

Ce prénom biblique est celui de l'un des petits-fils de Moïse.
Origine hébraïque, signifie « délices ».
Chiffre 1 - couleur verte.
Caractère : énergie, autorité, indépendance, sens de l'organisation.

Édern

Ce prénom nomme, dans la mythologie galloise, un soupirant de la reine Guenièvre. Il a été popularisé par l'écrivain Jean-Édern Hallier.
Origine galloise, signifie « très grand ».
Chiffre 1 - couleur verte.
Fête le 26 août.
Saint Édern, moine irlandais du IXe siècle, installe son ermitage en Bretagne, où la légende lui prête de nombreux miracles.
Caractère : autorité, tendresse, orgueil, exigence.
Diminutif : Édernig.

Edgar

Origine germanique, signifie « richesse » et « lance ».
Chiffre 8 - couleur jaune.
Fête le 8 juillet.
Saint Edgar, dit le Pacifique, roi des Anglo-Saxons à la fin du Xe siècle, protège l'Église, promulgue des lois bannissant le paganisme, renforce le pouvoir de la monarchie et rétablit la paix entre les Danois et les Saxons.
Caractère : combativité, prudence, détermination, énergie.

Edme

Cette forme simplifiée d'Edmond a été illustrée par le maréchal de Mac-Mahon.
Origine germanique, signifie « richesse » et « protection ».
Chiffre 9 - couleur violette.
Fête le 20 novembre.
Saint Edmond, roi des Saxons à 14 ans, au IXe siècle, est capturé par les Vikings et décapité.
Caractère : énergie, tendresse, autorité, sensibilité.
Italien : Edmo.

Edmond

Origine germanique, signifie « richesse » et « protection ».
Chiffre 1 - couleur violette.
Fête le 20 novembre.
Saint Edmond, roi des Saxons à 14 ans, au IXe siècle, est capturé par les Vikings et décapité.
Caractère : combativité, activité, indépendance, sociabilité.
Anglo-saxon et germanique : Edmund.
Corse : Edimondu, Edimu.
Espagnol : Edmundo.
Irlandais : Eamon.
Italien : Edmondo.

Édouard

Parmi les huit monarques prénommés Édouard qui régnèrent sur l'Angleterre, Édouard III, petit-fils de Philippe le Bel, revendiqua le trône de France et déclencha la guerre de Cent Ans.
Origine germanique, signifie « gardien de richesse ».
Chiffre 5 - couleur rouge.
Fête le 5 janvier.
Saint Édouard le Confesseur, roi d'Angleterre au XIe siècle, se consacre au bien-être de ses sujets, soulage la misère, évite les combats, s'attirant l'affection de son peuple et le respect de ses ennemis.
Caractère : curiosité, ambition, sens des responsabilités, autorité.
Anglo-saxon : Eddie, Eddy, Edward, Ted, Teddy.
Espagnol : Eduardo. *Germanique :* Eduard.
Italien : Edoardo. *Normand :* Audouard.
Portugais : Duarte.
Provençal : Audouard.

Edwin

Origine germanique, signifie « ami de la richesse ».
Chiffre 1 - couleur verte.
Fête le 12 octobre.
Saint Edwin, roi de Northumbrie, en Angleterre, au VIIe siècle, converti par sa femme Ethelburge, favorise la création d'abbayes et de monastères, et encourage l'évangélisation de ses sujets.
Caractère : activité, rapidité, goût de l'aventure, indépendance.
Variante : Erwin.

Efflam

Origine celtique, signifie « rayonnant ».
Chiffre 7 - couleur bleue.
Fête le 12 octobre.
Saint Efflam, prince d'Irlande au Ve siècle, est fiancé dès l'enfance à Enora, princesse galloise, mais il a fait vœu de chasteté et persuade sa femme de se consacrer elle aussi à Dieu.
Caractère : sérieux, discrétion, activité, sens des responsabilités.

Egan

Origine irlandaise, signifie « très puissant ».
Chiffre 9 - couleur verte.
Caractère : volonté, travail, perfectionnisme, charisme.

Égide

Ce prénom est une forme médiévale de Gilles.
Origine grecque, signifie « protection ».
Chiffre 3 - couleur rouge.
Fête le 1er septembre.
Saint Égide, moine franciscain en Italie au XIe siècle, est l'un des premiers disciples de saint François d'Assise.
Caractère : communication, diplomatie, exigence, discrétion.
Autre orthographe : Aegide. *Espagnol :* Egidio.

Eginer

Origine celte, signifie « ami blanc ».
Chiffre 4 - couleur orange.
Fête le 23 mars.
Saint Eginer, prince irlandais au Ve siècle, se convertit contre l'avis de son père, qui le chasse. Il émigre en Bretagne, où il installe son ermitage, puis revient évangéliser les Cornouailles, où il est arrêté et martyrisé par des infidèles.
Caractère : rigueur, travail, stabilité, ordre.
Variante : Fingar.

Eginhard

Origine germanique, signifie « ami de grandes richesses ».
Chiffre 3 - couleur verte.
Fête le 14 décembre.
Saint Eginer, fils de roi irlandais au Ve siècle, est banni par son père à la suite de sa conversion ; il part évangéliser l'Armorique, construit un ermitage, puis repart en Cornouailles, où il est mis à mort par des païens.

E

Caractère : vivacité, adaptabilité, indépendance, énergie.

Ehoarn

Origine celtique, signifie « en fer ».
Chiffre 7 - couleur bleue.
Fête le 11 février.
Saint Ehoarn, moine réputé pour sa bonté dans l'abbaye où il vit, près de Vannes au XIe siècle, est assassiné par des voleurs.
Caractère : réflexion, étude, intuition, curiosité.
Variante : Ehouarn.

Éléazar

Éléazar est, dans la Bible, le chef de la tribu des Lévites.
Origine hébraïque, signifie « Dieu a secouru ».
Chiffre 5 - couleur bleue.
Fête le 1er août.
Saint Éléazar, docteur de la loi en Israël au IIe siècle avant J.-C., est martyrisé à l'âge de 90 ans pour avoir refusé d'enfreindre la loi juive.
Caractère : charme, passion, dynamisme, imagination.
Variantes : Éliécer, Elzéar, Lazare.
Anglo-saxon : Eleazer. *Portugais :* Elzeario.

Élian

Ce prénom, qui est une forme occitane d'Élie, suit la vogue des prénoms masculins se terminant par cette syllabe.
Origine hébraïque, signifie « mon maître est Dieu »
Chiffre 5 - couleur verte.
Fête le 20 juillet.
Saint Élie est son patron.
Caractère : adaptabilité, curiosité, charisme, indépendance.

Eliaz

Il est la forme bretonne d'Élie, rencontrée souvent comme patronyme.
Origine hébraïque, signifie « mon maître est Dieu ».
Chiffre 8 - couleur orange.
Fête le 20 juillet.
Élie, prophète au royaume d'Israël au IXe siècle avant J.-C., participe aux affaires publiques et lutte contre les cultes idolâtres.
Caractère : sérieux, sens des responsabilités, efficacité, ambition.
Variantes : Élias, Éliez.

Élie

Grand classique de la tradition juive, ce prénom est à l'origine de formes dérivées modernes qui sont aujourd'hui en vogue.
Origine hébraïque, signifie « mon maître est Dieu ».
Chiffre 4 - couleur orange.
Fête le 20 juillet.
Élie, prophète au royaume d'Israël au IXe siècle avant J.-C., participe aux affaires publiques et lutte contre les cultes idolâtres.
Caractère : sociabilité, éloquence, ambition, épicurisme.
Variantes : Élian, Élias, Élien, Élier, Lélian.
Anglo-saxon : Eliott. *Breton :* Eliaz, Eliez.
Espagnol : Elias. *Italien :* Elia.
Provençal : Elioun. *Russe :* Ilya.

Élier

Forme moderne d'Élie.
Origine hébraïque, signifie « mon maître est Dieu ».
Chiffre 4 - couleur jaune.
Fête le 20 juillet.
Élie, prophète au royaume d'Israël au IXe siècle avant J.-C., participe aux affaires publiques et lutte contre les cultes idolâtres.
Caractère : réflexion, passion, persévérance, indépendance.

Eliott

Cette forme anglo-saxonne d'Élie s'implante en France depuis la fin du XXe siècle.

Origine hébraïque, signifie « mon maître est Dieu ».
Chiffre 9 - couleur rouge.
Fête le 20 juillet.
Élie, prophète au royaume d'Israël au IXe siècle avant J.-C., participe aux affaires publiques et lutte contre les cultes idolâtres.
Caractère : communication, éloquence, élégance, sensibilité.

Élisée

Origine hébraïque, signifie « Dieu est le sauveur ».
Chiffre 1 - couleur verte.
Fête le 14 juin.
Saint Élisée, disciple d'Élie, devient prophète comme lui et poursuit sa mission.
Caractère : calme, sens des responsabilités, détermination, ambition.
Espagnol : Eliseo.
Portugais : Elyseu.
Russe : Eliseï.

Éloi

Ce prénom médiéval, inséparable du « bon roi Dagobert », réapparaît depuis la fin du XXe siècle.
Origine latine, signifie « élu ».
Chiffre 5 - couleur jaune.
Fête le 1er décembre.
Saint Éloi, forgeron dans le Limousin au VIe siècle, devient orfèvre pour Clotaire II, qui le nomme maître de la monnaie. Il se lie d'amitié avec Dagobert, son fils, dont il devient le trésorier et le conseiller. À la mort de Dagobert, Éloi est ordonné prêtre et fonde des monastères, ouvre des hôpitaux. Sacré évêque de Noyon, il entreprend l'évangélisation des Flamands et des Frisons.
Caractère : vivacité, ambition, sens de l'observation, détermination.
Espagnol : Eloy.
Occitan : Aloi.

Éloïc

Ce prénom est une forme composée de deux formes dérivées de Louis, Éloïse et Loïc.
Origine germanique, signifie « glorieux vainqueur ».
Chiffre 8 - couleur jaune.
Fête le 25 août.
Saint Louis, roi de France, est son patron.
Caractère : sens de la justice, harmonie, ambition, charisme.

Élouan

Origine celtique, signifie « belle lumière ».
Chiffre 5 - couleur rouge.
Fête le 28 août.
Saint Élouan, moine irlandais, s'installe en Bretagne pour évangéliser la région au VIe siècle.
Caractère : curiosité, optimisme, adaptabilité, indépendance.
Variantes : Elvan, Elven.

Elzéar

Ce prénom est une forme dérivée d'Éléazar.
Prénom d'origine hébraïque, signifie « Dieu a secouru ».
Chiffre 4 - couleur rouge.
Fête le 27 septembre.
Saint Elzéar, noble provençal du XIVe siècle, épouse à 13 ans Delphine, une jeune fille qui a fait vœu de chasteté ; Elzéar respecte le serment et se consacre à la prière et aux œuvres charitables. Il devient le conseiller du roi de Naples et le tuteur de son fils.
Caractère : charme, énergie, harmonie, réflexion.
Provençal : Auzias.

Émile

Origine latine, signifie « émule ».
Chiffre 8 - couleur bleue.
Fête le 22 mai.
Saint Émile, arrêté et condamné à mort à Carthage au IIIe siècle avec son ami Caste, renie

tout d'abord sa foi par crainte du supplice, puis se reprend et meurt sur le bûcher.
Caractère : sensibilité, passion, enthousiasme, exigence.
Variantes : Émilien, Milan. *Corse :* Emiliano. *Espagnol :* Emilio. *Germanique :* Emil. *Occitans :* Emili, Mile, Milo. *Provençal :* Amiel.

Emmanuel

Ce prénom biblique est le surnom donné au Messie.
Origine hébraïque, signifie « Dieu est avec nous ».
Chiffre 3 - couleur orange.
Fête le 10 juillet.
Saint Emmanuel, missionnaire franciscain, fut martyrisé à Damas en Syrie au XIXe siècle.
Caractère : dynamisme, curiosité, indépendance, aisance.
Variante : Manuel. *Basque :* Imanol. *Espagnol :* Emanuel, Manolo. *Italien :* Emanuele. *Gascon :* Amaniu. *Grec :* Manolis.

Emmeran

Origine germanique, signifie « maison et corbeau ».
Chiffre 6 - couleur violette.
Fête le 22 septembre.
Saint Emmeran, missionnaire en Bavière au VIIe siècle, meurt en martyr à Rome.
Caractère : sérieux, sens des responsabilités, générosité, affectivité.

Énée

Énée est le héros de l'Énéide, poème de Virgile écrit en 29-19 avant J.-C., qui raconte l'établissement des Troyens en Italie et annonce la fondation de Rome. Fils de Vénus, il combat les Grecs pendant la guerre de Troie, s'enfuit en Italie et épouse Lavinia, fille du roi Latinus. Son fils Ascagne est l'ancêtre de Romulus, fondateur de Rome.
Origine grecque, du nom Aeneas.
Chiffre 2 - couleur verte.
Caractère : réserve, indépendance, réflexion, affectivité.

Enéour

Origine celte, signifie « homme ».
Chiffre 6 - couleur verte.
Fête le 4 mai.
Saint Enéour traversa la Manche de Grande-Bretagne au Finistère dans une auge de pierre au VIe siècle.
Caractère : fidélité, affectivité, sens des responsabilités, harmonie.

Enguerrand

Ce prénom médiéval est une forme dérivée d'Angilran, que l'on peut traduire littéralement par « ange » et « corbeau ».
Origine germanique.
Chiffre 8 - couleur bleue.
Fête le 28 octobre.
Saint Engerand, moine cultivé, évêque de Metz au VIIIe siècle, devient chapelain puis proche conseiller de Charlemagne.
Caractère : réserve, sensibilité, maîtrise, rigueur.
Variantes : Angilran, Engerand.

Énogat

Origine celte, signifie « honneur au combat ».
Chiffre 8 - couleur jaune.
Fête le 13 janvier.
Saint Énogat fut évêque d'Alet au VIIe siècle.
Caractère : volonté, sens de la justice, équilibre, travail.

Enzo

Il est la forme italienne d'Henri.
Origine germanique, signifie « maison du roi ».
Chiffre 6 - couleur jaune.
Fête le 13 juillet.

Saint Henri, roi de Bavière au XIe siècle, bâtit des cathédrales, fonde des monastères et des hôpitaux et mène une vie exemplaire de bonté et de piété.
Caractère : indépendance, activité, communication, rigueur.

Eozen

Ce prénom est une variante d'Yves.
Origine celte, signifie « if ».
Chiffre 2 - couleur orange.
Fête le 19 mai.
Saint Yves Hilory, né près de Tréguier au XIIIe siècle, étudia le droit à Paris puis à Orléans et devint l'avocat des pauvres en Bretagne ; sa piété, sa générosité, ses talents de négociateur en ont fait un des plus grands saints.
Caractère : sensibilité, diplomatie, adaptabilité, charisme.

Éphraïm

Il est, dans la Bible, le second fils de Joseph, et le fondateur de l'une des douze tribus d'Israël.
Origine hébraïque, signifie « fertile ».
Chiffre 7 - couleur jaune.
Caractère : affectivité, réserve, exigence, indépendance.
Espagnol : Efrain.
Russe : Ephremii.

Épiphane

Ce prénom fait référence à la fête de l'Épiphanie, qui célèbre le jour de la visite des Rois mages à l'Enfant Jésus.
Origine grecque, signifie « apparition ».
Chiffre 2 - couleur verte.
Fête le 21 janvier.
Saint Épiphane, évêque à Pavie, en Italie au Ve siècle, exerce une grande influence sur la vie politique de son pays.
Caractère : diplomatie, tact, adaptabilité, sociabilité.
Espagnol : Epifanio.

Érasme

Ce prénom fut rendu célèbre par un humaniste hollandais du XVe siècle.
Origine grecque, signifie « charmant ».
Chiffre 7 - couleur verte.
Fête le 2 juin.
Saint Érasme fut évêque en Italie au IVe siècle et persécuté par l'empereur Dioclétien.
Caractère : discrétion, sensibilité, réflexion, intuition.

Éric

Ce prénom typiquement suédois fut un grand classique des années 1960 en Europe.
Origine germanique, signifie « honneur » et « roi ».
Chiffre 8 - couleur rouge.
Fête le 18 mai.
Saint Éric, roi de Suède au XIIe siècle, favorise l'extension du christianisme dans son pays, construit des églises et lutte contre les Finnois, peuple païen et barbare qu'il tente d'évangéliser. Il est poignardé pendant la messe par un prince danois.
Caractère : détermination, vivacité, dynamisme, esprit d'entreprise.
Autre orthographe : Érik. *Espagnol :* Erico.

Érispoé

Érispoé, roi de Bretagne au IXe siècle, fit reconnaître son titre par le roi de France Charles le Chauve.
Origine celte, signification inconnue.
Chiffre 6 - couleur orange.
Caractère : affectivité, sens des responsabilités, fidélité, autorité.

Ernest

Origine germanique, signifie « sérieux ».
Chiffre 9 - couleur jaune.
Fête le 7 novembre.
Saint Ernest, abbé d'un monastère près de Constance au début du XIIe siècle, accompagne l'empereur Conrad III à la croisade et y meurt.

E

Caractère : énergie, autorité, passion, exigence.
Corse : Ernestu. Espagnol : Ernesto.
Germanique : Ernst. Normand : Erné.

Erwann

Ce prénom en vogue est la forme bretonne d'Yves.
Origine celtique, signifie « if ».
Chiffre 3 - couleur verte.
Fête le 19 mai.
Saint Yves Hilory, avocat des pauvres en Bretagne au XIIIe siècle, arbitre les conflits et fait l'aumône. Ordonné prêtre, il fonde un hôpital et soigne lui-même les malades.
Caractère : indépendance, affectivité, exigence, communication.

Estéban

Il est la forme espagnole d'Étienne et de Stéphane, prénoms qui ont tous deux la même étymologie.
Origine grecque, signifie « couronné ».
Chiffre 3 - couleur rouge.
Fête le 26 décembre.
Saint Étienne fut le premier martyr chrétien, à Jérusalem, au Ier siècle, lapidé pour avoir prêché l'Évangile.
Caractère : communication, opportunisme, charisme, générosité.

Ethan

Ce prénom a vu sa cote grandir aux États-Unis et il apparaît aujourd'hui en Europe.
Origine hébraïque, signifie « constant ».
Chiffre 3 - couleur verte.
Caractère : vivacité, esprit pratique, adaptabilité, charisme.

Étienne

En vogue dès le Moyen Âge, ce prénom fut porté par un pape et par des monarques de pays bien différents : roi d'Angleterre, roi de Pologne, prince serbe. Étienne Marcel, prévôt dauphin, futur Charles V, et maître de Paris illustra plus violemment ce prénom.
Origine grecque, signifie « couronné ».
Chiffre 9 - couleur verte.
Fête le 26 décembre.
Saint Étienne, Grec et chrétien à Jérusalem au Ier siècle, est consacré diacre par les apôtres. Ses sermons remportent un franc succès, et les rhéteurs de la synagogue le condamnent à mourir lapidé.
Caractère : sociabilité, tolérance, vivacité, harmonie.
Variante : Estèphe. Basque : Estanis, Estebe Esteben, Estepan. Breton : Estin.
Anglo-saxon : Stephen, Steve, Steven.
Espagnol : Esteban, Estefan.
Italien : Stefano. Occitan : Estèfe, Estève, Estienne. Portugais : Estévao.

Eudes

Ce prénom médiéval fut porté par un roi de France, au IXe siècle. Il est de ces prénoms emblématiques des familles aristocratiques.
Origine germanique, signifie « richesse ».
Chiffre 9 - couleur orange.
Fête le 19 novembre.
Saint Eudes est, au VIIIe siècle, le premier abbé d'un monastère dans le Velay, où il mène une vie pieuse et discrète.
Caractère : altruisme, affectivité, harmonie, fantaisie.

Eudoxe

Ce prénom rare fut illustré par un astronome et mathématicien grec au Ve siècle avant J.-C.
Origine grecque, signifie « bonne doctrine ».
Chiffre 2 - couleur verte.
Fête le 1er mars.
Sainte Eudoxie, patronne des Eudoxe, prostituée repentie à Balbek au IIe siècle, se convertit ; elle est dénoncée aux autorités par un souteneur et décapitée.
Caractère : volonté, indépendance, affectivité, autorité.
Espagnol : Eudoxe. Italien : Eudossio.

Eugène

Ce prénom connut son apogée au XIXe siècle.
Origine grecque, signifie « bien né ».
Chiffre 3 - couleur bleue.
Fête le 13 juillet.
Saint Eugène, évêque de Carthage au IIIe siècle, lutte contre les Vandales, mais il passe treize ans en exil et meurt loin de son évêché.
Caractère : intelligence, vivacité, éloquence, fantaisie.
Basque : Eugenio, Eukeni.
Espagnol et italien : Eugenio. Grec : Eugenios.
Irlandais : Owen. Russe : Evghenii, Gennadi.

Eusèbe

Origine grecque, signifie « pieux ».
Chiffre 3 - couleur verte.
Fête le 17 août.
Saint Eusèbe est le trente et unième pape, au IVe siècle.
Anglo-saxon et germanique : Eusebius.
Espagnol et italien : Eusebio. Russe : Evsebii.

Eustache

Origine grecque, signifie « bon épi ».
Chiffre 1 - couleur violette.
Fête le 20 septembre.
Saint Eustache, général dans l'armée romaine au IIe siècle, se convertit avec sa femme et ses fils, et refuse d'adorer les dieux païens au cours d'une cérémonie célébrant l'une de ses victoires. Il est condamné au supplice.
Caractère : dynamisme, vivacité, indépendance, passion.
Anglo-saxon : Eustace, Stacey.
Espagnol : Eustacio. Grec : Eustacios.
Italien : Eustazio. Russe : Evstaphii.

Evain

Ce prénom est une variante moderne d'Yves.
Origine celte, signifie « if ».
Chiffre 6 - couleur orange.
Fête le 19 mai.
Saint Yves Hilory, né près de Tréguier au XIIIe siècle, étudia le droit à Paris puis à Orléans et devint l'avocat des pauvres en Bretagne ; sa piété, sa générosité, ses talents de négociateur en ont fait un des plus grands saints.
Caractère : sociabilité, fidélité, harmonie, sens des responsabilités.

Évariste

Le mathématicien du XIXe siècle Évariste Gallois fit connaître ce prénom.
Origine latine, signifie « qui se propage ».
Chiffre 9 - couleur jaune.
Fête le 26 octobre.
Saint Évariste, pape au Ier siècle, est victime des persécutions de l'empereur Trajan.
Caractère : sensibilité, diplomatie, intuition, habileté.
Espagnol : Evaristo.

Even

Ce prénom était courant en Armorique du IXe au XIe siècle.
Origine celte, signifie « bien né ».
Chiffre 1 - couleur bleue.
Fête le 17 avril.
Saint Even fut archevêque de Dol au XIe siècle.
Caractère : étude, curiosité, réflexion, rigueur.
Variantes : Ewan, Ewen.

Evrard

Cette forme diminutive d'Eberhard était courante au Moyen Âge.
Origine germanique, signifie « dur sanglier ».
Chiffre 5 - couleur violette.
Fête le 14 août.
Saint Eberhard, mari de Gisèle, petite-fille de Charlemagne, mène une vie exemplaire de bonté et de charité, au IXe siècle.
Caractère : ambition, activité, opiniâtreté, autorité.
Anglo-saxon : Everard.
Espagnol : Everardo.

E

Ewan

Ce prénom est une forme bretonne d'Yves.
Origine celte, signifie « if ».
Chiffre 7 - couleur orange.
Fête le 19 mai.
Saint Yves Hilory, né près de Tréguier au XIIIe siècle, étudia le droit à Paris puis à Orléans et devint l'avocat des pauvres en Bretagne ; sa piété, sa générosité, ses talents de négociateur en ont fait un des plus grands saints.
Caractère : réflexion, étude, réserve, spiritualité.

Ézéchiel

Troisième des grands prophètes hébreux, avec Isaïe et Jérémie, il rédigea le livre d'Ézéchiel, relatant ses visions de Dieu.
Origine hébraïque, signifie « Dieu rendra fort ».
Chiffre 1 - couleur bleue.
Caractère : énergie, exigence, autorité, volonté.
Anglo-saxon : Ezekiel.
Espagnol : Ezequiel.

Ezra

Ezra est, dans la Bible, un descendant d'Éléazar et joua un grand rôle dans la communauté juive en imposant la lecture publique de la Torah.
Origine hébraïque, signifie « Dieu est secours ».
Chiffre 4 - couleur rouge.
Caractère : détermination, travail, patience, persévérance.

Fabien

Origine latine, signifie « issu des Fabius », illustre famille romaine au Ier siècle.
C'est la forme italienne de ce prénom, Fabio, qui est en vogue actuellement.
Chiffre 1 - couleur jaune.
Fête le 20 janvier.
Saint Fabien, pape au IIIe siècle, géra les affaires de l'Église avec sagesse et subit le martyre sur ordre de l'empereur Dèce.
Caractère : réserve, stabilité, opiniâtreté, exigence.
Espagnol : Fabio, Fabiolo.
Germanique : Fabianus. *Hongrois :* Fabo.
Italien : Fabiano, Fabio. *Occitan :* Fabian.

Fabrice

Origine latine, signifie « savant ».
Chiffre 8 - couleur rouge.
Fête le 22 août.
Saint Fabrice, chrétien à Tolède au IIIe siècle, meurt en martyr lors des premières persécutions.
Caractère : courage, ambition, diplomatie, énergie.
Espagnol : Fabricio. *Germanique :* Fabricius.
Italien : Fabrizio. *Occitan :* Fabrician.

Fantin

Il est bien moins répandu que son féminin Fantine.
Origine latine, signifie « enfant ».
Chiffre 1 - couleur verte.
Fête le 30 août.
Saint Fantin, abbé en Calabre au Xe siècle, est renommé pour sa piété et sa bonté.
Caractère : sensibilité, autorité, générosité, volonté.

Fargeau

Il est une forme dérivée de Ferjeux.
Origine latine, signifie « blé » et « à jeun ».
Chiffre 5 - couleur jaune.
Fête le 16 juin.
Saint Ferjeux, diacre à Lyon au IIe siècle, suscite tant de conversions que le préfet le fait décapiter.
Caractère : réserve, prudence, étude, rigueur.

Faust

Ce prénom est celui du héros d'un drame de Goethe, dont le thème a été repris dans des opéras de Berlioz et de Gounod.
Origine latine, signifie « fortuné ».
Chiffre 4 - couleur rouge.
Fête le 19 novembre.
Saint Faust, diacre à Alexandrie en Égypte au IIIe siècle, est exilé par l'empereur Valérien, puis décapité sur ordre de l'empereur Dioclétien.
Caractère : réflexion, sens des responsabilités, perfectionnisme, altruisme.
Variante : Faustin.
Espagnol et italien : Fausto, Faustino.
Germanique : Faustus.

La légende de Faust

Faust, médecin et astrologue allemand au XVIe siècle, a bel et bien existé ; il aurait appris les sciences magiques à Cracovie et on lui prêta de nombreux miracles ; ses prétendues qualités de thaumaturge attiraient une foule sur son passage lorsqu'il voyageait et la légende s'empara de lui, dans un pays et à une époque où la magie avait beaucoup d'adeptes : il aurait vendu son âme au démon Méphistophélès en échange du savoir et de biens terrestres.

Faycal

Ce prénom fut porté par plusieurs rois d'Irak et d'Arabie Saoudite.
Origine arabe, signifie « l'arbitre ».
Chiffre 4 - couleur rouge.
Caractère : travail, rigueur, stabilité, sens de l'organisation.

Félicien

Cette forme dérivée de Félix revient au goût du jour.
Origine latine, signifie « heureux ».

Chiffre 9 - couleur orange.
Fête le 9 juin.
Saint Félicien refuse de renier sa foi : il est martyrisé avec deux de ses amis en Italie, au IIIe siècle.
Caractère : énergie, exigence, autorité, affectivité.
Occitan : Felician.

Félix

Origine latine, signifie « heureux ».
Chiffre 2 - couleur orange.
Fête le 12 janvier.
Saint Félix, prêtre en Campanie au IIIe siècle, est arrêté et condamné au martyre, mais il survit. Il refuse l'évêché qu'on lui propose et termine ses jours dans la prière et la contemplation.
Caractère : intuition, charme, sens artistique, épicurisme.
Basque : Felizes, Feliziano. Breton : Féliz.
Espagnol : Felix, Felicidad.
Italien : Felice, Feliciano. Russe : Feliks.

Féodor

Il est la forme slave de Théodore.
Origine grecque, signifie « don de Dieu ».
Chiffre 9 - couleur rouge.
Fête le 11 novembre.
Saint Théodore, abbé d'un monastère en Asie Mineure au IXe siècle, est exilé puis emprisonné pour s'être opposé aux iconoclastes.
Caractère : autorité, activité, indépendance, altruisme.
Variantes : Fédor, Fjodor.

Ferdinand

Origine germanique, signifie « qui ose la paix ».
Chiffre 3 - couleur jaune.
Fête le 30 mai.
Saint Ferdinand, roi de Castille au XIIIe siècle, réunit les provinces de Castille et de León, refoule les Maures, fonde l'université de Salamanque, impose le castillan comme langue nationale et donne tous les exemples de la vertu à son peuple.
Caractère : intelligence, éloquence, vivacité, sensibilité.
Espagnol et italien : Ferdinando.
Germanique : Ferdl.

Fergal

Origine celtique, signifie « sage » et « brave ».
Chiffre 4 - couleur bleue.
Fête le 27 novembre.
Saint Fergal, abbé en Irlande au VIIIe siècle, évangélise pendant plus de quarante ans les païens francs et germaniques.
Caractère : discrétion, émotivité, équilibre, harmonie.

Ferjeux

Origine latine, signifie « blé » et « à jeun ».
Chiffre 8 - couleur jaune.
Fête le 16 juin.
Saint Ferjeux, diacre à Lyon au IIe siècle, suscite tant de conversions que le préfet le fait décapiter.
Caractère : discrétion, prudence, travail, rigueur.

Fernand

Forme dérivée de Ferdinand, il fut l'un des prénoms phares du début du XXe siècle.
Origine germanique, signifie « qui ose la paix ».
Chiffre 8 - couleur jaune.
Fête le 30 mai.
Saint Ferdinand, roi de Castille au XIIIe siècle, réunit les provinces de Castille et de León, refoule les Maures, fonde l'université de Salamanque, impose le castillan comme langue nationale et donne tous les exemples de la vertu à son peuple.
Caractère : sensibilité, énergie, détermination, sens des responsabilités.
Basque : Ferrando, Hernando, Herrando.
Espagnol : Fernan, Fernando, Hernandes, Hernandez.
Italien : Fernando.

Ferréol

Origine latine, signifie « de la vigne ».
Chiffre 7 - couleur verte.
Fête le 18 septembre.
Saint Ferréol, tribun militaire, fut décapité pour avoir refusé d'exécuter des chrétiens à Rome, au IIIe siècle.
Caractère : émotivité, prudence, réflexion, étude.

Fiacre

Origine celtique, signification inconnue.
Chiffre 6 - couleur verte.
Fête le 30 août.
Saint Fiacre, moine irlandais au VIIe siècle, construit près de Meaux un hospice pour les voyageurs qui s'y pressent ; il y recueille aussi tous les pauvres de la région. Sa bonté, sa générosité, comme ses talents d'horticulteur font sa renommée.
Caractère : équilibre, calme, sagesse, tact.
Breton : Fiakr, Fieg.

Fidèle

Origine latine, signifie « fidèle ».
Chiffre 5 - couleur rouge.
Fête le 24 avril.
Saint Fidèle, avocat à Colmar au XVIe siècle, entra dans les ordres chez les capucins et tenta de ramener les protestants vers l'Église catholique ; il fut assassiné par ceux qu'il voulait évangéliser.
Caractère : réserve, fdélité, activité, adaptabilité.
Espagnol : Fidel. Italien : Fidele, Fidelo.

Finnian

Origine celte, signifie « élévation ».
Chiffre 4 - couleur orange.
Fête le 12 décembre.
Saint Finnian, évêque en Irlande au VIe siècle, crée des hospices, bâtit des églises et des monastères.
Caractère : travail, rigueur, sens de l'organisation, stabilité.

Firmin

Origine latine, signifie « solide ».
Chiffre 6 - couleur verte.
Fête le 25 septembre.
Saint Firmin est évêque d'Amiens au IIIe siècle. Il prêche, convertit, baptise de nombreux fidèles. Son aura inquiète le préfet, qui le fait décapiter.
Caractère : sensibilité, perfectionnisme, exigence, détermination.
Espagnol : Fermin. Germanique : Firminus. Italien : Firmino.

Flammen

Origine celtique, signifie « feu ».
Chiffre 1 - couleur rouge.
Fête le 14 janvier.
Saint Fulgence, receveur des impôts en Grèce, devint moine, puis évêque en Tunisie, au Ve siècle.
Caractère : autorité, travail, goût du pouvoir, ambition.

Flavien

Les Flavien étaient une illustre famille romaine dont furent issus plusieurs empereurs : Vespasien, Titus et Domitien, qui régnèrent sur Rome entre 69 et 96.
Origine latine, signifie « blond ».
Chiffre 6 - couleur jaune.
Fête le 24 février.
Saint Flavien, diacre à Carthage au IIIe siècle, est arrêté, emprisonné et décapité.
Caractère : calme, diplomatie, générosité, courage.
Espagnol et italien : Flavio.
Germanique : Flavius.
Occitan : Flavian.

Florent

Origine latine, signifie « florissant ».
Chiffre 9 - couleur orange.
Fête le 4 juillet.
Saint Florent est, au Ve siècle, le premier évêque de Cahors. Il évangélise le Quercy.

Caractère : réserve, prudence, sensibilité, intuition.
Variantes : Florès, Florestan, Florien.
Espagnol : Florencio, Florente.
Germanique : Florentius.
Italien : Fiorenzo, Fiorello, Florenzo.

Florentin

Origine latine, signifie « jardin de fleurs ».
Chiffre 5 - couleur verte.
Fête le 24 octobre.
Saint Florentin fut le premier abbé d'un monastère à Arles au Ve siècle et se fit remarquer pour sa bonté et sa clémence.
Caractère : séduction, éloquence, dynamisme, passion.

Florian

Origine latine, signifie « fleuri ».
Chiffre 3 - couleur orange.
Fête le 4 mai.
Saint Florian, soldat romain au IIIe siècle, se fait baptiser. Il visite les prisonniers, les réconforte, et prêche l'Évangile. Il est arrêté par ses supérieurs et jeté dans la rivière Enns avec une pierre au cou.
Caractère : vivacité, adaptabilité, sociabilité, indépendance.

Florimond

Origine latine, signifie « fleur du monde ».
Chiffre 7 - couleur violette.
Fête le 4 novembre.
Saint Flour, disciple de Jésus, part, après la Pentecôte, évangéliser la Gaule, et établit un monastère là où les Romains avaient bâti un temple païen, au lieu nommé aujourd'hui Saint-Flour.
Caractère : calme, curiosité, intelligence, exigence.

Floris

Cette forme de prénom fleuri a pris l'avantage sur Florent et ses compères dans les années 2000.
Origine latine, signifie « fleur ».
Chiffre 7 - couleur bleue.
Fête le 4 novembre.
Saint Flour, disciple de Jésus, part, après la Pentecôte, évangéliser la Gaule, et établit un monastère là où les Romains avaient bâti un temple païen, au lieu nommé aujourd'hui Saint-Flour.
Caractère : perfectionnisme, sens artistique, exigence, rigueur.

De Floris à Yanis

Elle est apparue dans les années 1990, cette syllabe -is, ajoutée aux prénoms masculins ; Floris pour Florent, Loris pour Laurent, Joris pour Georges, Mathis pour Mathieu ou Mathias, Yanis pour Yann.

Forannan

Origine celtique, signifie « fort ».
Chiffre 2 - couleur verte.
Fête le 30 avril.
Saint Forannan, jeune noble irlandais, au Xe siècle, est nommé évêque dans son pays, mais il se retire dans un monastère en Belgique ; il en est nommé abbé, et en réforme le règlement.
Caractère : intuition, sensibilité, diplomatie, sens du devoir.
Variante : Foreannan.

Fortunat

Origine latine, signifie « chance ».
Chiffre 6 - couleur rouge.
Fête le 23 avril.
Saint Fortunat, diacre en Gaule au IIIe siècle, est arrêté et martyrisé avec saint Félix.
Caractère : élégance, diplomatie, activité, perfectionnisme.
Variante : Fortuné.
Espagnol : Fortunato.

Fouad

Ce prénom très fréquent est cité dans le Coran.
Origine arabe, signifie « l'homme de cœur ».

Chiffre 2 - couleur orange.
Caractère : adaptabilité, diplomatie, émotivité, sociabilité.

Foucault

Il est la forme médiévale de Foulques.
Origine germanique, signifie « peuple ».
Chiffre 9 - couleur verte.
Fête le 10 juin.
Saint Foulques est son patron.
Caractère : sérieux, sens des responsabilités, intuition, diplomatie.

Foulques

Origine germanique, signifie « peuple ».
Chiffre 8 - couleur orange.
Fête le 10 juin.
Saint Foulques, évêque de Reims au IXe siècle, joue un rôle administratif et politique important dans sa ville et soutient le roi Charles le Simple.
Caractère : énergie, courage, franchise, loyauté.
Variante : Foucault.

Fragan

Oigine celte, signification inconnue.
Chiffre 2 - couleur rouge.
Fête le 3 octobre.
Saint Fragan, Gallois du IVe siècle, fut l'un des premiers évangélisateurs de la Bretagne. Il fut le mari de sainte Gwenn.
Caractère : émotivité, adaptabilité, réserve, dualité.

Francis

Origine latine, signifie « Franc ».
Chiffre 7 - couleur bleue.
Fête le 4 octobre ou le 24 janvier.
Saint François est son patron.
Caractère : charme, élégance, sensibilité, exigence.
Germanique : Franciscus.

Franck

Il est la forme germanique de François.
Origine latine, signifie « Franc ».
Chiffre 8 - couleur bleue.
Fête le 4 octobre ou le 24 janvier.
Saint François est son patron.
Caractère : courage, activité, réserve, enthousiasme.
Espagnol et italien : Franco.

François

De François Villon à François Mitterrand, ce prénom a traversé les siècles sans jamais perdre sa force ni son charme.
Origine latine, signifie « Franc ».
Chiffre 4 - couleur bleue.
Fête le 4 octobre ou le 24 janvier.
Saint François d'Assise, Italien du XIIe siècle, rompt avec sa famille pour mener une vie de prédication et de pauvreté. Il parcourt l'Espagne pour convertir les Maures et l'Égypte pour soutenir les croisés, et fonde l'ordre des Franciscains. Saint François de Sales, évêque de Genève au XVIIe siècle, fonde à Annecy la congrégation des Filles de la Visitation. Il est l'auteur de deux ouvrages, les Controverses *et* la Défense de l'étendard de la Sainte-Croix, *qui lui valent d'être proclamé docteur de l'Église.*
Caractère : prudence, exigence, réserve, volonté.
Variantes : Francis, Franck. *Alsacien :* Frantz.
Basque : Frantxoa, Frantzisko.
Breton : Fanch, Fransez.
Espagnol : Francisco, Paco, Pancho.
Germanique : Franz. *Italien :* Francesco, Cesco.
Normand : Fraincouès. *Occitan :* Francès.
Provençal : Francet, Fransoun.

François-Xavier

Origine Latine et basque, signifie « franc » et « maison neuve ».
Chiffre 2 - couleur bleue.
Fête le 3 décembre.

Saint François-Xavier est, au XVIe siècle, l'un des premiers membres de la Compagnie de Jésus ; à la demande du roi du Portugal, il part évangéliser l'Inde portugaise, puis le Japon.
Caractère : exigence, sociabilité, prudence, exigence.

Frédéric

Origine germanique, signifie « paix » et « roi ».
Chiffre 5 - couleur jaune.
Fête le 18 juillet.
Saint Frédéric, évêque d'Utrecht aux Pays-Bas au IXe siècle, est assassiné sur ordre de l'impératrice Judith, à qui il reproche son inconduite.
Caractère : courage, détermination, esprit d'entreprise, ambition.
Alsacien : Fredrich, Fritz.
Anglo-saxon : Frederick, Fred, Freddie, Freddy.
Espagnol et italien : Federico.
Germanique : Frido, Friedrich, Frederik, Fritz.
Normand : Frédéris. Provençal : Frédéri.

Fulbert

Origine germanique, signifie « abondance » et « illustre ».
Chiffre 3 - couleur jaune.
Fête le 10 avril.
Saint Fulbert, évêque de Chartres au Xe siècle, fait de sa ville un centre religieux et intellectuel.
Caractère : discrétion, charme, adaptabilité, vivacité.

Fulgence

Origine latine, signifie « étincelant ».
Chiffre 2 - couleur orange.
Fête le 1er janvier.
Saint Fulgence, receveur des impôts en Grèce au Ve siècle, vend tous ses biens pour entrer dans les ordres.
Caractère : franchise, autorité, volonté, travail.
Espagnol : Fulgencio.

Gabin

Origine latine, signifie « de Gabies », ville du Latium, en Italie centrale.
Chiffre 6 - couleur jaune.
Fête le 19 février.
Saint Gabin, sénateur à Rome au IIIe siècle, se fait baptiser avec sa fille malgré les persécutions. Ils sont arrêtés, la jeune fille subit le martyre et Gabin se laisse mourir de faim dans sa cellule.
Caractère : séduction, sens des responsabilités, exigence, affectivité.
Espagnol : Gabino.

Gabriel

L'archange Gabriel, messager du Ciel, annonça à Zacharie et à Élisabeth la naissance de leur fils Jean le Baptiste, et à Marie qu'elle avait été choisie par Dieu pour être la mère de son Fils. Ce prénom est un grand favori depuis les années 1990.
Origine hébraïque, signifie « force de Dieu ».
Chiffre 9 - couleur bleue.
Fête le 29 septembre.
Saint Gabriel, né en Cappadoce, consacra toute sa vie au monastère de Jérusalem, au Ve siècle.
Caractère : sociabilité, tolérance, adaptabilité, diplomatie.
Anglo-saxon : Gabry, Gaby.
Arabe : Djibril.
Breton : Gabig.
Espagnol : Gabrielo.
Hongrois : Gabor.
Italien : Gabriele.
Russe : Gavril.

Gad

Gad est dans la Bible le septième fils de Jacob, né de Zilpa, servante de Léa son épouse. Il est le fondateur de l'une des tribus d'Israël.
Origine hébraïque, signifie « bonheur ».
Chiffre 3 - couleur jaune.
Caractère : activité, détermination, sociabilité, réserve.

Gaël

Origine celtique, du nom du peuple gaélique, Celtes qui s'établirent en Irlande au Ve siècle.
Chiffre 7 - couleur jaune.
Fête le 17 décembre.
Saint Gaël, abbé de Guingamp, puis évêque de Saint-Malo au XIIe siècle, fonda de nombreux monastères.
Caractère : indépendance, ambition, exigence, affectivité.

Gaétan

Origine latine, signifie « habitant de Gaète », ville du Latium, en Italie.
Chiffre 3 - couleur orange.
Fête le 7 août.
Saint Gaétan de Thiène fonda au XVe siècle avec le futur pape Paul IV la congrégation des Théatins, qui se voue aux pauvres et aux malades.
Caractère : réserve, prudence, indépendance, calme
Basque : Kaietano.
Espagnol : Caetano.
Germanique : Kajetan.
Italien : Gaetano.

Galeran

Ce prénom est la forme française de Walram.
Origine germanique, signifie « corbeau étranger ».
Chiffre 4 - couleur bleue.
Fête le 26 février.
Saint Galeran, serrurier à Lyon au VIIe siècle, est un modèle de piété et se retire au monastère pour achever ses jours.
Caractère : prudence, réserve, travail, étude.

Gall

Origine celte, signifie « bravoure ».
Chiffre 5 - couleur verte.
Fête le 16 octobre.

Saint Gall, compagnon de saint Colomban, au VIe siècle, évêque des Arvernes, fut l'éducateur de son neveu saint Grégoire de Tours. Il fonda une abbaye en Suisse, à l'endroit qui porte maintenant son nom.
Caractère : émotivité, discrétion, enthousiasme, adaptabilité.
Variantes : Galig, Gallien.

Galmier

Ce prénom est une forme dérivée de Walter.
Origine germanique, signifie « celui qui gouverne l'armée ».
Chiffre 2 - couleur orange.
Fête le 27 février.
Saint Galmier, serrurier au VIIe siècle à Lyon, abandonna son commerce prospère pour entrer en religion.
Caractère : diplomatie, sociabilité, adaptabilité, émotivité.

Garnier

Il est une des formes françaises de Werner.
Origine germanique, signifie « armée qui protège ».
Chiffre 9 - couleur jaune.
Fête le 26 avril.
Saint Werner, jeune Allemand au XIIIe siècle, maltraité par le compagnon de sa mère, quitte le domicile parental, trouve du travail et consacre ses loisirs à la prière. Un jour, est assassiné en rentrant de la messe.
Caractère : étude, altruisme, dépassement, réflexion.
Variantes : Varnier, Vernier.
Espagnol : Guarnerio. *Germanique :* Werner.
Italien : Guarniero.

Gary

Diminutif de Garret, forme médiévale de Gérard, ce prénom a connu son apogée aux États-Unis dans les années 1960.
Origine germanique, signifie « forte lance ».
Chiffre 6 - couleur bleue.
Fête le 3 octobre.
Saint Gérard, né à Namur au Xe siècle, prend l'habit, puis fonde un monastère sur les terres de sa famille.
Caractère : charme, sociabilité, exigence, sensibilité.

Gaspard

Son succès accompagne celui de Balthazar et de Melchior.
Origine sanscrite, signifie « celui qui vient voir ».
Chiffre 3 - couleur rouge.
Fête le 6 janvier.
Gaspard est, selon la tradition chrétienne, l'un des trois Rois mages venus d'Orient pour adorer l'Enfant Jésus quelques jours après sa naissance.
Caractère : curiosité, vivacité, éloquence, tact.
Anglo-saxon : Caspar, Casper, Jasper.
Espagnol : Gaspar. *Germanique :* Kaspar.
Italien : Gaspare.

Gaston

Prénom médiéval, Gaston connut son apogée au début du XXe siècle.
Origine germanique, signifie « hôte ».
Chiffre 4 - couleur verte.
Fête le 6 février.
Saint Gaston fut le catéchiste de Clovis, au VIe siècle, et fut nommé évêque d'Arras à la demande du roi.
Caractère : calme, réflexion, patience, exigence.
Basque : Gastean, Gasto. *Flamand :* Vaast, Waast. *Italien :* Gastone. *Provençal :* Gastoun.

Gaucher

Ce prénom, forme dérivée de Walter, fut courant au Moyen Âge.
Origine germanique, signifie « qui gouverne l'armée ».
Chiffre 9 - couleur verte.
Fête le 9 avril.

Saint Gaucher, ermite dans le Limousin au XIIe siècle, fonda une abbaye, où il se retira.
Caractère : réflexion, réserve, prudence, rigueur.

Gaudence

Origine latine, signifie « qui se réjouit ».
Chiffre 8 - couleur jaune.
Fête le 25 octobre.
Saint Gaudence fut évêque de Brescia au IVe siècle.
Caractère : ambition, sens de la justice, équilibre, stabilité.

Gaudéric

Origine germanique, signifie « puissance qui gouverne ».
Chiffre 5 - couleur rouge.
Fête le 16 avril.
Saint Gaudéric, agriculteur en Languedoc au IXe siècle, fut renommé pour sa piété et on lui prêta le pouvoir d'agir sur la météorologie.
Caractère : indépendance, adaptabilité, goût de l'aventure, curiosité.

Gaudry

Il est le diminutif de Gaudéric.
Origine germanique, signifie « puissance qui gouverne ».
Chiffre 4 - couleur rouge.
Fête le 16 avril.
Saint Gaudéric, agriculteur en Languedoc au IXe siècle, fut renommé pour sa piété et on lui prêta le pouvoir d'agir sur la météorologie.
Caractère : étude, rêverie, travail, persévérance.

Gautier

Ce prénom médiéval a connu une période faste dans les années 1995.
Origine germanique, signifie « qui gouverne l'armée ».
Chiffre 9 - couleur orange.
Fête le 9 avril.
Saint Gautier, abbé de Saint-Martin de Pontoise au XIe siècle, préfère vivre en ermite loin de son monastère plutôt que d'en assurer la direction, mais le pape le sermonne et il revient accomplir son devoir jusqu'à sa mort.
Caractère : énergie, fidélité, indépendance, tradition.
Autres orthographes : Gaultier, Gaulthier, Gauthier. *Variante :* Galdric, Galthier.
Anglo-saxon : Walt, Walter.
Espagnol : Gualterio. *Italien :* Guatiero.

Gauvain

Il est une forme dérivée de Coemgen.
Origine celte, signifie « enraciné ».
Chiffre 3 - couleur orange.
Fête le 3 juin.
Saint Coemgen, ermite en Irlande au VIe siècle, fonde un monastère, où il organise la vie monacale avec sagesse.
Caractère : dynamisme, indépendance, élégance, vivacité.
Autre orthographe : Gauvin. *Anglo-saxon :* Galwin, Gavin, Gawain, Gawen, Gawin.

Gédéon

Fils de paysan dans la Bible, Gédéon fut désigné par Dieu pour libérer Israël d'une tribu de nomades pilleurs. D'après la légende, il aurait eu soixante-dix enfants.
Origine hébraïque, signifie « saison de chance ».
Chiffre 5 - couleur violette.
Caractère : étude, sociabilité, activité, réserve.
Forme hébraïque : Guidon.
Anglo-saxon : Gideon.
Italien : Gideone.

Genaro

Ce prénom n'a pas d'équivalent français.
Il est assez fréquent en Italie où il nomme surtout les enfants nés en janvier.
Origine latine, signifie « janvier ».

G

Chiffre 6 - couleur blanche.
Caractère : sens des responsabilités, fidélité, harmonie, stabilité.

Gene

Il est un diminutif anglais d'Eugène et se prononce « Djinn ».
Origine grecque, signifie « bien né ».
Chiffre 4 - couleur jaune.
Fête le 13 juillet.
Saint Eugène fut évêque de Carthage au IIIe siècle.
Caractère : charme, détermination, efficacité, vivacité.

Geoffrey

Il est une forme dérivée de Godefroy.
Origine germanique, signifie « paix de Dieu ».
Chiffre 6 - couleur jaune.
Fête le 15 janvier.
Saint Godefroy rejoignit saint Bernard à l'abbaye de Clairvaux avec plusieurs de ses amis, au XIIe siècle, et devint prieur du monastère.
Caractère : élégance, indépendance, fierté, charisme.
Autres orthographes : Jauffrey, Joffret.
Anglo-saxon : Jeffrey.

Geoffroy

Autre forme dérivée de Godefroy.
Origine germanique, signifie « paix de Dieu ».
Chiffre 7 - couleur jaune.
Fête le 15 janvier.
Saint Godefroy rejoignit saint Bernard à l'abbaye de Clairvaux avec plusieurs de ses amis, au XIIe siècle, et devint prieur du monastère.
Caractère : sensibilité, dévouement, diplomatie, harmonie.
Autre orthographe : Geoffroi.
Germanique : Gottfried.

Georges

Grand classique des années 1930, Georges a presque totalement disparu aujourd'hui alors que sa forme néerlandaise Joris et sa forme anglo-saxonne Jordan sont en vogue.
Origine grecque, signifie « celui qui travaille la terre ».
Chiffre 4 - couleur jaune.
Fête le 23 avril.
Saint Georges, chevalier romain originaire de Cappadoce, fut arrêté et décapité par des soldats de l'empereur. La légende raconte qu'au cours d'un voyage en Libye il terrassa un dragon qui menaçait une ville.
Caractère : vivacité, humour, optimisme, curiosité.
Anglo-saxon : George, Jordan.
Basque : Goran, Goren, Gorka, Jurgi.
Espagnol : Jorge.
Germanique : Jörg, Jorgel, Jörn, Jûrg, Jurgen, Jurke.
Hongrois : György. Italien : Giorgio.
Néerlandais : Joris. Russe : Iouri, Youri.
Scandinave : Yörgen. Slave : Jiri.

Gérald

Origine germanique, signifie « lance qui gouverne ».
Chiffre 2 - couleur bleue.
Fête le 5 décembre.
Saint Gérald, moine dans le Quercy au XIe siècle, excellent choriste à la voix magnifique, devint archevêque de Tolède, où il fit construire églises, hôpitaux et monastères.
Caractère : volonté, courage, perfectionnisme, autorité.
Variantes : Géraud, Guiraud.
Anglo-saxon : Gerold, Gerry.
Italien : Geraldo, Giraldo.
Néerlandais : Gerrelt, Gerwald.

Gérard

Prénom très en vogue dans les années 1950, il a été supplanté par Géraud, puis il est devenu rarissime.
Origine germanique, signifie « dure lance ».
Chiffre 2 - couleur bleue.
Fête le 3 octobre.

Saint Gérard, né à Namur au Xe siècle, prend l'habit, puis fonde un monastère sur les terres de sa famille.
Caractère : réalisme, sens des responsabilités, rigueur, autorité.
Variantes : Girard, Guérard. *Anglo-saxon :* Gerald. *Espagnol :* Gerardo, Girardo.
Germanique : Gerhard, Gerhart.
Italien : Gherardo.

Géraud

Il est une forme dérivée de Gérald.
Origine germanique, signifie « lance qui gouverne ».
Chiffre 2 - couleur bleue.
Fête le 13 octobre.
Saint Géraud, comte d'Aurillac au IXe siècle, gère ses terres avec bonté et justice, affranchit les serfs, fait la charité et passe de nombreuses heures chaque jour en prières et en méditation.
Caractère : intuition, altruisme, sensibilité, tradition.
Variante : Guérand.

Géric

Prénom d'origine germanique, signifie « lance illustre ».
Chiffre 6 - couleur verte.
Fête le 11 août.
Saint Géry, diacre dans les Ardennes au VIe siècle, puis évêque de Cambrai, ville saccagée par les impies, reconstruisit les églises, réconforta les populations et racheta les serfs.
Caractère : autorité, énergie, indépendance, vivacité.
Variante : Géry.

Germain

Origine germanique, signifie « de même sang ».
Chiffre 4 - couleur jaune.
Fête le 31 juillet.
Saint Germain l'Auxerrois, avocat puis gouverneur de sa ville natale, combattit les Angles et les Saxons en Angleterre au Ve siècle. Il prêcha en Italie, où il mourut d'épuisement.
Caractère : prudence, travail, stabilité, rigueur.
Anglo-saxon : Germaine, German.
Breton : Germen. *Espagnol :* German.
Germanique : Germanus. *Italien :* Germano.

Geronimo

Ce prénom est la forme latine de Jérôme, illustrée par un célèbre chef Apache.
Origine grecque, signifie « nom sacré ».
Chiffre 6 - couleur rouge.
Fête le 11 septembre.
Saint Jérôme, Italien du IVe siècle, secrétaire du pape Damase, se retira dans le désert pendant vingt-deux ans pour traduire en latin l'Ancien et le Nouveau Testament. Il fut nommé docteur de l'Église.
Caractère : indépendance, autorité, idéalisme, énergie.

Gervais

Origine germanique, signifie « lance audacieuse ».
Chiffre 9 - couleur orange.
Fête le 19 juin.
Saint Gervais subit le martyre à Rome au IIIe siècle.
Caractère : charme, harmonie, perfectionnisme, exigence.
Anglo-saxon : Gervase, Jarvis.
Espagnol : Gervasio. *Néerlandais :* Gervaas.

Ghislain

Il a toujours été plus rare que son féminin.
Origine germanique, signifie « doux otage ».
Chiffre 7 - couleur bleue.
Fête le 10 octobre.
Saint Ghislain fonda un monastère, en Belgique, au VIIe siècle, et en devint le premier abbé.
Caractère : élégance, esthétisme, volonté, activité.
Autres orthographes : Ghilain, Guilain, Guillain, Guislain.

G

Gilbert

Il a précédé Gérard dans les favoris de l'état civil.
Origine germanique, signifie « illustre otage ».
Chiffre 1 - couleur orange.
Fête le 7 juin.
Saint Gilbert de retour de la seconde croisade, au XIIe siècle, fonde deux monastères, l'un féminin, pour sa femme et sa fille, l'autre masculin, où il se retire.
Caractère : dynamisme, adaptabilité, indépendance, goût de l'aventure.
Anglo-saxon : Bert, Bertie, Burt.
Germanique : Gilbrecht, Gisbert.
Espagnol et italien : Gilberto, Gisberto.
Néerlandais : Gijsbert, Gilsbrecht.

Gildas

Origine celtique, signifie « celui qui voit ».
Chiffre 7 - couleur bleue.
Fête le 29 janvier.
Saint Gildas, né en Écosse au VIe siècle, s'établit dans un ermitage en Bretagne et érige un monastère à la demande des pèlerins. Il en établit les règles, puis retourne à sa solitude.
Caractère : charme, élégance, émotivité, perfectionnisme.
Bretons : Gweltaz, Gweltazenn, Gweltazig.

Gilles

Classique sans être courant, Gilles n'a jamais connu d'apogée, et il n'a jamais été démodé, même s'il est devenu très rare.
Origine grecque, signifie « protection ».
Chiffre 1 - couleur verte.
Fête le 1er septembre.
Saint Gilles, Athénien de naissance, installa son ermitage dans une forêt entre Nîmes et Arles. Des chasseurs qui le blessèrent par mégarde lui proposèrent un dédommagement ; il leur demanda de construire un monastère dont il devint le premier abbé, accueillant les pèlerins sur le chemin de Compostelle.
Caractère : habileté, opportunisme, adaptabilité, indépendance.
Variantes : Égide, Gillian.
Anglo-saxon : Giles.
Espagnol : Gil.
Flamand : Gillis.
Germanique : Egid. Italien : Gilio.
Provençal : Gilet, Giloun.

Gillian

Ce prénom mixte est une forme lointaine de Jules.
Origine latine, signifie « de la famille Julius », famille patricienne romaine dont est issu Jules César.
Chiffre 1 - couleur rouge.
Fête le 12 avril.
Saint Jules, qui fut pape au IVe siècle, est son patron.
Caractère : activité, ambition, travail, persévérance.

Gillis

Ce prénom est la forme flamande de Gilles.
Origine grecque, signifie « protection ».
Chiffre 5 - couleur rouge.
Fête le 1er septembre.
Saint Gilles, né à Athènes, s'installe dans un ermitage en Provence et fait construire un monastère avec les fonds reçus en dédommagement d'une blessure causée par des chasseurs.
Caractère : rapidité, curiosité, sociabilité, indépendance.

Gino

Ce prénom est un diminutif de Luigino, diminutif de Luigi, forme italienne de Louis.
Origine germanique, signifie « glorieux combattant ».
Chiffre 9 - couleur verte.
Fête le 25 août.
Saint Louis, roi de France au XIIIe siècle, est son patron.
Caractère : communication, tact, sensibilité, adaptabilité.

Girec

Origine celte, signifie « ambre ».
Chiffre 6 - couleur rouge.
Fête le 17 février.
Saint Guirec, valet de saint Tudwal, évangélise la région de Lanmeur, en Bretagne, au VIe siècle.
Caractère : sensibilité, sens des responsabilités, harmonie, charisme.

Glenn

Origine celte, signifie « vallée ».
Chiffre 7 - couleur verte.
Fête le 11 septembre.
Saint Glenn, moine au pays de Galles, vint évangéliser la Bretagne au VIe siècle.
Caractère : réserve, réflexion, harmonie, sens des responsabilités.
Variante : Glénan.

Godefroy

Origine germanique, signifie « dieu » et « paix ».
Chiffre 5 - couleur verte.
Fête le 15 janvier.
Saint Godefroy rejoignit saint Bernard à l'abbaye de Clairvaux avec plusieurs de ses amis, au XIIe siècle, et devint prieur du monastère.
Caractère : passion, ambition, sens des responsabilités, activité.
Autres orthographes : Godefroi, Godefroid, Godfroi. *Variantes :* Geoffrey, Geoffroy. *Anglo-saxon :* Godfrey. *Espagnol :* Godofredo. *Germanique :* Gottfried. *Italien :* Goffredo. *Néerlandais :* Godfried.

Goéric

Origine germanique, signifie « dieu puissant ».
Chiffre 3 - couleur jaune.
Fête le 19 septembre.
Saint Goéric est évêque de Metz au début du VIIe siècle.
Caractère : activité, optimisme, sociabilité, rêverie.

Gontran

Origine germanique, signifie « guerre » et « corbeau ».
Chiffre 8 - couleur bleue.
Fête le 28 mars.
Saint Gontran, petit-fils de Clovis et de Clotilde, roi de Bourgogne et d'Orléans au VIe siècle, favorise la diffusion du christianisme dans son royaume.
Caractère : courage, ambition, opportunisme, exigence.

Gonval

Origine celte.
Chiffre 8 - couleur orange.
Fête le 1er avril.
Saint Gonval fut évêque de Tréguier au VIe siècle.
Caractère : réserve, stabilité, harmonie, sens de la justice.
Variantes : Gonvel, Gunval.

Gonzague

Il fait partie des prénoms traditionnels qui baptisent plusieurs générations d'une même famille.
Origine patronymique.
Chiffre 6 - couleur violette.
Fête le 10 janvier.
Saint Louis de Gonzague, fils du marquis de Castiglione, entre chez les jésuistes contre l'avis de sa famille et se dévoue à soigner les malades pendant l'épidémie de peste qui ravage Rome au XVIe siècle. Il contracte la maladie et en meurt.
Caractère : affectivité, calme, travail, conscience professionnelle.

Gordon

Ce vieux prénom écossais a été en vogue au début du XXe siècle.
Origine écossaise, signifie « colline près de la prairie ».
Chiffre 1 - couleur verte.
Fête le 23 avril.

G

Saint Georges est son patron ; chevalier romain de Cappadoce, il fut arrêté et décapité par les soldats de l'empereur. La légende raconte qu'au cours d'un voyage en Libye il terrassa un dragon qui menaçait une ville.
Caractère : autorité, énergie, travail, activité.

Gouesnou

Origine celte, signifie « combat ».
Chiffre 9 - couleur bleue.
Fête le 25 octobre.
Saint Gouesnou fut évêque de Léon au VIIe siècle et fonda un monastère à l'endroit qui porte son nom dans le Finistère.
Caractère : altruisme, réserve, rêverie, étude.

Goulia

Ce prénom est une forme diminutive de Serge.
Origine latine, signifie « issu des Sergius », nom d'une célèbre famille romaine au Ier siècle.
Chiffre 2 - couleur rouge.
Fête le 25 septembre.
Saint Serge de Radonège, ermite en Russie au XIVe siècle, fonde le monastère de la Trinité et, devenu conseiller des princes, joue le rôle de médiateur.
Caractère : adaptabilité, diplomatie, émotivité, tendresse.

Goulven

Origine celtique, signifie « lumière sacrée ».
Chiffre 6 - couleur rouge.
Fête le 1er juillet.
Saint Goulven, fondateur d'un monastère sur ses terres, en Bretagne, dans le Léon, devient évêque de Rennes au VIe siècle.
Caractère : sociabilité, étude, réserve, sens des responsabilités.
Autre orthographe : Goulwen.

Grallon

Ce prénom est celui d'un roi légendaire de Cornouaille, roi d'Is, ville de luxure qu'il précipita dans la mer. D'autres rois de Cornouaille furent moins légendaires.
Origine celte, signifie « plein de grâce ».
Chiffre 7 - couleur verte.
Caractère : étude, réflexion, sagesse, réserve.

Gratien

Origine latine, signifie « grâce ».
Chiffre 2 - couleur jaune.
Fête le 22 décembre.
Saint Gratien, pêcheur en Italie au XVIe siècle, vend ses quelques biens, en distribue le produit aux pauvres et prend l'habit chez les augustins pour se consacrer à la prière.
Caractère : énergie, volonté, intuition, diplomatie.

Grégoire

Sa consonance médiévale en a fait un favori, contemporain de Gautier et prédécesseur d'Arthur.
Origine grecque, signifie « celui qui veille ».
Chiffre 3 - couleur violette.
Fête le 3 septembre.
Saint Grégoire, arrière-petit-fils du pape Félix III, devient préfet à Rome au VIIe siècle. Lassé des honneurs, il fait construire un monastère sur ses terres et s'y retire. Appelé par le pape Pélage II, il devient diacre, administrateur, puis évêque et enfin il est élu pape alors qu'une épidémie de peste sévit, que les barbares et des inondations menacent la ville et que partout règnent la corruption et la violence. Il s'efforce de combattre l'esclavage, réforme la liturgie, tente de négocier avec l'Église byzantine, organise l'évangélisation de la Grande-Bretagne. On lui attribue la création du chant grégorien. À sa mort, il est nommé docteur de l'Église.
Caractère : rapidité, curiosité, indépendance, sociabilité.

Anglo-saxon : Greg, Gregory.
Basque : Gergori, Gergorio.
Espagnol et italien : Gregorio.
Russe : Gregor, Gregorii, Grichka, Grigor, Grigorii.

Grégory

Cette forme anglo-saxonne de Grégoire connut un énorme succès dans les années 1980.
Origine grecque, signifie « celui qui veille ».
Chiffre 5 - couleur violette.
Fête le 3 septembre.
Saint Grégoire, pape au début du VIIe siècle, fut un grand administrateur et un réformateur de la liturgie.
Caractère : indépendance, vivacité, dynamisme, goût de l'aventure.

Griffith

Ce prénom fut populaire en Angleterre entre le XVIe et le XVIIIe siècle.
Origine galloise, signifie « chef fort ».
Chiffre 2 - couleur verte.
Caractère : diplomatie, sociabilité, adaptabilité, rigueur.

Guénaut

Ce prénom est une forme francisée de Gwenaël.
Origine celte, signifie « sacré » et « généreux ».
Chiffre 2 - couleur rouge.
Fête le 3 novembre.
Saint Gwenaël, abbé du monastère de Landévennec, en Bretagne au VIe siècle, part évangéliser l'Irlande puis revient dans son pays pour y mourir.
Caractère : sensibilité, diplomatie, adaptabilité, discrétion.

Guénolé

Il fait partie de la culture celte et à ce titre connaît un franc succès dans les familles bretonnes.
Origine celtique, signifie « valeureux » et « sacré ».
Chiffre 6 - couleur blanche.
Fête le 3 mars.
Saint Guénolé fonde un monastère à Landévennec, en Bretagne au Ve siècle, et le dirige pendant plus de cinquante ans.
Caractère : charme, émotivité, vivacité, communication.
Autre orthographe : Gwenolé.
Variantes : Guignolet, Guingalois, Gwaloe, Winwaloé.

Guérin

Origine germanique, signifie « qui protège ».
Chiffre 2 - couleur verte.
Fête le 28 août.
Saint Guérin, Lorrain de naissance, fonde un monastère en Savoie au XIIe siècle, y instaure la règle cistercienne et le gère avec beaucoup de rigueur, puis devient évêque de Sion.
Caractère : dynamisme, autorité, sociabilité, franchise.

Guerric

Origine germanique, signifie « celui qui protège le roi ».
Chiffre 9 - couleur rouge.
Fête le 19 août.
Saint Guerric, chanoine à Tournai, devint compagnon de saint Bernard à Clairvaux au XIIe siècle.
Caractère : altruisme, curiosité, réflexion, étude.

Guilhem

Ce prénom est une forme dérivée de Guillaume.
Origine germanique, signifie « volonté » et « protection ».
Chiffre 3 - couleur verte.
Fête le 10 janvier.
Saint Guillaume, archevêque de Bourges au XIIIe siècle, consacra sa vie au service des pauvres, des malades, des débauchés.

G

Caractère : sociabilité, vivacité, énergie, humour.
Autre orthographe : Guillem.

Guillaume

Classique, sobre, Guillaume fait partie des indémodables.
Origine germanique, signifie « volonté » et « protection ».
Chiffre 2 - couleur verte.
Fête le 10 janvier.
Saint Guillaume, archevêque de Bourges au XIIIe siècle, consacra sa vie au service des pauvres, des malades, des débauchés.
Caractère : altruisme, sensibilité, ambition, intuition.
Anglo-américain : Liam.
Anglo-saxon : Bill, Billy, William, Willie, Willy, Wilson.
Basque : Guilleme, Guillemo.
Breton : Gwilherm, Gwilhou.
Espagnol : Guillermo. *Germanique :* Wilhelm.
Italien : Guglielmo.
Normand : Guillot, Guilmot. *Occitan :* Guiu.
Provençal : Guihaume, Guiheume, Guiheumet.

Guiveone

Ce prénom moderne est très en vogue en Israël.
Origine hébraïque, signifie « petite colline ».
Chiffre 8 - couleur bleue.
Caractère : réserve, stabilité, harmonie, sens de la justice.

Gunther

Ce prénom courant outre-Rhin est aussi apprécié en Scandinavie.
Origine germanique, signifie « guerrier ».
Chiffre 3 - couleur rouge.
Caractère : charme, sociabilité, opportunisme, persuasion.
Espagnol : Guntero.
Scandinave : Gundar, Gunder, Gunnar.

Gustave

Assez courant au XIXe siècle, Gustave a été vite abandonné. Auguste, qui a la même étymologie, revient à la mode aujourd'hui.
Origine latine, signifie « vénérable ».
Chiffre 5 - couleur violette.
Fête le 7 octobre.
Saint Gustave, handicapé à Bourges au VIe siècle, mendie dans les rues et consacre ses faibles gains à la construction d'un oratoire pour saint Martin ; il guérit, prend l'habit et dirige un monastère.
Caractère : curiosité, dynamisme, indépendance, épicurisme.
Anglo-saxon : Gustavus.
Espagnol et italien : Gustavo.
Germanique : Gustav. *Néerlandais :* Gustaaf.
Scandinave : Goesta, Gustaf.

Guthlac

Origine celtique, signifie « bois vaillant ».
Chiffre 9 - couleur bleu.
Fête le 11 avril.
Saint Guthlac, issu d'une famille anglaise princière au VIIe siècle, est un brigand redoutable qui multiplie les méfaits. Il s'amende, prend l'habit et termine sa vie dans un ermitage.
Caractère : sens des responsabilités, exigence, sensibilité, rigueur.
Variante : Guthval.

Guy

Origine germanique, signifie « bois ».
Chiffre 8 - couleur violette.
Fête le 15 juin.
Saint Guy, fils d'un sénateur romain au IIIe siècle, se convertit à l'insu de ses parents. Il rencontre le fils de l'empereur Dioclétien épileptique. Pour le remercier, l'empereur l'invite à partager ses libations et à adorer avec lui les dieux païens. Il refuse : il est livré aux lions de l'arène, qui se couchent à ses pieds ; il est pendu.
Caractère : intuition, passion, volonté, ambition.

Anglo-saxon : Wido. Breton : Guyon, Gwion.
Espagnol et italien : Guido, Vito.
Germanique : Wido. Normand : Guyot.

Gwaloé

Il est un diminutif de Guénolé.
Origine celtique, signifie « valeureux et sacré ».
Chiffre 9 - couleur blanche.
Fête le 3 mars.
Saint Guénolé fonde un monastère à Landévennec, en Bretagne au Ve siècle, et le dirige pendant plus de cinquante ans.
Caractère : générosité, charisme, rêverie, intuition.

Gwénaël

Il est l'un des prénoms traditionnels de la Bretagne.
Origine celtique, signifie « ange blanc ».
Chiffre 4 - couleur blanche.
Fête le 3 novembre.
Saint Gwénaël, abbé du monastère de Landévennec, en Bretagne au VIe siècle, part évangéliser l'Irlande puis revient dans son pays pour y mourir.
Caractère : sensibilité, travail, rigueur, persévérance.
Diminutif : Gaël. Variantes : Guénaut, Gwellaouen, Gwenal, Gwinal.

Gwendal

Origine celte, signifie « front blanc ».
Chiffre 3 - couleur bleue.
Fête le 18 janvier
Saint Gwendal fut un moine très pieux en Bretagne au VIe siècle.
Caractère : charisme, sensibilité, vivacité, activité.

Gwénégan

Origine celtique, signifie « bravoure sacrée ».
Chiffre 4 - couleur blanche.
Fête le 21 octobre.
Saint Gwénégan fut évêque de Quimper au Ve siècle.
Caractère : réflexion, énergie, activité, impatience.
Variantes : Conogan, Konogan.

Gwenn

Prénom mixte typiquement breton.
Origine celte, signifie « blanc »
Chiffre 9 - couleur blanche.
Fête le 18 octobre.
Sainte Gwenn, épouse de saint Fragan et mère de vingt-deux enfants, en Bretagne au Ve siècle, est sa patronne.
Caractère : sensibilité, émotivité, rigueur, travail.

Gwennin

Origine celte, signifie « blanc ».
Chiffre 4 - couleur blanche.
Fête le 19 août.
Saint Gwennin fut évêque de Vannes au VIe siècle.
Caractère : sociabilité, sens artistique, harmonie, charisme.
Variantes : Gwenneg, Gwennog.

Gwezhenneg

Origine celte, signifie « combat ».
Chiffre 6 - couleur rouge.
Fête le 5 novembre.
Saint Guéthenoc, son patron, frère de saint Guénolé, mena une vie pieuse consacrée à la prière, au Ve siècle.
Caractère : sensibilité, sens des responsabilités, harmonie, charisme.
Variante : Guéthenoc.

Sacrée famille

D'après la légende bretonne, saint Fragan et sainte Gwenn, couple modèle en Armorique au VIe siècle, eurent vingt-deux enfants, parmi lesquels Doetval, Urielle, Gwenolé, Jagu, Klervi, Onnen, Gwezhenneg, appelé aussi Guéthenoc.

H

Haakon

Ce prénom royal en Norvège a peu d'adeptes dans les pays francophones.
Origine scandinave, signifie « de haute naissance ».
Chiffre 5 - couleur orange.
Caractère : adaptabilité, sensibilité, charme, indépendance.
Autre orthographe : Hakon.

Habib

Origine arabe, signifie « l'amoureux ».
Chiffre 4 - couleur rouge.
Caractère : travail, rigueur, stabilité, sens de l'organisation.

Hadad

Ce prénom fut porté par un petit-fils d'Abraham.
Origine hébraïque, signifie « aigu ».
Chiffre 9 - couleur rouge.
Caractère : efficacité, réalisme, ambition, sens de l'organisation.

Hakim

Origine arabe, signifie « le sage ».
Chiffre 2 - couleur orange.
Caractère : adaptabilité, diplomatie, émotivité, sociabilité.

Halvard

Origine germanique, signifie « mystérieux » et « protecteur ».
Chiffre 3 - couleur orange.
Fête le 15 mai.
Saint Halvard, cousin du roi de Suède, connu pour sa bonté et sa piété, fut assassiné au début du XIe siècle pour avoir pris la défense d'une femme accusée à tort de vol.
Caractère : sens des affaires, efficacité, ambition, autorité.

Hamish

Ce prénom est la variante écossaise de James, forme anglaise de Jacques.
Origine hébraïque, signifie « Dieu a soutenu ».
Chiffre 6 - couleur rouge.
Fête le 3 mai.
Saint Jacques le Mineur, frère des apôtres Simon et Jude, devint le chef de la communauté judéo-chrétienne de Jérusalem après la Pentecôte. Il fut lapidé et bastonné alors qu'il prêchait l'Évangile dans la cour du Temple.
Caractère : franchise, volonté, ambition, travail.

Hans

Il est la forme scandinave de Jean.
Origine hébraïque, signifie « Dieu a fait grâce ».
Chiffre 6 - couleur jaune.
Fête le 24 juin.
De très nombreux saints figurent au calendrier sous ce prénom.
Saint Jean, disciple du Christ et auteur présumé du quatrième Évangile, de trois épîtres et de l'Apocalypse.
Saint Jean Chrysostome, évêque de Constantinople au IVe siècle et docteur de l'Église.
Saint Jean le Baptiste, fils d'Élisabeth et de Zacharie, né en Palestine au début du Ier siècle, appelé par Dieu pour se retirer dans le désert et établi sur la rive du Jourdain pour baptiser tous ceux qu'il convertissait.
Saint Jean le Bosco, Piémontais du XIXe siècle, qui voua sa vie à l'éducation des enfants pauvres.
Caractère : séduction, sens des responsabilités, indépendance, perfectionnisme.

Harold

Il est la forme anglo-saxonne d'Harald.
Origine germanique, signifie « grande gloire ».
Chiffre 4 - couleur rouge.
Fête le 1er novembre.

Saint Harald, roi de Danemark au Xe siècle, favorise l'évangélisation de son pays ; il est assassiné par des païens.
Caractère : calme, sens de l'observation, prudence, patience.
Variante : Errol.
Espagnol : Haroldo. *Italien :* Aroldo.
Scandinave : Harald.

Haron

Ce prénom est une forme bretonne d'Aaron.
Origine hébraïque, signifie « celui qui vient après ».
Chiffre 2 - couleur rouge.
Fête le 22 juin.
Saint Aaron est un ermite fondateur d'un monastère en Bretagne, à la fin du Ve siècle.
Caractère : virilité, autorité, sensibilité, ambition, fierté.

Haroun

Il est la forme arabe d'Aaron.
Origine hébraïque, signifie « celui qui vient après ».
Chiffre 5 - couleur rouge.
Fête le 22 juin.
Saint Aaron est ermite fondateur d'un monastère en Bretagne, à la fin du Ve siècle.
Caractère : virilité, autorité, sensibilité, ambition, fierté.

Harrisson

Il est l'une des formes anglo-saxonnes d'Henri, très prisée aux États-Unis.
Origine germanique, signifie « maison » et « roi ».
Chiffre 3 - couleur violette.
Fête le 13 juillet.
Saint Henri II de Germanie, roi au Xe siècle, soutient l'autorité de l'Église, dote les monastères, bâtit cathédrales et fondations pour s'occuper des pauvres et des malades.
Caractère : sérieux, sens de l'observation, prudence, opiniâtreté.

Harvey

Il est la forme anglo-saxonne d'Hervé.
Origine celte, signifie « fort » et « ardent ».
Chiffre 9 - couleur rouge.
Fête le 17 juin.
Saint Hervé, fils de barde breton au VIe siècle, aveugle de naissance, passe sa vie dans un ermitage et fonde plusieurs monastères.
Caractère : réflexion, stabilité, sérieux, calme.

Hassan

Ce prénom fut porté par l'un des petits-fils du Prophète.
Origine arabe, signifie « vertueux ».
Chiffre 8 - couleur verte.
Caractère : équilibre, ambition, harmonie, sens de la justice.
Variantes : Hacène, Hocine, Hussein.

Hector

Ce prénom est celui d'un héros de l'*Iliade*, d'Homère ; Hector, chef de guerre et fils aîné de Priam, roi de Troie, frère de Cassandre et de Pâris, époux d'Andromaque, est tué par Achille.
Origine grecque, signifie « celui qui détient ».
Chiffre 6 - couleur jaune.
Caractère : volonté, travail, fidélité, sens des responsabilités.
Basque et corse : Ettore.
Italien : Ettore.

Hélier

Origine celte, forme probablement dérivée d'Élie.
Chiffre 9 - couleur verte.
Fête le 17 juillet.
Saint Hélier fut ermite à Jersey au VIe siècle.
Caractère : altruisme, rêverie, discrétion, étude.

H

Hélios

Dans la mythologie grecque, Hélios, fils du Titan Hypérion et frère de Séléné, la déesse lune, est le dieu soleil. Il traverse le ciel sur un char de feu tiré par quatre chevaux.
Origine grecque, signifie « soleil ».
Chiffre 5 - couleur jaune.
Caractère : indépendance, curiosité, épicurisme, adaptabilité.

Hélori

Ce prénom est surtout rencontré en Bretagne, où il est donné en l'honneur de saint Yves. L'avenir nous dira s'il suivra la renommée de Vianney ou de Chantal.
Origine celte, du patronyme de saint Yves Hilory.
Chiffre 7 - couleur bleue.
Fête le 19 mai.
Saint Yves, prêtre, avocat, défenseur des faibles au XIIIe siècle en Bretagne, fut un modèle de générosité et de piété.
Caractère : étude, méditation, charisme, altruisme.
Variantes : Halory, Hélouri.

Henri

Grand classique par excellence, Henri a connu plusieurs périodes de succès à travers les âges : la Renaissance, et le début du XXe siècle notamment. Il réapparaît depuis 1990.
Origine germanique, signifie « maison du roi ».
Chiffre 9 - couleur violette.
Fête le 13 juillet.
Saint Henri II de Germanie, roi au Xe siècle, soutient l'autorité de l'Église, dote les monastères, bâtit cathédrales et fondations pour s'occuper des pauvres et des malades.
Caractère : esprit d'entreprise, réalisme, efficacité, conformisme.
Alsacien : Heinz, Hendrick.
Anglo-saxon : Harrisson, Harry, Henry.
Basque : Henriko, Hilaire, Ilari, Ilario.
Espagnol : Enrique.
Germanique : Heinke, Heinz, Hendrik.
Italien : Enrico, Enzo.
Occitan : Alari.
Scandinave : Henrik.

Herbert

Il est une forme contractée de Héribert, prénom mérovingien.
Origine germanique, signifie « armée illustre ».
Chiffre 4 - couleur verte.
Fête le 20 mars.
Saint Herbert est ermite en Angleterre, dans le Cumberland, au VIIe siècle.
Caractère : sociabilité, franchise, réflexion, travail.
Variantes : Aribert, Hébert, Héribert.
Espagnol : Herberto.
Germanique : Herbrecht. Italien : Erberto.

Herblain

Ce prénom est une forme dérivée d'Hermeland.
Origine germanique, signifie « terre et armée ».
Chiffre 6 - couleur jaune.
Fête le 25 mars.
Sainte Hermeland fonde un monastère en Bretagne au VIIe siècle, puis se retire dans un ermitage pour terminer sa vie.
Caractère : perfectionnisme, ambition, franchise, sens des responsabilités.
Autre orthographe : Erblain.
Variante : Herblay.

Hercule

Ce prénom est celui d'un héros de la mythologie latine identifié à l'Héraclès de la mythologie grecque.
Origine grecque, signifie « à la gloire de Héra, épouse de Zeus ».
Chiffre 9 - couleur rouge.

Caractère : rigueur, persévérance, ambition, autorité.
Anglo-saxon et espagnol : *Hercules.*
Italien : *Ercole.*

Les travaux d'Hercule

D'après la mythologie, Hercule dut, pour expier le meurtre de sa femme et de ses enfants, exécuter les douze travaux imposés par le roi de Tyrinthe : étouffer le lion de Némée, tuer l'hydre de Lerne, attraper le sanglier d'Érymanthe, gagner à la course la biche aux pieds d'airain, percer de flèches les oiseaux du lac Stymphale, dompter le taureau de l'île de Crète, tuer Diomède, roi de Thrace, vaincre les Amazones, nettoyer les écuries d'Augias, combattre Géryon, cueillir les pommes d'or du jardin des Hespérides et enfin enchaîner Cerbère.

Héribald

Origine germanique, signifie « armée audacieuse ».
Chiffre 7 - couleur verte.
Fête le 25 avril.
Saint Héribald, évêque d'Auxerre au IXe siècle, homme cultivé, savant, conseiller des souverains, eut un rôle prépondérant dans les affaires du royaune franc.
Caractère : étude, réflexion, ambition, intellectualité.

Hermann

Origine germanique, signifie « homme d'armée ».
Chiffre 4 - couleur verte.
Fête le 25 septembre.
Saint Hermann, handicapé de naissance, fut mathématicien, astronome, poète, historien à Constance en Allemagne au XIe siècle ; il fut l'auteur de cantiques inoubliés à la Vierge Marie : l'Ave Maria, et le Salve Regina.
Caractère : calme, sérieux, réalisme, persévérance.
Espagnol : *Hermano.*
Germanique : *Herrmann.* *Italien :* *Ermanno.*

Hermeland

Origine germanique, signifie « terre » et « armée ».
Chiffre 8 - couleur jaune.
Fête le 25 mars.
Saint Hermeland fonde un monastère en Bretagne au VIIe siècle, puis se retire dans un ermitage pour terminer sa vie.
Caractère : perfectionnisme, ambition, franchise, sens des responsabilités.

Hern

Origine celte, signifie « haut sommet ».
Chiffre 9 - couleur orange.
Fête le 11 janvier.
Saint Hernin vint d'Angleterre pour s'établir en Bretagne au VIe siècle.
Caractère : spiritualité, réserve, étude, générosité.
Variantes : *Hernin, Thernen.*

Hervé

Il fait partie des classiques bretons.
Origine celtique, signifie « fort » et « ardent ».
Chiffre 4 - couleur bleue.
Fête le 17 juin.
Saint Hervé, fils de barde breton au VIe siècle, aveugle de naissance, passe sa vie dans un ermitage et fonde plusieurs monastères.
Caractère : réserve, loyauté, volonté, ambition.
Anglo-saxon : *Harvey.* *Breton :* *Herveig, Houarn, Houarné, Houarneau, Houarneig, Houarnig, Houarniaule.* *Normand :* *Hervieu.*

Hilaire

Origine latine, signifie « gai ».
Chiffre 8 - couleur verte.
Fête le 3 novembre.
Saint Hilaire, diacre en Italie au IIIe siècle, est arrêté et décapité pour avoir refusé d'adorer les dieux païens.

H

Caractère : ambition, efficacité, persévérance, sensibilité.
Breton : Hiler.

Hippolyte

Ce prénom fut en vogue au XIXe siècle.
Origine grecque, signifie « qui délie les chevaux ».
Chiffre 9 - couleur verte.
Fête le 13 août.
Saint Hippolyte, prêtre à Rome au IIIe siècle, fut déporté en Sardaigne pour s'être opposé publiquement au pape.
Caractère : sensibilité, étude, réflexion, réserve.
Espagnol : Hipolito. Italien : Ippolito.
Russe : Ippolit.

Hochea

Il fut l'un des douze petits prophètes du royaume d'Israël.
Origine hébraïque, signifie « salut ».
Chiffre 4 - couleur verte.
Caractère : ambition, persévérance, travail, sens de l'organisation.

Hoël

Ce prénom typiquement breton fut porté par plusieurs générations de rois de Domnonée, au VIe siècle.
Origine celte, signifie « bonne vue ».
Chiffre 4 - couleur verte.
Fête le 13 juillet.
Saint Hoël, roi de Domnonée au VIe siècle, fut le père d'une nombreuse famille qu'il éleva pieusement.
Caractère : travail, sens des responsabilités, rigueur, organisation.

Homère

Ce prénom évoque le poète épique grec, auteur de *l'Iliade* et de *l'Odyssée*, qui vécut au IXe siècle avant J.-C.
Chiffre 1 - couleur bleue.
Caractère : autorité, ambition, sens des responsabilités, charisme.
Espagnol : Homero.
Italien : Omero.

Honoré

Il fut l'un des prénoms classiques des XVIIIe et XIXe siècles.
Origine latine, signifie « honneur ».
Chiffre 3 - couleur orange.
Fête le 16 mai.
Saint Honoré fut évêque à Amiens pendant plus de trente ans au VIe siècle.
Caractère : vivacité, éloquence, enthousiasme, passion.
Variantes : Honorat, Honorin.
Espagnol : Honorato. Italien : Onorato.
Provençal : Ounourat.

Horace

Ce prénom fut porté par un grand poète latin, fils d'esclaves affranchis, né en 65 avant J.-C., dont la devise était « Carpe diem », c'est-à-dire « Profite du jour présent ».
Il est avec Virgile un des plus grands noms de la poésie latine.
Origine latine, du patronyme d'une célèbre famille romaine, les Horacius.
Chiffre 5 - couleur bleue.
Caractère : émotivité, sens artistique, dynamisme, humour.
Anglo-saxon : Horatius. Espagnol : Horacio.
Italien : Orazio.

Hubert

Ce classique des années 1930 a presque disparu.
Origine germanique, signifie « grande intelligence ».
Chiffre 2 - couleur bleue.
Fête le 3 novembre.
Saint Hubert, maire du palais des rois d'Austrasie au VIIIe siècle, passionné de chasse, se convertit

après l'apparition d'un cerf qui portait une croix entre ses bois. Il fut nommé évêque de Maastricht.
Caractère : calme, générosité, franchise, autorité.

Hugo

Cette forme de Hugues est l'un des favoris des années 1990-2000.
Origine germanique, signifie « intelligence ».
Chiffre 6 - couleur violette.
Fête le 1er avril.
Saint Hugues, abbé de Cluny au XIe siècle, se consacra pendant cinquante-deux ans à l'ordre dont il était chargé.
Caractère : sensibilité, perfectionnisme, exigence, réserve.

Hugues

Ce prénom médiéval est encore apprécié par les familles traditionalistes tandis que sa forme dérivée Hugo s'est largement démocratisée.
Origine germanique, signifie « intelligence ».
Chiffre 9 - couleur violette.
Fête le 1er avril.
Saint Hugues, abbé de Cluny au XIe siècle, se consacra entièrement à la prospérité et à la renommée de son ordre ; il mourut à 80 ans après cinquante-deux ans de sacerdoce.
Caractère : sensibilité, intuition, diplomatie, exigence.
Autre orthographe : Hughes.
Variante : Hugo.
Anglo-saxon : Hugh.
Italien : Ugo.
Provençal : Hugolin.

Humbert

Origine germanique, signifie « illustre géant ».
Chiffre 6 - couleur verte.
Fête le 25 mars.
Saint Humbert, fils du comte de Savoie au XIIe siècle, se retire à l'abbaye de Haute-Combe, mais il est sommé d'assurer la dynastie et se marie sur ordre de son père.
Caractère : ambition, courage, travail, exigence.
Espagnol : Humberto. *Italien :* Umberto.

Humphrey

Origine germanique, signifie « paix » et « géant ».
Chiffre 6 - couleur rouge.
Fête le 4 mai.
Saint Humphrey, domestique au pays de Galles au XVIe siècle, est martyrisé par ses employeurs.
Caractère : épicurisme, générosité, charme, affectivité.

Hyacinthe

C'est au Moyen Âge que ce prénom connut le plus de succès ; il est désuet aujourd'hui.
Origine grecque, du nom de la fleur jacinthe.
Chiffre 3 - couleur blanche.
Fête le 17 août.
Saint Hyacinthe, disciple de saint Dominique, entré dans les ordres à Rome au XIIIe siècle, s'installe dans sa Pologne natale pour y fonder plusieurs couvents dominicains.
Caractère : charme, communication, réalisme, négociation.
Anglo-saxon et germanique : Hyacinthus.

I

Ibrahim

Ce prénom est la forme arabe d'Abraham.
Origine hébraïque, signifie « père des nations ».
Chiffre 6 - couleur rouge.
Caractère : charme, harmonie, exigence, indépendance.

Ichaï

Ce prénom est la forme originelle de Jessé.
Origine hébraïque, signifie « cadeau ».
Chiffre 3 - couleur violette.
Caractère : générosité, idéalisme, créativité, sensibilité.

Ignace

Origine latine, signifie « feu ».
Chiffre 3 - couleur jaune.
Fête le 31 juillet.
Saint Ignace de Loyola, né au Pays basque espagnol au XVe siècle, touché par la lecture de la vie du Christ, se destine à une vie de pénitence. Il étudie la physique, la théologie, la grammaire latine, prêche, convertit, enseigne le catéchisme aux enfants. Il fonde en France la Compagnie de Jésus.
Caractère : sens des responsabilités, équilibre, charisme, éloquence.
Anglo-saxon : Ignatius, Inigo.
Basque : Iniaki, Iniego, Inigo.
Espagnol : Ignacio. *Germanique :* Ignaz.
Italien : Ignazio. *Occitan :* Ignaci, Inhaci.

Igor

Il fait partie des grands classiques russes.
Origine slave, signifie « gardien de la jeunesse ».
Chiffre 4 - couleur jaune.
Fête le 5 juin.
Saint Igor, grand-duc de Russie au XIIe siècle, est dépossédé de ses biens par sa famille ; il fonde un monastère près de Novgorod, où il est assassiné pendant les vêpres.
Caractère : prudence, étude, réserve, réflexion.

Ilan

Ce prénom moderne est très répandu en Israël.
Origine hébraïque, signifie « arbre ».
Chiffre 9 - couleur verte.
Caractère : sensibilité, altruisme, attention, charisme.

Iltud

Il est un prénom traditionnel en Bretagne.
Origine celte, signifie « peuple ».
Chiffre 3 - couleur orange.
Fête le 6 novembre.
Saint Iltud était l'abbé d'une abbaye galloise au Ve siècle.
Caractère : communication, créativité, harmonie, sociabilité.

Ingmar

Origine scandinave, signifie « fils d'Ing », dieu de la Fertilité et de la Paix.
Chiffre 8 - couleur verte.
Caractère : équilibre, sens des affaires, réalisme, sens de la justice.

Innocent

Peu de temps après la naissance de Jésus, Hérode fait massacrer tous les petits garçons de moins de 2 ans, pour que le prédiction des Rois mages qui annonçait la naissance d'un roi ne s'accomplisse pas. Ce fut le massacre des saints innocents.
Ce prénom est devenu rarissime.
Origine latine, signifie « inoffensif ».
Chiffre 4 - couleur rouge.
Fête le 28 décembre.
Saint Innocent, pape au début du Ve siècle, mourut assassiné par les Goths lors du pillage de Rome.
Caractère : réflexion, calme, discrétion, étude.

Espagnol : Inocencio. Germanique : Inozenz. Italien : Innocenzo. Russe : Innokenti.

Irénée

Origine grecque, signifie « paix ».
Chiffre 2 - couleur verte.
Fête le 28 juin.
Saint Irénée, né en Asie Mineure au début du IIe siècle, devient évêque de Lyon et rédige plusieurs ouvrages de théologie. Il meurt en martyr et est nommé docteur de l'Église.
Caractère : activité, diplomatie, adaptabilité, perfectionnisme.

Irving

Origine écossaise, signifie « ami de la mer ».
Chiffre 7 - couleur bleue.
Caractère : équilibre, sens de la justice, autorité, étude.
Autres orthographes : Earvin, Irvin.

Isaac

Origine hébraïque, signifie « Dieu a ri ».
Chiffre 7 - couleur rouge.
Caractère : sérieux, sens des responsabilités, fidélité, perfectionnisme.
Anglo-saxon : Ike, Ikey. Arabe : Ishak.
Autres orthographes : Isach, Isaak, Izaak, Ishaq, Itshaq, Itzaq, Yitzhak. Italien : Isacco.

La légende d'Isaac

Le patriarche Abraham a 99 ans lorsque Dieu lui annonce que son épouse Sarah, âgée de 90 ans, va mettre au monde un fils. Le couple, très croyant, ne met pas en doute la parole divine, mais accueille avec surprise le bébé, qui est prénommé « Dieu a ri ». Dès sa naissance, Isaac est destiné à assurer la descendance d'Abraham. Dieu connaît l'attachement d'Abraham pour ce fils inespéré. Pour éprouver sa foi, il lui demande de sacrifier l'enfant. Arrivé sur le lieu du sacrifice, alors que le patriarche brandit le couteau, un ange retient son bras et offre en échange un bélier pour le sacrifice.

Isaïe

Isaïe est avec Jérémie et Ézéchiel un des grands prophètes de la Bible.
Il exerca son ministère au royaume de Juda au VIIIe siècle avant J.-C.
Origine hébraïque, signifie « Dieu est délivrance ».
Chiffre 7 - couleur verte.
Caractère : indépendance, ambition, opiniatreté, affectivité.
Anglo-saxon : Isaiah.

Isarn

Origine occitane, du nom d'une rivière.
Chiffre 7 - couleur verte
Fête le 24 septembre
Saint Isarn fut abbé à Marseille au XIe siècle.
Caractère : réflexion, étude, sagesse, spiritualité.

Isidore

Origine grecque, signifie « don d'Isis ».
Chiffre 7 - couleur verte.
Fête le 4 avril.
Saint Isidore de Séville, né au VIIe siècle, élevé par son frère saint Léandre, est ce qu'on appellerait aujourd'hui un loubard ; il fugue, il se révolte puis, sévèrement puni par sa famille, il s'amende, retourne en classe et devient un des plus grands savants de son siècle : théologien, historien, philosophe, géographe... Il rédige un Traité des étymologies *qui sera pendant tout le Moyen Âge un ouvrage de référence. Évêque de Séville pendant quarante ans, il combat les hérésies, réforme la liturgie, fonde collèges et monastères. Il est docteur de l'Église.*
Caractère : activité, esprit d'entreprise, ambition, charisme.
Basque : Ixidor.
Espagnol, germanique, italien : Isidoro.

Ismaël

Ce prénom biblique est porteur d'une lourde symbolique. Ismaël, fils d'Abraham

et d'Agar, servante de Sarah, est l'ancêtre des Ismaélites, c'est-à-dire des Arabes.
Origine hébraïque, signifie « Dieu entendra ».
Chiffre 5 - couleur bleue.
Caractère : passion, ambition, courage, vitalité.
Arabe : Ismail.

Itsvan

Ce prénom est la forme hongroise de Stéphane.
Origine grecque, signifie « couronné ».
Chiffre 4 - couleur verte.
Fête le 14 novembre.
Saint Stéphane, moine franciscain au XIVe siècle, subit le martyre à Jérusalem.
Caractère : travail, sens de l'organisation, rigueur, autorité.

Ivan

Il est la forme slave de Jean.
Origine hébraïque, signifie « Dieu a fait grâce ».
Chiffre 1 - couleur rouge.
Fête le 24 juin.
Les saint Jean sont nombreux : saint Jean, disciple du Christ et auteur présumé du quatrième Évangile, saint Jean Chrysostome, évêque de Constantinople au IVe siècle et docteur de l'Église, et saint Jean Bosco, au XIXe siècle, prêtre fondateur d'établissements d'enseignement professionnel.
Caractère : émotivité, générosité, autorité, exigence.

Ivi

Ce prénom a la même étymologie qu'Yves.
Origine celte, signifie « if ».
Chiffre 4 - couleur rouge.
Fête le 6 octobre.
Saint Ivi quitta le pays de Galles pour s'établir en Bretagne et fonda un monastère à Pontivy au VIIe siècle.
Caractère : volonté, travail, exigence, sens des responsabilités.
Variante : Ivin.

Iwan

Une variante de Yves.
Origine celte, signifie « if ».
Chiffre 4 - couleur verte.
Fête le 19 mai.
Saint Yves, prêtre et avocat au XIIIe siècle, est l'un des saints protecteurs de la Bretagne.
Caractère : travail, rigueur, sens de l'organisation, stabilité.
Variante : Iwen.

Jacob

Il est la forme originelle de Jacques.
Origine hébraïque, signifie « Dieu a soutenu ».
Chiffre 4 - couleur rouge.
Fête le 20 décembre.
Jacob est, dans la Bible, le fils d'Isaac et de Rebecca, le frère d'Ésaü, à qui il rachète son droit d'aînesse. Époux de Léa et de Rachel, il aura douze fils, qui deviendront les patriarches des douze tribus d'Israël.
Caractère : prudence, sens de l'observation, persévérance, fidélité.
Diminutifs : Cob, Cobb, Cobbie, Kob, Kobbie.
Variantes : Jakob, Yacob, Yakob, Yakoub.
Espagnol : Iacobo, Jacobo.
Germanique : Jakob. Italien : Jacopo.
Néerlandais : Jacobus. Russe : Iakov.

Jacques

Grand classique universel, Jacques a presque disparu pour l'instant de l'état civil.
Origine hébraïque, signifie « Dieu a soutenu ».
Chiffre 4 - couleur rouge.
Fête le 3 mai.
Saint Jacques le Mineur, frère des apôtres Simon et Jude, devint le chef de la communauté judéo-chrétienne de Jérusalem après la Pentecôte. Il fut lapidé et bastonné alors qu'il prêchait l'Évangile dans la cour du Temple.
Caractère : activité, travail, méthode, sociabilité.
Variante : Jacquemin. Anglo-américain : Jamie, Jaimie. Anglo-saxon : James, Jaimy, Jim, Jimmy. Basque : Donaïki, Jakobo.
Breton : Jagu, Jakez, Jalm. Écossais : Hamish.
Espagnol : Diego, Jaime, Santiago, Diaz.
Italien : Giacomo, Jacomo, Jacopo.
Occitan : Jacmé, Jaco, Jaume.

Jafar

Ce prénom fut celui du frère d'Ali, cousin de Mahomet, martyr de l'islam.
Origine arabe, signifie « fleuve ».
Chiffre 9 - couleur orange.
Caractère : rigueur, volonté, autorité, loyauté.

Jagu

Ce prénom, forme celte de Jacques, est celui d'un des grands saints de la Bretagne.
Origine hébraïque, signifie « Dieu a soutenu ».
Chiffre 3 - couleur violette.
Fête le 8 février.
Saint Jagu, fils de sainte Gwenn, mena comme ses frères et sœurs une vie de piété et de charité exemplaire.
Caractère : harmonie, communication, créativité, charisme.

Jamal

Origine arabe, signifie « beau ».
Chiffre 1 - couleur orange.
Caractère : autorité, ambition, travail opiniâtreté.
Variantes : Jamel, Jamil.

Jason

Ce prénom mythologique est courant aux États-Unis.
Origine hébraïque, signifie « Dieu sauve ».
Chiffre 5 - couleur rouge.
Fête le 12 juillet.
Saint Jason, juif chrétien au IIIe siècle, offrit l'hospitalité à Paul et à Silas, disciples du Christ, et fut dénoncé, arrêté et libéré sous caution.
Caractère : intuition, réflexion, goût de l'aventure, intelligence.
Italien : Giasone.

La légende de Jason

Dans la mythologie grecque, Jason dut conquérir la Toison d'or d'un bélier fabuleux, avec ses compagnons, les Argonautes, pour obtenir le trône de Ialcos. De retour avec son trophée, il épousa Médée, mais les amoureux furent chassés et se réfugièrent à Corinthe, chez le roi Créon. Après dix années de bonheur, Jason répudia Médée pour épouser la fille de son hôte. Médée, folle de jalousie, tua Jason, sa jeune épouse et le roi.

J

Jasper

Il est une forme anglo-saxonne de Gaspard. Origine sanscrite, signifie « celui qui vient voir ».
Chiffre 6 - couleur rouge.
Fête le 6 janvier.
Gaspard est, selon la tradition chrétienne, l'un des trois Rois mages venus d'Orient pour adorer l'Enfant Jésus quelques jours après sa naissance.
Caractère : sensibilité, harmonie, sens des responsabilités, fidélité.

Jaufret

Ce prénom est une forme moderne de Godefroy.
Origine germanique, signifie « paix de Dieu ».
Chiffre 9 - couleur bleue.
Fête le 15 janvier.
Saint Godefroy fut disciple de saint Bernard à Clairvaux au XIIe siècle.
Caractère : individualité, ambition, imagination, charisme.
Autre orthographe : Geoffrey.

Jean

Il est le prénom intemporel par excellence. Origine hébraïque, signifie « Dieu a fait grâce ».
Chiffre 3 - couleur jaune.
Fête le 24 juin.
De très nombreux saints figurent au calendrier sous ce prénom.
Saint Jean, disciple du Christ et auteur présumé du quatrième Évangile, de trois épîtres et de l'Apocalypse.
Saint Jean Chrysostome, évêque de Constantinople au IVe siècle et docteur de l'Église.
Saint Jean le Baptiste, fils d'Élisabeth et de Zacharie, né en Palestine au début du Ier siècle, appelé par Dieu pour se retirer dans le désert et établi sur la rive du Jourdain pour baptiser tous ceux qu'il convertissait.
Saint Jean le Bosco, Piémontais du XIXe siècle, qui voua sa vie à l'éducation des enfants pauvres.
Caractère : curiosité, communication, exigence, charisme.
Alsacien : Hans.
Anglo-saxon : Jack, John, Johnny.
Basque : Iban. **Breton** *: Yann, Yannick.*
Espagnol : Juan, Juanito.
Germanique : Johannes, Hannes, Hanke.
Hongrois : Janos. **Irlandais** *: Sean.*
Italien : Gianni, Giovanni, Ivano.
Néerlandais : Johannes, Hänsel.
Portugais : Joao. **Provençal** *: Janet.*
Russe : Ivan, Vania.
Scandinave : Hans, Jens.

Les prénoms composés

Jean-Baptiste, Jean-Charles, Jean-Claude, Jean-François, Jean-Jacques, Jean-Louis, Jean-Luc, Jean-Marc, Jean-Marie, Jean-Michel, Jean-Paul, Jean-Pierre, Jean-Yves..., ces prénoms composés étaient au hit-parade de l'état civil dans les années 1950. Ils ont presque complètement disparu. Jean n'est plus guère associé à un autre prénom ou parfois, rarement, en seconde place, comme dans Pierre-Jean.
On rencontre parfois Marc-Antoine, Marc-Alexandre, Charles-Henri ou Charles-Édouard dans les familles traditionnelles.

Jeffrey

Il est une forme anglo-saxonne de Geoffrey, dérivé de Godefroy.
Origine germanique, signifie « paix de Dieu ».
Chiffre 3 - couleur jaune.
Fête le 15 janvier.
Saint Godefroy, rejoignit saint Bernard à l'abbaye de Clairvaux avec plusieurs de ses amis, au XIIe siècle, et devint prieur du monastère.
Caractère : sensibilité, vivacité, éloquence, adaptabilité.

Jephté

Ce prénom fut celui d'un grand juge et d'un sauveur d'Israël.
Origine hébraïque, signifie « libéré ».
Chiffre 9 - couleur bleue.

Caractère : ambition, volonté, imagination, altruisme.

Jérémie

Origine hébraïque, signifie « Dieu élève ».
Chiffre 2 - couleur rouge.
Fête le 1er mai.
Saint Jérémie, prophète, réfugié en Égypte en 587 avant J.-C., après la destruction de Jérusalem, fut accusé de trahison et mourut lapidé.
Caractère : activité, adaptabilité, sociabilité, diplomatie.
Anglo-saxon : Jeremiah, Jeremy, Jerry.
Espagnol : Jeremias. *Italien :* Geremia.

Jérôme

Origine grecque, signifie « nom sacré ».
Chiffre 3 - couleur rouge.
Fête le 30 septembre.
Saint Jérôme, secrétaire du pape Damase au IVe siècle, se retira dans le désert pour se consacrer à la traduction en latin de l'Ancien et du Nouveau Testament ; cette œuvre, la Vulgate lui prit vingt-deux ans. Il fut nommé docteur de l'Église.
Caractère : sociabilité, adaptabilité, fantaisie, curiosité.
Anglo-saxon : Gerrie, Gerry.
Basque : Hieronimo. *Espagnol :* Jeronimo, Xeromo. *Germanique :* Hieronimus.
Italien : Gerolamo, Geronimo.
Provençal : Girome, Jirome.

Jessy

Ce prénom mixte est la forme anglo-américaine de Jessé.
Jessé fut, dans la Bible, le père du roi David.
Origine hébraïque, signifie « cadeau ».
Chiffre 6 - couleur verte.
Fête le 4 novembre.
Caractère : rigueur, ambition, travail, sens des responsabilités
Autre orthographe : Jessie *(davantage féminin).*

Joachim

Origine hébraïque, signifie « Yahvé s'est levé ».
Chiffre 5 - couleur bleue.
Fête le 26 juillet.
Saint Joachim fut l'époux d'Anne et le père de la Vierge Marie.
Caractère : indépendance, curiosité, goût de l'aventure, passion.
Espagnol : Joaquin. *Germanique :* Jochem.
Italien : Gioacchino. *Scandinave :* Jokum.
Slave : Joakim.

Joël

Origine hébraïque, signifie Yahvé est Dieu.
Chiffre 6 - couleur bleue.
Fête le 13 juillet.
Saint Joël, prophète en Israël, au VIe siècle avant J.-C., fut l'auteur du livre de la Bible qui porte son nom.
Caractère : sens des responsabilités, fidélité, loyauté, perfectionnisme.
Variantes : Yaël, Yoël.
Italien : Gioele.

Joévin

Origine latine, de Jovis, nom donné à Jupiter.
Chiffre 3 - couleur orange.
Fête le 2 mars.
Saint Joévin, moine en Bretagne à la fin du VIe siècle, évangélisa la région et devint évêque de Léon.
Caractère : créativité, communication, sens des affaires, harmonie.

Johan

Il est la forme originelle de Jean.
Origine hébraïque, signifie « Dieu a fait grâce ».
Chiffre 3 - couleur jaune.
Fête le 24 juin.
Saint Jean est son patron.
Caractère : communication, épicurisme, éloquence, charisme.

J

Jonas

Ce prénom fut celui d'un des petits prophètes du royaume d'Israël.
Origine hébraïque, signifie « colombe ».
Chiffre 5 - couleur jaune.
Caractère : opportunisme, adaptabilité, vivacité, activité.
Anglo-saxon : Jonah. *Italien :* Giona.

Jonas et la baleine

D'après la Bible, Jonas reçut de Dieu l'ordre d'aller rétablir l'ordre religieux en Assyrie. L'aventure ne le tente pas. Aussi décide-t-il de s'embarquer sur un bateau pour échapper à la mission divine. Un violent orage éclate et l'équipage accuse le passager Jonas, d'avoir attiré la malédiction de Dieu. Il avoue être juif et fuir les ordres de Dieu. Les hommes du bord, furieux, le jettent à l'eau. Et la tempête s'apaise. Jonas se débat dans les vagues et il est avalé par une baleine. Il reste trois jours dans l'estomac du mammifère, qui le recrache sur le rivage... Jonas compose un psaume en action de grâces et accomplit la mission qui lui a été confiée.

Jonathan

Origine hébraïque, signifie « Yahvé a donné ».
Chiffre 8 - couleur rouge.
Fête le 29 décembre.
Saint Jonathan fut le fils de Saül, premier roi des Israélites au XIe siècle avant J.-C., et un grand ami de David.
Caractère : courage, volonté, curiosité, fidélité.
Forme originelle : Yonathan.
Espagnol : Jonatan. *Italien :* Gionata.

Jordan

Ce prénom, très en vogue aux États-Unis depuis le XIXe siècle puis en France dans les années 1990, a une très longue histoire. Ce sont les croisés, au Moyen Âge, qui, de retour de Terre sainte, l'employèrent en souvenir du fleuve Jourdain.
Origine araméenne, signifie « qui répand la vie ».
Chiffre 8 - couleur bleue.
Fête le 23 avril.
Saint Georges, patron de Jordan, fut un chevalier romain chrétien au IVe siècle mis à mort pour avoir déchiré l'édit de persécution des chrétiens.
Caractère : activité, rapidité, ambition, exigence.
Italien : Giordano.
Variantes : Jordon, Jory, Jourdain.

Joris

Il est la forme néerlandaise de Georges.
Origine grecque, signifie « qui travaille la terre ».
Chiffre 8 - couleur bleue.
Fête le 23 avril.
Saint Georges, chevalier romain originaire de Cappadoce, fut arrêté et décapité par des soldats de l'empereur au IVe siècle. La légende raconte qu'au cours d'un voyage en Libye il terrassa un dragon qui menaçait une ville.
Caractère : ambition, travail, imagination, courage.

José

Il est la forme hispanique de Joseph.
Origine hébraïque, signifie « Dieu ajoute ».
Chiffre 4 - couleur rouge.
Fête le 9 juin.
Saint José, né en Espagne au XVIe siècle, partit en Amérique du Sud évangéliser des Indiens particulièrement dangereux, mais sa bonté, sa charité lui valurent l'estime et l'affection de tous et, à sa mort, il fut vénéré par toute la population.
Caractère : sensibilité, prudence, travail, tradition.

Joseph

C'est au XIXe siècle que ce prénom fut au faîte de son succès ; il commence à réapparaître.
Origine hébraïque, signifie « Dieu ajoute ».

Chiffre 1 - couleur rouge.
Fête le 19 mars.
Saint Joseph, descendant de David, charpentier en Galilée au Ier siècle, fut l'époux de sainte Marie et le père nourricier de Jésus.
Caractère : courage, détermination, autorité, ambition.
Forme originelle : Yossef. *Anglo-saxon :* Joe, Jody. *Arabe :* Youssef, Youssouf. *Basque :* Joseba. *Breton :* Job, Jobig, Jos. *Espagnol :* Jose, Joselito, Pepito. *Italien :* Giuseppe, Peppo, Peppone. *Néerlandais :* Joep, Joop, Joos. *Occitan :* Jausep, Josafat, Jousé. *Provençal :* Jousé, Jouséto. *Russe :* Iosif, Osip.

Joshua

Cette forme anglaise de Josué connaît le succès depuis 2005.
Origine hébraïque, signifie « Dieu est le salut ».
Chiffre 2 - couleur orange.
Caractère : sensibilité, réserve, émotivité, séduction.

Josias

Ce prénom fut porté par le seizième roi d'Israël.
Origine hébraïque, signifie « Dieu guérit ».
Chiffre 1 - couleur jaune.
Caractère : énergie, dynamisme, autorité, ambition.

Josselin

Ce prénom est la forme moderne de Josse.
Origine germanique, du nom de Gauz, divinité.
Chiffre 4 - couleur bleue.
Fête le 13 décembre.
Saint Josse, frère de Judicaël, roi des Bretons au VIIe siècle, quitte la cour pour vivre dans un ermitage en Picardie.
Caractère : calme, intuition, émotivité, sociabilité.
Variante : Josserand.

Josué

Origine hébraïque, signifie « Dieu est le salut ».
Chiffre 7 - couleur rouge.
Caractère : sensibilité, originalité, réserve, humour.
Anglo-saxon et espagnol : Joshua.
Italien : Giosue.

Joyce

Ce prénom mixte est une variante du prénom Joy.
Origine anglo-américaine, signifie « joie ».
Chiffre 4 - couleur jaune.
Fête le 25 mars.
Caractère : adaptabilité, éclectisme, imagination, esprit.

Judicaël

Origine celtique, signifie « seigneur généreux ».
Chiffre 2 - couleur bleue.
Fête le 17 décembre.
Saint Judicaël est l'un des grands saints de Bretagne. Fils aîné du roi de Bretagne au VIIe siècle, il laisse le trône à son plus jeune frère pour se faire moine. Mais son frère refuse l'héritage. Judicaël assume ses responsabilités, se marie, assure sa descendance, laisse le trône à son fils aîné puis achève sa vie en prières dans le monastère qu'il a créé.
Caractère : générosité, sensibilité, intuition, imagination.
Variantes : Gicquel, Jikaël.

Jules

Ce prénom fut en vogue dans l'Antiquité et au XIXe siècle ; il réapparaît timidement, alors que sa forme féminine est appréciée depuis longtemps.
Origine latine, de Iulius, nom d'une illustre famille romaine de l'Antiquité.

J

Chiffre 4 - couleur rouge.
Fête le 12 avril.
Saint Jules, pape au IVe siècle, fait établir la primauté de Rome sur les autres Églises.
Caractère : ambition, opiniâtreté, travail, autorité.
Anglo-saxon et germanique : Julius.
Espagnol : Julio. *Italien :* Giuliano, Giulio.
Slave : Ioulan, Iouli, Yuli.

Julien

Cette variante de Jules a connu un grand succès dans les années 1980.
Origine latine, de Iulius, nom d'une illustre famille romaine de l'Antiquité.
Chiffre 8 - couleur rouge.
Fête le 27 janvier.
Saint Julien, prêtre romain à la fin du Ier siècle, évangélisa la Gaule.
Caractère : énergie, courage, franchise, générosité.
Occitan : Julian. *Russe :* Yulian.

Junian

Ce prénom est la forme occitane de Junien, qui dans l'Antiquité prénommait parfois les enfants nés en juin.
Origine latine, signifie « juin ».
Chiffre 6 - couleur bleue.
Fête le 16 octobre
Saint Junien fut ermite en Limousin au VIe siècle. On lui attribue une source miraculeuse guérissant les pestiférés.
Caractère : sensibilité, vivacité, ténacité, curiosité.

Justin

Il est une variante de Juste, prénom qui n'est plus employé.
Origine latine, signifie « juste ».
Chiffre 3 - couleur verte.
Fête le 1er juin.
Saint Justin, Grec né en Palestine au IIe siècle, jeune homme brillant et cultivé, étudia la théologie à Rome, se fit baptiser et fut décapité sur ordre de l'empereur Marc-Aurèle pour avoir tenté d'intercéder en faveur des chrétiens emprisonnés.
Caractère : sociabilité, optimisme, curiosité, vivacité.
Variante : Justinien.
Espagnol : Justino.
Italien : Giustino.
Normand : Jeustin.

Kado

Ce prénom à la sonorité surprenante est l'un des grands traditionnels bretons.
Origine celte, signifie « combat ».
Chiffre 4 - couleur jaune.
Fête le 24 janvier.
Saint Kado, Gallois du VIe siècle, fut ermite en Bretagne et fonda une abbaye à Lancarvan.
Caractère : travail, rigueur, stabilité, persévérance.

Kaëlig

Ce prénom est le diminutif de Mikaël, forme bretonne de Michel.
Origine hébraïque, signifie « comme Dieu ».
Chiffre 9 - couleur verte.
Fête le 29 septembre.
Saint Michel archange, chef de la milice céleste, conduit les défunts et pèse les âmes le jour du Jugement dernier.
Variante : Kelig.

Karel

Il est la forme scandinave de Charles.
Origine germanique, signifie « viril ».
Chiffre 2 - couleur verte.
Fête le 4 novembre.
Saint Charles Borromée, archevêque de Milan au XVIe siècle, consacre sa vie aux malades et aux pauvres.
Caractère : intuition, harmonie, calme, travail.
Autre orthographe : Carel. *Variante :* Karol.

Kasper

Il est une forme germanique de Gaspard.
Origine sanscrite, signifie « celui qui vient voir ».
Chiffre 6 - couleur rouge.
Fête le 6 janvier.
Gaspard est, selon la tradition chrétienne, l'un des trois Rois mages venus d'Orient pour adorer l'Enfant Jésus quelques jours après sa naissance.
Caractère : intuition, sensibilité, réserve, générosité.

Kean

Origine anglaise, signifie « aigu ».
Chiffre 4 - couleur bleue.
Caractère : stabilité, travail, rigueur, sens de l'organisation.
Autre orthographe : Keene.

Kenan

Origine celte, signifie « beau ».
Chiffre 9 - couleur rouge.
Fête le 24 novembre.
Saint Kenan est évêque en Irlande au Ve siècle.
Caractère : dynamisme, curiosité, indépendance, activité.
Variante : Kened.

Kenneth

Ce prénom a connu ses années fastes en Écosse au XIXe siècle et aux États-Unis dans les années 1960.
Origine gaélique, signifie « beau ».
Chiffre 4 - couleur violette.
Caractère : étude, réflexion, exigence, sens de l'organisation.

Kerrien

Origine celte, signifie « morceau de bois ».
Chiffre 8 - couleur rouge.
Fête le 5 novembre.
Saint Kerrien fut ermite au Ve siècle dans le Finistère.
Caractère : sens de la justice, goût du pouvoir, équilibre, travail.
Autre orthographe : Querrien.

Kévin

Ce prénom fut l'un des favoris des années 1990. Il est une forme dérivée de Coemgen.
Origine celtique, signifie « de race noble ».

K

Chiffre 7 - couleur violette.
Fête le 3 juin.
Saint Coemgen, ermite en Irlande au VIe siècle, fonde un monastère pour les nombreux pèlerins qui viennent le visiter.
Caractère : intuition, discrétion, sensibilité, rêverie.
Variantes : Gavin, Kelvin, Kéven.

Khaled

Ce prénom est l'un des plus fréquents chez les musulmans. Il a été illustré dans l'histoire de l'islam par un général qui fut le bras droit de Mahomet.
Origine arabe, signifie « impérissable ».
Chiffre 5 - couleur bleue.
Caractère : indépendance, adaptabilité, goût de l'aventure, charisme.
Variante : Khalid.

Killian

Ce prénom a suivi la vogue des prénoms celtes des années 1990.
Origine celtique, signifie « assaut du guerrier ».
Chiffre 2 - couleur verte.
Fête le 13 novembre.
Saint Killian, moine irlandais évangélisateur au VIIe siècle, est assassiné par la concubine du duc de Bavière.
Caractère : énergie, passion, autorité, charisme.

Kim

Ce prénom mixte est apprécié aux États-Unis depuis plusieurs décennies.
Origine anglaise, signifie « celui qui commande ».
Chiffre 6 - couleur orange.
Caractère : affectivité, communication, perfectionnisme, charme.

Kireg

Ce prénom est la forme bretonne de Guirec.
Origine celte, signifie « générosité ».
Chiffre 5 - couleur violette.
Fête le 17 février.
Saint Kireg, né au pays de Galles au VIe siècle, s'établit en Bretagne après avoir traversé la Manche dans une auge de pierre et devint disciple de saint Tudwall.
Caractère : adaptabilité, activité, goût de l'aventure, indépendance.
Variantes : Guévroc, Guirec, Gwevrog.

Knut

Ce prénom, forme danoise de Canut, fut porté par plusieurs rois du Danemark.
Origine scandinave, signifie « blanc ».
Fête le 19 janvier.
Saint Knut, roi du Danemark au XIe siècle, favorisa l'implantation de l'Église dans son pays. Il fut assassiné par des païens.
Variante : Knud.

Korrigan

Ce prénom celte apparaît dans le sillage des prénoms se terminant par la syllabe « an ».
Origine celte, signifie « vaillant guerrier ».
Chiffre 3 - couleur verte.
Caractère : persévérance, courage, activité, rigueur.

Koulizh

Origine celte, signifie « colombe ».
Chiffre 4 - couleur orange.
Fête le 10 décembre.
Saint Couleth fut évêque de Kildarre en Irlande au VIe siècle.
Caractère : travail, rigueur, stabilité, perfectionnisme.
Variantes : Couleth, Kouled, Koulid.

Laban

Ce prénom biblique est en vogue dans les familles américaines puritaines. Laban est, dans la Bible, le père de Léa et de Rachel.
Origine hébraïque, signifie « blanc ».
Chiffre 3 - couleur blanche.
Caractère : optimisme, réflexion, sociabilité, créativité.

Ladislas

Il est une forme contractée de Vladislas.
Origine slave, signifie « qui possède la gloire ».
Chiffre 5 - couleur bleue.
Fête le 27 juin.
Saint Ladislas Ier, roi de Hongrie au XIe siècle, défenseur de son royaume contre les invasions des Turcs, mourut en organisant la première croisade.
Caractère : ambition, opportunisme, diplomatie, communication.
Espagnol : Ladislao. Hongrois : Laszlo. Slave : Ladislaus.

Laël

Origine hébraïque, signifie « qui est à Dieu ».
Chiffre 3 - couleur bleue.
Caractère : vitalité, originalité, fiabilité, communication.

Lambert

Oublié pendant plusieurs siècles après une petite vague de succès au Moyen Âge, Lambert est réapparu timidement dans les années 1980.
Origine germanique, signifie « terre illustre ».
Chiffre 8 - couleur jaune.
Fête le 17 septembre.
Saint Lambert, évêque de Maastricht au VIIe siècle, est assassiné par le maire du palais, Pépin de Herstal, à qui il reproche son inconduite.
Caractère : combativité, ambition, passion, sens des responsabilités.
Espagnol et italien : Lamberto. Germanique : Lambrecht.

Lancelot

Prénom de légende, Lancelot nomme le héros de plusieurs romans en prose écrits par Chrétien de Troyes, au XIIe siècle.
Il représente le modèle idéal du chevalier breton, vaillant guerrier et amant parfait. Élevé par la fée Viviane, il arrive à la cour du roi Arthur, et tombe éperdument amoureux de la reine Guenièvre ; son amour, coupable et inavouable, sert sa vaillance : en servant fidèlement le roi, il conquiert sa belle par ses exploits. Il termine sa vie en ermite, repentant, détaché des biens matériels et des tourments sensuels.
Origine celte, signifie « celui qui sert ».
Chiffre 1 - couleur violette.
Caractère : énergie, travail, autorité, curiosité.
Variante : Lancelin. Espagnol : Lanzarote.

Les prénoms de la littérature

Certains prénoms sont issus de l'imagination d'auteurs inspirés et sont passés à la postérité. Parmi les héros des légendes bretonnes : Arthur, devenu classique dans les années 1980, accompagné de Lancelot, Perceval et Guenièvre.
Les héroïnes des tragédies grecques, reprises par les classiques du XVIIe siècle : Phèdre, Électre... Molière avec Valère, Cléante, Célimène, Dorine. Le XIXe apporta Esméralda et Fantine.
En Allemagne, ce fut Lorelei, en Angleterre, c'est Alice, du pays des merveilles et, plus près de nous, Wendy.
Aux États-Unis, Cinderella, forme anglo-saxonne de Cendrillon, est en vogue et aujourd'hui l'héroïne d'une saga préhistorique, nommé Ayla par l'auteur, connaît une expansion très remarquée.

Landry

Il est comme Lambert un prénom médiéval.
Origine germanique, signifie « terre puissante ».

L

Chiffre 9 - couleur verte.
Fête le 10 juin.
Saint Landry, évêque de Paris au VIIe siècle, fut le fondateur de l'Hôtel-Dieu pour secourir les malades et les infirmes.
Caractère : sensibilité, franchise, ambition, générosité.

Laouenan

Origine celte, signifie « gai ».
Chiffre 7 - couleur jaune.
Fête le 23 janvier.
Saint Laouenan fut moine en Bretagne au VIe siècle.
Caractère : réflexion, étude, calme, réserve.
Variantes : Léan, Loénan.

Larry

Il est la forme diminutive de Lawrence, forme anglo-saxonne de Laurent.
Origine latine, signifie « laurier ».
Chiffre 2 - couleur verte.
Fête le 10 août.
Saint Laurent, diacre à Rome au IIIe siècle, subit le supplice pour avoir provoqué la colère de l'empereur Valérien.
Caractère : adaptabilité, diplomatie, sociabilité, communication.

Laszlo

Il est la forme slave de Vladislas.
Origine slave, signifie « qui possède la gloire ».
Chiffre 4 - couleur bleue.
Fête le 27 juin.
Saint Ladislas Ier, roi de Hongrie au XIe siècle, défenseur de son royaume contre les invasions des Turcs, mourut en organisant la première croisade.
Caractère : réserve, réflexion, émotivité, persévérance.

Laurent

Grand classique, Laurent connut la gloire à la Renaissance et pendant toute la seconde moitié du XXe siècle.
Origine latine, signifie « laurier ».
Chiffre 1 - couleur verte.
Fête le 10 août.
Saint Laurent, diacre à Rome au IIIe siècle, subit le supplice pour avoir provoqué la colère de l'empereur Valérien.
Caractère : ambition, sens des responsabilités, générosité, raffinement.
Alsacien : Lorenz.
Anglo-saxon : Larry, Lawrence.
Basque : Laurentxu, Laurentxi.
Breton : Laorans.
Espagnol : Laurencio.
Germanique : Lorentz.
Hongrois : Lorinc.
Italien : Lorenzo.
Néerlandais : Loris.
Occitan : Lari.
Provençal : Laurens.
Russe : Lavrenti.
Scandinave : Lars, Laurens, Laurids, Lavrans.

Laury

Ce prénom est une forme dérivée de Laurent. Comme Laurie, il est mixte.
Origine latine, signifie « laurier ».
Fête le 10 août.
Saint Laurent fut diacre et martyr à Rome au IIIe siècle.
Caractère : vivacité, adaptabilité, activité, éloquence.
Autre orthographe : Laurie.

Lazare

Origine hébraïque, signifie « Dieu a secouru ».
Chiffre 9 - couleur rouge.
Fête le 29 juillet.
Saint Lazare, frère de Marthe et de Madeleine, fut, d'après la Bible, ressuscité par Jésus.
Caractère : réserve, réflexion, exigence, travail.
Variantes : Éléazar, Éliezer.
Anglo-saxon et germanique : Lazarus.
Espagnol : Lazaro.
Italien : Lazzaro.

Léandre

Ce prénom rare a la même étymologie qu'André.
Origine grecque, signifie « homme ».
Chiffre 5 - couleur verte.
Fête le 27 février.
Saint Léandre, évêque de Séville au VIe siècle, se dévoua à la conversion des peuples wisigoths et ariens et fit proclamer le catholicisme religion d'État.
Caractère : charme, curiosité, vivacité, épicurisme.
Anglo-saxon et germanique : Leander.
Espagnol et italien : Leandro.

Lenny

Ce prénom est un diminutif de Léonard.
Origine latine, signifie « lion fort »
Fête le 26 novembre.
Saint Léonard, franciscain italien, s'épuise à rétablir l'ordre en Corse au XVIIIe siècle.
Caractère : curiosité, réserve, réflexion, travail.
Autres orthographes : Lény

Léo

Ce diminutif de Léon, devenu un prénom à part entière, fut, avec Théo l'un des favoris des années 1990.
Origine latine, signifie « lion ».
Chiffre 5 - couleur verte.
Fête le 10 novembre.
Saint Léon, pape au Ve siècle, lutta contre le paganisme, imposa Rome comme capitale de la chrétienté, négocia avec Attila, entretint une correspondance suivie avec les intellectuels de son temps et rédigea une centaine de sermons, dont les théologiens reconnaissent la grande valeur. Il fut nommé docteur de l'Église.
Caractère : charme, passion, communication, diplomatie.

Léon

Il fut un des classiques du XIXe siècle.
Origine latine, signifie « lion ».
Chiffre 1 - couleur verte.
Fête le 10 novembre.
Saint Léon, secrétaire des papes Célestin Ier et Sixte III, devint pape au Ve siècle, lutta contre le paganisme, imposa Rome comme capitale de la chrétienté, négocia avec Attila, entretint une correspondance suivie avec les intellectuels de son temps, et rédigea une centaine de sermons, dont les théologiens reconnaissent la grande valeur. Il fut nommé docteur de l'Église.
Caractère : émotivité, intuition, courage, tenacité.
Variantes : Léo, Léonce, Léontin, Léonard, Lionel. **Grec :** Leonidas. **Russe :** Léonid.

Léonard

Origine latine et germanique, signifie « lion fort ».
Chiffre 6 - couleur verte.
Fête le 26 novembre.
Saint Léonard Casanova, franciscain au XVIIIe siècle en Italie, fonde un ermitage et tente de rétablir l'ordre en Corse ; il meurt à la tâche.
Caractère : hyperactivité, ambition, travail, goût du pouvoir.
Espagnol et italien : Leonardo.
Scandinave : Lennart.

Léonce

Origine latine, signifie « lion ».
Chiffre 9 - couleur verte.
Fête le 18 juin.
Saint Léonce, soldat à Tripoli au IIIe siècle, tentait de convertir son entourage malgré l'interdiction de l'empereur Dioclétien : il fut décapité.
Caractère : intuition, réflexion, sensibilité, sens critique.
Italien : Leoncio, Leonzio.

L

Léonidas

Roi de Sparte au Ve siècle avant J.-C., il défendit les Thermopyles contre les Perses et y perdit la vie avec trois cents spartiates.
Origine grecque, signifie « vaillant ».
Chiffre 7 - couleur rouge.
Caractère : activité, rigueur, sens de l'organisation, persévérance.

Léopold

Il fut l'un des favoris en Belgique.
Origine germanique, signifie « peuple courageux ».
Chiffre 7 - couleur verte.
Fête le 15 novembre.
Saint Léopold, prince souverain d'Autriche au XIIe siècle, se consacra à la création de monastères et à l'éducation de ses dix-huit enfants.
Caractère : vitalité, ambition, travail, autorité.
Espagnol et italien : Leopoldo.

Léovigild

Origine latine, signifie « lion vigilant ».
Chiffre 2 - couleur rouge.
Fête le 21 août.
Saint Léovigild, moine à Cordoue au IXe siècle, fut condamné à mort par le gouverneur musulman de la ville, qu'il provoquait.
Caractère : optimisme, créativité, générosité, communication.
Espagnol : Leovigildo.

Léri

Origine celte, signifie « grand chef ».
Chiffre 8 - couleur verte.
Fête le 30 septembre.
Saint Léri fonda un monastère en Bretagne au VIIe siècle.
Caractère : sens de la justice, rigueur, goût du pouvoir, sérieux.
Autre orthographe : Lery.

Leslie

Ce prénom mixte est davantage féminin.
Origine incertaine : certains auteurs suggèrent une origine géographique, d'autres rattachent Leslie à Élisabeth.
Chiffre 8 - couleur verte.
Caractère : ambition, rapidité, opportunisme, énergie.
Autre orthographe : Lesley.

Lévi

Dans la Bible, Lévi est un fils de Jacob et de Léa, fondateur de la tribu des Lévites.
Origine hébraïque, signifie « attaché ».
Chiffre 3 - couleur rouge.
Caractère : sociabilité, imagination, épicurisme, communication.

Liam

Ce prénom est une forme irlandaise de Guillaume.
Origine germanique, signifie « volonté » et « protection ».
Chiffre 8 - couleur verte.
Fête le 10 janvier.
Saint Guillaume, archevêque de Bourges au XIIIe siècle, consacra sa vie au service des pauvres, des malades, des débauchés.
Caractère : altruisme, sensibilité, ambition, intuition.

Liébaut

Il est une forme dérivée de Léopold.
Origine germanique, signifie « peuple courageux ».
Chiffre 7 - couleur orange.
Fête le 8 août.
Saint Liébaut, abbé à Orléans au VIIe siècle, fonda une abbaye à Fleury.
Caractère : réflexion, sagesse, éloquence, communication.
Variante : Léobald.

Lilian

Ce prénom est la forme masculine de Liliane. Alors qu'il était rarissime jusqu'en 2000, il commence à avoir des adeptes parmi les jeunes parents.
Origine hébraïque, signifie « lys ».
Chiffre 3 - couleur bleue.
Fête le 27 juillet.
Sainte Liliane, jeune chrétienne martyre à Cordoue au IXe siècle, est sa patronne.
Caractère : sociabilité, activité, volonté, harmonie.

Lindsay

Ce prénom mixte en vogue aux États-Unis se féminise rapidement.
Origine anglaise, signifie « île aux tilleuls ».
Chiffre 3 - couleur verte.
Caractère : sensibilité, charme, vivacité, communication.

Lionel

Il succéda à Léon, et connut une période de succès dans les années 1970.
Origine latine, signifie « lion ».
Chiffre 4 - couleur jaune.
Fête le 10 novembre.
Saint Léon, secrétaire des papes Célestin Ier et Sixte III, devint pape au Ve siècle, lutta contre le paganisme, imposa Rome comme capitale de la chrétienté, négocia avec Attila, entretint une correspondance suivie avec les intellectuels de son temps, et rédigea une centaine de sermons, dont les théologiens reconnaissent la grande valeur. Il fut nommé docteur de l'Église.
Caractère : sensibilité, réserve, altruisme, exigence.
Variante : Léonel.

Loan

Ce prénom est un diminutif d'Elouan.
Origine celte, signifie «belle lumière ».
Chiffre 6 - couleur bleue.
Fête le 28 août.
Saint Elouan est un moine irlandais qui vint bâtir des monastères en Bretagne au VIe siècle.
Caractère : vivacité, indépendance, curiosité, éclectisme.
Autre orthographe : Lowan.

Loïc

Ce prénom est l'une des formes bretonnes de Louis.
Origine germanique, signifie « glorieux vainqueur ».
Chiffre 3 - couleur rouge.
Fête le 25 août.
Saint Louis, roi de France au XIIIe siècle, monarque habile et attentif à ses sujets, mourut de la peste lors de la quatrième croisade.
Caractère : communication, calme, harmonie, sérieux.
Variantes : Loïg, Loïs, Loïez.

Lois

Ce prénom mixte est une forme diminutive de Louis.
Origine germanique, forme dérivée de Louis, qui signifie « glorieux combattant ».
Chiffre 1 - couleur bleue.
Fête le 25 août
Saint Louis est son patron.
Caractère : calme, stabilité, perfectionnisme, ambition.
Autre orthographe : Loys.
Variantes : Aloïs, Aloys.

L'évolution d'un prénom

Tout comme la langue, les prénoms évoluent à travers les siècles. Louis en est un parfait exemple. Ainsi, à partir de l'étymologie germanique « hlodwig », qui signifie « glorieux combattant », sont nés Clovis, Ludovic, Louis, Loïs.

Loman

Origine celte, signifie «pensée lumineuse ».
Chiffre 4 - couleur orange.

Fête le 17 février.
Saint Loman fut un disciple de saint Patrick, en Irlande au Ve siècle.
Caractère : travail, sens des responsabilités, ordre, rigueur.
Variante : Logan.

Lorenzo

Cette forme italienne de Laurent est à l'honneur depuis 2000 tout comme son diminutif Enzo.
Origine latine, signifie « laurier ».
Chiffre 6 - couleur verte.
Fête le 10 août.
Saint Laurent, diacre au IIIe siècle à Rome subit le martyre sous le règne de Valérien.
Caractère : ambition, activité, intelligence, travail.

Loris

Ce prénom, forme néerlandaise de Laurent, est en vogue depuis les années 1990.
Origine latine, signifie « laurier ».
Chiffre 1 - couleur verte.
Fête le 10 août.
Saint Laurent, diacre à Rome au IIIe siècle, subit le supplice pour avoir provoqué la colère de l'empereur Valérien.
Caractère : sociabilité, éloquence, imagination, fantaisie.

Lothaire

Ce prénom est une forme contractée de Clotaire.
Origine germanique, signifie « grande gloire ».
Chiffre 7 - couleur verte.
Fête le 7 avril.
Saint Clotaire fut abbé en Champagne au VIIIe siècle.
Caractère : calme, curiosité, travail, ambition.
Anglo-saxon : Luther.
Espagnol : Lotario.
Germanique : Lothar.
Italien : Lotario.

Louis

Louis a connu de nombreuses heures de gloire ; dès le Moyen Âge, il est prénom de roi. Le XVIIe siècle et le XIXe siècle affirment sa puissance. Et, après une courte disparition, il connaît une nouvelle ère de succès depuis les années 1990.
Origine germanique, signifie « glorieux combattant. »
Chiffre 4 - couleur rouge.
Fête le 25 août.
Saint Louis, roi de France au XIIIe siècle, inaugura une ère de paix et de sécurité intérieure et extérieure pour son royaume. Pieux, juste et magnanime, il fut aimé de tous ses sujets. Il mourut de la peste devant Tunis pendant la quatrième croisade.
Caractère : détermination, méthode, opiniâtreté, travail.
Variantes : Aloïs, Ludovic. *Alsacien :* Ludwig.
Anglo-saxon : Lewis. *Breton :* Loïc, Loïez, Loïg.
Espagnol : Luis. *Forme médiévale :* Clovis.
Germanique : Ludwig. *Hongrois :* Lajos.
Italien : Luigi, Luigino, Gino.
Néerlandais : Lodewijk, Loek.
Occitan : Louiset. *Provençal :* Loui.

Louison

Ce prénom est une forme diminutive mixte de Louis qui réapparaît pour les garçons comme pour les filles depuis 2000.
Origine germanique, signifie « glorieux combattant ».
Chiffre 6 - couleur bleue.
Fête le 25 août.
Saint Louis, roi de France est son patron.
Caractère : charme, intuition, perfectionnisme, diplomatie

Loup

On le rencontrait souvent accompagné de Jean dans les années 1950.
Origine latine, signifie « loup ».
Chiffre 1 - couleur jaune.
Fête le 25 octobre.

Saint Loup, né à Arles au IVe siècle, devint évêque de Troyes, et protégea sa ville des persécutions d'Attila.
Caractère : ambition, opportunisme, éloquence, idéalisme.
Espagnol : Lope.

Lubin

Origine germanique, signifie « amour ».
Chiffre 4 - couleur jaune.
Fête le 14 septembre.
Saint Lubin, moine gallois au VIe siècle, fonda un monastère en Bretagne.
Caractère : sens de l'organisation, stabilité, travail, rigueur.

Luc

Ce grand classique a toujours été discret à l'état civil. Ses formes dérivées ont eu plus de succès : Lucien au XIXe siècle et Lucas depuis les années 1990.
Origine latine, signifie « lumière ».
Chiffre 9 - couleur orange.
Fête le 18 octobre.
Saint Luc, médecin à Antioche au Ier siècle, converti par saint Paul, fut le rédacteur des Actes des Apôtres et du troisième Évangile, qui porte son nom.
Caractère : sociabilité, sensibilité, charme, générosité.
Variantes : Lucas, Lucien, Lucinien.
Anglo-saxon : Lucke.
Basque : Luix, Luki, Luken.
Espagnol et italien : Lucio.
Germanique : Lukas.
Occitan : Lutz.
Slave : Lukja.

Lucas

C'est cette forme dérivée de Luc qui bat les records de popularité depuis 2000.
Origine latine, signifie « lumière ».
Chiffre 2 - couleur orange.
Fête le 18 octobre.
Saint Lucas, missionnaire dominicain, mourut en martyr au Japon au XVIIe siècle.
Caractère : affectivité, sens de l'organisation, rigueur, réserve.
Germanique : Lukas.
Italien : Luca.
Russe : Luka.
Slave : Louka.

Lucien

Cette forme de Luc est désuète après un franc succès dans les années 1920.
Origine latine, signifie « lumière ».
Chiffre 1 - couleur orange.
Fête le 7 janvier.
Saint Lucien, prêtre à Antioche au IIIe siècle, consacra sa vie à la traduction de la Bible d'hébreu en grec, et subit les persécutions de l'empereur Dioclétien.
Caractère : sensibilité, volonté, intelligence, ténacité.
Espagnol et italien : Luciano.
Occitan : Lucian.

Ludovic

Cette variante de Louis fut en vogue dans les années 1980.
Origine germanique, signifie « glorieux vainqueur ».
Chiffre 5 - couleur bleue.
Fête le 25 août.
Saint Louis, roi de France au XIIIe siècle, modèle de bonté, de piété et de génie politique, est son patron.
Caractère : indépendance, curiosité, épicurisme, goût de l'aventure.
Basque : Lodovico.
Italien : Lodovico, Ludovico.
Germanique : Ludovicus.
Normand : Ludovi. Provençal : Ludovi.

Ludwin

Ce prénom est la forme masculine de Ludivine.

Origine germanique, signifie « ami du peuple ».
Chiffre 2 - couleur rouge.
Fête le 29 septembre.
Saint Ludwin fut évêque de Trèves au VIIIe siècle.
Caractère : éclectisme, curiosité, adaptabilité, émotivité.
Variante : Liutwin.

Lugan

Ce prénom latin était courant au Moyen Âge en Gascogne.
Origine latine, signifie « qui habite la forêt ».
Chiffre 1 - couleur verte.
Fête le 4 mai.
Saint Sylvain, par analogie étymologique, est son patron.
Caractère : ambition, volonté, énergie, activité.

Luner

Origine celte, signifie « image ».
Chiffre 7 - couleur jaune.
Fête le 2 juillet.
Saint Luner fut évêque en Irlande au VIe siècle, puis, peu après avoir débarqué en Bretagne, il devint évêque de Saint-Malo.
Caractère : étude, réflexion, réserve, rigueur.
Autre orthographe : Lunaire.

Lysandre

Ce prénom de l'Antiquité évoque le général spartiate qui prit Athènes au IVe siècle avant J.-C.
Origine grecque, signifie « libérateur ».
Chiffre 4 - couleur jaune.
Caractère : travail, rigueur, sens de l'organisation, stabilité.
Anglo-saxon : Lysander.
Espagnol et italien : Lisandro.

Madalvé

Origine germanique, signifie « ancienne force ».
Chiffre 4 - couleur violette.
Fête le 4 octobre.
Saint Madalvé, évêque de Verdun au VIIIe siècle, fit plusieurs pèlerinages en Terre sainte pour en rapporter des reliques destinées à la cathédrale de sa ville.
Caractère : sens des responsabilités, rigueur, travail, stabilité.

Madeg

Origine celte, signifie « bon ».
Chiffre 3 - couleur jaune.
Fête le 23 février.
Saint Madeg fonda une abbaye en Bretagne au VIe siècle.
Caractère : sens artistique, harmonie, éclectisme, communication.
Variantes : Madec, Madoc, Madog.

Maden

Ce prénom breton est mixte.
Origine celte, signifie « bon ».
Chiffre 1 - couleur bleue.
Fête le 19 juin.
Saint Maden, moine en Armorique et disciple de saint Goulven au VIe siècle, prêchait l'Évangile et secourait les miséreux.
Caractère : travail, sens pratique, efficacité, indépendance.
Diminutif : Madenig.

Madison

Ce prénom mixte est très courant aux Etats-Unis. Il évoque une ville du Wisconsin, une danse des années 1960 et le patronyme d'un président des États-Unis au début du XIXe siècle. Il apparaît en Europe en 2000.
Origine celte, signifie « fils du puissant guerrier ».
Chiffre 7 - couleur verte.
Fête le 15 mai.
Caractère : activité, ambition, charme, éloquence.

Maël

Origine celte, signifie « prince ».
Chiffre 4 - couleur bleue.
Fête le 13 mai.
Saint Maël, moine chassé du pays de Galles au Ve siècle, évangélisa la lande bretonne.
Caractère : indépendance, affectivité, ambition, travail.
Diminutif : Mel.

Magloire

Ce prénom est la forme francisée d'un vieux prénom breton, Maglo.
Origine celte, signifie « prince ».
Chiffre 9 - couleur verte.
Fête le 24 octobre.
Saint Maglo, Gallois du VIe siècle, fut évêque de Dol.
Caractère : spiritualité, étude, réflexion, altruisme.

Mahe

Ce prénom est un diminutif de Mazhé, forme bretonne de Mathieu.
Origine hébraïque, signifie « don ».
Chiffre 9 - couleur bleue.
Fête le 21 septembre.
Saint Mathieu quitta son emploi de collecteur d'impôts pour devenir apôtre de Jésus.
Caractère : ténacité, fierté, travail,sérieux.

Maixent

Il est une variante de Maxime.
Origine latine, signifie « le plus grand ».
Chiffre 5 - couleur violette.
Fête le 26 juin.
Saint Maxime, évêque de Riez au Ve siècle, est son patron ; il entretint une correspondance suivie avec les papes, fit bâtir des monastères et

participa activement au rayonnement de l'Église de Provence.
Caractère : courage, passion, adaptabilité, perfectionnisme.

Malcolm

Ce prénom est une forme anglo-saxonne de Malo.
Origine celte, signifie « gage lumineux ».
Chiffre 6 - couleur rouge.
Fête le 15 novembre.
Saint Malo, moine au pays de Galles au VIe siècle, fonda des monastères en Bretagne, devint évêque d'Aleth et prêcha par les campagnes.
Caractère : fidélité, affectivité, sens des responsabilités, harmonie.

Maleaume

Ce prénom est une des nombreuses formes dérivées de Malo.
Origine celte, signifie « gage lumineux ».
Chiffre 8 - couleur rouge.
Fête le 15 novembre.
Saint Malo quitta le pays de Galles pour la Bretagne au VIe siècle et devint évêque d'Aleth.
Caractère : stabilité, efficacité, détermination, travail.
Variante : Maclou.

Mallaury

Ce prénom mixte dérivé de Malo apparaît discrètement à l'état civil. Son orthographe peut varier selon qu'il nomme un garçon (Mallory) ou une fille (Malaurie, Malorie).
Origine celtique, signifie « gage lumineux ».
Chiffre 4 - couleur verte.
Fête le 15 novembre.
Saint Malo, moine au pays de Galles au VIe siècle, fonda des monastères en Bretagne, devint évêque d'Aleth et prêcha par les campagnes. D'après les chroniqueurs, il mourut plus que centenaire.
Caractère : sociabilité, discrétion, détermination, exigence.

Malo

Ce prénom typiquement breton connaît un discret succès depuis les années 1980.
Origine celtique, signifie « gage lumineux ».
Chiffre 5 - couleur bleue.
Fête le 15 novembre.
Saint Malo, moine au pays de Galles au VIe siècle, vint s'établir en Bretagne, y fonda des monastères, et devint évêque d'Aleth. Il est l'un des saints fondateurs de la Bretagne.
Caractère : sensibilité, étude, réflexion, rigueur.

Manfred

Ce prénom est plus souvent employé outre-Manche qu'en France.
Origine germanique, signifie « l'homme de la paix ».
Chiffre 7 - couleur jaune.
Fête le 15 novembre.
Saint Alfred, moine en Allemagne au IXe siècle, excellent pacifiste et médiateur, est le patron de Manfred.
Caractère : émotivité, combativité, impulsivité, intuition.
Espagnol et italien : Manfredo.

Mansour

Ce prénom fut illustré par un sultan d'Istanbul, fondateur de la dynastie ottomane, au XIVe siècle.
Origine arabe, signifie « le désiré ».
Chiffre 2 - couleur rouge.
Caractère : adaptabilité, diplomatie, émotivité, sociabilité.

Manuel

Ce prénom est une forme diminutive d'Emmanuel, très prisée en Espagne et au Portugal.
Origine hébraïque, signifie « Dieu est comme nous ».
Chiffre 3 - couleur orange.

Fête le 10 juillet.
Saint Emmanuel, missionnaire franciscain, fut martyrisé à Damas en Syrie au XVIIe siècle.
Caractère : vivacité, optimisme, négociation, curiosité.
Espagnols : Manolito, Manolo.

Maodan

Origine celte, signifie « jeune feu ».
Chiffre 3 - couleur jaune.
Fête le 14 septembre.
Saint Maodan fut ermite en Bretagne au VIe siècle.
Caractère : créativité, activité, harmonie, charisme.
Variante : Maudan.

Marc

Grand classique des années 1950, Marc est plus fréquent maintenant sous sa forme italienne Marco.
Origine latine, signifie « marteau ».
Chiffre 8 - couleur rouge.
Fête le 25 avril.
Saint Marc devint apôtre de Jésus et fut le rédacteur du deuxième Évangile, probablement sous la dictée de Pierre. Il fonda la première communauté chrétienne d'Alexandrie, mais, peu après son arrivée, il fut soupçonné de magie et mourut sur le bûcher.
Caractère : indépendance, travail, rigueur, détermination.
Anglo-saxon : Mark.
Espagnol et italien : Marco.
Germanique : Marcus.

La vogue des prénoms composés

Les prénoms composés de Jean ont connu leur apogée dans les années 1950. De Jean-Baptiste à Jean-Yves, les plus classiques étant Jean-François et Jean-Pierre. La fantaisie, voire le snobisme apparurent avec Marc-Antoine et Charles-Henri, suivis de Charles-Édouard. Maintenant l'imagination n'a plus de limites : Marc-Alexandre, Homère-Éric, Calliste-Jules... Du côté des filles, les Marie-quelque chose ont rivalisé avec les Jean composés à la même époque. Puis Anne-Sophie et Anne-Charlotte sont venus. Maintenant, toutes les originalités sont permises : Ève-Magali, Reine-Mathilde, Claire-Léone, Sophie-Fleur..., se conjuguent pour donner à celles qui les portent une originalité de bon aloi.

Marceau

Il est une forme dérivée de Marc.
Origine latine, signifie « marteau ».
Chiffre 8 - couleur rouge.
Fête le 25 avril.
Saint Marc, apôtre de Jésus, fut rédacteur du deuxième évangile, probablement sous la dictée de Pierre. Il partit pour Alexandrie, où il fonda la première communauté chrétienne, mais, soupçonné de magie, il fut condamné à mourir sur le bûcher.
Caractère : indépendance, travail, franchise, volonté.

Marcel

Très courant au début du XXe siècle, Marcel a disparu dans les années 1950 au profit de Marc.
Origine latine, signifie « marteau ».
Chiffre 7 - couleur orange.
Fête le 16 janvier.
Saint Marcel fut pape au IVe siècle alors que la plupart des lieux de culte étaient pillés, incendiés sur ordre de l'empereur Maxence, qui l'arrêta et le condamna à l'exil pendant lequel il mourut, peu après sa déportation.
Caractère : diplomatie, communication, sensibilité, charisme.
Basques : Martxel, Martzelo.
Espagnol : Marcelo. *Germanique :* Marcellus.
Italien : Marcello.

Marcellin

Origine latine, signifie « petit marteau ».
Chiffre 6 - couleur orange.

Fête le 6 avril.
Saint Marcellin, disciple de saint Augustin, en Tunisie, au IVe siècle, fut assassiné par des adversaires qu'il tentait de réconcilier.
Caractère : calme, sensibilité, harmonie, travail.
Espagnol : Marcelino. *Italien :* Marcellino.

Marco

Ce prénom est la forme italienne de Marc, qui suit le succès des prénoms, comme Angelo, Enzo et Mattéo.
Origine latine, signifie « marteau ».
Chiffre 5 - couleur verte.
Fête le 25 avril
Saint Marc fut apôtre du Christ et évangéliste. Il mourut en martyr au Ier siècle.
Caractère : courage, opiniâtreté, activité, ambition.

Marin

En ce début de XXIe siècle, il suit le succès de Gabin et de Robin.
Origine latine, signifie « mer ».
Chiffre 1 - couleur bleue.
Fête le 3 mars.
Saint Marin, soldat romain chrétien en Palestine au IIIe siècle, espérait une promotion ; il fut dénoncé par un concurrent et fut décapité.
Caractère : tendresse, émotivité, générosité, autorité.
Espagnol et italien : Marino.
Germanique : Marinus.

Marius

Ce prénom fut particulièrement populaire en Provence au XIXe et au début du XXe siècle. Il dut son succès à la victoire du général romain Marius, oncle de Jules César, sur les Wisigoths dans la montagne Sainte-Victoire, près d'Aix-en-Provence.
Origine latine, du nom du général Marius.
Chiffre 9 - couleur bleue.
Fête le 19 janvier.
Saint Marius, chrétien à Rome au IIe siècle, visitait les prisonniers arrêtés pour leur foi, ensevelissait les martyrs... Il fut lui aussi condamné au supplice.
Caractère : sociabilité, activité, fantaisie, goût de l'aventure.
Espagnol et italien : Mario.

Marsile

Ce prénom est une forme dérivée de Mars, nom du dieu de la Guerre dans la mythologie romaine.
Chiffre 5 - couleur verte.
Fête le 13 avril.
Saint Mars, ermite au Ve siècle, construisit un monastère en Auvergne pour recevoir les nombreux pèlerins qui le visitaient.
Caractère : intelligence, sociabilité, travail, rigueur.
Variante : Marsilie.

Martial

Ce dérivé de Martin est peu courant.
Origine latine, signifie « guerrier ».
Chiffre 2 - couleur bleue.
Fête le 30 juin.
Saint Martial, prêtre à Rome au IXe siècle, devint évêque de Limoges, prêchant, convertissant, baptisant, s'attirant la haine d'une partie de la population ; il fut emprisonné et lapidé, mais fut libéré et continua son sacerdoce.
Caractère : sensibilité, intuition, altruisme, idéalisme.
Espagnol : Marcial. *Italien :* Marziale.

Martin

Il fut un des prénoms favoris des années 1980 à 2000.
Origine latine, signifie « guerrier ».
Chiffre 3 - couleur jaune.
Fête le 11 novembre.
Saint Martin, soldat de l'armée romaine au IVe siècle, se fit baptiser à Amiens. Il devint évêque de Tours, parcourut les villages pour faire l'aumône, soigner les malades et fonder des monastères.

Caractère : communication, diplomatie, enthousiasme, exigence.
Il est devenu un grand classique depuis 1980.
Basque : Martiko, Martinko.
Breton : Marzhin. Danois : Mörten.
Espagnol et italien : Martino.
Hongrois : Martoni. Néerlandais : Maarten.
Scandinave : Marten. Tchèque : Marek.

Marvin

Origine galloise, signifie « celui qui aime la mer ».
Chiffre 5 - couleur bleue.
Caractère : adaptabilité, indépendance, sensibilité, goût de l'aventure.

Mathieu

Il fut l'un des favoris des années 1980.
Origine hébraïque, signifie « don ».
Chiffre 7 - couleur jaune.
Fête le 21 septembre.
Saint Mathieu, employé au bureau de la douane à Capharnaüm, devint apôtre et évangéliste. Après la Pentecôte, il exerca son apostolat en Palestine, en Égypte puis en Éthiopie, où il serait mort en martyr.
Caractère : altruisme, réserve, discrétion, réflexion.
Autre orthographe : Matthieu. Variante : Mathias. Anglo-saxon : Matt, Matthew.
Basques : Matai, Matei, Matiu, Mattin.
Bretons : Mathée, Mazhev.
Espagnol : Mateo.
Germanique : Matthaeus, Mattes.
Italien : Mattéo. Occitan : Matèu, Matiu.
Provençal : Mathivet, Mattéo.
Scandinave : Mats.

Saint Mathieu est-il le saint patron des contribuables ?

Saint Mathieu était ce que l'on appellerait maintenant « agent du fisc » avant de devenir apôtre et de suivre Jésus. Saint Yves était avocat et défendait la veuve et l'orphelin en Bretagne, sainte Zita consacra sa vie à veiller au confort de ses employeurs, saint Côme et saint Damien étaient médecins, sainte Blandine était une toute jeune fille lorsqu'elle fut offerte en pâture aux lions de l'arène... Ils sont donc devenus tout logiquement les protecteurs des agents de change et des inspecteurs des impôts, des avocats, des notaires, des employées de maison, des médecins, des jeunes filles.

Mathis

Ce prénom est la forme néerlandaise de Mathieu, en vogue depuis 1990.
Origine hébraïque, signifie « don ».
Chiffre 7 - couleur verte.
Fête le 21 septembre.
Saint Mathieu quitta son emploi de collecteur d'impôts pour devenir apôtre de Jésus et évangéliste.
Caractère : volonté, activité, sensibilité, travail.

Mathurin

Origine latine, signifie « mûr ».
Chiffre 7 - couleur jaune.
Fête le 9 novembre.
Saint Mathurin fut prêtre, puis ermite en Gaule au IIIe siècle. Il convertit ses parents, s'en alla faire quelques miracles à Rome et mourut aussitôt.
Caractère : réflexion, intuition, réserve, volonté.
Breton : Mathelin. Corse : Mathurinu.

Matteo

Forme italienne de Mathieu, Mattéo est en vogue depuis le début de ce siècle.
Origine hébraïque, signifie « don ».
Chiffre 2 - couleur verte.
Fête le 21 septembre.
Saint Mathieu, collecteur d'impôts à la douane de Capharnaüm devint apôtre de Jésus.
Caractère : réflexion, sagesse, sens des responsabilités, étude.

Nos protecteurs

agents de change : *Mathieu*
agonisants : *Jacques*
agriculteurs : *Isidore*
amoureux : *Valentin*
animaux domestiques : *Antoine*
apiculteurs : *Ambroise*
archéologues : *Damase*
archers : *Sébastien*
architectes : *Benoît, Thomas*
armuriers : *Barbe, Guillaume*
artificiers : *Barbe*
artilleurs : *Barbe*
artisans : *Luc*
artistes : *Luc*
automobilistes : *Christophe*
aveugles : *Hervé*
aviateurs : *Michel*
avocats : *Nicolas, Yves*
banquiers : *Mathieu*
bateliers : *Honorine, Martin, Nicolas*
bâtiment (ouvrier du) : *Étienne*
bergères : *Jeanne*
bergers : *Gilles, Pascal*
bibliothécaires : *Catherine, Laurent*
bijoutiers : *Éloi*
blanchisseurs : *Maurice*
bouchers : *Adrien, Barbe, Barthélemy, Luc, Nicolas*
boulangers : *Honoré*
bourreaux : *Adrien*
brasseurs : *Amand*
buralistes : *Claude*
cafetiers : *Vincent*
cardeurs : *Blaise*
carrossiers : *Éloi*
causes désespérées : *Rita*
cavaliers : *Georges, Martin*
chapeliers : *Clément, Philippe*
charcutiers : *Antoine*
charpentiers : *Colette, Joseph*
charrons : *Catherine*
chasseurs : *Eustache, Hubert*
chauffeurs de taxi : *Fiacre*
chirurgiens : *Côme, Damien, Roch*
comédiens : *Guy*
commerçants : *François*
comptables : *Mathieu, Nicolas*
confesseurs : *Alphonse*
confiseurs : *Côme, Damien*
cordiers : *Paul*
cordonniers : *Crépin*
couteliers : *Lucie*
couturières : *Anne*
couvreurs : *Barbe, Vincent*
cuisinières : *Marthe*
cuisiniers : *Laurent*
curés de paroisse : *Vianney*
danseurs : *Guy*
dentellières : *Anne, Luc*
dentistes : *Apolline*
diacres : *Étienne*
douaniers : *Mathieu*
droguistes : *Côme, Damien*
ébénistes : *Anne, Joseph*
écoliers : *Symphorien, Vincent*
écologistes : *François*
économes : *Laurent*
éditeurs : *Anastasie*
employés de maison : *Zita*
enfants : *Nicolas*
escrimeurs : *Michel*
étudiantes : *Catherine*
étudiants : *Jérôme*
fabricants de boutons : *Louis*
femmes en couches : *Marguerite*
fleuristes : *Fiacre, Rose*
forestiers : *Hubert*
forgerons : *Adrien, Éloi, Gilles*
fossoyeurs : *Barbe, Joseph*
fromagers : *Michel*
gantiers : *Barthélemy*
garagistes : *Éloi*
gardiens de prison : *Adrien*
gendarmes : *Geneviève*
gens d'Église : *Joseph*
gourmands : *Micheline*
horticulteurs : *Adam, Rose*
hôteliers : *Marthe, Martin*

huissiers : *Yves*
infirmes : *Gilles*
infirmiers : *Camille*
ingénieurs : *Benoît, Guillaume, Thomas*
inspecteurs des impôts : *Mathieu*
instituteurs : *Jérôme, Nicolas*
institutrices : *Anne, Ursule*
jardiniers : *Adam, Fiacre*
jeunes filles : *Blandine*
jeunes filles à marier : *Catherine*
jeunes : *Louis de Gonzague*
joueurs de cartes : *Balthazar*
juges : *Thomas*
libraires : *Laurent*
lingères : *Anne, Marthe, Véronique*
lunetiers : *Catherine*
maçons : *Barbe, Étienne, Louis, Pierre, Thomas*
magistrats : *Yves*
malades : *Michel*
maraîchers : *Fiacre*
marbriers : *Clément*
marchands de vin : *Amand*
marcheurs : *Yves*
marins : *Anne, Clément, Nicolas*
mécaniciens : *Éloi*
médecins : *Côme, Damien, Luc, Sébastien*
ménagères : *Anne, Marthe*
mendiants : *Gilles, Martin*
menuisiers : *Joseph*
mères allaitant : *Gilles*
mères de famille : *Anne, Monique*
meuniers : *Anne, Honoré, Martin, Victor*
militaires : *Georges, Martin, Maurice*
mineurs : *Barbe*
moissonneurs : *Antoine*
musiciens : *Cécile, Grégoire*
notaires : *Luc, Marc, Yves*
nourrices : *Agathe, Anne*
novices : *Gabriel*
numismates : *Éloi*
ophtalomologistes : *Odile*
opticiens : *Odile*
orfèvres : *Éloi*
orphelins : *Yves*
palfreniers : *Marcel*
parachutistes : *Michel*
parfumeurs : *Nicolas*
pâtissiers : *Honoré, Philippe*
pauvres : *Antoine, Laurent*
pêcheurs : *André, Pierre*
personnes stériles : *Rita*
pharmaciens : *Côme, Damien*
philosophes : *Catherine, Justin*
photographes : *Véronique*
piétons : *Martin*
plombiers : *Catherine, Éloi*
poissonniers : *André, Pierre*
pompiers : *Anne, Barbe, Laurent*
prisonniers : *Roch*
procureurs : *Yves*
relieurs : *Barthélemy*
reporters : *Marc*
rôtisseurs : *Laurent*
sages-femmes : *Camille*
scientifiques : *Albert*
scouts : *Georges*
sculpteurs : *Louis, Marthe*
secrétaires : *Marc*
serruriers : *Éloi, Pierre*
servantes : *Colette*
soldats : *Louis, Martin, Sébastien*
tailleurs de pierre : *Ambroise, Blaise, Louis*
tanneurs : *Barthélemy*
tapissiers : *Paul*
teinturiers : *Maurice*
théologiens : *Alphonse*
tisseurs de laine : *Blaise*
tonneliers : *Nicolas*
traducteurs : *Jérôme*
travailleurs sociaux : *Louis*
vanniers : *Antoine, Paul*
veuves : *Françoise*
vignerons : *Vincent*
vitivulteurs : *Martin*
vitriers : *Lucie*
voyageurs : *Christophe, Joseph, Julien, Nicolas, Raphaël*

Matthias

Il est un dérivé de Mathieu.
Origine hébraïque, signifie « don ».
Chiffre 8 - couleur jaune.
Fête le 14 mai.
Saint Matthias, apôtre du Christ qui remplaca Judas Iscariote, partit après la Pentecôte évangéliser la Judée, puis la Macédoine. Il mourut en martyr à son retour à Jérusalem.
Caractère : sensibilité, courage, volonté, adresse.
Espagnol : Matias.
Italien : Mattia.

Maudez

Origine celtique, signifie « bon ».
Chiffre 3 - couleur bleue.
Fête le 18 novembre.
Saint Maudez, moine anglais, vint s'établir en Bretagne, dans l'île de Bréhat, au Ve siècle.
Caractère : activité, passion, énergie, adresse.
Variantes : Mandé, Maugan, Maulde, Maodez.

Maur

Ce prénom, resté rare à travers les siècles, est à l'origine de prénoms bien plus répandus : Amaury, Maurice...
Origine latine, signifie « d'origine maure ».
Chiffre 8 - couleur jaune.
Fête le 15 janvier.
Saint Maur fut l'adjoint de saint Benoît à Rome au VIe siècle et fondateur d'une congrégation, les mauristes.
Caractère : curiosité, impatience, affectivité, réserve.
Anglo-saxon : Maurus.
Espagnol et italien : Mauro.

Maurice

Il fut l'un des grands classiques du début du XXe siècle ; Amaury, sa variante, lui a succédé à l'état civil.
Origine latine, signifie « maure ».
Chiffre 5 - couleur violette.
Fête le 22 septembre.
Saint Maurice, officier romain dans une légion composée de chrétiens comme lui au IIIe siècle, refusa de se prosterner devant les dieux païens et fut mis à mort avec ses compagnons.
Caractère : réserve, étude, prudence, écoute.
Anglo-saxon : Morris. Breton : Moravan.
Espagnol : Mauricio, Murillo.
Germanique : Mauritius, Moritz.
Italien : Maurizio.

Maxence

Ce prénom était déjà fréquent dans la Rome antique. Devenu mixte, il est en vogue depuis les années 1990.
Origine latine, signifie « le plus grand ».
Chiffre 2 - couleur rouge.
Fête le 20 novembre.
Sainte Maxence, disciple de saint Patrick, au IIIe siècle en Irlande, s'établit en Île-de-France, où elle vécut en ermite. Elle fut décapitée par les païens de son village qu'elle tentait de convertir.
Caractère : idéalisme, générosité, altruisme, écoute.

Maxime

Ce prénom est l'un des favoris des années 1980.
Origine latine, signifie « le plus grand ».
Chiffre 2 - couleur orange.
Fête le 14 avril.
Saint Maxime de Chrysopolis dit le Confesseur, secrétaire particulier de l'empereur de Constantinople au VIe siècle, se fit le défenseur de l'orthodoxie, prêchant en Afrique du Nord et à Rome. Il mourut en martyr.
Caractère : activité, travail, adaptabilité, diplomatie.
Anglo-saxon : Maxim.
Basque : Maxiko, Maxin.
Espagnol : Maximo. Italien : Massimo.
Provençal : Massim, Massimin.
Russe : Maksim.

Maximilien

Il est une forme dérivée de Maxime.
Origine latine, signifie « le plus grand ».
Chiffre 1 - couleur orange.
Fête le 12 mars.
Saint Maximilien, fils d'un militaire romain, à Carthage en Tunisie au IIIe siècle, est décapité pour avoir été objecteur de conscience.
Caractère : exigence, persévérance, rigueur, travail.
Anglo-saxon : Maximilian.
Espagnol : Maximiliano.
Italien : Massimiliano.
Occitan : Maximilian.

Mayeul

Origine latine, signifie « mai ».
Chiffre 5 - couleur bleue.
Fête le 11 mai.
Saint Mayeul, chassé de Provence par les Barbares au Xe siècle, étudie la théologie à Lyon ; il est bientôt nommé abbé de l'abbaye de Cluny et reconnu pour sa sagesse et la finesse de ses conseils.
Caractère : réserve, réflexion, curiosité, opportunisme.
Autre orthographe : Maïeul. Variante : Mayol.

Médard

Origine germanique, signifie « gouverneur fort ».
Chiffre 9 - couleur verte.
Fête le 8 juin.
Saint Médard fut évêque de Noyon au Ve siècle.
Caractère : communication, affectivité, curiosité, adaptabilité.
Espagnol : Medardo.

Médéric

Il est une forme dérivée de Merri.
Origine germanique, signifie « courage de roi ».
Chiffre 3 - couleur violette.
Fête le 29 août.
Saint Merri, élu abbé de son monastère en Bourgogne au VIIIe siècle, s'établit à Paris, où il libéra les prisonniers, soigna les malades, secourut les pauvre, et pria ou médita l'évangile.
Caractère : communication, diplomatie, exigence, rigueur.

Méen

Origine celte, signifie « jeune homme ».
Chiffre 1 - couleur violette.
Fête le 21 juin.
Saint Méen tout juste arrivé du pays de Galles au VIe siècle fonda un monastère dans un village devenu Saint-Méen-le-Grand.
Caractère : indépendance, autorité, travail, ambition.
Variantes : Méven, Méwen.

Mehdi

Ce prénom nommait le fondateur de la dynastie des Almohades, au XIIe siècle.
Origine arabe, signifie « celui qui est conduit ».
Chiffre 3 - couleur jaune.
Caractère : sociabilité, harmonie, communication, sens artistique.
Variante : Mahdi.

Mélaine

Origine celte, signifie « blond ».
Chiffre 5 - couleur jaune.
Fête le 6 novembre.
Saint Mélaine fut évêque de Rennes au VIe siècle.
Caractère : activité, énergie, adaptabilité, charisme.
Variantes : Melan, Melin.

Melchior

Melchior est, selon la tradition chrétienne, l'un des Rois mages venus d'Orient guidés par une étoile. C'est lui qui offre l'or à l'Enfant Jésus.

M

Origine hébraïque, signifie « Dieu protège le roi ».
Chiffre 2 - couleur rouge.
Fête le 6 janvier, jour de l'Épiphanie.
Caractère : sensibilité, générosité, rêverie, disponibilité.
Basque : Beltxior. *Espagnol* : Melchor.
Italien : Melchiorre. *Portugais* : Melquior.

Méloar

Origine celte, signifie « chef ».
Chiffre 1 - couleur verte.
Fête le 2 octobre.
Saint Mélar, prince de Cornouailles au VIe siècle, fut assassiné par son oncle qui voulait usurper son trône.
Caractère : ambition, autorité, discipline, travail.

Melvyn

Origine celtique, signifie « prince ».
Chiffre 1 - couleur rouge.
Fête le 6 février.
Saint Mel, disciple de saint Patrick en Irlande au Ve siècle, prit sa succession à la tête de son évêché.
Caractère : énergie, travail, rigueur, stabilité.
Autre orthographe : Melvin.
Diminutif : Mel.

Ménahem

Il fut le fondateur de la cinquième dynastie en Israël.
Origine hébraïque, signifie « le consolateur ».
Chiffre 5 - couleur rouge.
Caractère : sociabilité, adaptabilité, travail, rigueur.

Mériadec

Origine celte, signifie « le front de Marie ».
Chiffre 4 - couleur verte.
Fête le 7 juin.
Saint Mériadeg, moine gallois au VIIe siècle, se fixa près de Vannes dont il devint évêque. Il est le patron des Mériadec.
Caractère : persévérance, sens des responsabilités, perfectionnisme, efficacité.
Variante : Mériadeg.

Merlin

Merlin l'enchanteur est un des grands personnages de légende du cycle du roi Arthur.
Origine celte, du nom du héros de la littérature.
Chiffre 8 - couleur verte.
Caractère : sens pratique, équilibre, rigueur, justice.

Merri

Origine germanique, signifie « courage de roi ».
Chiffre 9 - couleur orange.
Fête le 29 août.
Saint Merri, aristocrate en Bourgogne au VIIIe siècle, élu abbé de son monastère, part pour Paris, où il libère les prisonniers, soigne les malades, secourt les pauvres, mendie sa pitance et prie ou médite l'Évangile.
Caractère : sociabilité, dynamisme, réalisme, curiosité.
Autre orthographe : Merry.

Michaël

Forme originelle de Michel, il connaît un succès non démenti depuis des décennies.
Prénom hébraïque, signifie « comme Dieu ».
Chiffre 6 - couleur rouge.
Fête le 29 septembre.
Saint Michel archange est le chef de la milice céleste. Il conduit les défunts et pèse les âmes le jour du Jugement dernier.
Caractère : calme, harmonie, générosité, habileté.

Michel

Ce prénom est l'un des plus portés de la planète.
Origine hébraïque, signifie « comme Dieu ».
Chiffre 5 - couleur rouge
Fête le 29 septembre.
Saint Michel archange est le chef de la milice céleste. Il accueille l'âme des défunts à leur arrivée aux Cieux.
Caractère : intelligence, rapidité, travail, exigence.
Anglo-saxon : Mike, Mickey.
Basque : Migelo, Mikele, Mikeu.
Breton : Kaëlig, Mikaël.
Espagnol : Miguel. *Grec :* Mikelos.
Italien : Michele, Michelangelo.
Provençal : Micheu, Miqueu.
Russe : Micha, Mikhaïl.

Milan

Il est une variante du prénom slave Miloslav.
Origine slave, signifie « brillante victoire ».
Chiffre 4 - couleur verte.
Caractère : charisme, détermination, sociabilité, épicurisme.

Mohammed

C'est l'orthographe française de Muhammad, prophète de l'islam.
Origine arabe, signifie « digne de louanges ».
Chiffre 9 - couleur verte.
Caractère : générosité, charisme, rêverie, sociabilité.

Moïse

Moïse, prophète né en Égypte, fut recueilli par la fille de Pharaon dans un panier d'osier alors qu'il était nouveau-né. Il mena la résistance des Hébreux à l'oppression qu'ils subissaient, les fit sortir d'Égypte, fonda les éléments de base de la Torah et fut le fondateur de la nation d'Israël au XIIIe siècle avant J.-C.
Origine égyptienne, signifie « tiré de l'eau ».
Chiffre 7 - couleur violette.
Caractère : réserve, indépendance, sociabilité, curiosité.
Anglo-saxon et germanique : Moses.
Arabe : Moussa.
Forme hébraïque : Moshé.
Italien : Mose.

Morgan

Ce prénom mixte est plus fréquemment féminin. Il évoque une héroïne de la littérature médiévale, fée bienveillante, sœur du roi Arthur des romans des chevaliers de la Table ronde.
Origine celte, signifie « enfant de la mer ».
Fête le 13 juillet.
Chiffre 1 - couleur bleue.
Caractère : volonté, vivacité, goût de l'aventure, originalité.

Morvan

Origine celte, signifie « homme de la mer ».
Chiffre 2 - couleur bleue.
Fête le 22 octobre.
Saint Morvan fut évêque de Vannes au VIIe siècle.
Caractère : adaptabilité, émotivité, diplomatie, charisme.

Mustapha

Ce prénom est l'un des plus courants, en référence au Prophète, qui fut l'élu de Dieu.
Origine arabe, signifie « l'élu ».
Chiffre 9 - couleur orange
Caractère : générosité, charisme, rêverie, sociabilité.

N

Nabil

Origine arabe, signifie « de bonne naissance ».
Chiffre 2 - couleur verte.
Caractère : diplomatie, émotivité, adaptabilité, charisme.

Narcisse

Personnage de la mythologie grecque, Narcisse est un jeune homme d'une grande beauté. Séduit par sa propre image, qu'il contemple dans l'eau d'une fontaine, il est pris d'une passion telle pour sa propre personne qu'il en meurt.
Origine grecque, signifie « torpeur ».
Chiffre 8 - couleur verte.
Fête le 29 octobre.
Saint Narcisse, évêque de Jérusalem au IIe siècle, vécut et mourut saintement dans son évêché.
Caractère : idéalisme, affectivité, sensibilité, indépendance.
Anglo-saxon : Narcissus.
Espagnol et italien : Narciso.

Nathan

Grand personnage biblique, Nathan est le conseiller très écouté de David au Xe siècle avant J.-C. qui ne craint pas de réprimander le roi à propos de sa liaison avec Bethsabée.
Origine hébraïque, signifie « Dieu a donné ».
Chiffre 4 - couleur bleue.
Fête le 24 août.
Saint Nathanaël est l'un des apôtres de Jésus. Après la Pentecôte, il partit évangéliser l'Arménie et y mourut en martyr.
Caractère : sensibilité, réserve, prudence, affectivité.

Nathanaël

Ce prénom biblique est aujourd'hui plus souvent orthographié Nathaniel.
Origine hébraïque, signifie « Dieu a donné ».
Chiffre 4 - couleur bleue.
Fête le 24 août
Saint Nathanaël, apôtre de Jésus, partit évangéliser l'Arménie après la Pentecôte et y mourut en martyr.
Caractère : énergie, détermination, autorité, ambition.
Espagnol : Nataniel.
Italien : Nataniele.

Natoli

Origine grecque, signifie « aurore ».
Chiffre 8 - couleur verte.
Fête le 2 juillet.
Saint Anatole, évêque de Césarée au IIIe siècle, rédigea plusieurs traités scientifiques et mathématiques.
Caractère : intelligence, rapidité, adaptabilité, séduction.
Diminutifs : Tola, Tolia.

Nestor

Ce prénom fut porté par un héros de la mythologie grecque qui participa à la guerre de Troie.
Chiffre 1 - couleur bleue.
Fête le 26 février.
Saint Nestor, évêque en Asie Mineure au IIIe siècle, encouragea les chrétiens menacés par les persécutions à se cacher plutôt qu'à renier leur foi. Il fut crucifié.
Caractère : courage, volonté, sensibilité, indépendance.
Espagnol : Nestorio.
Italien : Netore.

Névénoé

Origine celte, signifie « nouveau ».
Chiffre 8 - couleur verte.
Fête le 7 mars.
Saint Névénoé combattit âprement contre le roi de France pour affermir le trône de Bretagne ; il devint roi de Bretagne au IXe siècle.
Caractère : sens de la justice, esprit pratique, équilibre, rigueur.
Variante : Nominoé.

Nicéphore

Origine grecque, signifie « porteur de victoire ».
Chiffre 3 - couleur orange.
Fête le 13 mars.
Saint Nicéphore, patriarche de Constantinople au IXe siècle, mourut dans un monastère peu de temps après avoir été déposé par le pape parce qu'il s'opposait à ses idées.
Caractère : optimisme, vitalité, éloquence, communication.

Bérénice, Nicéphore et Véronique

Devinez le point commun de ces trois prénoms ! Ils ont tous les trois la même étymologie, et signifient, en grec, « porteur de victoire ».

Nicolas

Grand classique, Nicolas s'imposa d'abord dans les pays slaves ; il apparut au XVIIe siècle en Europe et fut l'un des favoris du XXe siècle.
Origine grecque, signifie « victoire du peuple ».
Chiffre 1 - couleur rouge.
Fête le 6 décembre.
Saint Nicolas, évêque de Myra en Anatolie au IIIe siècle, résista aux persécutions de Dioclétien et poursuivit son combat contre le paganisme.
Caractère : charme, communication, élitisme, travail.
Diminutif : Kolia.
Anglo-saxon : Nicholas, Nick, Nicky.
Breton : Nicolaz.
Germanique : Niklaus, Klaus.
Hongrois : Niklos.
Italien : Niccolo.
Normand : Colas. *Portuguais :* Nicolao.
Provençal : Nicoulo, Nicoulau.
Russe : Nikita, Nikolaï.

Niels

Ce prénom en vogue actuellement est la forme danoise de Niel.
Origine irlandaise, signifie « champion ».
Fête le 5 décembre.
Chiffre 5 - couleur verte.
Saint Niels, géologue au Danemark au XVIIe siècle, est luthérien. Il se convertit au catholicisme, abandonne ses travaux et devient évêque en Allemagne.
Caractère : rapidité, intelligence, travail, exigence.
Autres orthographes : Niel, Nils.
Variante : Nelson.

Nikita

Ce prénom mixte est une forme dérivée de Nicolas. Très répandu en Russie, il est apparu en Europe dans les années 1990.
Origine grecque, signifie « victoire du peuple ».
Chiffre 1 - couleur bleue.
Fête le 6 décembre.
Saint Nicolas évêque en Anatolie au IIIe siècle lutta contre le paganisme.
Caractère : discrétion, générosité, autorité, volonté.

Ninian

Origine celte, signifie « sommet ».
Chiffre 7 - couleur jaune.
Fête le 16 septembre.
Saint Ninian, Écossais du Ve siècle, accosta en Bretagne pour prêcher dans les villages.
Caractère : étude, réflexion, spiritualité, réserve.

Nino

Ce prénom est le diminutif de Gianni, qui est la forme italienne de Jean.
Origine hébraïque, signifie « Dieu a fait grâce ».
Chiffre 7 - couleur verte.
Fête le 24 juin.
Saint Jean, apôtre du Christ, est son patron.
Caractère : affectivité, indépendance, exigence, réserve.

N

Noah

Origine hébraïque, signifie « qui erre ».
Chiffre 2 - couleur bleue.
Caractère : diplomatie, adaptabilité, sociabilité, goût de l'aventure.

Noé

Personnage biblique, Noé est le héros du Déluge qui, sur ordre divin, construisit une arche, y plaça un couple de chaque espèce animale et navigua sur les mers déchaînées pendant des mois. Ce prénom réapparaît après des siècles d'absence.
Origine hébraïque, signifie « qui console ».
Chiffre 7 - couleur violette.
Fête le 10 novembre.
Caractère : activité, curiosité, imagination, réserve.

Noël

Origine hébraïque, signifie « Dieu avec nous ».
Chiffre 1 - couleur rouge.
Fête le 25 décembre.
Saint Noël Chabanel, missionnaire jésuite au Canada au XVIIe siècle, est assassiné par un Huron.
Caractère : indépendance, autorité, sociabilité, persévérance.
Basque : Nadal.
Breton : Nedelec.
Provençal : Nadalet, Nadau.

Nolan

Ce prénom suit la vogue des prénoms masculins se terminant par la syllabe « an ».
Origine celte, signifie « célèbre ».
Chiffre 2 - couleur verte.
Fête le 6 mai.
Caractère : sens des responsabilités, adaptabilité, ténacité, sensibilité.

Norbert

Origine germanique, signifie « nord illustre ».
Chiffre 5 - couleur rouge.
Fête le 6 juin.
Saint Norbert, chapelain du roi Henri V au XIe siècle, est connu pour ses débauches ; miraculeusement sauvé alors qu'il est foudroyé, il s'amende, vend ses biens, prêche, distribue l'aumône et devient évêque de Magdebourg.
Caractère : communication, altruisme, idéalisme, rêverie.
Espagnol et italien : Norberto.

Norman

Ce prénom est fréquent dans les pays anglo-saxons.
Origine germanique, signifie « homme du Nord ».
Chiffre 3 - couleur orange.
Fête le 6 juin.
Saint Norbert, évêque de Magdebourg au XIe siècle, est son patron.
Caractère : charme, curiosité, indépendance, fantaisie.
Italien : Normanno.

Numa

Origine latine, signifie « originaire de Numidie ».
Chiffre 4 - couleur bleue.
Fête le 9 août.
Saint Numidic, patron des Numa, fut dénoncé comme chrétien à Carthage en Tunisie au IIIe siècle ; arrêté, lapidé, puis condamné au bûcher, il fut libéré par sa fille. Il entra dans les ordres et devint évêque de Carthage.
Caractère : intelligence, vivacité d'esprit, gentillesse, souplesse.

Obéron

Ce prénom est une variante d'Aubert, forme ancienne d'Albert.
Origine germanique, signifie « très illustre ».
Chiffre 6 - couleur violette.
Fête le 13 décembre.
Saint Aubert, ermite généreux qui fabrique du pain pour le donner aux pauvres, est tellement aimé qu'il est élu évêque de Cambrai au VIIe siècle.
Caractère : volonté, activité, indépendance, ambition.

Océan

Océan est, dans la mythologie grecque, l'aîné des Titans et le père des Océanides, nymphes de la mer et des eaux.
Origine grecque, signifie « océan ».
Chiffre 2 - couleur bleue.
Fête le 2 novembre.
Saint Océan est un soldat romain en garnison en Asie Mineure au début du IVe siècle. Chrétien, il refuse de renier sa foi, et meurt sur le bûcher.
Caractère : adaptabilité, diplomatie, émotivité, souplesse.

Octave

Ce prénom fut illustre dans l'Antiquité et au XIXe siècle.
Origine latine, signifie « huitième ».
Chiffre 3 - couleur bleue.
Fête le 20 novembre.
Saint Octave, légionnaire dans l'armée romaine dans le Valais au IVe siècle, refuse d'adorer les dieux païens ; il est mis à mort.
Caractère : communication, intuition, psychologie, rapidité.
Anglo-saxon et germanique : Octavius. *Corse :* Ottaviu. *Espagnol :* Octavio. *Italien :* Ottavio. *Occitan :* Octavian. *Provençal :* Outavian.

Odilon

Ce prénom est la forme masculine d'Odette.
Origine germanique, signifie « richesse ».
Chiffre 6 - couleur jaune.
Fête le 20 avril.
Sainte Odile, patronne des Odilon, fille du duc d'Alsace au VIIe siècle, naît aveugle ; son père veut la tuer, sa mère la cache dans un couvent ; elle recouvre la vue le jour de son baptême. Son père, apprenant qu'elle est vivante et guérie, la fait revenir au château et veut la marier. Mais Odile s'y oppose, s'enfuit et se réfugie dans une grotte des environs. Le duc sermonné par l'évêque lui donne son château afin qu'elle l'aménage en monastère et en hospice.
Caractère : générosité, force de caractère, efficacité, séduction.

Ogier

Ce prénom rare est une variante d'Edgar.
Il fut illustré par Ogier de Danemark, héros de chansons de geste du Moyen Âge ; la *Chanson de Roland*, écrite au XIIe siècle, le mentionne à plusieurs reprises, chevalier d'une extraordinaire bravoure dont l'honneur est bafoué, et qui n'aura de cesse que de le venger.
Origine germanique, signifie « riche lance ».
Chiffre 9 - couleur rouge.
Fête le 8 juillet.
Saint Edgar, roi d'Angleterre au Xe siècle, promulgua des lois pour limiter la violence et les mœurs dissolues dans son royaume.
Caractère : sensibilité, dévouement, équilibre, harmonie.

Olaf

Ce prénom royal est courant dans les pays nordiques.
Origine scandinave, signifie « ancêtre »
Chiffre 7 - couleur verte.
Caractère : étude, réflexion, spiritualité, réserve.

Oleg

Prénom russe, il n'a pas atteint la cote de popularité de son compatriote Dimitri.
Origine russe, signifie « heureux ».

Chiffre 3 - couleur jaune.
Caractère : créativité, communication, harmonie, éclectisme.

Olivier

Ce prénom fut un grand classique du XXe siècle.
Origine latine, signifie « olive ».
Chiffre 9 - couleur jaune.
Fête le 12 juillet.
Saint Olivier, prêtre irlandais, passe quinze années à Rome au XVIIe siècle, puis revient chez lui pour être nommé évêque ; calomnié, il est pendu.
Caractère : diplomatie, sensibilité, harmonie, altruisme.
Anglo-saxon et germanique : Oliver. *Basque :* Oliber. *Breton :* Olier, Ollier. *Corse :* Aliveriu. *Espagnol :* Oliverio. *Italien :* Olivio, Livio. *Provençal :* Oulevié, Oulivié.

Omar

Ce prénom est l'un des plus courants dans les familles musulmanes. Il fut illustré par le deuxième calife, beau-père de Mahomet.
Origine arabe, signifie « prospérité ».
Chiffre 2 - couleur rouge.
Caractère : adaptabilité, diplomatie, émotivité, charisme.

Onen

Origine celte, signifie « fort ».
Chiffre 3 - couleur jaune.
Fête le 27 février.
Saint Onen fut moine au Xe siècle.
Caractère : communication, créativité, harmonie, équilibre.

Onésime

Origine grecque, signifie « utile ».
Chiffre 8 - couleur verte.
Fête le 16 février.
Saint Onésime, esclave en Asie Mineure au Ier siècle, est pris en flagrant délit de vol et chassé ; il demande conseil à saint Paul, qui le convertit ; devant sa repentance, son maître chrétien le reprend.
Caractère : ambition, travail, autorité, exigence.
Espagnol : Onesimo.
Occitan : Onèst.
Russe : Onisim.

Orlando

Ce prénom est une forme espagnole de Roland.
Origine germanique, signifie « gloire » et « terre ».
Chiffre 7 - couleur verte.
Fête le 15 septembre.
Saint Roland fut ermite en Italie au XIVe siècle.
Caractère : détermination, réflexion, stabilité, séduction.

Oscar

Ce prénom connut un bref succès au XIXe siècle. Il est aujourd'hui l'un des favoris.
Origine germanique, signifie « lande d'Ans », dieu de la mythologie.
Chiffre 2 - couleur jaune.
Fête le 3 février.
Caractère : discrétion, travail, opiniâtreté, affectivité.
Variantes : Anschaire, Ansgaine.

Osvald

Origine germanique, signifie « gouverneur de l'Est ».
Chiffre 2 - couleur jaune.
Fête le 5 août.
Saint Osvald, roi en Angleterre au VIIe siècle, construisit un monastère, et fit appel à des moines pour évangéliser son pays.
Caractère : sensibilité, dévouement, harmonie, diplomatie.
Anglo-saxon : Oswald.
Espagnol et italien : Osvaldo.

Otton

Ce prénom a de multiples formes dérivées, courantes en Allemagne et dans les pays nordiques.
Origine germanique, signifie « richesse ».
Chiffre 3 - couleur orange.
Caractère : communication, réactivité, sociabilité, éclectisme.
Variante : Otto. Italien : Ottone.

Ovide

Ce prénom est celui d'un des plus célèbres poètes latins. Il vécut au Ier siècle.
Origine latine, signifie « pasteur ».
Chiffre 1 - couleur orange.
Caractère : ambition, autorité, indépendance, travail.
Espagnol : Ovidio.

Owen

Ce prénom en vogue est la forme galloise d'Eugène.
Origine grecque, signifie « bien né ».
Chiffre 3 - couleur orange.
Fête le 13 juillet.
Saint Eugène, évêque de Carthage au IIIe siècle, passa en exil une grande partie de son sacerdoce.
Caractère : communication, créativité, harmonie, éclectisme.

Pablo

Ce prénom, forme espagnole de Paul, remporte comme Paolo un succès qui ne cesse de s'affirmer.
Origine latine, signifie « petit ».
Chiffre 1 - couleur orange.
Fête le 29 juin.
Saint Paul, de son prénom Saül, juif et pharisien, est converti par le Christ ; il rédige quatorze épîtres et construit des églises en Asie Mineure, en Macédoine et en Grèce.
Caractère : ambition, travail, autorité, charisme.

Pacifique

Il est le plus discret des prénoms maritimes.
Origine latine, signifie « pacifiste ».
Chiffre 6 - couleur verte.
Fête le 18 août.
Saint Pacifique, adolescent chrétien à Rome au IIe siècle, est dénoncé par un voisin, et décapité.
Caractère : activité, habileté, charme, diplomatie.

Paco

Il est la forme espagnole de François.
Origine latine, signifie « Franc ».
Chiffre 8 - couleur bleue.
Fête le 4 octobre ou le 24 janvier.
Saint François d'Assise, Italien du XIIe siècle, rompt avec sa famille pour mener une vie de prédication et de pauvreté. Il parcourt l'Espagne pour convertir les Maures et l'Égypte pour soutenir les croisés et fonde l'ordre des Franciscains. Saint François de Sales, évêque de Genève au XVIIe siècle, fonde à Annecy la congrégation des Filles de la Visitation. Il est l'auteur de deux ouvrages, les Controverses *et* la Défense de l'étendard de la Sainte-Croix, *qui lui valent d'être proclamé docteur de l'Église.*
Caractère : efficacité, volonté, ambition, réflexion.
Variante : Paquito.

Pamphile

Origine grecque, signifie « grand ami ».
Chiffre 8 - couleur orange.
Fête le 16 février.
Saint Pamphile, né au Liban, étudiant en Égypte, devint prêtre en Palestine au IIIe siècle. Arrêté par des hommes de l'empereur Maximin hostile aux chrétiens, il fut emprisonné pendant plusieurs mois avant de mourir sous la torture.
Caractère : stabilité, sens des responsabilités, autorité, affectivité.
Espagnol et italien : Panfilo.

P

Paolo

Il est la forme italienne de Paul, et suit la vogue d'Enzo, Marco et Matteo.
Origine latine, signifie « petit ».
Chiffre 5 - couleur orange.
Fête le 29 juin.
Saint Paul, de son prénom Saül, juif et pharisien, est converti par le Christ ; il rédige quatorze épîtres et construit des églises en Asie Mineure, en Macédoine et en Grèce.
Caractère : intuition, passion, intelligence, ambition.

Pascal

Origine hébraïque, signifie « passage ».
Chiffre 7 - couleur orange.
Fête le 17 mai.
Saint Pascal, berger en Aragon au XVIe siècle, est accepté au monastère après plusieurs vaines tentatives. Il meurt d'épuisement à la tâche.
Caractère : réserve, indépendance, curiosité, traditionalisme.
Basque : Paxkal, Pazkoare.
Breton : Paskal.
Espagnol : Pascual.
Italien : Pasquale.
Provençal : Pascaloun, Pascau.

Patern

Origine latine, signifie « père ».
Chiffre 2 - couleur orange.
Fête le 16 avril.
Saint Patern, premier évêque de Nantes, au Ve siècle, est l'un des saints fondateurs de la Bretagne.
Caractère : sagesse, diplomatie, émotivité, adaptabilité.

Patrice

Origine latine, signifie « patricien ».
Chiffre 9 - couleur orange.
Fête le 19 mai.
Saint Patrice, évêque en Asie Mineure au IVe siècle, est décapité sur ordre de l'empereur Julien l'Apostat pour avoir refusé d'adorer les dieux païens.
Caractère : émotivité, tact, charme, affectivité.
Italien : Patrizio.

Patrick

Ce prénom est un des grands classiques du milieu du XXe siècle.
Origine latine, signifie « patricien ».
Chiffre 6 - couleur orange.
Fête le 17 mars.
Saint Patrick, fils d'un officier de la légion anglo-romaine et d'une esclave gauloise, est enlevé et vendu comme esclave en Irlande au Ve siècle. Il s'échappe, arrive en Gaule et se met sous la protection de saint Germain. Revenu en Irlande, Patrick devient évêque, évangélise le pays et organise l'Église d'Irlande, dont il devient le saint patron.
Caractère : calme, raffinement, perfectionnisme, affectivité.
Basque : Patxi, Patxiko.
Breton : Padrig, Padriga.
Irlandais : Paddy, Padraig.

Paul

Ce grand classique du XIXe siècle est à l'honneur depuis les années 1990.
Origine latine, signifie « petit ».
Chiffre 6 - couleur orange.
Fête le 29 juin.
Saint Paul, de son prénom Saül, juif et pharisien, est converti par le Christ ; il rédige quatorze épîtres et construit des églises en Asie Mineure, en Macédoine et en Grèce.
Caractère : intuition, passion, intelligence, ambition.
Autre orthographe : Pol.
Variante : Paulin.
Breton : Paol, Paolig.
Espagnol : Pablo.
Finlandais : Paavo.
Germanique : Paulus.
Italien : Paolo.
Russe : Pavan, Pavel.

Pépin

Ce prénom du haut Moyen Âge fut illustré par Pépin le Bref, fils de Charles Martel et père de Charlemagne.
Origine francique, signifie « petit ».
Chiffre 6 - couleur violette.
Fête le 21 février.
Saint Pépin fut maire du Palais sous le règne de Dagobert, au VIIe siècle.
Caractère : sensibilité, sens des responsabilités, rigueur, équilibre.

Perceval

Dans la littérature, Perceval est le héros du roman de Chrétien de Troyes *Perceval ou le Conte du Graal*. Ce prénom réapparaît timidement, dans le sillage d'Arthur et des prénoms médiévaux.
Chiffre 1 - couleur verte.
Fête le 29 juin.
Saint Pierre, apôtre du Christ et premier pape de l'Église, est son patron.
Caractère : émotivité, réserve, sérieux, travail.
Variante : Parcifal.

Péreg

Il est la forme celte de Pierre.
Origine latine, signifie « pierre ».
Chiffre 6 - couleur verte.
Fête le 4 juin.
Saint Péreg est un moine gallois, prêcheur en Cornouailles au VIe siècle.
Caractère : réserve, sensibilité, discrétion, rêverie.

Philéas

Origine grecque, signifie « qui aime ».
Chiffre 6 - couleur orange.
Fête le 4 février.
Saint Philéas, évêque à Alexandrie en Égypte au IVe siècle, est martyrisé avec les chrétiens de son évêché.
Caractère : secret, discrétion, réflexion, sensibilité.

Philémon

Ce prénom de la mythologie grecque évoque le couple Philémon et Baucis, pauvres paysans phrygiens, symbole de l'amour conjugal. Les dieux les métamorphosèrent, lorsqu'ils furent âgés, en deux arbres aux branches mêlées.
Origine grecque, signifie « seul ami ».
Chiffre 2 - couleur jaune.
Fête le 22 novembre.
Saint Philémon, homme fortuné et respecté en Asie Mineure, au Ier siècle, est converti par saint Paul ; devenu évêque de Colosses, il prêche, baptise et meurt en martyr.
Caractère : idéalisme, affectivité, sociabilité, rêverie.

Philibert

Origine germanique, signifie « très illustre ».
Chiffre 9 - couleur verte.
Fête le 20 août.
Saint Philibert, abbé près de Meaux, est si sévère avec ses moines qu'ils le chassent. Il fonde une nouvelle abbaye et subit le même sort. Il tente une troisième expérience à Noirmoutier, où il meurt.
Caractère : affectivité, harmonie, générosité, écoute.

Philippe

Il est un des grands classiques de l'état civil.
Origine grecque, signifie « celui qui aime les chevaux ».
Chiffre 1 - couleur verte.
Fête le 3 mai.
Saint Philippe, habitant de Bethsaïde, sur le lac de Tibériade en Palestine au début du Ier siècle, devint apôtre du Christ. Après la Pentecôte, il partit évangéliser la Grèce et il y mourut en martyr.
Caractère : dynamisme, activité, ambition, autorité.

P

Anglo-saxon : Philip. Basque : Filip.
Espagnol : Felipe. Italien : Filipo.
Provençal : Felip. Russe : Filipp.

Pierre

Prénom intemporel, Pierre est une valeur sûre.
Origine latine, signifie « pierre ».
Chiffre 8 - couleur jaune.
Fête le 29 juin.
Saint Pierre, pêcheur du lac de Tibériade, devint le chef des douze apôtres et le premier pape de la chrétienté. Après la Pentecôte, il prêcha en Palestine, puis en Grèce et enfin à Rome. Il aurait été crucifié sous Néron.
Caractère : passion, activité, secret, énergie.
Diminutif : Pierrot.
Anglo-saxon : Pete, Peter, Pierce, Piers.
Basque : Beti, Betiri, Kepa, Peru, Petru, Petriko, Pexiri. Breton : Per, Pereg, Pierrick, Pierrig.
Corse : Piétrone. Espagnol : Pedro.
Germanique : Petrus. Grec : Petros.
Hongrois : Petö. Italien : Pietro.
Occitan : Pieyre.
Provençal : Pèire, Pèiroun.
Russe : Piotr. Scandinave : Peer. Slave : Petar.

Placide

Origine latine, signifie « plaisant ».
Chiffre 5 - couleur bleue.
Fête le 5 octobre.
Saint Placide, fils de sénateur romain élevé par saint Benoît, devint moine très jeune et fonda un monastère en Sicile, où il fut assassiné par les Sarrasins, au VIe siècle.
Caractère : ambition, activité, franchise, curiosité.

Primaël

Origine celte, signifie « digne prince »
Chiffre 2 - couleur bleue.
Fête le 12 mai.
Saint Primaël fut ermite en Bretagne au VIe siècle.
Caractère : réflexion, sagesse, sens des responsabilités, étude.
Variante : Privaël.

Prosper

Ce prénom conut une vague de succès au XIXe siècle.
Origine latine, signifie « prospère ».
Chiffre 8 - couleur verte.
Fête le 25 juin.
Saint Prosper, laïc marseillais au IVe siècle, étudia la théologie et rédigea essais et ouvrages sur la vie des saints.
Caractère : sérieux, autorité, travail, exigence.
Espagnol et italien : Prospero.

Prudence

Origine latine, signifie « sagesse ».
Chiffre 5 - couleur bleue.
Fête le 1er avril.
Saint Prudence, évêque en Italie au IIIe siècle, entreprit d'évangéliser sa région, mais il fut décapité pour avoir renversé une statue païenne.
Caractère : sensibilité, rapidité, sens des responsabilités, rigueur.
Espagnol et italien : Prudencio.

Quentin

Il est dans les premiers au hit-parade des prénoms masculins depuis les années 1990.
Origine latine, signifie « cinquième ».
Chiffre 1 - couleur bleue.
Fête le 31 octobre.
Saint Quentin, cinquième enfant d'un sénateur à Rome au IIIe siècle, devint prêtre et quitta son pays pour évangéliser la Picardie. Il fut arrêté sur l'ordre de l'empereur Maximien, emprisonné et décapité à Vermand, ville qui porte aujourd'hui le nom de Saint-Quentin.
Caractère : vivacité, curiosité, sensibilité, prudence.
Corse : Quintu. Espagnol : Quintin.
Italien : Quintinio.

Rachid

Origine arabe, signifie « le bien dirigé ».
Chiffre 7 - couleur rouge.
Caractère : harmonie, élégance, activité, volonté.

Rainier

Origine germanique, signifie « conseil » et « armée ».
Chiffre 1 - couleur rouge.
Fête le 17 juin.
Saint Rainier, troubadour italien au XIIe siècle, fait un pèlerinage en Terre sainte sur la recommandation d'un moine, puis se retire dans un monastère.
Caractère : passion, énergie, douceur, diplomatie.
Autre orthographe : Régnier.
Anglo-saxon : Rayner. Espagnol : Rainerio.
Italien : Raineri, Ranieri. Germanique : Rainer.

Ralph

Ce prénom est une variante de Raoul.
Origine germanique, signifie « conseil » et « loup ».
Chiffre 1 - couleur orange.
Fête le 7 juillet.
Saint Raoul, père de famille nombreuse en Angleterre au XVIe siècle, est pendu par les hommes de la reine Elizabeth Ire le jour de sa conversion.
Caractère : autorité, générosité, volonté, travail.

Raoul

Ce prénom est une forme dérivée de Rodolphe qui fut assez courante au début du XXe siècle.
Origine germanique, signifie « conseil » et « loup ».
Chiffre 4 - couleur orange.
Fête le 7 juillet.
Saint Raoul, père de famille nombreuse en Angleterre au XVIe siècle, se convertit ; il est pendu le jour même par les hommes de la reine Elizabeth Ire.
Caractère : séduction, efficacité, détermination, attention.
Espagnol : Raul. Occitan : Raolf.

Raphaël

Il est comme Gabriel un des favoris de ce début de siècle.
Origine hébraïque, signifie « Dieu a guéri ».
Chiffre 7 - couleur jaune.
Fête le 29 septembre.
Saint Raphaël est archange, comme Michel et Gabriel. Messager de Dieu, d'après la Bible, il accompagne le jeune Tobie dans son voyage, et guérit la cécité de son père.
Caractère : émotivité, calme, étude, réflexion.
Breton : Raffig. Corse : Raffaelu.
Espagnol : Rafael. Italien : Raffaelle, Raffaello.
Occitan : Rafal, Rafeu. Provençal : Rafeioun.

Rayan

Il est une forme anglo-saxonne de Briac, en faveur dans les années 1990.
Origine celtique, signifie « estime ».
Chiffre 5 - couleur verte.
Fête le 17 décembre.

R

Saint Briac, né en Irlande au VIIe siècle, fit ses études au pays de Galles, puis s'installa en Bretagne avec saint Tudwall ; il y fonda plusieurs monastères.
Caractère : rigueur, sens des responsabilités, activité, goût de l'aventure.
Autre orthographe : Ryan.

Raymond

Origine germanique, signifie « conseil » et « monde ».
Chiffre 8 - couleur bleue.
Fête le 7 janvier.
Saint Raymond, d'origine espagnole, est maître des dominicains en Espagne au XIIIe siècle, puis conseiller du pape. Il rédige plusieurs ouvrages de théologie et fonde l'ordre de Notre-Dame de la Merci, pour le rachat des chrétiens captifs des musulmans.
Caractère : courage, volonté, travail, réserve.
Variante : Aymon. Anglo-saxon : Ray.
Basque : Ramuntxo. Espagnols : Raimon, Ramon. Germanique : Raimund.
Italien : Raimundo. Provençal : Ramoun.

Réginald

Origine germanique, signifie « conseil du gouverneur ».
Chiffre 7 - couleur verte.
Fête le 21 février.
Saint Réginald, dominicain au XIIIe siècle, prêcha à travers l'Europe.
Caractère : générosité, spiritualité, sensibilité, idéalisme.
Anglo-saxon : Reinald, Reinhold.
Espagnol : Reginaldo.
Italien : Rainaldo, Rinaldo.

Régis

Origine latine, signifie « roi ».
Chiffre 4 - couleur verte.
Fête le 16 juin.
Saint Régis, jésuite au XVIIe siècle, consacra sa vie à prêcher la bonne parole.
Caractère : réserve, stabilité, sensibilité, étude.
Anglo-saxon : Roy. Espagnol : Regerio.

Rémi

Sobre, classique, ce prénom en vogue au Moyen Âge revient discrètement au goût du jour.
Origine latine, signifie « remède ».
Chiffre 9 - couleur orange.
Fête le 15 janvier.
Saint Remi, évêque de Reims au Ve siècle, homme instruit et habile gestionnaire, fut le conseiller de la reine Clotilde ; il baptisa Clovis et trois mille hommes de son armée.
Caractère : sensibilité, intuition, adaptabilité, indépendance.
Autres orthographes : Remy, Rémy.
Basque : Remigio, Remiri, Remiro.
Espagnol : Remigio. Occitan : Remieg.

Renaud

Ce prénom médiéval est une variante de Réginald.
Origine germanique, signifie « conseil du gouverneur ».
Chiffre 9 - couleur bleue.
Fête le 17 septembre.
Saint Renaud, moine dans une abbaye de Soissons au XIIe siècle, termina sa vie en ermite.
Caractère : passion, communication, ambition, idéalisme.
Anglo-américain : Ron, Ronnie, Ronny.
Anglo-saxon : Reynold.

René

Oigine latine, signifie « né à une nouvelle vie ».
Chiffre 6 - couleur bleue.
Fête le 19 octobre.
Saint René, jésuite missionnaire au Canada au XVIIe siècle, fut massacré par les Iroquois.
Caractère : calme, sens des responsabilités, perfectionnisme, sociabilité.

Corse : Renatu. Italien : Renato.
Occitan : Renat. Provençal : Reinie.

Riagad

Origine celte, signifie « combat de roi ».
Chiffre 4 - couleur verte.
Fête le 29 juin.
Saint Riagad, Irlandais, fonda un monastère en Bretagne au Ve siècle.
Caractère : stabilité, travail, sens de l'organisation, rigueur.

Richard

Ce prénom fut aussi courant en Allemagne et en Angleterre qu'aux État-Unis.
Origine germanique, signifie « roi fort ».
Chiffre 7 - couleur rouge.
Fête le 3 avril.
Saint Richard, intendant de l'archevêque de Cantorbéry au XIIIe siècle, devint évêque de Chichester malgré l'opposition du roi Henri III, qui le réduisit à la misère.
Caractère : raffinement, séduction, sensibilité, prudence.
Anglo-saxon : Dick, Richie, Rick, Rickie.
Espagnol : Ricardo.
Italien : Riccardo.

Rigobert

Il est une variante de Robert.
Origine germanique, signifie « gloire illustre ».
Chiffre 4 - couleur rouge.
Fête le 17 septembre.
Saint Robert Bellarmin, aristocrate italien professeur de théologie au XVIe siècle, devint légat du pape Clément VIII, puis cardinal et archevêque. Il fut nommé docteur de l'Église.
Caractère : stabilité, travail, sens de l'organisation, amabilité.

Riowen

Origine celte, signifie « heureux roi ».
Chiffre 3 - couleur violette.
Fête le 14 août.
Saint Riowen fut moine à Redon en Bretagne au IXe siècle.
Caractère : communication, créativité, éclectisme, harmonie.

Riwal

Origine celte, signifie « valeur de roi ».
Chiffre 9 - couleur bleue.
Fête le 15 juillet.
Saint Riwal, né en Angleterre au Ve siècle, se battit contre les Danois en Bretagne et fonda des monastères dans le Finistère.
Caractère : altruisme, rêverie, étude, méditation.
Variantes : Rivelen, Rivoal, Riwallon.

Riwan

Origine celte, signifie « roi en marche ».
Chiffre 2 - couleur orange.
Fête le 18 février.
Saint Riwan fut un disciple de saint Malo, en Bretagne au VIe siècle.
Caractère : sensibilité, adaptabilité, calme, négociation.
Diminutifs : Riwanez, Riwanig.
Variante : Rivanone.

Riware

Origine celte, signifie « jeu de roi ».
Chiffre 7 - couleur verte.
Fête le 19 septembre.
Saint Riware fonda une abbaye dans le Finistère au Ve siècle.
Caractère : équilibre, sens des responsabilités, rigueur, sens de la justice.
Variante : Rivoaré.

Robert

Ce prénom se développa au Moyen Âge et connut ses heures de gloire au début du XXe siècle ; c'est Robin qui le supplante aujourd'hui.

Origine germanique, signifie « gloire illustre ».
Chiffre 6 - couleur rouge.
Fête le 17 septembre.
Saint Robert Bellarmin, aristocrate italien professeur de théologie au XVIe siècle, devint légat du pape Clément VIII, puis cardinal et archevêque. Il fut nommé docteur de l'Église.
Caractère : détermination, travail, sens de l'organisation, amabilité.
Anglo-saxon : Bob, Bobby, Rob, Robbie, Robby.
Breton : Ropars, Roparz, Roparzh.
Espagnol : Roberto. Provençal : Roubert.

Robin

Cette forme dérivée de Robert fut courante au Moyen Âge ; elle est illustrée par le personnage de Robin des Bois, héros de légende anglais, symbolisant la résistance des Saxons aux envahisseurs normands. Robin est en vogue depuis les années 1990.
Origine germanique, signifie « gloire illustre ».
Chiffre 4 - couleur rouge.
Fête le 17 septembre.
Saint Robert est son patron.
Caractère : prudence, intuition, stabilité, réflexion.

Robinson

Il est une variante de Robin, prisée dans les pays anglo-saxons.
Origine germanique, signifie « gloire illustre ».
Chiffre 7 - couleur rouge.
Fête le 17 septembre.
Saint Robert Bellarmin fut successivement légat du pape, cardinal, archevêque et enfin docteur de l'Église, au XVIe siècle.
Caractère : spiritualité, étude, réflexion, discrétion.

Roch

Origine germanique, signifie « gloire ».
Chiffre 8 - couleur verte.
Fête le 16 août.
Saint Roch, né à Montpellier au XIVe siècle, soigna les malades de la peste avec un immense dévouement ; atteint par la maladie, il se retira dans les bois ; revenu dans sa ville natale amaigri et hirsute, il fut jeté en prison pour vagabondage et y mourut.
Caractère : courage, combativité, passion, efficacité.
Anglo-saxon : Rocky. Espagnol : Roque.
Italien : Rocco.

Rodéric

Il est la forme originelle de Rodrigue.
Origine germanique, signifie « gloire du roi ».
Chiffre 9 - couleur rouge.
Fête le 13 mars.
Saint Rodrigue, prêtre à Cordoue en Andalousie au IXe siècle, est dénoncé par son frère musulman et meurt en martyr.
Caractère : idéalisme, sensibilité, réserve, diplomatie.
Anglo-saxon : Rory. Scandinave : Reurik.

Rodolphe

Ce prénom est la forme originelle de Raoul. Il connaît un discret succès.
Origine germanique, signifie « gloire » et « loup ».
Chiffre 6 - couleur rouge.
Fête le 17 avril.
Saint Rodolphe est un tout jeune enfant lorsqu'il est arrêté avec ses parents et massacré avec eux par un groupe de juifs fanatiques en Suisse au XIIIe siècle.
Caractère : vivacité, réalisme, ambition, volonté.
Anglo-saxon : Rodolf. Espagnol : Rodolfo.
Italien : Rudolfo.
Germanique : Rudolf, Rudy.
Slave : Radek.

Rodrigue

Ce prénom est surtout connu grâce au personnage du *Cid* de Corneille.
Origine germanique, signifie « gloire du roi ».

Chiffre 7 - couleur rouge.
Fête le 13 mars.
Saint Rodrigue, musulman, se convertit au catholicisme à Cordoue au IXe siècle et devient prêtre. Son frère le dénonce et il meurt en martyr.
Caractère : sensibilité, intuition, intelligence, étude.
Espagnol : Rodrigo.

Rogatien

Origine latine, signifie « prière ».
Chiffre 8 - couleur orange.
Fête le 24 mai.
Saint Rogatien, fils du comte de Nantes au IIIe siècle, fut martyrisé avec son frère Donatien.
Caractère : courage, énergie, sens pratique, efficacité.
Breton : Rogasian.

Roger

Il fut un classique du début du XXe siècle.
Origine germanique, signifie « gloire » et « lance ».
Chiffre 9 - couleur orange.
Fête le 30 décembre.
Saint Roger, évêque en Italie au XIIe siècle, fut un modèle de bonté et de charité.
Caractère : sens de l'observation, intuition, émotivité, générosité.
Anglo-saxon : Dodge, Rodger.
Basque : Rogel, Rogelio. Espagnol : Rogelio.
Germanique : Rudiger. Italien : Ruggiero.

Roland

Ce prénom fut illustré par le neveu de Charlemagne, héros de *la Chanson de Roland*, écrite au XIe siècle, par Turold.
Origine germanique, signifie « gloire » et « terre ».
Chiffre 1 - couleur verte.
Fête le 15 septembre.
Saint Roland fut ermite en Italie au XIVe siècle.
Caractère : communication, dynamisme, rapidité, autorité.
Espagnol et italien : Rolando.
Germanique : Roeland, Roldan.

Romain

Il fut un grand favori des années 1980.
Origine latine, signifie « romain ».
Chiffre 7 - couleur rouge.
Fête le 28 février.
Saint Romain, ermite dans le Jura au Ve siècle, fonda avec son frère Lupicin plusieurs monastères, parmi lesquels l'abbaye de Condat.
Caractère : sensibilité, étude, réflexion, discrétion.
Germanique : Romanus. Italien : Romano.
Slave : Romek.

Roman

Cette variante de Romain lui dispute le succès depuis les années 1980.
Origine latine, signifie « romain ».
Chiffre 7 - couleur rouge.
Fête le 28 février.
Saint Romain fut ermite dans le Jura au Ve siècle ; il fonda avec son frère Lupicin l'abbaye de Condat entre autres monastères.
Caractère : sensibilité, charme, fidélité, secret.

Romaric

Origine germanique, signifie « puissante gloire ».
Chiffre 5 - couleur violette.
Fête le 10 décembre.
Saint Romaric fonda un monastère dans les Vosges au VIIe siècle, dans un village qui prit de nom de Romaricimons, francisé en Remiremont.
Caractère : audace, goût de l'aventure, intuition, esprit d'analyse.

Roméo

Ce prénom est incontestablement marqué par le personnage de la pièce de Shakespeare, *Roméo et Juliette*.
Origine latine, signifie « de Rome ».

R

Chiffre 2 - couleur jaune.
Fête le 25 février.
Saint Roméo, moine à Limoges, mourut de la peste au XIVe siècle en allant en pèlerinage à Rome.
Caractère : rapidité, réalisme, ambition, exigence.
Basque : Runeo.

Romuald

Origine germanique, signifie « gloire du gouverneur ».
Chiffre 3 - couleur rouge.
Fête le 19 juin.
Saint Romuald passa cinquante ans de sa vie dans un ermitage dans la montagne toscane au XIe siècle.
Caractère : communication, adresse, diplomatie, exigence.

Ronald

Il est une variante de Réginald, courante aux États-Unis.
Origine germanique, signifie « conseil du gouverneur ».
Chiffre 1 - couleur verte.
Fête le 21 février.
Saint Réginald, dominicain au XIIIe siècle, prêcha à travers l'Europe.
Caractère : ambition, autorité, volonté, travail.
Anglo-saxon : Ronnie. *Espagnol :* Ronaldo.

Ronan

Origine celtique, signifie « royal ».
Chiffre 8 - couleur bleue.
Fête le 1er juin.
Saint Ronan, Irlandais du VIe siècle, évangélisa le Léon, en Bretagne, et fonda un ermitage près d'un village qui porte aujourd'hui son nom, puis se retira dans un village qui deviendra Locronan.
Caractère : idéalisme, sensibilité, indépendance, charme.

Rowan

Origine celte, signifie « homme roux »
Chiffre 8 - couleur verte.
Caractère : sagesse, sens des responsabilités, générosité, affectivité.
Variante : Rohan.

Ruben

Dans la Bible, il est le fils aîné de Léa et de Jacob, à l'origine de l'une des douze tribus d'Israël.
Origine hébraïque, signifie « c'est un fils ».
Chiffre 6 - couleur rouge.
Caractère : équilibre, travail, ambition, sens des responsabilités.
Anglo-saxon : Reuben, Rouven, Ruby.

Rudy

Ce prénom est une forme diminutive de Rodolphe.
Origine germanique, signifie « gloire » et « loup ».
Chiffre 5 - couleur rouge.
Fête le 17 avril.
Saint Rodolphe est un tout jeune enfant lorsqu'il est arrêté avec ses parents et massacré avec eux par un groupe de juifs fanatiques en Suisse au XIIIe siècle.
Caractère : activité, franchise, adaptabilité, curiosité.

Rufus

Origine latine, signifie « roux ».
Chiffre 4 - couleur rouge.
Caractère : réserve, prudence, travail, discipline.

Sabin

Ce prénom est plus connu sous sa forme féminine Sabine.
Origine latine, signifie « de la famille des Sabini ».
Chiffre 9 - couleur verte.
Fête le 17 janvier.
Saint Sabin, évêque de Plaisance au Ve siècle, lutta contre l'hérésie.
Caractère : dynamisme, sensibilité, combativité, sens pratique.
Espagnol : Sabino, Sabiniano.

Sacha

Diminutif russe d'Alexandre, ce prénom devenu mixte est très en vogue.
Origine grecque, signifie « l'homme qui repousse ».
Chiffre 5 - couleur bleue.
Fête le 3 mai.
Saint Alexandre, pape au début du IIe siècle, subit le martyre sur ordre de l'empereur Trajan.
Caractère : sensibilité, volonté, activité, opportunisme.

Saens

Origine latine, signifie « de Sidon ».
Chiffre 4 - couleur verte.
Fête le 15 novembre.
Saint Saens, Irlandais, fonda un monastère en Normandie au VIIe siècle.
Caractère : rigueur, travail, ténacité, courage.

Saïd

Ce prénom est très populaire.
Origine arabe, signifie « l'homme heureux ».
Chiffre 6 - couleur bleue.
Caractère : affectivité, sens des responsabilités, sensibilité, harmonie.

Salomon

Salomon, fils de David et de Bethsabée, est roi d'Israël de 972 à 932 avant J.-C. Son règne marque l'apogée d'Israël. La tradition le dépeint juste, sage... et même magicien.
Origine hébraïque, signifie « paix ».
Chiffre 8 - couleur verte.
Fête le 29 décembre.
Caractère : franchise, courage, réalisme, rigueur.
Anglo-saxon : Solomon. Arabe : Soliman, Suleiman, Slimane. Breton : Salaün.

Sami

Ce prénom est la forme arabe de Samuel.
Origine hébraïque, signifie « son nom est Dieu ».
Chiffre 6 - couleur rouge.
Caractère : puissance, rigueur, autorité, courage.

Samson

Dans la Bible, Samson, juge d'Israël au XIIe siècle avant J.-C., est réputé pour sa force surnaturelle, due à sa longue chevelure. Il est séduit et trahi par la belle Dalila, qui le rase pendant son sommeil et le livre aux Philistins. Ses cheveux repoussent, il retrouve sa force et, captif dans un temple, il le renverse sur le peuple. Ce prénom, illustré par un saint celte, est un des classiques bretons.
Origine hébraïque, signifie « soleil ».
Chiffre 9 - couleur verte.
Fête le 28 juillet.
Saint Samson, moine gallois venu en Bretagne au VIe siècle, fonde un monastère à Dol, dont il devient le premier évêque, participe au deuxième concile, assiste le roi Chilpéric. Il est l'un des saints fondateurs de la Bretagne.
Caractère : calme, réserve, étude, réflexion.
Anglo-saxon : Sampson. Breton : Samzun. Espagnol : Sanson. Italien : Sansone. Provençal : Sansoun.

S

Samuel

Origine hébraïque, signifie « son nom est Dieu ».
Chiffre 8 - couleur rouge.
Fête le 20 août.
Samuel, juge et prophète, fut l'un des guides d'Israël. Il est l'auteur d'un des livres de la Bible, le livre de Samuel, constitué d'un récit historique et de poèmes.
Caractère : passion, autorité, énergie, exigence.
Diminutif : Sam.

Santiago

Ce prénom a pour origine le cri de guerre des chrétiens « Sancte Iacobe » dans les combats médiévaux en Espagne.
Origine espagnole, signifie « saint Jacques ».
Chiffre 2 - couleur rouge.
Fête le 25 juillet.
Caractère : activité, curiosité, sociabilité, indépendance.

Saturnin

Dans la mythologie romaine, Saturne était un dieu qui, chassé du ciel par Jupiter, se réfugia dans le Latium, où il enseigna aux hommes l'agriculture.
Origine latine, du nom du dieu Saturne.
Chiffre 8 - couleur rouge.
Fête le 29 novembre.
Saint Saturnin, appelé aussi Sernin, premier évêque de Toulouse, subit le martyre au IIIe siècle.
Caractère : courage, droiture, franchise, rigueur.
Espagnol : Saturnino.
Provençal : Savournin.

Saül

Il est, dans la Bible, le premier roi d'Israël, au Ier siècle avant J.-C. Saül est aussi le prénom que portait l'apôtre Paul.
Origine hébraïque, signifie « le demandé ».
Chiffre 8 - couleur jaune.
Caractère : indépendance, sens de la justice, franchise, courage.

Scott

Origine écossaise, signifie « écossais ».
Chiffre 5 - couleur rouge.
Fête le 8 novembre.
Saint Jean Duns Scott, théologien écossais du XIVe siècle, enseigna à Cambridge, à Paris et à Cologne.
Caractère : autonomie, indépendance, autorité, affectivité.

Sean

Ce prénom est la forme irlandaise de Jean.
Origine hébraïque, signifie « Dieu a fait grâce ».
Chiffre 3 - couleur jaune.
Fête le 24 juin.
Saint Jean, disciple du Christ et auteur présumé du quatrième Évangile, de trois épîtres et de l'Apocalypse.
Saint Jean Chrysostome, évêque de Constantinople au IVe siècle et docteur de l'Église.
Saint Jean le Baptiste, fils d'Elisabeth et de Zacharie, né en Palestine au début du Ier siècle, appelé par Dieu pour se retirer dans le désert et établi sur la rive du Jourdain pour baptiser tous ceux qu'il convertissait.
Saint Jean le Bosco, Piémontais du XIXe siècle, qui voua sa vie à l'éducation des enfants pauvres.
Caractère : curiosité, communication, exigence, charisme.

Sébastien

Il fut l'un des favoris entre 1960 et 1980. Bastien a pris le relais au hit-parade.
Origine grecque, signifie « honoré ».
Chiffre 3 - couleur bleue.
Fête le 20 janvier.
Saint Sébastien, officier de l'armée romaine au IIIe siècle, se porte au secours des chrétiens persécutés ; il est dénoncé et livré aux archers débutants

qui le laissent pour mort. Recueilli par une sainte femme, il guérit de ses blessures et va reprocher à l'empereur sa cruauté ; il meurt sous les coups de gourdin.
Caractère : sensibilité, communication, émotivité, réserve.
Variante : Bastien. Anglo-saxon et espagnol : Sebastian. Basque : Sebaste, Sebasten, Sebastie. Italien : Sebastiano. Russe : Sevastian.

Selman

Ce prénom est une variante d'Anselme.
Origine germanique, signifie « casque du dieu Ans », divinité teutonne.
Chiffre 1 - couleur verte.
Fête le 21 avril.
Saint Anselme, prêtre à Paris au XIIe siècle, est nommé archevêque de Canterbury par le pape ; il mène sa mission à bien malgré l'opposition du roi. Il fut nommé docteur de l'Église.
Caractère : organisation, autorité, énergie, fierté.

Septime

Ce prénom rarissime fut illustré par un empereur romain au début du IIe siècle.
Origine latine, signifie « septième ».
Chiffre 6 - couleur verte.
Fête le 10 octobre.
Caractère : curiosité, charisme, vivacité, sociabilité.
Espagnol : Septimio.

Séraphin

Origine hébraïque, signifie « séraphin », ange au plus haut degré de la dynastie céleste.
Chiffre 5 - couleur blanche.
Fête le 12 octobre.
Saint Séraphin, capucin italien du XVIIe siècle, est illettré, maladroit, mais touché par la grâce ; il ne sait pas cultiver, mais fruits et légumes poussent à profusion dans le jardin de l'abbaye ; il ne sait pas lire, mais prêche l'Évangile comme un théologien.
Caractère : sociabilité, diplomatie, communication, harmonie.
Espagnol : Serapio. Germanique : Serafinus. Russe : Serafim.

Serge

Grand classique russe, Serge a connu le succès en Europe au milieu du XXe siècle.
Origine latine, signifie « issu des Sergius », nom d'une célèbre famille romaine du Ier siècle.
Chiffre 9 - couleur rouge.
Fête le 25 septembre.
Saint Serge de Radonège, ermite en Russie au XIVe siècle, fonde le monastère de la Trinité et, devenu conseiller des princes, joue le rôle de médiateur.
Caractère : émotivité, autorité, efficacité, calme.
Espagnol et italien : Sergio.
Germanique : Sergius.
Russe : Sergueï.

Servan

Ce prénom est plus rare que Servane, sa forme féminine.
Origine latine, signifie « esclave ».
Chiffre 7 - couleur orange.
Fête le 12 mai.
Saint Servan, venu d'Écosse au VIIIe siècle, évangélisa une partie de la Bretagne ; il laissa son nom à plusieurs villes.
Caractère : affectivité, indépendance, réserve, harmonie.
Espagnol : Servando.

Seth

Ce prénom est celui du troisième fils d'Adam et d'Ève, né après que Caïn eut tué Abel.
Origine hébraïque, signifie « fondateur ».
Chiffre 7 - couleur violette.
Caractère : autonomie, imagination, affectivité, créativité.

S

Séverin

Origine latine, signifie « exigeant ».
Chiffre 2 - couleur orange.
Fête le 8 janvier.
Saint Séverin, missionnaire en Europe centrale au Ve siècle, fonde plusieurs monastères pour accueillir malades, indigents et pèlerins.
Caractère : indépendance, dynamisme, activité, fierté.
Variantes : Séverian, Séverien.
Basque : Seber, Seberin, Seberino.
Espagnol : Severino.
Germanique : Severinus.
Occitan : Seurin.
Scandinave : Sören.

Seymour

Il est une forme dérivée de Maurice.
Origine latine, signifie « maure ».
Chiffre 4 - couleur violette.
Fête le 22 septembre.
Saint Maurice, officier romain dans une légion composée de chrétiens comme lui au IIIe siècle, refusa de se prosterner devant les dieux païens et fut mis à mort avec ses compagnons.
Caractère : travail, rigueur, courage, ténacité.

Sezni

Origine celtique, signifie « rayon de soleil ».
Chiffre 1 - couleur bleue.
Fête le 8 mars.
Saint Sezni, moine irlandais au VIe siècle, s'installa dans le Léon pour évangéliser les païens.
Caractère : sociabilité, diplomatie, discrétion, franchise.
Variante : Seznec.

Shai

Ce prénom moderne est en vogue en Israël.
Origine hébraïque, signifie « cadeau ».
Chiffre 1 - couleur rouge.
Caractère : indépendance, autorité, énergie, sensibilité.

Shannon

Ce prénom mixte apprécié par les familles irlandaises est plus courant pour les filles.
Origine irlandaise, signifie « ancien ».
Chiffre 5 - couleur verte.
Caractère : adaptabilité, indépendance, goût de l'aventure, sensibilité.

Shelley

Ce prénom anglais, masculin au XIXe siècle, tend à se féminiser.
Origine anglaise, signifie « clairière ».
Chiffre 5 - couleur verte.
Caractère : sensibilité, adaptabilité, goût de l'aventure, indépendance.

Sidney

Ce prénom, forme anglo-saxonne de Denis, est en vogue depuis les années 1990.
Origine grecque, du nom de Dionysos, dieu de la Vigne.
Chiffre 4 - couleur rouge.
Fête le 9 octobre.
Saint Denis est son patron.
Caractère : sensibilité, affectivité, indépendance, détermination.

Siegfried

Siegfried est un héros de la mythologie allemande et le sujet d'une œuvre de Wagner.
Origine germanique, signifie « victoire » et « paix ».
Chiffre 1 - couleur violette.
Fête le 22 août.
Saint Sigfried fut prieur d'un monastère en Angleterre au VIIe siècle.
Caractère : virilité, autorité, fierté, ambition.
Espagnol : Sigfrido. *Scandinave :* Sigurd.

Siegmund

Ce prénom est une forme dérivée de Sigismund.

Origine germanique, signifie « victoire » et « protection ».
Chiffre 2 - couleur violette.
Fête le 1er mai.
Saint Sigismond, converti par le roi des Burgondes au VIe siècle, fonda un monastère dans le Valais.
Caractère : charme, vivacité, intuition, communication.
Autre orthographe : Sigmund.

Sigismond

Origine germanique, signifie « victoire » et « protection ».
Chiffre 1 - couleur violette.
Fête le 1er mai.
Saint Sigismond fut le fondateur d'un monastère dans le Valais au VIe siècle.
Caractère : discipline, exigence, sens de l'organisation, travail.
Espagnol : Sigismundo. *Italien :* Sigismondo.

Siméon

D'après la Bible, en Israël, au Ier siècle, un ange avait annoncé à Siméon, noble vieillard, qu'il verrait le Messie ; Marie vint au Temple de Jérusalem avec l'Enfant Jésus âgé de 40 jours et le remet à Siméon pour qu'il le présente comme le Messie annoncé par les prophètes.
Origine hébraïque, signifie « exaucé ».
Chiffre 3 - couleur rouge.
Fête le 28 octobre.
Saint Siméon le stylite, moine en Syrie, au Ve siècle, est chassé au bout de dix ans pour excès d'austérité. Ermite, il est suivi par ses fidèles. Il décide alors de vivre sur une colonne pour qu'on le laisse à sa solitude, mais accepte de prêcher et de consulter. Il y passe trente-sept années.
Caractère : élégance, éloquence, communication, affectivité.

Simian

Il est une forme dérivée de Maxime.
Origine latine, signifie « le plus grand ».
Chiffre 3 - couleur orange.
Fête le 14 avril.
Saint Maxime de Chrysopolis dit le Confesseur, secrétaire particulier de l'empereur de Constantinople au VIe siècle, se fit le défenseur de l'orthodoxie, prêchant en Afrique du Nord et à Rome. Il mourut en martyr.
Caractère : créativité, communication, éclectisme, sociabilité.

Simon

Ce prénom est l'un des grands traditionnels de la culture hébraïque.
Origine hébraïque, signifie « exaucé ».
Chiffre 7 - couleur rouge.
Fête le 28 octobre.
Saint Simon dit le Zélote est l'un des douze apôtres du Christ. Après la Pentecôte, il part en Perse, où il subit le martyre.
Caractère : indépendance, affectivité, adaptabilité, charisme.
Basque : Ximoun, Ximun.
Provençal : Simoun.
Russe : Semyon.

Sixte

Il est bien plus rare que sa forme féminine Sixtine.
Origine latine, signifie « sixième ».
Chiffre 5 - couleur orange.
Fête le 3 avril.
Saint Sixte Ier, pape au début du IIe siècle, est mis à mort sur ordre de l'empereur Hadrien après dix ans de pontificat.
Caractère : activité, dynamisme, adaptabilité, éclectisme.
Espagnol : Sixto.

Soen

Ce prénom est une variante d'Yves, fréquente en Cornouailles.
Origine celte, signifie « if ».
Chiffre 8 - couleur orange.
Fête le 19 mai.

Saint Yves Hilory, né près de Tréguier au XIIIe siècle, étudia le droit à Paris puis à Orléans et devint l'avocat des pauvres en Bretagne ; sa piété, sa générosité, ses talents de négociateur en ont fait un des plus grands saints.
Caractère : sensibilité, opportunisme, courage, efficacité.

Solen

Ce prénom mixte est plus fréquemment féminin, mais saint Solen était un homme.
Origine latine, signifie « solennel ».
Chiffre 7 - couleur verte.
Fête le 23 septembre.
Saint Solen était évêque de Chartres au Ve siècle.
Caractère : réflexion, étude, esprit d'analyse, rigueur.

Soliman

Ce prénom est la forme arabe de Salomon. Il a été porté par le plus célèbre sultan d'Istanbul, au XVIe siècle, Soliman le Magnifique.
Origine hébraïque, signife « paix ».
Chiffre 3 - couleur jaune.
Caractère : sociabilité, sens artistique, harmonie, charisme.
Variantes : Slimane, Suleiman, Salomon.

Soren

Ce prénom est la forme scandinave de Séverin.
Origine latine, signifie « exigeant ».
Chiffre 8 - couleur bleue.
Fête le 8 janvier.
Saint Séverin fut missionnaire en Europe centrale au Ve siècle.
Caractère : ambition, volonté, perfectionnisme, rigueur.

Sosthène

Origine grecque, signifie « force indestructible ».
Chiffre 6 - couleur rouge.
Fête le 28 novembre.
Saint Sosthène, chef de la synagogue de Corinthe, en Grèce au Ier siècle, compagnon de saint Paul, meurt roué de coups sur ordre du proconsul.
Caractère : calme, sérieux, sens des responsabilités, rigueur.

Stacey

Ce prénom est une forme anglo-saxonne d'Eustache.
Origine grecque, signifie « bon épi ».
Chiffre 1 - couleur violette.
Fête le 20 septembre.
Saint Eustache, général dans l'armée romaine au IIe siècle, se convertit avec sa femme et ses fils, et refuse d'adorer les dieux païens au cours d'une cérémonie célébrant l'une de ses victoires. Il est condamné au supplice.
Caractère : dynamisme, vivacité, indépendance, passion.

Stanislas

Origine slave, signifie « qui se tient debout » et « victoire ».
Chiffre 6 - couleur bleue.
Fête le 11 avril.
Saint Stanislas, Polonais, devient prêtre puis évêque de Cracovie après avoir étudié à Paris, au XIe siècle. Il est tué par le roi de Pologne, qu'il a excommunié pour ses mœurs cruelles et débauchées.
Caractère : sérieux, calme, travail, ambition.
Germanique : Stanislaus.
Slave : Stanislaw.

Stanley

Ce prénom est la forme anglo-saxonne de Stanislas.
Origine slave, signifie « qui se tient debout » et « victoire ».
Chiffre 6 - couleur bleue.
Fête le 11 avril.
Saint Stanislas, prêtre polonais, devint évêque de Cracovie après avoir étudié à Paris, au XIe siècle. Il est tué par le roi de Pologne, qu'il a excommunié

pour ses mœurs cruelles et débauchées.
Caractère : sérieux, calme, travail, ambition.

Stéphane

Il fut l'un des favoris entre 1960 et 1980.
Origine grecque, signifie « couronné ».
Chiffre 7 - couleur orange.
Fête le 26 décembre.
Saint Étienne, son patron, diacre à Jérusalem au Ier siècle, mourut lapidé pour avoir affirmé sa foi.
Caractère : curiosité, imagination, affectivité, réserve.
Variante : Étienne.
Anglo-saxon : Stephen, Steeve.
Basque : Steben, Stefan, Stefano.
Breton : Stefan.
Germanique : Stefanus.
Hongrois : Itsvan.
Italien : Stefano.
Russe : Stepan.
Slave : Stepko.

Steven

Ce prénom est une forme anglo-saxonne d'Étienne.
Origine grecque, signifie « couronné ».
Chiffre 4 - couleur orange.
Fête le 26 décembre.
Saint Étienne, diacre à Jérusalem au Ier siècle, refusa de renier sa foi : il fut lapidé.
Caractère : charisme, détermination, efficacité, vivacité.

Sullivan

Ce prénom anglo-saxon est en vogue depuis la fin du XXe siècle.
Origine celte, signifie « aux yeux noirs ».
Chiffre 2 - couleur bleue.
Caractère : indépendance, émotivité, activité, fidélité.

Sulpice

Origine latine, signifie « de la famille des Sulpicius », famille romaine noble au Ier siècle.
Chiffre 4 - couleur rouge.
Fête le 29 janvier.
Saint Sulpice, disciple de saint Martin au IVe siècle, transforma sa demeure en monastère.
Caractère : franchise, curiosité, opiniâtreté, autorité.
Espagnol : Sulpicio.

Swann

Ce prénom mixte est une forme anglaise de Sven, prénom nordique. Il est apparu récemment à l'état civil alors qu'il est très connu dans la littérature depuis l'œuvre de Marcel Proust *À la recherche du temps perdu*.
Origine scandinave, signifie « jeune ».
Chiffre 8 - couleur blanche.
Fête le 21 décembre.
Caractère : réserve, esprit, intuition, élégance.

Sylvain

Origine latine, signifie « forêt ».
Chiffre 3 - couleur verte.
Fête le 4 mai.
Saint Sylvain, évêque de Gaza, en Palestine, fut décapité au IVe siècle.
Caractère : vivacité, ambition, courage, sens pratique.
Basque : Silban, Silbano, Silbio.
Occitan : Silvan, Silvian.

Sylvestre

Origine latine, signifie « sylvestre ».
Chiffre 1 - couleur verte.
Fête le 31 décembre.

S

Saint Sylvestre, pape au IVe siècle, assujetti à la surveillance de l'empereur Constantin, bâtit églises et cathédrales et transforme Rome.
Caractère : communication, adresse, diplomatie, exigence.
Autre orthographe : Silvestre.
Anglo-saxon : Silvester.
Espagnol : Silvio.
Gascon : Sauvestu.

Symphorien

Origine grecque, signifie « porter ensemble ».
Chiffre 8 - couleur verte.
Fête le 22 août.
Saint Symphorien, chrétien de 18 ans en Bourgogne, au IIe siècle, est décapité pour s'être moqué des idoles païennes.
Caractère : réserve, calme, gentillesse, prudence.

Patrons géographiques

Allemagne : Michel
Alsace : Odile
Amérique du Sud : Rose
Amiens : Firmin
Angleterre : Georges, Michel
Ardennes : Hubert
Autriche : Joseph, Léopold
Belgique : Joseph
Bohême : Venceslas
Brest : Hervé
Bretagne : Anne, Yves
Bruxelles : Gudule, Michel
Canada : Anne, Joseph
Chypre : Barnabé
Corse : Rita
Danemark : Knut
Écosse : André
Égypte : Marc
Espagne : Jacques
Europe : Benoît, Cyrille
France : Denis, Jeanne
Gibraltar : Bernard
Grèce : André
Irlande : Brigitte, Colomban, Patrick
Italie : François
Lisbonne : Adrien
Madrid : Isidore
Mexique : Joseph
Milan : Ambroise
Moscou : Boris
Nantes : Hervé
Paris : Denis, Geneviève
Pays de Galles : Dewi
Pérou : Joseph
Pologne : Casimir, Christian, Stanislas
Quimper : Hervé
Russie : André, Basile, Joseph, Serge
Sicile : Guy, Rosalie
Suède : Éric
Suisse : Maurice
Turquie : Jean
Venise : Marc
Vietnam : Joseph

Tancelin

Ce prénom est une forme dérivée d'Anselme.
Origine germanique, signifie « casque d'Ans », divinité teutonne.
Chiffre 6 - couleur verte.
Fête le 21 avril.
Saint Anselme, prêtre à Paris au XIIe siècle, est nommé archevêque de Canterbury par le pape ; il mène sa mission à bien malgré l'opposition du roi. Il fut nommé docteur de l'Église.
Caractère : stabilité, affectivité, fidélité, harmonie.

Tancrède

Courant au Moyen Âge, ce prénom a presque complètement disparu par la suite.
Origine francique, signifie « pensée ».
Chiffre 7 - couleur orange.
Caractère : activité, curiosité, imagination, affectivité.

Tanguy

Origine celte, signifie « feu » et « guerrier ».
Chiffre 7 - couleur violette.
Fête le 19 novembre.
Saint Tanguy, fils d'un seigneur breton au VIe siècle, tue sa sœur dans un accès de colère. Pour expier sa faute, il entre dans un monastère, dont il est nommé abbé.
Caractère : sociabilité, séduction, curiosité, goût de l'aventure.
Variantes : Tangi, Tanneguy.

Taraise

Origine grecque, signifie « originaire de Tarente ».
Chiffre 1 - couleur jaune.
Fête le 25 février.
Saint Taraise est patriarche de Constantinople au VIIIe siècle. Sa vie est un modèle de piété et de bonté.
Caractère : rapidité, activité, affectivité, énergie.

Tatien

Ce prénom est la forme masculine de Tatiana.
Origine latine, du nom de Tatius, roi de légende, souverain des Sabins.
Chiffre 6 - couleur bleue.
Fête le 12 janvier.
Sainte Tatiana, romaine chrétienne au IIIe siècle, martyrisée pour avoir refusé d'abjurer, est sa patronne.
Caractère : sensibilité, générosité, fantaisie, curiosité.

Teddy

Ce prénom est un diminutif anglo-américain d'Edouard.
Origine germanique, signifie « gardien des richesses » .
Chiffre 4 - couleur rouge.
Fête le 5 janvier
Saint Edouard, roi d'Angleterre au XIe siècle, est son patron
Caractère : opiniâtreté, travail, esprit, rigueur.
Variante : Ted.

Térence

Ce prénom est illustré par le poète comique latin du IIe siècle avant J.-C., qui fut un modèle pour Molière. Il réapparaît à l'état civil depuis les années 1990.
Origine latine, signifie « issu des Terentius », nom d'une célèbre famille patricienne de Rome au IIe siècle.
Chiffre 7 - couleur verte.
Fête le 10 avril.
Saint Térence, arrêté avec plusieurs compagnons chrétiens comme lui à Carthage au IIe siècle, subit le martyre.
Caractère : indépendance, travail, affectivité, adaptabilité.
Germanique : Terentius.
Russe : Terenti.

Les prénoms des familles de la Rome antique

Nombreux sont les prénoms qui tirent leur origine du patronyme d'illustres familles patriciennes qui vivaient à Rome au Ier siècle. En voici les principaux :

Agrippa, des Agrippa
Cassien, des Cassius
Fabien et Fabienne, des Fabius
Horace, des Horacius
Hortense, des Hortensius
Jules, des Iulius
Sabin et Sabine, des Sabini
Serge, des Sergius
Sulpice, des Sulpicius
Térence, des Terencius

Thaddée

Origine araméenne, signifie « allaité ».
Chiffre 2 - couleur bleue.
Fête le 28 octobre.
Saint Thaddée appelé aussi Jude fut apôtre de Jésus, en Palestine. Après la Pentecôte, il évangélisa la Libye et la Perse, où il mourut en martyr.
Caractère : sensibilité, passion, altruisme, idéalisme.
Anglo-saxon : Thaddeus.
Espagnol : Tadeo.
Italien : Taddeo.
Russe : Tadzio.

Théo

Ce diminutif de Théodore est considéré comme un prénom à part entière depuis les années 1990.
Origine grecque, signifie « don de Dieu ».
Chiffre 3 - couleur verte.
Fête le 11 novembre.
Saint Théodore, abbé d'un monastère de Constantinople, est exilé par l'empereur Nicéphore, à qui il reproche sa rigueur. Rappelé par l'empereur Michel, il s'oppose violemment aux iconoclastes, est emprisonné de nombreuses années et meurt peu après sa libération.
Caractère : éloquence, adaptabilité, harmonie, charisme.
Autre orthographe : Théau.

Théobald

Origine germanique, signifie « dieu audacieux ».
Chiffre 2 - couleur violette.
Fête le 6 novembre.
Saint Théobald, moine dans le Limousin au XIe siècle, eut une vie de piété et de charité exemplaire.
Caractère : émotivité, prudence, réserve, méthode.
Italien : Teobaldo.

Théodore

Origine grecque, signifie « don de Dieu ».
Chiffre 9 - couleur rouge.
Fête le 11 novembre.
Saint Théodore, abbé d'un monastère de Constantinople, est exilé par l'empereur Nicéphore, à qui il reproche sa rigueur. Rappelé par l'empereur Michel, il s'oppose violemment aux iconoclastes, est emprisonné de nombreuses années et meurt peu après sa libération.
Caractère : sensibilité, affectivité, ordre, sociabilité.
Variantes : Théodorit, Théodote.
Corse : Teodoru.
Espagnol : Theodoro.
Germanique : Theodorus.
Provençal : Teoudor.
Russe : Dorfei. *Slave :* Teodor.

Théodoric

Origine germanique, signifie « peuple roi ».
Chiffre 4 - couleur bleue.
Fête le 1er juillet.
Saint Thierry est son patron ; fils d'un brigand au VIe siècle en Champagne, il racheta les fautes de son père par la prière dans le monastère qu'il fonda sur le conseil de saint Remi.
Caractère : sensibilité, travail, sérieux, prudence.

Théodose

Ce prénom fut porté par plusieurs empereurs romains d'Orient au Ve et au VIIIe siècle.
Origine grecque, signifie « don de Dieu ».
Chiffre 1 - couleur rouge.
Fête le 17 juillet.
Saint Théodose fut évêque d'Auxerre au VIe siècle.
Caractère : ambition, autorité, volonté, travail.
Germanique : Theodosius.

Théodule

Origine grecque, signifie « serviteur de Dieu ».
Chiffre 9 - couleur orange.
Fête le 10 mars.
Saint Théodule, soldat romain en garnison en Asie Mineure au IVe siècle, est jeté dans un lac gelé avec trente-neuf de ses compagnons chrétiens comme lui pour avoir refusé de renier leur foi.
Caractère : autorité, force de caractère, tendresse, volonté.

Théophane

Origine grecque, signifie « dieu lumineux ».
Chiffre 2 - couleur bleue.
Fête le 12 mars.
Saint Théophane se retire dans un ermitage après son veuvage, en Grèce au IXe siècle. Il prend la direction d'un monastère, entreprend des travaux d'historien, mais il est exilé sur ordre de l'empereur Léo l'Arménien.
Caractère : intelligence, curiosité, charisme, travail.

Théophile

Ce prénom de l'Antiquité connut le succès au XIXe siècle, comme Théophraste et Théodule. La légende de Théophile fut chantée par le poète Rutebeuf.
Origine grecque, signifie « qui aime Dieu ».
Chiffre 8 - couleur verte.
Fête le 4 février ou le 13 octobre.
Saint Théophile d'Adana, économe de l'église d'Adana, dépité d'être privé de sa charge, vendit, d'après la légende, son âme au diable, à qui la Vierge arracha l'annulation du marché.
Saint Théophile d'Antioche fut évêque d'Antioche, auteur d'une apologie et fut nommé docteur de l'Église au IVe siècle.
Caractère : rapidité, intelligence, travail, activité.
Russe : Teofil.

Théophraste

Théophraste fut un philosophe grec au IIIe siècle avant J.-C., successeur d'Aristote à la direction du Lycée, quartier étudiant d'Athènes.
Origine grecque, signifie « celui qui parle de Dieu ».
Chiffre 7 - couleur verte.
Caractère : indépendance, générosité, fiabilité, sociabilité.

Théotime

Origine grecque, signifie « honneur de Dieu ».
Chiffre 5 - couleur jaune.
Fête le 5 novembre.
Saint Théotime, jeune chrétien en Palestine au IVe siècle, mourut dans l'arène pour avoir refusé de renier sa foi.
Caractère : passion, réserve, réflexion, opportunisme.

Thibaud

Ce prénom courant au Moyen Âge connaît un discret succès depuis les années 1960. Il est la forme francisée de Théobald.
Origine germanique, signifie « dieu audacieux ».
Chiffre 2 - couleur violette.
Fête le 8 juillet.
Saint Thibaud de Montmorency, moine au XIIIe siècle dans un monastère cistercien, fut un conseiller de Saint Louis.

T

Caractère : affectivité, ordre, rigueur, sensibilité.
Autre orthographe : Thibault.

Thierry

Ce prénom, forme francisée de Théodoric, nomma plusieurs rois francs ; courant au Moyen Âge et dans les années 1950, il a disparu aujourd'hui.
Origine germanique, signifie « peuple roi ».
Chiffre 4 - couleur bleue.
Fête le 1er juillet.
Saint Thierry, fils d'un brigand au VIe siècle en Champagne, racheta les fautes de son père par la prière dans le monastère qu'il fonda sur le conseil de saint Remi.
Caractère : sensibilité, travail, sérieux, prudence.
Occitan : Tederic.

Thomas

Origine araméenne, signifie « jumeau ».
Chiffre 4 - couleur bleue.
Fête le 3 juillet.
Saint Thomas, surnommé Didyme, fut l'apôtre de Jésus qui refusa de croire à sa résurrection. Après la Pentecôte, il évangélisa la Perse et l'Inde, où il mourut après avoir fondé une très importante colonie chrétienne.
Caractère : sérieux, réflexion, fidélité, réalisme.
Anglo-saxon : Tom, Tommy. *Espagnol et italien :* Tomaso. *Provençal :* Toumas. *Russe :* Toma. *Scandinave :* Tomas.

Thurel

Ce prénom est une forme dérivée d'Arthur.
Origine celtique, signifie « ours ».
Chiffre 9 - couleur violette.
Fête le 15 novembre.
Saint Arthur, moine à l'abbaye de Glastonbury, dans le Somerset, au XVIe siècle, est soupçonné par le roi Henri VIII de refuser la séparation entre l'Église d'Angleterre et celle de Rome, et exécuté.
Caractère : indépendance, volonté, énergie, charme.

Tiburce

Origine latine, signifie « originaire de Tibur », ville italienne.
Chiffre 6 - couleur verte.
Fête le 14 avril.
Saint Tiburce, frère de saint Valérien, subit le martyre avec lui peu de temps après sa conversion.
Caractère : sens des responsabilités, harmonie, affectivité, émotivité.

Timeo

Ce prénom est un diminutif de Timothée à consonance italienne.
Origine grecque, signifie « honneur de Dieu »
Chiffre 8 - couleur verte.
Fête le 26 janvier.
Saint Timothée, baptisé par saint Paul, premier évêque d'Ephèse, au Ier siècle, est son patron.
Caractère : affectivité, rigueur, ténacité, émotivité.

Timothée

Ce prénom longtemps méconnu s'affirme depuis 2000.
Origine grecque, signifie « honneur de Dieu ».
Chiffre 5 - couleur verte.
Fête le 26 janvier.
Saint Timothée, converti et baptisé par saint Paul, devient son disciple. Il est le premier évêque d'Éphèse, où il meurt lapidé par les infidèles à la fin du Ier siècle.
Caractère : curiosité, réflexion, indépendance, habileté.
Anglo-saxon : Tim, Timothy. *Russe :* Timofeï.

Titien

Ce prénom est issu du surnom du peintre italien du XVIe siècle, Titien, qui réalisa de magnifiques toiles à la demande des papes, de François Ier et de Charles Quint.

Chiffre 5 - couleur jaune.
Caractère : sensibilité, indépendance, créativité, adaptabilité.

Titouan

Diminutif d'Antoine, il est très en vogue depuis les années 1990.
Origine latine, signifie « inestimable ».
Chiffre 1 - couleur jaune.
Fête le 17 janvier ou le 13 juin.
Deux saints Antoine patronnent Titouan : Saint Antoine le Grand, né en Haute-Égypte au IIIe siècle, vend les biens de l'héritage de ses parents pour les distribuer aux pauvres et passe trente années de sa vie en ermite dans le désert avant de fonder un monastère, puis de soutenir les chrétiens persécutés à Alexandrie. Il vit plus de cent ans. Saint Antoine de Padoue, né au Portugal au XIIe siècle, devient franciscain et prêche au Maroc ; sa santé fragile le contraint à regagner Padoue, où il enseigne la théologie. Il meurt à 36 ans. Il fut proclamé docteur de l'Église.
Caractère : activité, émotivité, sagesse, intelligence.

Tobie

Dans la Bible, Tobie est un vieil homme très pieux de la tribu de Nephtali ; devenu aveugle ; il fut guéri par son fils sur les conseils de l'ange Raphaël.
Origine hébraïque, signifie « Dieu est bon ».
Chiffre 6 - couleur verte.
Caractère : sens des responsabilités, fidélité, stabilité, affectivité.
Anglo-saxon : Tobias.

Tola

Ce diminutif d'Anatole est aujourd'hui attribué comme prénom.
Origine grecque, signifie « aurore ».
Chiffre 2 - couleur jaune.
Fête le 2 juillet.
Saint Anatole, évêque de Césarée au IIIe siècle et féru de mathématiques, rédigea plusieurs traités scientifiques et théologiques. Il fut admiré pour sa grande bonté.
Caractère : indépendance, adaptabilité, curiosité, rigueur.

Tom

Ce diminutif de Thomas est devenu un prénom à part entière depuis le début de ce XXIe siècle.
Origine araméenne, signifie « jumeau ».
Chiffre 3 - couleur bleue.
Fête le 3 juillet.
Saint Thomas, surnommé Didyme, fut l'apôtre de Jésus qui refusa de croire à sa résurrection. Après la Pentecôte, il évangélisa la Perse et l'Inde, où il mourut après avoir fondé une très importante colonie chrétienne.
Caractère : communication, créativité, harmonie, éclectisme.

Les diminutifs

Depuis les années 1990, les diminutifs sont considérés comme des prénoms et déclarés comme tels à l'état civil :
Alex pour Alexandre
Kitty pour Catherine
Léo pour Léon
Lou pour Louise
Sacha pour Alexandre
Théo pour Théodore
Tim pour Timothée
Tom pour Thomas
Tola pour Anatole

Tristan

Tristan est un personnage clé de la légende celte : il forme avec Yseult le couple légendaire le plus célèbre d'Occident.
Les différentes versions en vers et en prose parues au XIIe siècle et au XIIIe siècle sont toutes inspirées de la légende celtique.
Richard Wagner en fit un drame lyrique en 1865. Ce prénom est en vogue depuis 1980.
Origine galloise, de Dristan, nom d'un héros de légende médiévale celtique.

T

Chiffre 2 - couleur rouge.
Fête le 12 novembre.
Caractère : activité, indépendance, autorité, rigueur.
Corses : Tristana, Tristanu.

Tryphon

Ce prénom rarissime évoque le professeur Tournesol, héros de la BD d'Hergé, Tintin. Origine grecque, signifie « magnifique ».
Chiffre 7 - couleur verte.
Fête le 19 avril.
Saint Tryphon fut patriarche de Constantinople au Xe siècle.
Caractère : autorité, activité, énergie, ténacité.
Diminutif : Fonia.

Tugdual

Origine celtique, signifie « bonne valeur ».
Chiffre 5 - couleur violette.
Fête le 30 novembre.
Saint Tugdual s'établit en Bretagne au VIe siècle, et fonda plusieurs monastères. Il est avec Samson, Brieuc, Corentin, Pol, Patern et Malo l'un des fondateurs de la Bretagne.
Caractère : réflexion, prudence, curiosité, intelligence.
Autres orthographes : Tudwal, Tutgual, Tuzwal.

Ulric

Origine germanique, signifie « roi » et « loup ».
Chiffre 9 - couleur verte.
Fête le 10 juillet.
Saint Ulric, moine à Ratisbonne, fonda plusieurs monastères en Allemagne au VIIIe siècle.
Caractère : courage, volonté, sensibilité, rigueur.
Espagnol et italien : Ulrico.
Germanique : Ulrich.

Ulysse

Ce prénom évoque le héros de la mythologie grecque, dont les exploits sont contés par Homère, dans l'Iliade et l'Odyssée. Roi d'Ithaque, vaillant guerrier et habile stratège, il imagine le cheval de Troie pour tromper l'ennemi. Il retrouve son royaume et sa fidèle épouse Pénélope après 10 ans d'errance, soumis aux tentations des sirènes. Origine grecque, du titre de l'œuvre d'Homère.
Chiffre 2 - couleur bleue.
Caractère : passion, courage, audace, ténacité.
Anglo-saxon : Ulysses. Espagnol : Ulises.
Italien : Ulisse.

Urbain

Origine latine, signifie « urbain ».
Chiffre 2 - couleur orange.
Fête le 18 décembre.
Saint Urbain, moine bénédictin, fut pape au XIVe siècle.
Caractère : exigence, prudence, sensibilité, travail.
Anglo-saxon : Urban.
Espagnol et italien : Urbano.
Germanique : Urbanus. Hongrois : Orban.

Uriel

Uriel est le nom d'un archange de l'armée céleste.
Origine hébraïque, signifie « Dieu est léger »
Chiffre 2 - couleur rouge.
Fête le 1er octobre.
Sainte Urielle, sœur de Judikaël, roi de Domnonée au VIe siècle, consacra sa vie à la prière.
Caractère : franchise, loyauté, autorité, ambition.

Vaast

Il est la forme flamande de Gaston.
Origine germanique, signifie « hôte ».
Chiffre 9 - couleur verte.
Fête le 6 février.
Saint Gaston fut le catéchiste de Clovis, au VIe siècle, et fut nommé évêque d'Arras à la demande du roi.
Caractère : générosité, charisme, rêverie, altruisme.

Valentin

Ce prénom est en vogue depuis les années 1990.
Origine latine, signifie « vaillant ».
Chiffre 7 - couleur bleue.
Fête le 14 février.
Saint Valentin, prêtre à Rome au IIIe siècle fut décapité, victime de la persécution de l'empereur Claude.
Caractère : sociabilité, diplomatie, écoute, adaptabilité.
Italien : Valentino.

Valère

Ce prénom fut celui d'un personnage du théâtre de Molière.
Origine latine, signifie « valeureux ».
Chiffre 9 - couleur bleue.
Fête le 29 janvier.
Saint Valère fut évêque de Saragosse, en Espagne au IVe siècle.
Caractère : intuition, secret, générosité, émotivité.
Variantes : Valérian, Valérien, Valéry.
Espagnols : Valerio, Valeriano. Russe : Valeri.

V

Valéry

Ce prénom est une forme dérivée de Valère.
Origine latine, signifie « valeureux ».
Chiffre 3 - couleur bleue.
Fête le 1er avril.
Saint Valéri, berger en Auvergne au VIe siècle, devint abbé de Luxeuil, puis fonda un monastère en Picardie.
Caractère : réserve, sérieux, prudence, persévérance.
Autre orthographe : Valéri.

Vallier

Origine latine, signifie « celui qui fortifie ».
Chiffre 7 - couleur orange.
Fête le 22 octobre.
Saint Vallier, archidiacre en Champagne au Ve siècle, est massacré par les Vandales.
Caractère : détermination, réflexion, travail, sens pratique.

Vania

Il est la forme russe de Jean.
Origine hébraïque, signifie « Dieu a fait grâce ».
Chiffre 2 - couleur jaune.
Fête le 24 juin.
De très nombreux saints figurent au calendrier sous le prénom de Jean.
Saint Jean, disciple du Christ et auteur présumé du quatrième Évangile, de trois épîtres et de l'Apocalypse.
Saint Jean Chrysostome, évêque de Constantinople au IVe siècle et docteur de l'Église.
Saint Jean le Baptiste, fils d'Élisabeth et de Zacharie, né en Palestine au début du Ier siècle, appelé par Dieu pour se retirer dans le désert et établi sur la rive du Jourdain pour baptiser tous ceux qu'il convertissait.
Saint Jean le Bosco, Piémontais du XIXe siècle, qui voua sa vie à l'éducation des enfants pauvres.
Caractère : diplomatie, charisme, éloquence, sociabilité.

Verney

Il est une forme de Werner.
Origine germanique, signifie « protéger » et « armée ».
Chiffre 8 - couleur verte.
Fête le 19 avril.
Saint Werner, maltraité par son beau-père, fuit son village au bord du Rhin au XIIIe siècle pour devenir garçon de ferme ; on le retrouve égorgé un matin au retour de sa messe quotidienne.
Caractère : réalisme, ambition, charisme, volonté.

Vianney

Les années 1980 ont vu l'apogée de Vianney, prénom d'origine patronymique, du nom de Jean-Marie Vianney.
Chiffre 9 - couleur verte.
Fête le 4 août.
Saint Jean-Marie Vianney, fils de modestes cultivateurs dans la région de Lyon au XIXe siècle, devient curé de la paroisse d'Ars, où il développe un grand talent de confesseur.
Caractère : imagination, stabilité, affectivité, réserve.

Victor

Très prisé au XIXe siècle, ce prénom fut une vedette des années 1980.
Origine latine, signifie « vainqueur ».
Chiffre 6 - couleur verte.
Fête le 21 juillet.
Saint Victor, soldat romain chrétien en poste à Marseille au IIIe siècle, refuse d'honorer l'empereur Maximien en visite dans la ville ; il est arrêté et, dans sa prison, convertit ses gardiens et détruit la statue de Jupiter. Il est décapité.
Caractère : épicurisme, calme, générosité, sociabilité.
Variantes : Victorian, Victorien.
Basque : Beitor, Bittor.
Espagnol : Victorio. *Italien :* Vittorio.
Provençal : Vitour.
Russe : Viktor.

Vincent

Ce prénom est un grand classique indémodable.
Origine latine, signifie « vaincre ».
Chiffre 6 - couleur rouge.
Fête le 22 janvier.
Saint Vincent, diacre de l'évêque Valère à Saragosse, en Espagne, au IVe siècle, convertit le bourreau qui le mène au martyre.
Saint Vincent de Paul, Landais du XVIe siècle, entreprend une vie de voyages et d'aventures après des études à Toulouse. Capturé par des pirates, retenu prisonnier pendant deux ans et vendu au marché des esclaves de Tunis, il s'enfuit et gagne Rome, où il est chargé par le légat du pape d'une mission auprès de Henri IV. Estimé à la cour, il devient l'aumônier de la reine Margot, puis curé de Clichy. Il quitte la cour pour fonder la première confrérie de la Charité, puis la Société des prêtres de la mission, les lazaristes, vouée à l'apostolat rural. Il regroupe les bonnes volontés dans les confréries des Dames de la charité et fonde, avec Louise de Marillac, la communauté religieuse des Filles de la charité.
Caractère : indépendance, exigence, volonté, opportunisme.
Basque : Bixente, Bizente. Breton : Visant.
Espagnol : Vicente. Italien : Vincenzo.
Russe : Vikenti.

Virgile

Ce prénom évoque le poète latin du Ier siècle avant J.-C., protégé de l'empereur Auguste, auteur des *Bucoliques*, des *Géorgiques* et de l'*Énéide*.
Origine latine, du nom des habitants d'une ville d'Espagne sous domination romaine.
Chiffre 5 - couleur bleue.
Fête le 10 octobre.
Caractère : dynamisme, activité, habileté, exigence.
Autre orthographe : Virgil.
Breton : Virgiliz.
Espagnol : Virgilio.

Vital

Ce prénom assez courant dans les pays de l'Est est rare en France.
Origine latine, signifie « vie ».
Chiffre 1 - couleur verte.
Fête le 28 avril
Saint Vital est l'adjoint d'un juge à Ravenne au IIe siècle. Il confesse sa foi et subit le martyre quelques jours plus tard.
Caractère : activité, curiosité, ambition, autorité.
Russe : Vitaly.

Vivien

Origine latine, signifie « vivant ».
Chiffre 5 - couleur rouge.
Fête le 10 mars.
Saint Vivien, soldat romain de la douzième légion, composée de chrétiens comme lui, refuse de participer à une cérémonie païenne ; il est jeté nu dans un lac avec une vingtaine de ses compagnons.
Caractère : intuition, adaptabilité, indépendance, fantaisie.
Variante : Vivian. Espagnol et italien : Viviano.

Vladimir

Origine slave, signifie « souverain » et « paix ».
Chiffre 3 - couleur violette.
Fête le 15 juillet.
Saint Vladimir le Grand, grand-prince de Kiev au Xe siècle, demanda le baptême et imposa le christianisme à tout son peuple.
Caractère : élégance, charme, sociabilité, travail.
Espagnol : Vladimiro.

Vladislas

Origine slave, signifie « qui possède la gloire ».
Chiffre 9 - couleur bleue.
Fête le 27 juin.
Saint Ladislas Ier, roi de Hongrie au XIe siècle, défenseur de son royaume contre les invasions des Turcs,

mourut en organisant la première croisade.
Caractère : altruisme, rêverie, étude, générosité.
Variantes : Vladislaw, Vladislav, Wladislas.

Voldemar

Ce prénom est une forme dérivée de Waldemar.
Origine germanique, signifie « illustre qui gouverne ».
Chiffre 5 - couleur verte.
Fête le 15 juillet.
Saint Vladimir le Grand, grand-prince de Kiev au Xe siècle, imposa le christianisme à tout son peuple.
Caractère : élégance, charme, sociabilité, travail.

Volodia

Ce prénom est une forme dérivée de Vladimir.
Origine slave, signifie « souverain » et « paix ».
Chiffre 3 - couleur violette.
Fête le 15 juillet.
Saint Vladimir le Grand est son patron.
Caractère : élégance, charme, sociabilité, travail.
Diminutif : Vladia.

Vougay

Origine celte, signifie « étincelle ».
Chiffre 1 - couleur bleue.
Fête le 15 juin.
Saint Vougay, ermite irlandais, vécut en Bretagne au VIe siècle.
Caractère : travail, volonté, ambition, exigence.

Waldemar

Origine germanique, signifie « illustre qui gouverne ».
Chiffre 5 - couleur verte.
Fête le 15 juillet.
Saint Vladimir le Grand, grand-prince de Kiev au Xe siècle, demanda le baptême et imposa le christianisme à tout son peuple.
Caractère : curiosité, sens de l'organisation, adaptabilité, réflexion.
Espagnol : Waldo.

Wallace

Ce patronyme courant en Écosse devint prénom au XIXe siècle.
Origine galloise, signifie « gallois ».
Chiffre 3 - couleur verte.
Caractère : travail, ambition, persévérance, sociabilité.

Walram

Origine germanique, signifie « corbeau étranger ».
Chiffre 5 - couleur bleue.
Fête le 26 février.
Saint Galeran, patron des Walram, serrurier à Lyon au VIIe siècle, est un modèle de piété et se retire au monastère pour achever ses jours.
Caractère : indépendance, goût de l'aventure, adaptabilité, curiosité.

Walter

Ce prénom est la forme originelle de Gautier.
Origine germanique, signifie « qui gouverne l'armée ».
Chiffre 7 - couleur rouge.
Fête le 8 avril.
Saint Gautier fut abbé de Saint-Martin-de-Pontoise au XIe siècle.
Caractère : charme, indépendance, sociabilité, charisme.
Diminutif : Walt.

Wandrille

Origine germanique, signifie « espoir » et « celui qui fait tourner ».
Chiffre 8 - couleur orange.
Fête le 22 juillet.
Saint Wandrille, conseiller du roi Clotaire II, fonde un prieuré en Suisse, voyage en Italie et crée un monastère en Normandie sur la demande de l'évêque de Rouen.
Caractère : réalisme, énergie, charisme, sens des responsabilités.

Warren

Ce prénom est la forme anglo-saxonne de Vare, prénom latin tombé en désuétude.
Origine latine, signifie « divers ».
Chiffre 7 - couleur rouge.
Fête le 20 octobre.
Saint Vare, soldat de l'armée romaine au IVe siècle, fut décapité pour avoir refusé d'exécuter des chrétiens emprisonnés.
Caractère : curiosité, originalité, goût de l'aventure, adaptabilité.

Wenceslas

Origine slave, signifie « couronne » et « gloire ».
Chiffre 2 - couleur rouge.
Fête le 28 septembre.
Saint Wenceslas, duc de Bohême au Xe siècle, propagea le christianisme dans son pays, mais il fut assassiné par son frère Boleslas.
Caractère : altruisme, équilibre, étude, réflexion.
Autre orthographe : Venceslas.
Espagnol : Wenceslao.

Werner

Origine germanique, signifie « armée qui protège ».
Chiffre 2 - couleur rouge.
Fête le 19 avril.
Saint Werner, maltraité par son beau-père, fuit son village au bord du Rhin au XIIIe siècle pour

devenir garçon de ferme ; on le retrouve égorgé un matin au retour de sa messe quotidienne.
Caractère : activité, indépendance, sensibilité, exigence.

Wilfrid

Origine germanique, signifie « volonté » et « paix ».
Chiffre 5 - couleur jaune.
Fête le 12 octobre.
Saint Wilfrid devint archevêque d'York après des études à Rome et à Paris. Déposé par l'archevêque de Cantorbéry, il parvint néanmoins à réconcilier l'Église celte autonome et l'Église anglo-saxonne d'obédience romaine.
Caractère : dynamisme, exigence, énergie, adaptabilité.

Wilhelm

Ce prénom est une forme germanique de Guillaume.
Origine germanique, signifie « volonté » et « protection ».
Chiffre 1 - couleur verte.
Fête le 10 janvier.
Saint Guillaume, archevêque de Bourges au XIIIe siècle, consacra sa vie au service des pauvres, des malades, des débauchés.
Caractère : intuition, réserve, sensibilité, originalité.

William

Ce prénom, forme anglo-saxonne de Guillaume, est un des grands traditionnels outre-Manche.
Origine germanique, signifie « volonté » et « protection ».
Chiffre 7 - couleur rouge.
Fête le 10 janvier.
Saint Guillaume, archevêque de Bourges au XIIIe siècle, fut un modèle de piété et de bonté.
Caractère : élégance, sensibilité, activité, exigence.
Diminutif : Willy.

Willis

Ce prénom est une forme dérivée de Willigis.
Origine germanique, signifie « volonté » et « otage ».
Chiffre 3 - couleur jaune.
Fête le 23 février.
Saint Willigis fut archevêque de Mayence au Xe siècle.
Caractère : sociabilité, communication, vivacité, éloquence.

Wilson

Ce prénom est une forme anglo-saxonne de Guillaume.
Origine germanique, signifie « volonté » et « protection ».
Chiffre 2 - couleur verte.
Fête le 10 janvier.
Saint Guillaume, archevêque de Bourges au XIIIe siècle, consacra sa vie au service des pauvres, des malades, des débauchés.
Caractère : activité, perfectionnisme, dynamisme, passion.

Winoc

Origine celte, signifie « sacré ».
Chiffre 1 - couleur blanche.
Fête le 6 novembre.
Saint Winoc fonda plusieurs monastères en Bretagne du Nord au VIe siècle.
Caractère : ambition, volonté, autorité, goût du pouvoir.
Variantes : Gwenneg, Gwennog.

Winston

Il fut illustré par Winston Churchill.
Origine germanique, signifie « ami » et « pierre ».
Chiffre 6 - couleur bleue.
Fête le 1er juin.
Saint Wistan, homme pieux et débonnaire en Grande-Bretagne au IXe siècle, est assassiné par son beau-père qu'il essaie de convertir.

Caractère : curiosité, adaptabilité, intelligence, opportunisme.
Variante : Wistan.

Winwaloé

Il est une forme dérivée de Guénolé.
Origine celtique, signifie « valeureux » et « sacré ».
Chiffre 3 - couleur blanche.
Fête le 3 mars.
Saint Guénolé fonde un monastère à Landévennec, en Bretagne au Ve siècle, et le dirige pendant plus de cinquante ans.

Caractère : indépendance, curiosité, adaptabilité, goût de l'aventure.

Woody

Ce prénom est un diminutif de Woodrow.
Origine anglaise, signifie « rangée d'arbres ».
Chiffre 1 - couleur verte.
Caractère : ambition, travail, rigueur, autorité.

X-Y

Xavier

Ce prénom traditionnel basque ne fut jamais courant, mais il est indémodable.
Origine basque, signifie « maison neuve ».
Chiffre 7 - couleur bleue.
Fête le 3 décembre.
Saint François-Xavier, jeune noble originaire de Navarre, rencontre saint Ignace de Loyola à Paris au XVIe siècle et le suit lorsqu'il fonde la Compagnie de Jésus. Il est envoyé en tant que missionnaire en Inde, puis au Japon.
Caractère : indépendance, perfectionnisme, affectivité, exigence.
Basque : Saviero, Xabi, Xabier, Xaveri.
Espagnol : Javier. Provençal : Savié, Zavié.

Xyste

Ce prénom rarissime est une forme dérivée de Sixte.
Origine latine, signifie « sixième ».
Chiffre 3 - couleur orange.
Fête le 3 avril.
Saint Sixte Ier, pape au début du IIe siècle, est mis à mort sur ordre de l'empereur Hadrien après dix ans de pontificat.
Caractère : communication, créativité, harmonie, éclectisme.

Yanis

Ce prénom est la forme grecque de Jean.
Origine hébraïque, signifie « Dieu a fait grâce »
Chiffre 5 - couleur verte.
Fête le 24 juin.
Saint Jean, apôtre du Christ, est son patron.
Caractère : charisme, activité, curiosité, sens pratique.

Yann

Ce traditionnel breton est une forme de Jean.
Origine hébraïque, signifie « Dieu a fait grâce ».
Chiffre 9 - couleur rouge.
Fête le 24 juin.
Saint Yann, venu d'Éphèse au IIIe siècle pour s'installer en Bretagne, près de Lannion, avec six compagnons, fut persécuté par l'empereur Decius.
Caractère : indépendance, activité, générosité, fiabilité.

Yannick

Il est un dérivé de Yann.
Origine hébraïque, signifie « Dieu a fait grâce ».
Chiffre 9 - couleur rouge.
Fête le 24 juin.
Saint Yann, venu d'Éphèse au IIIe siècle, fonda un monastère près de Lannion en Bretagne avec six compagnons.
Caractère : diplomatie, curiosité, activité, adaptabilité.

Yehudi

Ce prénom est une forme masculine de Judith, qui, dans la Bible, séduisit le général ennemi et le décapita dans son sommeil pour sauver son peuple.
Origine hébraïque qui signifie « juif ».
Chiffre 9 - couleur rouge.
Caractère : indépendance, dynamisme, volonté, activité.

Yoël

Ce prénom est une variante de Joël.
Origine hébraïque, signifie « Yahvé est Dieu ».
Chiffre 3 - couleur bleue.
Fête le 13 juillet.
Saint Joël, prophète en Israël, au VIe siècle avant J.-C., fut l'auteur du livre qui porte son nom.
Caractère : créativité, communication, harmonie, charisme.
Variante : Yaël.

Yoen

Ce prénom est une forme dérivée d'Yves, usitée dans la province du Léon.
Origine celte, signifie « if ».

Chiffre 5 - couleur orange.
Fête le 19 mai.
Saint Yves Hilory est son patron.
Caractère : sensibilité, opportunisme, courage, efficacité.

Youwan

Ce prénom est une variante d'Yves.
Origine celte, signifie « if ».
Chiffre 9 - couleur orange.
Fête le 19 mai.
Saint Yves Hilory est son patron.
Caractère : sensibilité, opportunisme, courage, efficacité.

Yvain

Ce prénom est une forme médiévale d'Yves. Yvain est un personnage du roman en vers de Chrétien de Troyes *Yvain ou le Chevalier au lion*, du cycle des chevaliers de la Table ronde écrit au XIIe siècle ; compagnon du roi Arthur, il incarne l'idéal du chevalier preux et fier qui met toute sa vaillance au service de la dame qu'il aime, défend les opprimés et prône les vertus de l'amour courtois.
Origine celte, signifie « if ».
Chiffre 8 - couleur verte.
Fête le 19 mai.
Saint Yves est son patron.
Caractère : courage, ambition, opiniâtreté, loyauté.

Yves

Ce grand classique breton est moins fréquent qu'au siècle dernier ; ses nombreuses formes dérivées ont pris le relais.
Origine celte, signifie « if ».
Chiffre 8 - couleur orange.
Fête le 19 mai.
Saint Yves Hilory, né près de Tréguier au XIIIe siècle, étudia le droit à Paris puis à Orléans et devint l'avocat des pauvres en Bretagne ; sa piété, sa générosité, ses talents de négociateur en ont fait un des plus grands saints.
Caractère : sensibilité, opportunisme, courage, efficacité.
Variantes : Eozenn, Erwann, Ewan, Ivelain, Iwan, Yonen, Youenn, Yvain, Yvon.
Italiens : Ivi, Ivo.
Irlandais : Eoin.

Yvon

Il est une variante d'Yves.
Origine celte, signifie « if ».
Chiffre 4 - couleur orange.
Fête le 19 mai.
Saint Yves est son patron.
Caractère : réserve, exigence, travail, sens des responsabilités.

Zacharie

Zacharie est le nom d'un des douze prophètes juifs à la fin du VIe siècle.
Origine hébraïque, signifie « Dieu s'est souvenu ».
Chiffre 8 - couleur orange.
Fête le 5 novembre.
Saint Zacharie, prêtre juif sous Hérode, roi de Judée, au Ier siècle avant J.-C., est le mari d'Elisabeth, cousine de Marie ; incrédule devant l'archange qui vient lui annoncer que sa femme, stérile et âgée, va mettre au monde un fils, il devient muet et ne retrouve la parole qu'à la naissance de son fils, le futur saint Jean-Baptiste.
Caractère : volonté, efficacité, activité, ambition.
Diminutif : Zach.
Basque : Zacharia, Zacharias.
Russe : Zakhar.

Zébulon

Dans la Bible, Zébulon est un fils de Jacob et de Léa.
Origine hébraïque, signifie « résident ».
Chiffre 1 - couleur verte.
Caractère : autorité, travail, fierté, exigence.

Z

Zéphirin

Zéphyr est, dans la mythologie grecque,
le dieu du Vent d'ouest, époux d'Iris,
la déesse de l'Arc-en-ciel.
Origine grecque, signifie « du zéphyr »,
vent doux.
Chiffre 6 - couleur jaune.
Fête le 26 août.
Saint Zéphirin, pape au IIe siècle, tenta de vaincre l'hostilité de l'empereur Septime Sévère à l'égard des chrétiens et d'obtenir sa clémence pour les prisonniers.
Caractère : sociabilité, charme, élégance,
volonté.
Basque : Zeffirinu, Zefirino.

La légende des saints

L'histoire nous conte de bien étranges récits à propos des saints qui nous protègent ; beaucoup de foi, un brin d'imagination et la tradition orale qui a traversé les siècles nous offrent de belles légendes.

En voici quelques exemples

• *Saint Damien* greffa avec succès la jambe d'un Noir à un malade blanc qu'il avait dû amputer.

• *Saint Denis,* après avoir été décapité, se releva, prit sa tête dans ses mains, et marcha jusqu'à l'emplacement actuel de la basilique Saint-Denis, escorté d'anges.

• *Saint Déodat* obtenait, par ses prières, la dissipation des brouillards.

• *Saint Eustache* se convertit, avec sa femme et ses deux fils, après avoir vu un cerf portant entre ses bois l'effigie du Christ en croix.

• *Saint Fabien* se promène à Rome et entre dans l'église où le clergé s'est réuni pour procéder aux élections pontificales et s'assied parmi les prêtres. Une colombe se pose sur son épaule. Alors, bien qu'il soit laïc, les hommes d'Église y voient un signe de Dieu, et Fabien est élu pape.

• *Sainte Gwenn,* en Bretagne au Ve siècle, accoucha de triplés, Jagu, Gwenneg et Gwenolé. Pour qu'elle puisse les nourrir plus commodément, le Ciel la dota de trois seins.

• *Saint Honoré.* Au moment de donner la communion, le pieux évêque se trouva sans pain ; Jésus vint alors remplir le ciboire. La confrérie des boulangers-pâtissiers lui consacrèrent une église, à Paris, au XIIIe siècle, et le quartier environnant prit son nom : le faubourg Saint-Honoré.

• *Saint Hubert* chassait dans la forêt un Vendredi saint ; un cerf qui portait entre les bois une croix scintillante lui recommanda de se rendre auprès de Lambert, évêque de Maastricht, pour se faire baptiser.

• *Saint Julien* arriva en Gaule au Ier siècle en pleine sécheresse, et il fit jaillir une source en plantant son bâton dans le sol. Le notable du village lui offrit sa propre maison pour y consacrer une église. C'est là que fut édifiée la première cathédrale du Mans.

• *Saint Léon,* culpabilisé d'avoir ressenti du désir pour une belle dame à qui il donnait la communion, se coupa la main, mais la Vierge magnanime la lui rendit.

• *Saint Martin,* à la sortie de l'église, à Tours, au IVe siècle, partagea son manteau avec un mendiant dénudé.

• *Sainte Marthe* terrassa un dragon appelé tarasque à Tarascon en Provence.

• *Saint Nicolas* se tint debout le jour de sa naissance et ne tétait sa nourrice que deux fois par semaine. Il ressuscita trois enfants égorgés par un aubergiste et convertit un criminel.

• *Sainte Nolwenn* fut décapitée par le seigneur dont elle repoussait les avances ; elle prit sa tête entre ses mains, et marcha jusqu'au lieu qu'elle jugea propice à sa sépulture, à Noyal-Pontivy, près de Pontivy, en Bretagne.

• *Saint Riowen* était en retard pour dire la messe à l'abbaye ; le Ciel lui permit de marcher sur les eaux de la Vilaine pour ne pas faire attendre ses fidèles.

• *Saint Roch,* qui avait contracté la peste en soignant des malades, se retira dans les bois ; un chien venait chaque jour lui apporter une miche de pain.

Prénoms féminins

A

Abélie

Forme féminine d'Abel, ce prénom est très peu usité.
Origine hébraïque, signifie « ce qui passe ».
Chiffre 7 - couleur jaune.
Fête le 5 août.
Saint Abel fut évêque de Reims au VIIIe siècle.
Caractère : élégance, charme, charisme, émotivité.
Espagnol et italien : Abelia.

Abelinde

Dérivé d'Abel, ce prénom n'est plus guère répandu depuis le Moyen Âge.
Origine hébraïque, signifie « ce qui passe ».
Chiffre 7 - couleur rouge.
Fête le 5 août.
Saint Abel, évêque de Reims au VIIIe siècle, est son patron.
Caractère : sensibilité, charme, intuition, sociabilité.

Abeline

Cette forme féminine d'Abel est rare.
Origine hébraïque, signifie « ce qui passe ».
Chiffre 3 - couleur jaune.
Fête le 5 août.
Saint Abel est son patron.
Caractère : émotivité, charme, sociabilité, adresse.

Abella

Voici une autre forme féminine d'Abel, guère plus usitée que les autres.
Origine hébraïque, signifie « ce qui passe ».
Chiffre 6 - couleur verte.
Fête le 5 août.
Saint Abel fut évêque de Reims au VIIIe siècle.
Caractère : diplomatie, éloquence, sensibilité, charisme.
Variantes : Avella, Avelia.

Abigaël

Ce joli prénom biblique mélodieux est assez répandu aux États-Unis.
Origine hébraïque, signifie « ma joie est en Dieu ».
Chiffre 1 - couleur bleue.
Fête le 29 décembre.
Sainte Abigaël, jeune et jolie veuve, devient l'épouse de David, au royaume de Juda, au Xe siècle avant J.-C.
Caractère : féminité, séduction, affectivité, fantaisie.
Autre orthographe : Abigail.

Acanthe

Origine latine, signifie « innocence ».
Chiffre 7 - couleur verte.
Fête le 31 mars.
Saint Acace, évêque d'Antioche au IIIe siècle, est son patron.
Caractère : harmonie, équilibre, sens de la justice, rigueur.

Acmée

Ce prénom est une forme dérivée d'Aimée.
Origine latine, signifie « aimée ».
Chiffre 9 - couleur verte.
Fête le 20 février.
Sainte Aimée, jeune fille mondaine d'Assise au XIIIe siècle, renonce à sa vie frivole à la suite d'une visite à sa tante, sainte Claire, fondatrice de l'ordre des clarisses, et se consacre à l'ascèse et à la prière.
Caractère : charme, perfectionnisme, sensibilité, esthétisme.
Italien : Acma.

Adalie

Ce prénom est une forme dérivée d'Adèle.
Origine germanique, signifie « noble »
Chiffre 5 - couleur verte.
Fête le 24 septembre.

Sainte Adèle se consacra aux œuvres charitables en Allemagne au VIIe siècle.
Caractère : vivacité, activité, curiosité, gaieté.

Adalsinde

Voici un prénom de la famille d'Adèle et d'Alice, assez répandu au Moyen Âge.
Orgine germanique, signifie « noble ».
Chiffre 6 - couleur verte.
Fête le 25 décembre.
Sainte Adalsinde entre dans les ordres très jeune et consacre sa vie à la prière.
Caractère : douceur, harmonie, affectivité, prudence.

Adamante

Ce prénom floral, connu dans l'Antiquité, à aujourd'hui presque totalement disparu.
Origine latine, nom d'une plante.
Chiffre 5 - couleur verte.
Fête le 5 octobre.
Sainte Fleur, religieuse dans le Quercy au XIIIe siècle, est sa patronne.
Caractère : imagination, curiosité, vivacité, indépendance.

Adelaïde

Forme médiévale d'Adèle, ce prénom royal, répandu au XIXe siècle, connaît un regain de faveur depuis les années 1980.
Origine germanique, signifie « noble ».
Chiffre 5 - couleur bleue.
Fête le 16 décembre.
Sainte Adélaïde, fille du roi de Bourgogne au Xe siècle, épouse le roi d'Italie Lothaire II, puis devenue veuve, elle s'unit à l'empereur d'Allemagne Othon le Grand, qui meurt peu après. Elle assure d'abord la régence pendant la minorité de son fils, qui décède à son tour, puis la régence en attendant la majorité de son petit-fils. Elle se retire ensuite au monastère de Seltz, qu'elle a fondé, et se met au service des pauvres.
Caractère : curiosité, adaptabilité, vivacité, éloquence.

Variantes : Alice, Alisson, Alix.
Espagnol : Adelaïda. Germanique : Adelheid.
Italien : Alida. Normand : Delaïde. Occitan : Adalaïs, Adelaïdo. Provençal : Alaïs, Alaïdo, Delaïdo, Elienor.

Adèle

Très en vogue au XIXe siècle, Adèle revient en force à l'état civil.
Origine germanique, signifie « noble ».
Chiffre 9 - couleur bleue.
Fête le 24 septembre.
Sainte Adèle, fille du roi d'Austrasie Dagobert II au VIIe siècle, se retire dans un monastère à son veuvage et se consacre à l'éducation de son petit-fils et aux œuvres charitables.
Caractère : sensibilité, curiosité, courage, détermination.
Variantes : Adélie, Adeline, Adelise.
Anglo-saxon : Ethel. Corse : Aïtella.
Espagnol : Adela. Italien : Adela, Alda.
Germanique : Heidi.
Normand : Edelène.
Occitan : Alaïs, Azalaïs.
Provençal : Adèlo, Adeleto.

Adeline

Dérivé d'Adèle, Adeline a eu ses heures de gloire dans les annés 1980.
Origine germanique, signifie « noble ».
Chiffre 5 - couleur verte.
Fête le 20 octobre.
Sainte Adeline est la première abbesse du monastère des Dames blanches, au début du XIIe siècle, en Normandie.
Caractère : sensibilité, curiosité, fidélité, sociabilité.
Variantes : Adelinde, Aline, Édeline, Line.
Espagnol : Adelina. Italien : Adelina, Adelinda, Alida.

Adenette

Cette forme féminine d'Adenet, dérivé d'Adam, est très rare.

Origine hébraïque, qui signifie « fait de terre ».
Chiffre 2 - couleur rouge.
Fête le 24 décembre.
Caractère : rigueur, générosité, dévouement, émotivité.
Variantes : Adenotte, Adnette, Adnotte.

Adrienne

Contraitement à son masculin Adrien, très en vogue aujourd'hui, ce prénom du début du XXe siècle n'est plus attribué.
Origine latine, signifie « originaire d'Adria ».
Chiffre 7 - couleur bleue.
Fête le 8 septembre.
Saint Adrien, gardien de prison à Rome au IVe siècle, se fait baptiser par les chrétiens qu'il surveille. Il meurt en martyr avec eux.
Caractère : curiosité, réserve, travail, sociabilité.
Provençal : Adrianne.
Espagnol et italien : Adria, Adriana.

Aëlle

Cette forme bretonne d'Angèle est rare.
Origine grecque, signifie « messager ».
Chiffre 8 - couleur bleue.
Fête le 27 janvier.
Sainte Angèle Merici fonde au XVIe siècle, en Italie, l'ordre des ursulines, sous la protection de sainte Ursule, destiné à l'éducation des jeunes filles, et en devient la première abbesse.
Caractère : affectivité, imagination, secret, prudence.
Diminutifs : Aëlaïg, Aëlez.
Variantes : Aéla, Aélia.

Aénor

Ce prénom est une forme bretonne d'Éléonore.
Origine grecque, signifie « compassion ».
Chiffre 8 - couleur orange.
Fête le 25 juin.
Sainte Éléonore, belle-sœur de Saint Louis, épouse du roi d'Angleterre Henri III, se retire dans un monastère chez les bénédictines à la mort de son mari.
Caractère : franchise, dynamisme, curiosité, opiniâtreté.
Variantes : Aanor.

Aésa

Ce prénom est une forme bretonne d'Isabelle.
Origine hébraïque, signifie « Dieu est plénitude ».
Chiffre 3 - couleur jaune.
Fête le 22 février.
Sainte Isabelle, sœur de Saint Louis, refuse d'épouser le fils de l'empereur Frédéric II, et fonde un monastère de clarisses à Longchamp, près de Paris.
Caractère : féminité, sensibilité, générosité, idéalisme.

Agathe

Après quelques apparitions au XIXe siècle, c'est à la fin du XXe siècle qu'Agathe a connu le succès.
Origine grecque, signifie « bonne ».
Chiffre 6 - couleur violette.
Fête le 5 février.
Sainte Agathe, chrétienne sicilienne au IIIe siècle, refuse les avances du préfet romain ; il tente de la violer, exige qu'elle renie son dieu. Comme elle s'obstine dans son refus, il la fait mourir sous la torture.
Caractère : douceur, réserve, altruisme, détermination.
Anglo-saxon : Agatha, Aggie.
Arabe : Hassina. Espagnol et italien : Agata.
Provençal : Agueto, Agato.

Aglaé

Comme bien des prénoms de la mythologie grecque, Aglaé reste rare.
Origine grecque, signifie « rayonnante de beauté ».
Chiffre 8 - couleur orange.

Fête le 14 mai.
Sainte Aglaé, jeune veuve romaine du IVe siècle, se fait baptiser avec Boniface, son intendant. Il est aussitôt arrêté et décapité. Elle lui érige un sanctuaire et distribue ses biens aux pauvres.
Caractère : activité, autorité, exigence, vivacité.

Agnès

Ce prénom pur a connu à travers les âges bien des périodes fastes, de la Renaissance à nos jours. C'est toutefois Inès, dont la sonorité est proche, qui le supplante aujourd'hui.
Origine grecque, signifie « chaste ».
Chiffre 1 - couleur verte.
Fête le 21 janvier.
Sainte Agnès, chrétienne romaine au IVe siècle, est courtisée par le fils du préfet, qui lui donne le choix entre l'épouser, se consacrer au culte de la déesse Vesta ou être livrée à la prostitution. Agnès repousse l'impie, et refuse d'adorer un dieu païen. Elle est donc conduite au lupanar. Mais tous ceux qui l'approchent sont foudroyés. Agnès est accusée de sorcellerie et brûlée vive.
Caractère : sociabilité, élégance, réflexion, énergie.
Diminutif : Nessie.
Arabe : Zakia, Aïssa.
Basque : Aïnara, Aïnesa, Anesa, Aniela, Inessa.
Breton : Oanel, Oalig. Corse : Agnanu, Anianu.
Espagnol : Inès. Irlandais : Aignéis.
Italien : Agnese. Occitan : Agneta.
Polynésien : Aniete. Provençal : Agueto.
Scandinave : Agna.

Agrippine

Ce prénom de l'Antiquité fut porté par deux princesses romaines au Ier siècle, Agrippine l'ancienne et Agrippine la jeune, qui fut la mère de Caligula et la grand-mère de Néron.
Origine latine, signifie « de la famille Agrippa », illustre famille romaine au Ier siècle.
Chiffre 5 - couleur orange.
Fête le 23 juin.
Sainte Agrippine est condamnée au martyre par l'empereur Valérien, au IIIe siècle, à Rome.
Caractère : autorité, vivacité, dynamisme, indépendance.
Corse : Agrippinu. Espagnol : Agrippina.

Aïcha

Ce prénom fut porté par la troisième épouse de Mahomet, réputée pour sa beauté et son intelligence. Elle s'opposa à Ali, le gendre de son mari.
Origine arabe, signifie « qui vivra ».
Chiffre 4 - couleur verte.
Caractère : énergie, courage, persévérance.
Diminutif : Aïchoucha.

Aïda

Elle est une forme dérivée d'Adélaïde.
Origine germanique, signifie « noble ».
Chiffre 6 - couleur bleue.
Fête le 16 décembre.
Sainte Adélaïde, fille du roi de Bourgogne au Xe siècle, épouse le roi d'Italie lothaire II, puis, devenue veuve, elle s'unit à l'empereur d'Allemagne Othon le Grand, qui meurt peu après. Elle assure d'abord la régence pendant la minorité de son fils, qui décède à son tour, puis la régence en attendant la majorité de son petit-fils. Elle se retire ensuite au monastère de Seltz, qu'elle a fondé, et se met au service des pauvres.
Caractère : esthétisme, perfectionnisme, émotivité, sociabilité.

Aïlenn

Ce prénom est une des formes anglo-saxonnes d'Hélène.
Origine grecque, signifie « éclat du soleil ».
Chiffre 1 - couleur jaune.
Fête le 18 août.
Sainte Hélène, fille d'aubergiste à Rome au IIIe siècle, est séduite par Constance Chlore, empereur romain d'Occident, dont elle a un fils, Constantin. Répudiée, elle quitte la cour, mais son fils la rappelle lorsqu'il accède au trône en 306. Hélène se convertit à 60 ans. Très influente, elle

défend la cause des chrétiens, multiplie les dons et favorise la construction de monastères en Palestine.
Caractère : autorité, exigence, travail, activité.

Aimée

Après une petite vague de ferveur au début du XXe siècle, Aimée a disparu au profit d'une de ses formes dérivées, Amicie.
Origine latine, signifie « aimée ».
Chiffre 6 - couleur verte.
Fête le 20 février.
Sainte Aimée, jeune fille mondaine d'Assise au XIIIe siècle, renonce à sa vie fricole à la suite d'une visite à sa tante, sainte Claire, fondatrice de l'ordre des clarisses, et se consacre à l'ascèse et à la prière.
Caractère : charme, émotivité, sens des responsabilités, réserve.
Variantes : Acmée, Aimie, Amabilis, Amicie.
Anglo-saxon : Amy, Mia. *Arabe :* Aziza.
Espagnol : Amada. *Italien :* Amata.

Aitana

Origine basque, signifie « gloire ».
Chiffre 1 - couleur verte.
Fête le 25 mars.
Caractère : détermination, sens des rersponsabilités, courage, ténacité.

Alaïs

Ce prénom est une forme provençale d'Éléonore.
Origine grecque, signifie « compassion ».
Chiffre 6 - couleur orange.
Fête le 25 juin.
Sainte Éléonore, belle-sœur de Saint Louis, épouse du roi d'Angleterre Henri III, se retire dans un monastère chez les bénédictines à la mort de son mari.
Caractère : affectivité, harmonie, sensibilité, vie familiale.
Variante : Alaïdo.

Alara

Ce prénom est une forme féminine d'Alaric.
Origine germanique, signifie « toute-puissante ».
Chiffre 6 - couleur jaune.
Fête le 29 septembre.
Saint Alaric est son patron.
Caractère : sensibilité, charisme, épicurisme, curiosité.

Albane

C'est dans les années 1990 que cette version féminine d'Alban est apparue dans les familles traditionnelles.
Origine latine, signifie « blanche ».
Chiffre 8 - couleur blanche.
Fête le 22 juin.
Saint Alban, païen à Verulanum, en Angleterre au IIIe siècle, recueille un prêtre traqué ; il se convertit, prend son habit, et subit le martyre à sa place.
Caractère : vivacité, élitisme, charisme, travail.
Variante : Albine.
Irlandais : Ailbhe.
Italien : Alba, Albana. *Provençal :* Aubane.

Alberte

Cette version féminine d'Albert a toujours été discrète.
Origine germanique, signifie « très illustre ».
Chiffre 9 - couleur bleue.
Fête le 15 novembre.
Saint Albert le Grand, né en Allemagne au XIIe siècle, devient dominicain à Padoue, puis enseigne la thélogie à Paris ; il rédige trente-huit traités de physique, de biologie, de géographie, d'astronomie, de minéralogie et de botanique, conseille le pape, devient évêque de Ratisbonne et meurt à Cologne. Il est docteur de l'Église.
Caractère : émotivité, sensibilité, intelligence, charisme.
Variante : Albertine. *Italien :* Alberta.

Albertine

Ce prénom est une autre forme féminine d'Albert.
Origine germanique, signifie « très illustre ».
Fête le 15 novembre.
Chiffre 5 - couleur bleue.
Saint Albert, dominicain à Padoue au XIIe siècle, se rendit à Paris pour y enseigner la théologie. Conseiller du pape, auteur de trente-huit traités de physique, de biologie, de géographie, d'astronomie, de minéralogie et de botanique, il fut proclamé docteur de l'Église.
Caractère : charme, fantaisie, adaptabilité, persévérance.

Albia

Ce prénom est la forme occitane d'Albane.
Origine latine, signifie « blanche ».
Chiffre 7 - couleur bleue.
Fête le 22 juin.
Saint Alban est son patron.
Caractère : réflexion, étude, réserve, perfectionnisme.

Albine

Ce prénom est la version féminine d'Albin. Il est moins fréquent qu'Albane.
Origine latine, signifie « blanche ».
Chiffre 7 - couleur blanche.
Fête le 1er mars.
Saint Albin est abbé de Guérance, en Bretagne au VIe siècle, et lutte pour combattre les mœurs incestueuses des seigneurs.
Caractère : vivacité, élitisme, charisme, travail.
Variantes : Albaine, Aubine.
Italien : Albina.

Alceste

Dans la mythologie grecque, elle était la fille de Pélias, qui fut arrachée des Enfers par Héraclès. Elle inspira une tragédie à Euripide.
Chiffre 2 - couleur verte.
Fête le 10 novembre.
Sainte Nymphe, vierge martyre à Nicée au IIIe siècle, est sa patronne.
Caractère : sensibilité, sociabilité, générosité, charisme.

Alda

Ce prénom est une forme italienne d'Aude.
Origine germanique, signifie « ancienne ».
Chiffre 9 - couleur bleue.
Fête le 26 avril.
Sainte Alda est sa patronne. Jeune Toscane au XIVe siècle, elle se voue au service des malades à l'hôpital de Sienne à la mort de son mari.
Caractère : réflexion, habileté, curiosité, fantaisie.

Aldegonde

Origine germanique, signifie « noble guerre ».
Chiffre 4 - couleur violette.
Fête le 30 janvier.
Sainte Aldegonde, jeune noble au VIIe siècle, refusa le prétendant présenté par ses parents et fonda un monastère à Maubeuge.
Caractère : tradition, générosité, altruisme, douceur.

Alène

Ce prénom est une forme féminine d'Alain.
Origine latine, signifie « originaire des Alani », nom d'une tribu des bords de la mer Noire, qui vécut au Ve siècle.
Chiffre 6 - couleur rouge.
Fête le 9 septembre.
Saint Alain de la Roche, dominicain breton au XVe siècle, prôna pendant tout son sacerdoce le culte de la Vierge Marie en Europe.
Caractère : passion, sens des responsabilités, rigueur, autorité.
Variantes : Alane, Alena.

A

Aleth

Origine latine, signifie « qui a des ailes ».
Chiffre 1 - couleur bleue.
Fête le 4 avril.
Sainte Aleth fut la mère de saint Bernard, en Bourgogne, au XIIe siècle.
Caractère : émotivité, idéalisme, altruisme, courage.

Alexandra

Ce prénom, version féminine d'Alexandre, connut une grande vague de faveur dans les années 1980.
Origine grecque, signifie « celle qui repousse ».
Chiffre 8 - couleur bleue.
Fête le 20 mars.
Sainte Alexandra, chrétienne en Asie Mineure au IVe siècle, subit le martyre pour avoir refusé de renier sa foi.
Caractère : courage, détermination, franchise, travail.
Diminutifs : Sandra, Sandy.
Variante : Alexandrine.
Basque : Alesandese.
Espagnol : Alessandra.
Provençal : Aleandra.

Alexia

Cette version féminine d'Alexis est l'un des prénoms vedettes des années 1990.
Origine grecque, signifie « qui repousse l'ennemi ».
Chiffre 7 - couleur bleue.
Fête le 17 février.
Saint Alexis Falconieri, riche marchand florentin au XIIIe siècle, est fondateur de l'ordre des Servites de Marie, consacré au travail manuel et à la prière.
Caractère : secret, élitisme, fidélité, intuition.
Diminutifs : Lexa, Lexia, Lexiane.
Variante : Alexane.
Espagnol : Aleja.

Alice

Ce joli prénom, en vogue à la fin du XIXe siècle, réapparaît, plus discrètement mais plus durablement qu'Alisson. Il est illustré par le personnage d'*Alice au pays des merveilles,* de Lewis Carroll.
Origine germanique, signifie « noble ».
Chiffre 3 - couleur jaune.
Fête le 9 janvier.
Sainte Alix Le Clerc, jeune Vosgienne, fonde au XVIe siècle la congrégation de Notre-Dame, consacrée à l'enseignement des jeunes filles pauvres.
Caractère : éloquence, vivacité, intuition, humour.
Variantes : Alix, Alyssa. Anglo-saxon : Alisson.
Basque : Aliza, Alizia. Écossais : Aili.
Italien : Alicia, Alissa. Occitan : Azalaïs.
Provençal : Alis, Aliseto, Alisoun.

Alida

Ce prénom est une forme italienne d'Adeline.
Origine germanique, signifie « noble ».
Chiffre 9 - couleur verte.
Fête le 20 octobre.
Sainte Adeline est la première abbesse du monastère des Dames Blanches, au début du XIIe siècle, en Normandie.
Caractère : sensibilité, courage, travail, prudence.
Variantes : Alinda, Linda.

Aliénor

Ce prénom est la forme occitane d'Éléonore.
Origine grecque, signifie « compassion ».
Chiffre 2 - couleur rouge.
Fête le 25 juin.
Sainte Éléonore, belle-sœur de Saint Louis, épouse du roi d'Angleterre Henri III, se retire dans un monastère chez les bénédictines à la mort de son mari.
Caractère : charme, énergie, vivacité, opportunisme.
Variante : Élianor.

Aliette

Forme dérivée d'Adélaïde.
Origine germanique, signifie « noble ».
Chiffre 9 - couleur bleue.
Fête le 16 décembre.
Sainte Adélaïde, fille du roi de Bourgogne au Xe siècle, épouse le roi d'Italie Lothaire II, puis, devenue veuve, elle s'unit à l'empereur d'Allemagne Othon le Grand, qui meurt peu après. Elle assure d'abord la régence pendant la minorité de son fils, qui décède à son tour, puis la régence en attendant la majorité de son petit-fils. Elle se retire ensuite au monastère de Seltz, qu'elle a fondé, et se met au service des pauvres.
Caractère : charisme, sociabilité, calme, réserve.

Aline

Prénom médiéval, diminutif d'Adeline.
Origine germanique, signifie « noble ».
Chiffre 5 - couleur verte.
Fête le 20 octobre.
Sainte Adeline est la première abbesse du monastère des Dames Blanches, au début du XIIe siècle, en Normandie.
Caractère : curiosité, vivacité, indépendance, affectivité.
Italien : Alina.

Alise

Ce prénom est une forme rare d'Adélaïde.
Origine germanique, signifie « noble ».
Chiffre 1 - couleur verte.
Fête le 16 décembre.
Sainte Adélaïde, veuve du roi d'Italie Lothaire II, au Xe siècle, épouse l'empereur d'Allemagne Othon le Grand. Veuve à nouveau, elle assure la régence de son fils mineur. Celui-ci décède aussi, laissant un jeune enfant. Adélaïde est à nouveau régente jusqu'à la majorité de son petit-fils, puis elle se retire dans un monastère.
Caractère : volonté, énergie, ambition, franchise.

Alisson

Cette forme anglo-saxonne d'Alice a connu un grand succès dans les années 1990.
Origine germanique, signifie « noble ».
Chiffre 8 - couleur jaune.
Fête le 9 janvier.
Sainte Alix Le Clerc, jeune Vosgienne, fonde au XVIe siècle la congrégation de Notre-Dame, consacrée à l'enseignement des jeunes filles pauvres.
Caractère : réserve, élitisme, étude, prudence.
Autre orthographe : Alison.

Alix

Forme originelle d'Alice, Alix a une vogue discrète mais permanente dans les familles traditionnelles. Bien qu'il soit mixte, ce prénom est majoritairement attribué à des filles.
Origine germanique, signifie « noble ».
Chiffre 1 - couleur bleue.
Fête le 9 janvier.
Sainte Alix Le Clerc fonde au XVIe siècle dans les Vosges la congrégation de Notre-Dame, consacrée à l'enseignement des jeunes filles pauvres.
Caractère : volonté, opiniâtreté, indépendance, franchise.

Alizé

Les puristes pensent que ce prénom vient du germanique « adal » qui signifie « noble » ; d'autres préfèrent trouver son origine... dans l'alizé, ce vent léger et régulier qui souffle sur la plus grande partie de la planète.
Chiffre 4 - couleur bleue.
Fête le 9 janvier.
Sainte Alix est traditionnellement la patronne d'Alizé.
Caractère : émotivité, discrétion, sociabilité, prudence.

A

Allégra

Équivalent espagnol de Laetitia.
Origine espagnole, signifie « joie ».
Chiffre 2 - couleur rouge.
Fête le 18 août.
Notre-Dame de Liesse est la patronne d'Allégra.
Caractère : adaptabilité, émotivité, diplomatie, souplesse.
Variante : *Allegria.*

Almeda

Prénom celte, malgré une consonance latine.
Origine celte, signifie « princesse ».
Chiffre 9 - couleur verte.
Fête le 1er août.
Sainte Almeda, Galloise du VIe siècle, est décapitée par le soupirant qu'elle a éconduit.
Caractère : charme, émotivité, sens des responsabilités, réserve.
Diminutif : *Alma.*

Almira

Origine arabe, signifie « précieuse ».
Chiffre 9 - couleur verte.
Caractère : spiritualité, étude, réflexion, rigueur.

Aloyse

Une des formes médiévales de Louise, dérivé d'Éloïse.
Origine germanique, signifie « glorieux vainqueur ».
Chiffre 5 - couleur bleue.
Fête le 15 mars.
Sainte Louise de Marillac est la fondatrice, avec saint Vincent de Paul, de l'ordre des Filles de la charité au XVIIe siècle.
Caractère : sensibilité, calme, imagination, rêverie.
Autre orthographe : *Aloïse.*

Alphonsine

Ce féminin d'Alphonse paraît de nos jours bien désuet.
Origine germanique, signifie « très vive ».
Chiffre 5 - couleur violette.
Fête le 1er août.
Saint Alphonse-Marie de Liguori, Napolitain du XVIIIe siècle, devient docteur en droit à 16 ans ; ordonné prêtre, il évangélise les campagnes et entreprend des études de théologie ; il fonde la congrégation du Très-Saint-Rédempteur et rédige un traité de théologie morale ; il est nommé docteur de l'Église.
Caractère : charisme, persuasion, charme, éloquence.
Italien : *Alfonsa.*

Alwena

Forme dérivée de Gwenn.
Origine celte, signifie « blanche ».
Chiffre 2 - couleur bleue.
Fête le 28 janvier.
Sainte Gwenn, mère de famille nombreuse très pieuse, en Armorique au VIe siècle, est sa patronne.
Caractère : tradition, douceur, sensibilité, travail.

Alya

Ce prénom qui est une forme diminutive d'Alexia, elle-même dérivée d'Alexandre apparaît à l'état civil depuis 2000.
Origine grecque, signifie « qui repousse l'ennemi ».
Chiffre 3 - couleur orange.
Fête le 20 mars.
Sainte Alexandra est sa patronne.
Caractère : activité, perfectionnisme, communication, créativité.

Amabilis

Ce prénom rare est un dérivé d'Aimée.
Origine latine, signifie « aimée ».

Chiffre 1 - couleur verte.
Fête le 20 février.
Sainte Aimée, jeune Italienne d'Assise au XIIIe siècle, nièce de sainte Claire, fondatrice de l'ordre des clarisses, renonce à la vie mondaine sur le conseil de sa tante et se consacre à la prière.
Caractère : affectivité, charisme, discrétion, exigence.
Autre orthographe : Amabyllis.

Amanda

Ce prénom est une forme féminine d'Amand, courante dans les pays anglo-saxons et latins.
Origine latine, signifie « amoureuse ».
Chiffre 7 - couleur orange.
Fête le 9 juillet.
Sainte Amandine, franciscaine d'origine belge, missionnaire en Chine au début du XXe siècle, est massacrée par les Boxers.
Caractère : réflexion, curiosité, étude, fantaisie.

Amandine

Autre version féminine d'Amand, Amandine connaît un succès continu depuis les années 1980.
Origine latine, signifie « amoureuse ».
Chiffre 7 - couleur orange.
Fête le 9 juillet.
Sainte Amandine, franciscaine d'origine belge, missionnaire en Chine au début du XXe siècle, est massacrée par les Boxers.
Caractère : sens de l'analyse, intuition, exigence, réflexion.
Anglo-saxon : Amanda.

Amaryllis

Malgré la vogue des prénoms écologiques, Amaryllis est loin de rejoindre Capucine ou Marguerite.
Origine grecque, nom d'une plante bulbeuse vivace odorante appelée aussi lys Saint-Jacques.
Chiffre 2 - couleur rouge.
Fête le 5 octobre.
Sainte Fleur, religieuse au service des malades, dans le Quercy au XIVe siècle, est la patronne d'Amaryllis.
Caractère : franchise, dynamisme, autorité, sociabilité.

Ambre

Deux étymologies possibles pour ce prénom : grecque, si on le considère comme une forme féminine d'« ambroise », ou arabe, si on pense qu'il vient de l'ambre gris.
Chiffre 9 - couleur jaune.
Fête le 7 décembre.
Saint Ambroise, théologien et évêque de Milan au IVe siècle, est son patron.
Caractère : vivacité, éloquence, charme, imagination.
Variante : Ambrine.
Anglo-saxon : Amber.

Amélie

L'origine d'Amélie est incertaine ; on peut penser qu'elle est une forme féminine d'Émile, qui, en latin, signifie « émule », ou qu'elle est issue d'un mot germanique qui se traduit par « puissant ».
Chiffre 9 - couleur violette.
Fête le 19 septembre.
Sainte Amélie, chrétienne à Lyon au IIe siècle, dénoncée par des païens, subit le supplice avec sainte Blandine et saint Pothin.
Caractère : discrétion, gentillesse, sociabilité, élitisme.
Anglo-saxon : Melly. Basque : Ameli, Amelia, Amelina. Espagnol : Amalia. Grec : Melina. Italien : Amelia, Melia. Occitan : Amelha. Provençal : Amèli, Amèlio.

Amicie

Ce prénom ancien, dérivé d'Aimée, apparaît à l'état civil depuis ce début de siècle.

Origine latine, signifie « aimée ».
Chiffre 4 - couleur verte.
Fête le 20 février.
Sainte Aimée, jeune fille mondaine d'Assise au XIIIe siècle, renonce à sa vie frivole à la suite d'une visite à sa tante, sainte Claire, fondatrice de l'ordre des clarisses, et se consacre à l'ascèse et à la prière.
Caractère : affectivité, harmonie, sensibilité, sociabilité.

Amy

Forme anglo-saxonne d'Aimée, elle est très en vogue en Grande-Bretagne.
Origine latine, signifie « aimée ».
Chiffre 3 - couleur rouge.
Fête le 20 février.
Sainte Aimée, jeune fille frivole d'Assise au XIIIe siècle entre dans les ordres sur le conseil de sa tante sainte Claire.
Caractère : réserve, prudence, travail, activité.

Anaëlle

Ce prénom est une variante bretonne d'Anne.
Origine hébraïque, signifie « grâce ».
Chiffre 5 - couleur bleue.
Fête le 26 juillet.
Sainte Anne, épouse de saint Joachim, se désespère de sa stérilité et multiplie jeûnes et prières. A plus de 40 ans, elle met au monde Marie, qui deviendra la mère du Christ.
Caractère : curiosité, indépendance, charme, vivacité.

Anaïs

Cette forme méridionale d'Anne a connu un grand succès à la fin du XXe siècle.
Origine hébraïque, signifie « grâce ».
Chiffre 8 - couleur bleue.
Fête le 26 juillet.
Sainte Anne est la mère de la Vierge Marie.
Caractère : énergie, sens des responsabilités, charme, franchise.

Anastasie

Ce prénom est le féminin d'Anastase. Il est rare en Europe, répandu dans les pays slaves.
Origine grecque, signifie « résurrection ».
Chiffre 4 - couleur verte.
Fête le 14 août.
Sainte Anastasie, fille d'un sénateur romain, au IIIe siècle, se convertit et prêche le baptême. Elle est condamnée au martyre.
Caractère : volonté, franchise, énergie, travail.
Variante : Anastasiane.
Slave : Anastasia, Nastasia.

Anceline

Ce prénom est une forme dérivée d'Anselme et le féminin d'Ancelin.
Origine germanique, signifie « protégée du dieu Ans ».
Chiffre 9 - couleur bleue.
Fête le 21 avril.
Saint Anselme, italien, est ordonné prêtre en France au XIIe siècle, puis est nommé archevêque de Cantorbéry pour son charisme et sa bonté. Il est proclamé docteur de l'Église.
Caractère : travail, volonté, opiniâtreté, rigueur.

Andréa

Ce prénom, en Italie, est masculin.
En France, il est davantage attribué aux filles.
Origine grecque, signifie « homme ».
Chiffre 7 - couleur rouge.
Fête le 9 juillet.
Sainte Andrée, religieuse en Provence pendant la Révolution, est arrêtée et guillotinée.
Caractère : sensibilité, altruisme, intuition, sociabilité.

Andrée

Paradoxal, ce prénom, forme féminine d'André, signifie « homme ».
Origine grecque.
Chiffre 2 - couleur rouge.
Fête le 9 juillet.

Sainte Andrée, religieuse en Provence sous la Révolution , refuse de renier sa foi ; elle est arrêtée et guillotinée.
Caractère : sensibilité, altruisme, intuition, sociabilité.
Basque : Anderazo, Anderazu, Andereko, Anderezu, Andreba.
Breton : Andreva.

Anémone

Ce prénom floral n'a pas encore atteint le succès de Capucine.
Origine grecque, du nom de la fleur.
Chiffre 9 - couleur rouge.
Fête le 5 octobre.
Sainte Fleur est sa patronne ; religieuse dans le Quercy au XIVe siècle, elle contracte la peste en soignant les malades et en meurt.
Caractère : détermination, passion, fierté, goût du pouvoir.

Angèle

Ce prénom, forme féminine d'Ange, est resté discret en Europe ; il est plus courant aux États-Unis.
Origine grecque, signifie « messagère ».
Chiffre 8 - couleur violette.
Fête le 27 janvier.
Sainte Angèle Merici entre en religion à 15 ans à Brescia et fonde, en 1529, l'ordre des ursulines, sous la protection de sainte Ursule, destiné à l'éducation des jeunes filles. Elle en devient la première abbesse.
Caractère : ambition, courage, générosité, franchise.
Variantes : Angélique, Angéline.
Anglo-saxon : Angela, Angie. *Breton : Aela, Aelia, Aelle.* Espagnol et italien : *Angela.*
Normand : Aungele.

Angélique

Ce prénom est une autre forme féminine d'Ange, qui fut en vogue au XVIIe et au XVIIIe siècle.
Origine grecque, signifie « messagère ».
Chiffre 1 - couleur verte.
Fête le 17 juillet.
Sainte Angélique Rousset est l'une des seize carmélites du couvent de Compiègne condamnées à mort en 1794 par la Terreur.
Caractère : vivacité, charme, impatience, intrépidité.
Espagnol et italien : Angelica.

Anissa

Orgine arabe, signifie « gentille ».
Chiffre 9 - couleur rouge.
Caractère : réflexion, discrétion, étude, sens de l'analyse.

Anita

Ce prénom est une forme espagnole d'Anne.
Origine hébraïque, signifie « grâce ».
Chiffre 9 - couleur bleue.
Fête le 26 juillet.
Sainte Anne, épouse de saint Joachim, se désespère de sa stérilité et multiplie jeûnes et prières. À plus de 40 ans, elle met au monde Marie, qui deviendra la mère du Christ.
Caractère : émotivité, courage, altruisme, prudence.

Annabelle

Ce prénom est une heureuse conjugaison d'Anne et d'Isabelle.
Origine hébraïque, signifie « grâce » et « Dieu est plénitude ».
Chiffre 3 - couleur verte.
Fête le 26 juillet ou le 17 novembre.
Sainte Anne est la mère de la Vierge Marie, sainte Élisabeth est sa cousine, la mère de saint Jean le Baptiste.
Caractère : charme, éloquence, fantaisie, communication.
Italien : Annabella.

Anne

Classique intemporel, Anne ne se démode jamais et se combine avec bonheur avec d'autres prénoms.
Origine hébraïque, signifie « grâce ».
Chiffre 7 - couleur bleue.
Fête le 26 juillet.
Sainte Anne, épouse de saint Joachim, se désespère de sa stérilité et multiplie jeûnes et prières. À plus de 40 ans, elle met au monde Marie, qui deviendra la mère du Christ.
Caractère : fierté, élégance, intuition, élitisme.
Diminutifs : Annette, Nana, Nanette, Nina, Nine, Ninette.
Variantes : Anna, Annie, Annick.
Anglo-saxon : Ann, Nancy.
Basque : Anaïk, Anaïtz, Anatxo, Aniko, Anisi, Anitza, Anitzi, Anixe. Breton : Annaïg, Annaïk, Annick, Anouck. Espagnol : Anita. Germanique : Annchen. Hollandais : Anke. Polynésien : Ana. Provençal : Anaïs, Anneto, Ano.

Annick

Cette forme bretonne d'Anne a connu un franc succès dans les années 1950.
Origine hébraïque, signifie « grâce ».
Chiffre 7 - couleur rouge.
Fête le 26 juillet.
Sainte Anne, mère de Marie, est sa patronne.
Caractère : exigence, rigueur, élitisme, réserve.
Variantes : Annaïc, Annaïg.

Annie

Ce diminutif d'Anne a été en vogue dans les années 1950, dans le sillage d'Annick.
Origine hébraïque, signifie « grâce ».
Chiffre 7 - couleur rouge.
Fête le 26 juillet.
Sainte Anne, mère de Marie, est sa patronne.
Caractère : réserve, courage, activité, réflexion.

Anoria

Cette variante corse d'Honorine apparaît timidement, suivant sa forme bretonne Enora.
Origine latine, signifie « honneur »
Chiffre 4 - couleur verte.
Fête le 11 janv
Sainte Anoria fut religieuse en Lombardie au VIe siècle .
Caractère : stabilité, rigueur, sens du devoir, travail.

Anouck

Cette forme bretonne d'Anne a connu une vague de succès dans les années 1950.
Origine hébraïque, signifie « grâce ».
Chiffre 2 - couleur bleue.
Fête le 26 juillet.
Sainte Anne, épouse de saint Joachim, se désespère de sa stérilité et multiplie jeûnes et prières. À plus de 40 ans, elle met au monde Marie, qui deviendra la mère du Christ.
Caractère : activité, indépendance, charisme, perfectionnisme.

Ansgarde

Ce prénom médiéval fut porté par la première femme de Louis II, au IXe siècle.
Origine germanique, signifie « demeure de Ans », divinité nordique.
Chiffre 6 - couleur violette.
Caractère : affectivité, sens des responsabilités, harmonie, générosité.

Anthéa

Ce prénom n'est plus attribué depuis l'Antiquité.
Origine grecque, signifie « de la beauté d'une fleur ».
Chiffre 4 - couleur rouge.
Fête le 5 juin.
Sainte Fleur, religieuse dans le Quercy au XIIe siècle, est sa patronne.

Caractère : harmonie, droiture, rigueur, charisme.
Espagnol : Antia. *Italien :* Antea.

Antoinette

Féminin d'Antoine, ce prénom se fait rare après avoir remporté un discret succès entre le XVIIe et le XIXe siècle.
Origine latine, signifie « inestimable ».
Chiffre 6 - couleur bleue.
Fête le 27 octobre.
Sainte Antoinette, prieure d'un couvent de dominicaines en Italie au XVe siècle, est un modèle de piété et de rigueur pour les moniales.
Caractère : sensibilité, harmonie, loyauté, générosité.
Diminutifs : Toinette, Toinon.
Basque : Antonia.
Gascon : Titoana.
Italien : Antonella, Antonietta.

Antonine

Ce prénom est l'une des formes féminines d'Antonin.
Origine latine, signifie « inestimable ».
Chiffre 2 - couleur jaune.
Fête le 5 mai.
Saint Antonin, dominicain italien, est archevêque de Florence au XVe siècle ; il passa commande à Fra Angelico de fresques et de peintures pour le couvent Saint-Marc.
Caractère : sensibilité, calme, réserve, fierté.
Variante : Antonie.
Espagnol et italien : Antonia, Antonina.

Aodrenn

Ce prénom est une forme bretonne d'Aude.
Origine germanique, signifie « ancienne ».
Chiffre 8 - couleur jaune.
Fête le 18 novembre.
Sainte Aude, religieuse à Paris au Ve siècle, secourt les pauvres et prêche l'Évangile en compagnie de sainte Geneviève.
Caractère : calme, sensibilité, stabilité, fiabilité.
Variantes : Aoda, Aodez, Aodrena.

Aouregan

Origine celte, signifie « de haute naissance ».
Chiffre 1 - couleur jaune.
Fête le 15 janvier.
Caractère : ténacité, autorité, travail, ambition.
Variante : Aourgen.

Apolline

Ce féminin d'Apollinaire est un des prénoms vedettes de ce début de XXIe siècle.
Origine grecque, signifie « relative à Apollon ».
Chiffre 3 - couleur bleue.
Fête le 9 février.
Sainte Apolline, religieuse à Alexandrie en Égypte au IIIe siècle, est condamnée au supplice pour avoir refusé de renier sa foi.
Caractère : réserve, prudence, intelligence, curiosité.

Arcadie

Ce prénom mixte désigne une région du Péloponnèse, réputée idyllique dans la poésie grecque.
Origine grecque, signifie « originaire d'Arcadie »
Chiffre 5 - couleur rouge.
Fête le 12 janvier
Saint Arcade est un martyr chrétien du IVe siècle.
Caractère : indépendance, activité, adaptabilité, curiosité.
Autre orthographe : Arcady *(davantage masculin).*

Ariane

Ce distingué prénom d'une déesse de la mythologie grecque a toujours été discret.
Origine grecque, signifie « relative à Ariane ».
Chiffre 3 - couleur bleue.

Fête le 18 septembre.
Sainte Ariane, esclave en Asie Mineure au IIIe siècle, se fait baptiser, mais, dénoncée peu après, elle est traduite devant le juge et condamnée à mort. Son arrestation soulève une émeute, et elle échappe à sa peine.
Caractère : charme, communication, indépendance, fantaisie.
Autre orthographe : Arianne.
Espagnol et italien : Ariana.
Germanique : Ariadne.

Le fil d'Ariane

Dans la mythologie grecque, Ariane est la fille de Minos, roi de Crète. Elle tombe amoureuse de Thésée, héros venu combattre le Minotaure, monstre terrifiant mi-homme mi-taureau enfermé dans un labyrinthe. Ariane lui remet une épée et une pelote de fil pour qu'il ne se perde pas.

Aricie

Ce prénom est la forme féminine d'Aristide.
Origine grecque, signifie « le meilleur fils ».
Chiffre 9 - couleur jaune.
Fête le 31 août.
Saint Aristide, professeur de philosophie à Athènes au IIe siècle, se fait baptiser et rédige une apologie destinée à instruire des bienfaits du christianisme l'empereur Hadrien, qui persécute les chrétiens à Rome.
Caractère : charme, affectivité, intuition, éloquence.

Arielle

Ce féminin d'Ariel n'est pas courant.
Origine hébraïque, signifie « vaillante ».
Chiffre 8 - couleur verte.
Fête le 29 septembre.
Saint Gabriel, abbé du monastère Saint-Étienne à Jérusalem au Ve siècle, est son patron.
Caractère : énergie, persuasion, autorité, curiosité.

Arlette

Ce prénom en vogue au Moyen Âge a été complètement supplanté par Charlotte, qui a la même étymologie.
Origine germanique, signifie « virile ».
Chiffre 9 - couleur rouge.
Fête le 17 juillet.
Sainte Charlotte, doyenne des carmélites de Compiègne sous la Révolution, condamnée à l'échafaud avec ses compagnes, est sa patronne.
Caractère : sensibilité, travail, rêverie, réserve.
Anglo-saxon : Arleen.
Italien : Arlita.

Armance

Ce prénom est l'une des formes féminines d'Armand.
Origine germanique, signifie « homme fort ».
Chiffre 1 - couleur jaune.
Fête le 23 décembre.
Saint Armand, prêtre bavarois au XIIe siècle, devient évêque de Brixen, en Vénétie.
Caractère : indépendance, volonté, ambition, charisme.

Armande

Ce prénom a été, comme son masculin Armand, l'un des prénoms phares du XVIIe siècle.
Origine germanique, signifie « homme fort ».
Chiffre 2 - couleur jaune.
Fête le 23 décembre.
Saint Armand, Bavarois, devint prêtre puis évêque de Brixen, en Vénétie, au XIIe siècle.
Caractère : indépendance, sensibilité, exigence, fiabilité.
Italien : Armanda.
Portugais : Arminda.

Armelle

Ce prénom breton est un grand classique indémodable.

Origine celtique, signifie « prince » et « ours ».
Chiffre 3 - couleur orange.
Fête le 16 août.
Saint Armel, ermite au pays de Galles au VIe siècle, fonde deux monastères en Armorique.
Caractère : calme, dynamisme, curiosité, séduction.
Variante : Hermeline.
Breton : Arzhela.

Arnegonde

Cette reine mérovingienne était la femme de Clotaire au VIe siècle.
Origine germanique, signifie « combat de l'aigle ».
Chiffre 2 - couleur rouge.
Caractère : diplomatie, sociabilité, adaptabilité, charisme.

Arsinoë

Ce prénom est la forme féminine d'Arsène. Il fut porté par plusieurs princesses égyptiennes au IVe siècle avant J.-C.
Origine grecque, signifie « virile ».
Chiffre 9 - couleur jaune.
Fête le 19 juillet.
Saint Arsène, secrétaire du pape au IVe siècle, devient le précepteur des enfants de l'empereur d'Orient, Théodose. Bien qu'apprécié et comblé d'honneurs, il se retire dans le désert en Égypte, et meurt deux ans plus tard.
Caractère : élégance, charme, autorité, travail.

Artémis

Ce prénom mythologique qui fait référence à la déesse grecque de la Nature sauvage et de la Chasse fut en vogue au XVIIe siècle.
Origine grecque, signifie « relative à Artémis ».
Chiffre 4 - couleur violette.
Caractère : vivacité, curiosité, séduction, affectivité.
Espagnol : Artemisa.

Aselle

Est-ce l'étymologie peu flatteuse de ce prénom qui lui a interdit le succès ?
Origine latine, signifie « petite ânesse ».
Chiffre 9 - couleur verte.
Fête le 6 décembre.
Sainte Aselle a passé sa vie à prier dans une cellule, à Rome, au IVe siècle.
Caractère : générosité, altruisme, discrétion, étude.

Ashley

Ce prénom celte inconnu en France jusqu'aux années 1990 commence à être attribué aussi bien aux filles qu'aux garçons.
Origine celte, signifie « bois de frêne ».
Chiffre 7 - couleur verte.
Fête le 4 mai.
En l'absence d'une sainte Ashley, sainte Sylvie, noble romaine du VIe siècle et mère du pape Grégoire le Grand, peut être par association d'idées (« femme de la forêt ») la patronne d'Ashley.
Caractère : stabilité, charme, prudence, opportunisme.

Aspasie

Ce prénom est une forme féminine d'Anastase. Il fut illustré entre autres par une femme célèbre pour sa beauté et son intelligence qui fut la conseillère de Périclès au Ve siècle avant J.-C.
Origine grecque, signifie « résurrection ».
Chiffre 7 - couleur verte.
Fête le 14 août.
Sainte Anastasie, fille d'un sénateur romain, au IIIe siècle, se convertit et prêche le baptême. Elle est condamnée au martyre.
Caractère : volonté, franchise, énergie, travail.

Assunta

Forme italienne d'Assomption.
Origine latine, signifie « qui prend ».

A

Chiffre 5 - couleur jaune.
Caractère : curiosité, dynamisme, activité, indépendance.
Espagnol : Asunción.

Assya

Ce prénom aurait été porté par l'épouse de Pharaon, femme exemplaire que l'islam vénère comme une sainte. Il est très en vogue aujourd'hui.
Origine arabe, signifie « l'Orientale ».
Chiffre 2 - couleur verte.
Caractère : adaptabilité, diplomatie, émotivité, sociabilité.

Astrée

Ce prénom mythologique évoque Astraïa, une fille de Zeus.
Origine grecque, signifie « astre ».
Chiffre 5 - couleur bleue.
Fête le 27 novembre.
Par analogie étymologique, on peut considérer que sainte Estelle (qui signifie « étoile »), jeune chrétienne décapitée par son père païen à Rome au IIIe siècle, est sa patronne.
Caractère : habilité, émotivité, curiosité, adaptabilité.

Astrid

Dans la gamme des prénoms scandinaves, Astrid est en tête.
Origine germanique, signifie « fidèle aux dieux ».
Chiffre 8 - couleur bleue.
Fête le 27 novembre.
Sainte Astrid, reine de Norvège au Xe siècle, et mère d'Olaf II, consacra sa vie à secourir des indigents.
Caractère : énergie, courage, autorité, travail.

Athalie

Ce prénom biblique est chargé d'histoire : il fut porté par une reine de Juda, au IXe siècle avant J.-C. et il est le nom d'une tragédie de Racine composée au XVIIe siècle pour les jeunes filles de Saint-Cyr.
Origine hébraïque, signifie « Dieu est glorifié ».
Chiffre 2 - couleur verte.
Fête le 5 décembre.
Sainte Attalia est la patronne d'Athalie. Nièce de sainte Odile, en Alsace au VIIIe siècle, elle refuse de se marier et demande à son père de lui faire construire un monastère, dont elle devient la première abbesse.
Caractère : ambition, opportunisme, indépendance, adaptabilité.
Italien : Athalia.

Athénaïs

Ce prénom inspiré de la mythologie grecque a été en vogue au XVIIe siècle, à la cour de Louis XIV. La marquise de Montespan, favorite du roi, l'a particulièrement bien illustré.
Origine grecque, du nom de la déesse Athéna.
Chiffre 5 - couleur verte.
Fête le 3 mars.
Sainte Athénaïs, jeune beauté de Constantinople au VIe siècle, repousse ses soupirants et prend le voile dans un monastère.
Caractère : charme, détermination, écoute, éloquence.
Variante : Arthellaïs.

Atlantide

Ce prénom évoque une île de légende qui aurait été engloutie par les flots lors d'un séisme, selon Platon.
Chiffre 5 - couleur rouge.
Caractère : activité, vivacité, sensibilité, sociabilité.

Attalia

Ce prénom est plus connu sous sa forme dérivée Athalie.
Origine hébraïque, signifie « Dieu est glorifié ».

Chiffre 1 - couleur verte.
Fête le 5 décembre.
Sainte Attalia, fille du duc d'Alsace au VIIIe siècle, refuse de se marier et demande à son père de lui faire construire un monastère, dont elle devient la première abbesse.
Caractère : ambition, énergie, indépendance, volonté.
Variante : Athalie.

Aude

Ce prénom médiéval, après avoir disparu pendant plusieurs siècles, a connu un grand succès dans les années 1980.
Origine germanique, signifie « ancienne ».
Chiffre 4 - couleur jaune.
Fête le 18 novembre.
Sainte Aude, religieuse à Paris au Ve siècle, secourt les pauvres et prêche l'Évangile en compagnie de sainte Geneviève.
Caractère : calme, sensibilité, stabilité, fiabilité.
Breton : Aoda, Aodez, Aodrenn, Aodrena.
Italien : Alda.

Audrey

Forme moderne d'Ethelred, Audrey a connu le succès dans les années 1980.
Origine germanique, signifie « noble gloire ».
Chiffre 2 - couleur rouge.
Fête le 23 juin.
Sainte Ethelred, Anglaise du VIIe siècle, a fait vœu de chasteté, mais elle est mariée de force par son père à un homme âgé qui meurt rapidement ; elle est aussitôt remariée à un homme de son âge. Elle s'enfuit du domicile conjugal et se réfugie au monastère d'Ely, dont elle devient abbesse.
Caractère : calme, charme, détermination, étude.
Variantes : Audraine, Audrenn.

Augusta

Ce prénom est l'une des formes féminines d'Auguste.
Origine latine, signifie « vénérable ».
Chiffre 4 - couleur verte.
Fête le 27 mars.
Sainte Augusta demande le baptême contre l'avis de son père, à Rome au Ve siècle ; il la fait décapiter.
Caractère : indépendance, courage, activité, volonté.

Augustine

Cette version féminine d'Augustin a connu son apogée au début du XXe siècle.
Origine latine, signifie « vénérable ».
Chiffre 9 - couleur rouge.
Fête le 28 août.
Saint Augustin, né en Tunisie au IVe siècle, fait de brillantes études de philosophie. Il se convertit au catholicisme et prend l'habit. Nommé évêque d'Hippone pour son grand talent d'orateur, il lutte, en Afrique du Nord, contre les hérétiques, et rédige deux ouvrages majeurs, les Confessions, *et la* Cité de Dieu. *Il est nommé docteur de l'Église.*
Caractère : charme, émotivité, prudence, affectivité.
Basque : Agustina, Aguxtina, Angostina.
Italien : Augustina, Agosta, Agostina.

Aura

Ce prénom est la forme primitive d'Aurélie et d'Auriane.
Origine latine, signifie « en or ».
Chiffre 5 - couleur rouge.
Fête le 19 juillet.
Sainte Aura, moniale espagnole, est arrêtée à Cordoue au IXe siècle ; sommée d'abjurer, elle refuse, et est condamnée à mort avec les autres religieuses de sa congrégation.
Caractère : passion, émotivité, persévérance, exigence.
Variantes : Aurélie, Auriane, Orane, Oriane, Orianne.
Breton : Aureguenn.
Italien : Ornelia, Ornella.

Aurélie

Ce prénom est une forme moderne d'Aura, qui a connu son apogée dans les années 1980.
Origine latine, signifie « en or ».
Chiffre 8 - couleur rouge.
Fête le 15 octobre.
Sainte Aurélie fut, à Cologne, au IIIe siècle, une compagne de sainte Ursule.
Caractère : charme, combativité, volonté, ambition.
Autre orthographe : Orélie.
Variantes : Aurélia, Auréliane.
Breton : Aourell.

Auriane

Ce prénom est une forme dérivée d'Aura, qui est ajourd'hui préféré à Aurélie.
Origine latine, signifie « en or ».
Chiffre 6 - couleur verte.
Fête le 19 juillet.
Sainte Aura, religieuse à Cordoue en Espagne au IXe siècle, est arrêtée par les musulmans. Elle refuse d'abjurer et subit le martyre avec les moniales de sa congrégation.
Caractère : sensibilité, affectivité, sens des responsabilités, harmonie.
Variantes : Oriane, Orianne. *Italien :* Oriana.

Aurore

Ce prénom lumineux a toujours été discret.
Origine latine, signifie « aurore ».
Chiffre 6 - couleur orange.
Fête le 19 juillet.
Sainte Aura est sa patronne.
Caractère : charme, affectivité, prudence, calme.
Anglo-américain : Dawn. *Arabe :* Sahar.
Basque : Izora. *Italien :* Aurora.

Austen

Ce diminutif d'Augustin est très en vogue aux États-Unis, où il est devenu un prénom mixte.
Origine latine, signifie « vénérable ».
Chiffre 8 - couleur verte.
Fête le 28 août.
Saint Augustin, né en Tunisie au IVe siècle, fait de brillantes études de philosophie. Il se convertit au catholicisme et prend l'habit. Nommé évêque d'Hippone pour son grand talent d'orateur, il lutte, en Afrique du Nord, contre les hérétiques, et rédige deux ouvrages majeurs, les Confessions, *et la* Cité de Dieu. *Il est nommé docteur de l'Église.*
Caractère : équilibre, ambition, charisme, sens de la justice.

Auxane

Ce prénom mixte très ancien réapparaît timidement.
Origine grecque, signifie « hospitalier »
Chiffre 3 - couleur jaune.
Fête le 3 septembre.
Saint Auxane, évêque de Milan au VIe siècle, fut un homme bon et charitable.
Caractère : communication, harmonie, créativité, générosité.
Variante : Euxane.

Ava

Ce prénom est la forme originelle d'Ève.
Origine hébraïque, signifie « vivante ».
Chiffre 6 - couleur bleue.
Fête le 29 avril.
Sainte Ava est une jeune aveugle, en Artois au IXe siècle ; elle prie chaque jour pour recouvrer la vue. Lorsque Dieu l'exauce, elle décide de prendre le voile pour lui consacrer sa vie.
Caractère : affectivité, réserve, prudence, esthétisme.
Autre orthographe : Hava.
Variantes : Aviva, Ève.

Avela

Cette forme bretonne féminine d'Abel est peu répandue.
Origine hébraïque, forme bretonne d'Abel, qui signifie « ce qui passe ».

Chiffre 5 - couleur verte.
Fête le 5 août.
Saint Abel fut évêque de Reims au VIIIe siècle.
Caractère : énergie, travail, discrétion, intuition.

Avelaine

Ce prénom rare est une autre forme bretonne d'Abel.
Origine hébraïque, signifie « ce qui passe ».
Chiffre 6 - couleur bleue.
Fête le 5 août.
Saint Abel, évêque de Reims au VIIIe siècle, est son patron.
Caractère : activité, rigueur, détermination, courage.
Variante : Aveline.

Axelle

Ce féminin d'Axel est une forme dérivée d'Absalom.
Origine hébraïque, signifie « père de la paix ».
Chiffre 5 - couleur jaune.
Fête le 21 mars.
Saint Axel fut achevêque de Lund au IIIe siècle.
Caractère : enthousiasme, curiosité, émotivité, charisme.

Ayla

Ce prénom est celui d'une héroïne de la littérature américaine, femme de la préhistoire imaginée par Jean M. Auel. Il est aujourd'hui répandu aux États-Unis.
Origine hébraïque, signifie « chêne ».
Chiffre 3 - couleur verte.
Caractère : créativité, communication, générosité, vivacité.

Aymone

Ce prénom est une forme occitane de Raymonde.
Origine germanique, signifie « conseil » et « monde ».
Chiffre 1 - couleur bleue.
Fête le 7 janvier.
Saint Raymond, maître des dominicains et conseiller du pape au XIIIe siècle, rédigea plusieurs ouvrages de théologie et fonda un ordre religieux pour le rachat des chrétiens captifs aux musulmans.
Caractère : sociabilité, réserve, sensibilité, curiosité.

Azilis

Ce prénom est la forme bretonne de Cécile.
Origine latine, signifie « aveugle ».
Chiffre 1 - couleur bleue.
Fête le 22 novembre.
Sainte Cécile, Romaine chrétienne au IIe siècle, est mariée par ses parents à un païen, Valérien, qu'elle parvient à convertir. Tous deux sont dénoncés et condamnés au martyre.
Caractère : indépendance, exigence, autorité, goût du pouvoir.

Aziza

Origine arabe, signifie « aimée ».
Chiffre 9 - couleur jaune.
Caractère : spiritualité, altruisme, rêverie, étude.

B

Balbine

Ce prénom de l'Antiquité a presque disparu de l'état civil.
Origine latine, signifie « bègue ».
Chiffre 9 - couleur bleue.
Fête le 31 mars.
Sainte Balbine, chrétienne à Rome au IIe siècle, est arrêtée avec son père, qui est décapité devant elle ; elle subit le même sort quelques jours plus tard.
Caractère : communication, originalité, adaptabilité, charisme.
Espagnol : Balbina.

Barbara

Ce prénom est une forme dérivée de Barbe, très en vogue aux États-Unis dans les années 1950.
Origine grecque, signifie « barbare ».
Chiffre 7 - couleur jaune.
Fête le 4 décembre.
Sainte Barbe, jeune fille noble en Turquie au IIIe siècle, a fait vœu de chasteté. Son père, un puissant seigneur païen, veut la marier pour servir ses intérêts. Elle refuse. Il menace de la pourfendre de son épée : elle s'enfuit et se cache ; un berger la dénonce. Son père lui fait connaître mille supplices pour la forcer à renier sa foi ; elle tient bon, il la décapite lui-même. La légende raconte qu'il fut aussitôt foudroyé.
Caractère : secret, curiosité, intimité, réserve.
Anglo-saxon : Babs, Barbara, Barbie.
Espagnol et italien : Barbara.
Germanique : Barbara, Barbel.
Russe : Varvara.

Barbe

Ce prénom eut quelques adeptes au XVIIIe siècle. Il a presque disparu depuis.
Origine grecque, signifie « barbare ».
Chiffre 1 - couleur jaune.
Fête le 4 décembre.
Sainte Barbe, fille d'un riche seigneur en Turquie au IIIe siècle, refuse de se marier car elle a fait vœu de chasteté. Son père la menace de son épée, tente de la brûler vive ; comme elle refuse de renoncer à son vœu, il la décapite. Il aurait été immédiatement foudroyé.
Caractère : énergie, autorité, réflexion, conscience professionnelle.

Barberine

Ce prénom est, avec Barbara, une des formes modernes de Barbe.
Origine grecque, signifie « barbare ».
Chiffre 2 - couleur violette.
Fête le 4 décembre.
Sainte Barbe est sa patronne.
Caractère : douceur, charme, affectivité, dévouement.

Bathilde

Ce prénom du haut Moyen Âge fut courant entre le Ve et le VIIIe siècle.
Origine germanique, signifie « audacieux combat ».
Chiffre 7 - couleur verte.
Fête le 30 janvier.
Sainte Bathilde, native d'une famille aristocratique anglo-saxonne au VIIe siècle, est enlevée par des pirates et vendue au maire du palais de Neustrie ; Clovis II la remarque et l'épouse, mais il meurt peu après. Elle est régente pendant la minorité de son fils, puis se retire au monastère de Chelles, près de Paris, qu'elle a fondé.
Caractère : élégance, sensibilité, réserve, courage.
Variantes : Balthilde, Bathille, Beaudour.

Baucis

Ce prénom romanesque est la forme féminine de Baud, prénom aujourd'hui complètement disparu. Il évoque l'héroïne de *Philémon et Baucis*, d'Ovide, qui illustre le couple idéal qui vit un parfait amour de l'adolescence à la vieillesse.
Origine latine, signifie « heureuse ».
Chiffre 1 - couleur jaune.

Fête le 7 novembre.
Saint Baud est évêque de Tours au VIe siècle.
Caractère : sensibilité, perfectionnisme, prudence, énergie.

Béatrice

Ce joli prénom, dérivé de Béat, évoque la jeune fille qui fut l'objet de la passion de Dante, écrivain florentin du XIIIe siècle, pour laquelle il composa des sonnets et des canzone.
Origine latine, signifie « heureuse ».
Chiffre 9 - couleur bleue.
Fête le 13 février.
Sainte Béatrice est la fondatrice de la chartreuse d'Eymeu, dans la Drôme.
Caractère : psychologie, intuition, observation, réserve.
Anglo-saxon : Beatrix, Battie, Trixie.
Breton : Beatris.
Espagnol : Beatriz.
Germanique : Beatrix, Betrix, Trixie.
Italien : Bea, Beatrice.

Beaudour

Ce prénom médiéval rare est une forme dérivée de Bathilde.
Origine germanique, signifie « audacieux combat ».
Chiffre 6 - couleur verte.
Fête le 30 janvier.
Sainte Bathilde, jeune noble anglo-saxonne au VIIe siècle, est enlevée puis vendue au maire du palais de Neustrie ; sa grande beauté attire Clovis II, qui l'épouse ; rapidement veuve, elle assure la régence pendant la minorité de son fils aîné, puis se retire dans un monastère.
Caractère : affectivité, sensibilité, équilibre, harmonie.

Bélinda

Ce prénom est une forme dérivée de Béline.
Origine germanique, du nom de Belinus, divinité d'Europe centrale.
Chiffre 6 - couleur verte.
Fête le 8 septembre.
Sainte Bénine, jeune vierge au VIIIe siècle, est décapitée par le seigneur qu'elle refuse d'épouser.
Caractère : volonté, exigence, perfectionnisme, émotivité.

Bella

Un diminutif d'Isabelle, prénom dérivé d'Élisabeth.
Origine hébraïque, signifie « Dieu est plénitude ».
Chiffre 6 - couleur orange.
Fête le 17 novembre.
Sainte Élisabeth est, dans la Bible, l'épouse de Zacharie et la cousine de Marie. Elle déplore sa stérilité et, lorsque la naissance prochaine d'un fils lui est annoncée malgré son grand âge, elle rend grâce à Dieu. Jean le Baptiste naît quelques mois plus tard.
Caractère : vivacité, autorité, ténacité, courage.

Bénédicte

Cette forme féminine de Benoît a connu son apogée dans les années 1970.
Origine latine, signifie « bénie ».
Chiffre 4 - couleur jaune.
Fête le 16 mars.
Sainte Bénédicte est moniale au couvent fondé par sainte Claire, à Assise au XIIIe siècle, et lui succède.
Caractère : sensibilité, discrétion, affectivité, générosité.
Variante : Benoîte.
Anglo-saxon : Benedict.
Basque : Benedita.
Germanique : Benedickt.
Italien : Benedetta.

Benjamine

Ce prénom, féminin de Benjamin, évoque le plus jeune fils de Jacob et de Rachel. Il n'est pas courant.

Origine hébraïque, signifie « fille de bon augure ».
Chiffre 5 - couleur verte.
Fête le 31 mars.
Saint Benjamin, diacre en Perse au Ve siècle, provoque de très nombreuses conversions chez les adorateurs du feu ; le roi le condamne à deux ans de prison, pensant que cette peine le dissuadera de poursuivre son œuvre de prédicateur. Mais, à sa libération, Benjamin part à travers le pays pour enseigner l'Évangile. À nouveau arrêté, il est condamné au supplice du pal.
Caractère : passion, ambition, vitalité, affectivité.
Italien : Beniamina.

Benoîte

Ce féminin de Benoît s'est raréfié pour laisser la place à Bénédicte.
Origine latine, signifie « bénie ».
Chiffre 7 - couleur jaune.
Fête le 11 juillet.
Saint Benoît de Nursie se retire dans la montagne, en Italie, au Ve siècle, pour prier. Il est nommé à la direction d'un monastère pour imposer la rigueur aux moines qui ont des mœurs très libres. Il fonde douze monastères, dont celui du Monte Cassino, et instaure la règle bénédictine basée sur la prière, le travail manuel et la lecture, et adoptée par la majorité des monastères européens.
Caractère : esprit d'analyse, intuition, réserve, affectivité.
Basque : Benate, Benita. Breton : *Benigez, Benniga.* Italien : *Benita, Benedetta.*

Bérangère

Ce prénom, forme féminine de Béranger, courant au Moyen Âge, est devenu rare.
Origine germanique, signifie « ours » et « lance ».
Chiffre 3 - couleur verte.
Fête le 26 mai.
Saint Béranger est moine près de Carcassonne au XIIe siècle.
Caractère : sociabilité, indépendance, curiosité, fantaisie.
Autre orthographe : Bérengère.
Basque : Balangera.

Bérénice

Ce prénom fut porté par plusieurs reines d'Égypte et par une princesse juive qui renonça à épouser l'empereur Titus pour ne pas déplaire au peuple. Bérénice est aussi l'héroïne d'une tragédie de Racine. Son étymologie est la même que celle de Véronique.
Origine grecque, signifie « porteuse de victoires ».
Chiffre 7 - couleur verte.
Fête le 4 octobre.
Sainte Bérénice est chrétienne à Antioche au début du IIIe siècle. Des soldats romains, envoyés par Dioclétien pour persécuter les chrétiens, menacent sa vertu : elle se jette dans le fleuve.
Caractère : prudence, réflexion, réserve, autorité.
Anglo-saxon : Bernice. Germanique : Berenike.

Bérétrude

Ce prénom du haut Moyen Âge fut porté par la deuxième femme de Clotaire II au VIe siècle.
Origine germanique, signifie « illustre combat ».
Chiffre 8 - couleur rouge.
Caractère : équilibre, réserve, sens de la justice, rigueur.

Bernadette

Ce féminin de Bernard a eu ses adeptes au début du XXe siècle.
Origine germanique, signifie « ours fort ».
Chiffre 4 - couleur bleue.
Fête le 18 février.
Sainte Bernadette Soubirous, née à Lourdes en 1844, a 14 ans lorsque la Vierge lui apparaît en lui demandant de prêcher paix, amour et pénitence.

Elle prend le voile à Nevers, tandis que Lourdes devient un lieu de pèlerinage.
Caractère : spontanéité, franchise, rigueur, exigence.
Variante : Bernardine.
Espagnol : Bernardita.
Germanique : Bernharda.
Italien : Bernardina.

Berthe

Grand classique du XIXe siècle, Berthe est un prénom médiéval.
Origine germanique, signifie « illustre ».
Chiffre 4 - couleur orange.
Fête le 4 juillet.
Sainte Berthe, veuve du comte Rigobert, au VIIIe siècle, se retire dans le monastère qu'elle a fondé sur ses terres et y mène une vie recluse, après avoir élevé ses cinq filles.
Caractère : prudence, éloquence, passion, exigence.
Variantes : Bertrade, Bertrude.
Anglo-saxon : Bertie.
Espagnol et italien : Berta.
Germanique : Bertha.

Bertille

Ce prénom est un des prénoms favoris en Scandinavie sous sa forme masculine.
Origine germanique, signifie « illustre et habile ».
Chiffre 3 - couleur verte.
Fête le 6 novembre.
Sainte Bertile devient très jeune la première abbesse du monastère de Chelles que la reine Bathilde fait bâtir, au VIIIe siècle.
Caractère : générosité, émotivité, goût du pouvoir, esprit critique.

Bertrade

Ce prénom est l'une des formes féminines de Bertrand, très fréquente au Moyen Âge. Il fut porté par la femme de Pépin le Bref, au VIIIe siècle, mère de Charlemagne, qu'un trouvère immortalisa sous le surnom de Berthe au grand pied.
Origine germanique, signifie « illustre corbeau ».
Chiffre 1 - couleur orange.
Fête le 6 septembre.
Saint Bertrand des Garrigues, Périgourdin disciple de saint Dominique au XIIIe siècle, consacra son immense fortune à la création de monastères à Paris, à Montpellier et à Avignon.
Caractère : activité, indépendance, goût du pouvoir, volonté.
Variantes : Bertrande, Bertrane.

Béryl

Ce prénom traditionnellement féminin devient mixte.
Origine latine, signifie « béryl », nom d'une famille de pierres précieuses, de différentes couleurs (vertes, ce sont des émeraudes ; bleues, ce sont des aigues-marines ; jaunes, ce sont des héliodores ; roses, ce sont des morganites).
Chiffre 8 - couleur jaune.
Fête le 29 juin.
Saint Pierre, apôtre du Chist, est le patron de Béryl.
Caractère : générosité, charme, curiosité, diplomatie.

Béthanie

Ce prénom évoque un village près de Jérusalem, où vécurent Marthe, Marie et Lazare. Il est en vogue aux États-Unis, sous l'orthographe Bethany.
Origine hébraïque, signifie « humble demeure ».
Chiffre 1 - couleur bleue.
Caractère : autorité, ambition, détermination, travail.

Bethsabée

Ce prénom évoque la belle maîtresse du roi David, qui envoya se faire tuer à la guerre le mari encombrant de sa bien-aimée, afin

de pouvoir l'épouser. Mère de Salomon, Bethsabée intrigua avec le prophète Nathan pour que son fils succède à David à la place de son fils aîné.
Origine hébraïque, signifie « fille du serment ».
Chiffre 4 - couleur rouge.
Caractère : prudence, exigence, réserve, émotivité.
Forme hébraïque : Bathsheva.
Espagnol : Betsabe.

Beverly

Ce prénom a longtemps été exclusivement masculin, pendant la première partie du XXe siècle dans les pays anglo-saxons. Il se féminise en arrivant en France.
Origine anglaise, signifie « la rivière aux castors ».
Chiffre 8 - couleur bleue.
Caractère : ambition, équilibre, sens de la justice, harmonie.

Bibiane

Ce prénom est la forme originelle de Viviane.
Origine latine, signifie « vivante ».
Chiffre 6 - couleur rouge.
Fête le 2 décembre.
Sainte Viviane, fille d'un préfet de Rome chrétien châtié pour sa croyance, refuse d'abjurer ; elle est martyrisée elle aussi.
Caractère : douceur, féminité, énergie, exigence.

Bienvenue

Féminin de Bienvenu, ce prénom n'est pas plus courant que lui.
Origine latine, signifie « bienvenue ».
Chiffre 7 - couleur orange.
Fête le 30 octobre.
Sainte Bienvenue, Italienne du XIIIe siècle, fait pénitence et s'astreint à de multiples jeûnes et privations, puis prend le voile chez les dominicaines avant de mourir à 38 ans.
Caractère : sociabilité, charisme, générosité, écoute.
Italien : Benvenuta.

Blanche

Ce prénom évoque la reine Blanche de Castille, mère de Saint Louis, régente à la mort de son mari Louis VIII et pendant la septième croisade.
Origine latine, signifie « blanche ».
Chiffre 9 - couleur blanche.
Fête le 3 octobre.
Sainte Blanche vit à Rome au IIIe siècle, avec son mari et sa fille Pauline. Chrétienne, elle est dénoncée, arrêtée et condamnée au martyre.
Caractère : curiosité, vivacité, franchise, émotivité.
Occitan : Blanca.
Breton : Gwenn.
Espagnol : Blanca.
Germanique : Blanka.
Italien : Bianca.

Blancheflor

Forme médiévale de Blanche, ce prénom est empreint d'esprit chevaleresque. Il évoque la mère de Tristan, héros d'une légende celte du XIIIe siècle.
Origine latine, signifie « fleur blanche ».
Chiffre 6 - couleur blanche.
Fête le 3 octobre.
Sainte Blanche, chrétienne à Rome au IIIe siècle, subit le martyre avec son mari et sa fille.
Caractère : douceur, affectivité, dévouement, stabilité.
Variante : Blanchefleur.

Blandine

Ce prénom doux fut illustré par l'une de nos saintes les plus populaires.
Origine latine, signifie « caressante ».
Chiffre 9 - couleur jaune.
Fête le 2 juin.

Sainte Blandine est esclave à Lyon, au IIe siècle ; elle fait partie de la petite communauté chrétienne qui se réunit clandestinement pour échapper aux persécutions. Tous les membres sont arrêtés, et conduits dans l'arène pour y être livrés aux fauves. Ses compagnons sont dévorés, mais les lions épargnent Blandine, qui est alors jetée à un taureau furieux, emballée dans un filet.
Caractère : réserve, prudence, réflexion, exigence.
Espagnol et germanique : Blanda.
Italien : Blandina.

Bleuzenn

Ce prénom breton a la même signification que Blancheflor.
Origine celte, signifie « fleur blanche ».
Chiffre 9 - couleur blanche.
Fête le 5 octobre.
Sainte Fleur, religieuse dans le Quercy au XIVe siècle, est sa patronne.
Caractère : générosité, charisme, fidélité, rêverie.
Variantes : Bleuvenn, Bleunienn, Blowenn.

Blichilde

Ce prénom fut porté par la femme de Childéric II au VIIe siècle.
Origine germanique, signifie « hardi combat ».
Chiffre 1 - couleur verte.
Caractère : autorité, goût du pouvoir, travail, rigueur.

Boéciane

Féminin moderne de Boèce, ce prénom évoque le poète latin qui traduisit en latin de nombreux philosophes grecs.
Origine latine, signifie « de Boétie ».
Chiffre 9 - couleur verte.
Fête le 23 octobre.
Saint Boèce, poète et philosophe au Ve siècle, appartient à une illustre famille romaine. L'empereur des Ostrogoths, Théodoric, le nomme consul, mais il le soupçonne de trahison et le fait arrêter et mettre à mort.
Caractère : générosité, charisme, rêverie, prudence.
Variante : Boécia.

Bonnie

Ce prénom n'est pas un diminutif, mais une forme écossaise du prénom français Bonne, assez fréquent au XVIIe siècle, tombé totalement dans l'oubli. En revanche, Bonnie se maintient aux États-Unis.
Origine latine, signifie « bonne ».
Chiffre 5 - couleur jaune.
Fête le 29 mai.
Sainte Bonne, ermite à Pise au XIIe siècle, accomplit, d'après la légende, de nombreux miracles.
Caractère : franchise, curiosité, passion, rapidité.

Brenda

L'étymologie de ce prénom est très discutée ; certains évoquent une origine scandinave, d'autres une origine écossaise ; les plus nombreux assurent que ce prénom est la forme féminine de Brendan. Quoi qu'il en soit, il est courant dans les pays anglo-saxons.
Origine celtique, signifie « corbeau ».
Chiffre 8 - couleur bleue.
Fête le 16 mai.
Saint Brendan, né en Irlande au Ve siècle, retourne au pays natal après avoir voyagé pendant cinq ans, d'Islande en Amérique, en passant par les Açores et les Canaries, et avoir fondé un monastère à Saint-Servan, en Bretagne.
Caractère : affectivité, calme, intuition, harmonie.

Brianna

Ce féminin de Brian ou Bryan est en vogue aux États-Unis depuis plusieurs années.
Origine celtique, signifie « importance ».
Chiffre 5 - couleur bleue.

Fête le 18 décembre.
Saint Briag, Irlandais, étudie au pays de Galles, au VIIe siècle, puis s'installe avec saint Tudwall en Armorique, où il fonde plusieurs monastères.
Caractère : individualisme, curiosité, adaptabilité, goût de l'aventure.

Brigitte

Ce prénom est en Irlande et en Suède un des symboles du catholicisme. Très en vogue dans les années 1950, il a presque disparu aujourd'hui.
Origine celtique, signifie « élevée ».
Chiffre 9 - couleur rouge.
Fête le 23 juillet.
Sainte Brigitte, jeune fille de la noblesse suédoise au XIVe siècle, épouse par amour à 14 ans un jeune prince suédois de 18 ans. Elle se consacre à l'éducation de ses huit enfants, puis, à la mort de son mari, se retire dans un couvent, où elle aurait entretenu avec le Christ des dialogues qu'elle consigna dans un recueil. Elle meurt d'épuisement à la suite d'un pèlerinage à Jérusalem.
Caractère : douceur, générosité, émotivité, sensibilité.
Anglo-saxon : Bridget.
Basque : Birkita, Brigita.
Breton : Berc'hed, Berhed.
Espagnol : Brigida.
Germanique : Birgid.
Italien : Birgitta, Brigida.
Occitan : Brilheta.
Provençal : Bregido, Bergido.
Scandinave : Bérit, Brigitta, Brita, Brite.

Brittany

Ce prénom, apprécié aux États-Unis depuis les années 1990, fait une apparition remarquée à l'état civil français.
Origine anglaise, signifie « originaire de (Grande-) Bretagne ».
Chiffre 1 - couleur rouge.
Caractère : ambition, volonté, énergie, indépendance.

Briwaëlle

Ce prénom est une forme dérivée de Briac.
Origine celtique, signifie « estime ».
Chiffre 5 - couleur verte.
Fête le 17 décembre.
Saint Briag, Irlandais, étudie au pays de Galles, au VIIe siècle, puis s'installe avec saint Tudwall en Armorique, où il fonde plusieurs monastères.
Caractère : adaptabilité, indépendance, charme, curiosité.

Brune

Qu'il soit le féminin de Bruno, ou le diminutif de Brunehild, l'étymologie de ce prénom est germanique.
Origine germanique, signifie « bouclier ».
Chiffre 6 - couleur bleue.
Fête le 6 octobre.
Saint Bruno est le fondateur de l'ordre des Chartreux, au XIe siècle.
Caractère : tradition, générosité, fidélité, sensibilité.

Brunehaut

Ce prénom médiéval fut illustré par la reine d'Austrasie, rivale de Frédégonde, avec laquelle elle engagea une lutte sans merci.
Origine germanique, signifie « bouclier de combat »
Chiffre 2 - couleur bleue.
Fête le 6 octobre.
Saint Bruno, fondateur de l'ordre des Chartreux au XIe siècle, est son patron.
Caractère : détermination, passion, énergie, travail.
Variante : Brunehilde.
Espagnol : Brunilda.

Caitlen

Cette forme irlandaise de Catherine est l'un des prénoms féminins favoris outre-Manche.
Origine grecque, signifie « pure ».
Chiffre 5 - couleur verte.
Fête le 25 novembre.
Sainte Catherine d'Alexandrie est une jeune patricienne chrétienne au IIIe siècle ; elle va reprocher à l'empereur Maxence les persécutions qu'il mène contre les croyants ; il la condamne au supplice.
Caractère : indépendance, passion, travail, sociabilité.

Calédonia

Ce prénom suit la vogue de Brittany dans les pays anglo-saxons.
Origine anglaise, signifie « originaire d'Écosse ».
Chiffre 1 - couleur verte.
Caractère : ambition, énergie, détermination, travail.

Les prénoms géographiques

La tendance, outre-Manche, est depuis peu aux prénoms géographiques. Il existait déjà Clyde, évocateur d'une rivière écossaise, et Kerry, du nom d'un comté en Irlande. Après Philadelphia et Brittany, voici Calédonia. Ce n'est pas une innovation : dans l'Antiquité, les prénoms Adrien, Boèce, Cyprien et, un peu plus tard, Franck soulignaient eux aussi l'origine de ceux qui les portaient. En France, les favoris sont Chine, Guyenne, Lorraine, Louisiane et Toscane.

Calliope

Elle est, dans la mythologie grecque, la muse de la Poésie épique et de l'Éloquence, fille de Zeus et de Mnémosyné, déesse de la Mémoire.
Origine grecque, signifie « qui a une belle voix ».
Chiffre 1 - couleur orange.
Fête le 7 avril.
Saint Calliope, jeune homme d'Asie Mineure au IVe siècle, est crucifié par les hommes de l'empereur Dioclétien pour avoir refusé de sacrifier aux dieux païens.
Caractère : sociabilité, éloquence, intuition, humour.
Espagnol : Caliope.
Grec : Kalliope.

Calliste

Callisto est, dans la mythologie grecque, une nymphe aimée de Zeus. Jalouse, Héra la change en ourse et la fait tuer par Artémis. Zeus en fait une constellation, la Grande Ourse.
Origine grecque, signifie « la plus belle ».
Chiffre 2 - couleur rouge.
Fête le 14 octobre.
Saint Calliste, esclave à Rome au IIIe siècle, affranchi par son maître, se lance dans la gestion de ses biens. Honnête mais maladroit, il périclite et il est condamné aux travaux forcés. À sa libération, il étudie la théologie à Rome, et est élu pape à la mort de Zéphirin. Il est assassiné peu après par un fanatique.
Caractère : sociabilité, éloquence, sens artistique, sensibilité.
Variantes : Callista, Callistine, Calixta, Calixte.

Calypso

Nymphe de la mythologie grecque, Calypso, reine de l'île d'Ogygie, accueillit Ulysse après son naufrage et le retint pendant dix années.
Origine grecque, signifie « calice ».
Chiffre 1 - couleur bleue.
Fête le 10 novembre.
Sainte Nymphe, jeune chrétienne en Asie Mineure au IVe siècle, est condamnée au supplice par l'empereur Dèce.
Caractère : dynamisme, charme, éloquence, communication.

Camélia

Après Capucine, voici qu'apparaît ce joli prénom fleuri.

Origine latine, signifie « camélia ».
Chiffre 8 - couleur blanche.
Fête le 5 octobre.
Sainte Fleur, religieuse dans le Quercy au XIVe siècle, qui mourut de la peste en soignant les malades, est sa patronne.
Caractère : harmonie, sens de la justice, ambition, travail.

Camille

Ce prénom mixte a été connu dès l'Antiquité. Il nommait les garçons et les filles qui, à Rome, assistaient les prêtres, dans les cérémonies de sacrifice aux dieux païens.
Origine latine, signifie « qui fait partie des Camillus ».
Chiffre 1 - couleur jaune.
Fête le 14 juillet.
Saint Camille de Leilis, Romain du XVIe siècle, part combattre les Turcs aux côtés de son père après une jeunesse dissipée ; il revient blessé, guérit, retourne guerroyer, revient, s'adonne au jeu et, totalement démuni, entre comme homme de peine chez les capucins ; repenti, il devient novice, mais les frères refusent qu'il prononce ses vœux perpétuels. Il s'engage alors comme infirmier dans un hôpital. La négligence du personnel le révolte : il fonde l'Institut des clercs réguliers ministres des infirmes, érigé en ordre religieux.
Caractère : sens des responsabilités, indépendance, réflexion, travail.
Anglo-saxon : Camilla. *Espagnol :* Camila.
Germanique : Kamill. *Italien :* Camilla.

Candice

Ce prénom est une forme dérivée de Candide.
Origine latine, signifie « blanche ».
Chiffre 3 - couleur blanche.
Fête le 3 octobre.
Sainte Blanche, chrétienne à Rome au IIIe siècle et martyrisée avec sa famille, est sa patronne.
Caractère : élégance, charme, sociabilité, charisme.
Diminutifs : Candie, Candy. *Italien :* Candida.

Cannelle

Après une courte apparition dans les années 1980, Cannelle a presque disparu.
Origine française, cannelle, substance aromatique extraite de l'écorce du cannelier.
Chiffre 3 - couleur violette.
Caractère : vivacité, indépendance, séduction, esprit de famille.

Capucine

Capucine s'efface alors que Rose et Marguerite reviennent.
Origine italienne, signifie « capucine ».
Chiffre 9 - couleur bleue.
Fête le 5 octobre.
Sainte Fleur, religieuse dans le Quercy au XIVe siècle, est sa patronne.
Caractère : passion, opiniâtreté, travail, émotivité.

Carey

Ce prénom est en vogue outre-Manche.
Origine galloise, signifie « près du château ».
Chiffre 7 - couleur rouge.
Caractère : réflexion, étude, réserve, travail.

Carine

Ce dérivé de Catherine a connu le succès dans les années 1970.
Origine grecque, signifie « pure ».
Chiffre 5 - couleur rouge.
Fête le 7 novembre.
Sainte Carine est une jeune mère de famille chrétienne, en Asie Mineure, au IVe siècle ; elle est arrêtée, jugée et martyrisée avec son mari et son fils.
Caractère : courage, volonté, ambition, charme.
Autre orthographe : Karine.
Anglo-saxon : Karin.
Espagnol et italien : Carina.
Scandinave : Karen, Kari.

Carla

Cette forme féminine espagnole et italienne de Charles est un prénom favori de ce début de siècle.
Origine germanique, signifie « virile ».
Chiffre 8 - couleur bleue.
Fête le 17 juillet.
Sainte Charlotte, doyenne des carmélites de Compiègne pendant la Révolution, est sa patronne. Arrêtée à la veille de ses 80 ans avec quatorze de ses compagnes, elle est guillotinée.
Caractère : ambition, travail, discrétion, justice.
Germaniques : Carleen, Karla.

Carmel

Ce prénom mixte est plus fréquemment féminin. Il évoque le mont Carmel au-dessus de Haïfa, en Israël, où, selon la Bible, le prophète Élie installa son ministère au IXe siècle avant J.-C. L'ordre religieux des carmes y fut fondé au XIIe siècle.
Origine hébraïque, signifie « verger ».
Chiffre 7 - couleur verte.
Fête le 16 juillet.
Sainte Carmen, fille de l'ambassadeur d'Espagne en France au XIIIe siècle, fonde l'ordre des carmélites à Paris.
Caractère : émotivité, intuition, curiosité, goût de l'aventure.
Autre orthographe : Carmelle.
Espagnol et italien : Carmela.

La vogue des Latinos

Les prénoms à consonance espagnole ou italienne, chaleureux, chantants, ensoleillés sont en vogue depuis les années 2000 : Andréa, Carla, Cesca, Chiara, Clara, Cloélia, Ornella pour les filles ; Andréa, Angelo, Enzo, Mattéo, Lorenzo, Nino, Pablo, Paco, Paolo pour les garçons.

Carmen

Ce prénom est un des grands classiques espagnols. L'opéra de Bizet contribua à sa renommée.
Origine latine, signifie « chanson ».
Chiffre 9 - couleur rouge.
Fête le 16 juillet.
Sainte Carmen, Andalouse du XIIIe siècle, vit à Paris, où son père est ambassadeur d'Espagne. Elle fonde le couvent des carmélites.
Caractère : intuition, sensibilité, charme, vivacité.
Diminutif : Carmencita. *Variantes :* Carmina, Carmine. *Italien :* Carmela, Carmina.

Carole

Cette forme féminine de Charles a été à la mode dans les années 1950. Charlotte l'a supplantée.
Origine germanique, signifie « virile ».
Chiffre 9 - couleur rouge.
Fête le 18 novembre.
Sainte Caroline, jeune fille très pieuse qui vit dans une ferme en Pologne avec sa famille, refuse les avances d'un soldat russe, qui la poignarde.
Caractère : charme, prudence, émotivité, générosité.
Anglo-américain : Carrie. *Espagnol :* Carola.
Normand : Carolène.

Caroline

Classique entre 1970 et 1990, ce prénom dérivé de Charles a laissé la place à Charlotte, puis à Carla, qui ont la même étymologie.
Fête le 18 novembre.
Origine germanique, signifie « virile ».
Chiffre 6 - couleur bleue.
Sainte Caroline, jeune chrétienne polonaise, est poignardée par un soldat russe qu'elle repousse.
Caractère : éloquence, sensibilité, fiabilité, fidélité.
Espagnol et italien : Carolina. *Russe :* Karolina.

Casilde

Origine latine, signifie « petite maison ».
Chiffre 8 - couleur rouge.
Fête le 9 avril.
Sainte Casilde, fille du roi de Tolède au XIe siècle, apporte vivres et réconfort aux chrétiens emprisonnés sur ordre de son père. Et, chaque fois qu'on la surprend, ô miracle ! ses paniers sont emplis de fleurs... Elle se fait baptiser et vit en ermite jusqu'à sa mort.
Caractère : sensibilité, générosité, charme, sociabilité.
Espagnol : Casilda.

Cassandre

Ce prénom mythologique a connu le succès aux États-Unis, mais en France, sa vogue a été de courte durée.
Origine grecque, nom de Cassandra, héroïne de la mythologie.
Chiffre 3 - couleur bleue.
Caractère : communication, franchise, charme, curiosité.
Espagnol : Casandra.
Germanique : Kassandra.
Italien : Cassandra.

Jouer les Cassandre

Cette locution veut dire « faire des prédictions dramatiques ou défavorables auxquelles personne ne croit ». En voici l'origine : Cassandre est, dans la mythologie grecque, la fille du roi Priam et de la reine Hécube. Apollon l'aime. Elle lui promet ses faveurs en échange du don de prophétie. Apollon accepte, mais la belle se refuse à lui. Par esprit de vengeance, Apollon décide que jamais plus Cassandre ne serait prise au sérieux. Lorsqu'elle annonce la prise prochaine de la ville de Troie, personne ne la croit. Après la bataille, elle est réduite en esclavage par Agamemnon, roi de Mycènes, qui la ramène dans son palais. La reine Clytemnestre, folle de jalousie, la tue.

Cassiane

Ce prénom est une des formes féminines de Cassien.
Origine latine, signifie « de la famille Cassius », famille patricienne romaine au Ier siècle.
Chiffre 8 - couleur verte.
Fête le 13 août.
Saint Cassien, instituteur chrétien en Italie au IIIe siècle, est poignardé par les élèves qu'il cherche à convertir.
Caractère : réfléxion, sensibilité, éloquence, sens de la justice.
Variantes : Cassia, Cassienne.

Catherine

Grand classique depuis le XVe siècle, ce prénom a été illustré par des femmes de caractère et de talent : Catherine de Médicis, Catherine la Grande, tsarine de Russie, Katherine Mansfield, Catherine Deneuve... Ses formes étrangères ont pris la relève.
Origine grecque, signifie « pure ».
Chiffre 2 - couleur rouge.
Fête le 29 avril ou le 25 novembre.
Sainte Catherine d'Alexandrie, issue d'une famille patricienne au IIIe siècle, reproche à l'empereur Maxence sa cruauté envers les chrétiens et son idolâtrie. Il convoque des philosophes pour réfuter les arguments de la jeune fille : elle les convertit, il les fait brûler vifs. Il l'emprisonne : elle convertit aussi les soldats de la garde et leur famille. Furieux, l'empereur la condamne au supplice.
Sainte Catherine de Sienne, cadette des vingt-cinq enfants d'un teinturier au XIVe siècle, a la vocation à 6 ans ; à 12 ans, elle annonce qu'elle fait vœu de chasteté. Ses parents veulent la marier, mais elle refuse obstinément et prend l'habit chez les dominicaines. Elle se dévoue aux malades, aux déshérités, et multiplie les conversions, arbitre les conflits, conseille les papes. Elle fut proclamée docteur de l'Église.

Caractère : affectivité, imagination, intuition, fidélité.
Diminutifs : Cathie, Cathy.
Variantes : Carine, Karine.
Alsacien : Cathel, Cathelle.
Anglo-saxon : Kate, Katherine, Kathleen, Ketty, Kitty.
Basque : Catalin, Katrin, Kattalin, Kattin, Ketti.
Breton : Kathel.
Corse et occitan : Catalina, Catarina.
Écossais : Catriona.
Espagnol : Catalina.
Germanique : Katharina.
Italien : Caterina.
Irlandais : Caitlin.
Normand : Cathelène.
Polynésien : Kalena.
Provençal : Catarino, Catoun, Catarino, Catoun.
Russe : Ekatarina, Katarina, Katia, Katinka.
Scandinave : Karen.

Catrionia

Cette forme écossaise de Catherine remporte un grand succès outre-Manche.
Origine grecque, signifie « pure ».
Chiffre 9 - couleur bleue.
Fête le 29 avril ou le 25 novembre.
Caractère : générosité, affectivité, charisme, rêverie.

Cécile

Elle eut la vedette de 1970 à 1990.
Origine latine, signifie « aveugle ».
Chiffre 1 - couleur bleue.
Fête le 22 novembre.
Sainte Cécile, jeune patricienne romaine au IIe siècle, se fait baptiser et fait vœu de chasteté, mais elle est contrainte par ses parents d'épouser un païen, Valérien ; elle le persuade d'écouter saint Urbain, qui lui enseigne la parole de Dieu. Valérien se fait baptiser avec son frère Tiburce, mais ils sont dénoncés, arrêtés et martyrisés. Cécile les ensevelit avant de subir elle aussi le martyre.

Caractère : indépendance, exigence, autorité, ambition.
Variantes : Cécilia, Célia, Célie.
Anglo-saxon : Cecilia, Sheila, Sisley.
Breton : Azilis.
Corse : Cécilia.
Espagnol et italien : Cecilia.
Occitan : Céciliane, Ceselha.

Céleste

Ce prénom mixte commence à apparaître à l'état civil.
Origine latine, signifie « céleste ».
Chiffre 6 - couleur jaune.
Fête le 14 octobre.
Saint Céleste est évêque de Metz au IVe siècle ; on sait seulement que sa vie fut un modèle de piété et de bonté.
Caractère : douceur, sens des responsabilités, harmonie, discrétion.

Célestine

Ce féminin de Célestin est peu courant depuis le XIXe siècle.
Origine latine, signifie « céleste ».
Chiffre 6 - couleur jaune.
Fête le 6 avril.
Saint Célestin, pape au Ve siècle, combat l'hérésie et réorganise l'Église.
Caractère : douceur, calme, passion, exigence.

Célia

Cette forme dérivée de Cécile remporte un franc succès depuis les années 1990.
Origine latine, signifie « aveugle ».
Chiffre 3 - couleur bleue.
Fête le 22 novembre.
Sainte Cécile, jeune patricienne romaine au IIe siècle, se fait baptiser et fait vœu de chasteté, mais elle est contrainte par ses parents d'épouser un païen, Valérien ; elle le persuade d'écouter saint Urbain, qui lui enseigne la parole de Dieu. Valérien se fait baptiser avec son frère Tiburce, mais ils sont dénoncés, arrêtés et martyrisés.

Cécile les ensevelit avant de subir elle aussi le martyre.
Caractère : éloquence, adaptabilité, sociabilité, optimisme.

Célimène

Célimène, personnage de la comédie de Molière le *Misanthrope*, est une jeune femme belle, élégante, spirituelle et séductrice.
Origine grecque, signifie « lune ».
Chiffre 3 - couleur bleue.
Caractère : charme, optimisme, vitalité, sensibilité.

Céline

Céline a fait une apparition discrète dans les années 1970.
Origine latine, signifie « divine ».
Chiffre 3 - couleur bleue.
Fête le 21 octobre.
Sainte Céline vit à Laon au Ve siècle ; mère de saint Remi, elle consacre sa vie à l'éducation de ses enfants, à la prière et aux œuvres caritatives.
Caractère : volonté, ambition, charisme, diplomatie.
Espagnol et italien : Celine.

Cerise

Après les fleurs, voici les fruits.
Origine française, nom du fruit.
Chiffre 5 - couleur rouge.
Caractère : indépendance, enthousiasme, curiosité, adaptabilité.

Cesca

Une des formes italiennes de Françoise, diminutif de Francesca.
Origine latine, signifie « de France ».
Chiffre 1 - couleur rouge.
Fête le 9 mars.
Sainte Françoise, mariée dès l'enfance à un noble romain au XVe siècle, perd ses enfants en bas âge, voit sa maison pillée, son mari exilé, ses amis mourir de l'épidémie de peste. Elle soigne les malades et, à la mort de son époux, se retire dans le monastère qu'elle a fondé.
Caractère : autorité, goût du pouvoir, travail, activité.

Chanel

Ce prénom est né aux États-Unis dans les années 1990, en référence à Coco Chanel et au célèbre parfum N° 5.
Origine française, du nom de Gabrielle Chanel.
Chiffre 7 - couleur bleue.
Caractère : travail, réserve, réflexion, prudence.

Lorsqu'un nom devient prénom

Chanel deviendra peut-être dans quelques dizaines d'années un prénom aussi courant que Chantal. L'adoption d'un patronyme pour prénom n'est pas une innovation : Bruce est issu du nom de Robert de Bruis, chevalier français au XIe siècle, Chantal était le nom de famille de sainte Jeanne-Françoise de Chantal, au XVIe siècle et, plus près de nous, Jean-Marie Vianney, au XIXe siècle, nous laissa son nom en héritage. Aujourd'hui, en Bretagne, Hilouri, du patronyme de saint Yves, commence à s'imposer.

Chani

Ce prénom moderne est très prisé en Israël.
Origine hébraïque, signifie « fil écarlate ».
Chiffre 8 - couleur rouge.
Caractère : franchise, équilibre, éloquence, esprit de justice.

Chantal

Grand favori des années 1950, ce prénom n'est plus à l'honneur aujourd'hui.
Prénom inspiré du patronyme de sainte Jeanne-Françoise de Chantal.
Chiffre 5 - couleur jaune.

Fête le 12 décembre.
Sainte Jeanne-Françoise épouse, au XVIe siècle, le baron Rabutin de Chantal, qui la laisse veuve avec quatre enfants ; elle fonde avec saint François de Sales, évêque de Genève, l'ordre de la Visitation, à Annecy.
Caractère : séduction, affectivité, indépendance, fantaisie.

Charlie

Ce prénom mixte qui commence à être apprécié est un diminutif de Charlotte, forme féminine de Charles.
Origine germanique, signifie « viril ».
Chiffre 2 - couleur orange.
Fête le 17 juillet.
Sainte Charlotte, doyenne des carmélites de Compiègne guillotinée sous la Révolution, est sa patronne.
Caractère : exigence, volonté, harmonie, émotivité.
Autre orthographe : Charly (davantage masculin).

Charlotte

Ce féminin de Charles a battu les records de popularité dans les années 1990.
Origine germanique, signifie « virile ».
Chiffre 3 - couleur rouge.
Fête le 17 juillet.
La bienheureuse Charlotte, doyenne des carmélites de Compiègne, est arrêtée à la veille de ses 80 ans avec quatorze de ses compagnes. Accusées d'être ennemies de la Révolution, elles sont guillotinées.
Caractère : affectivité, générosité, intuition, communication.
Variantes : Arlène, Arlette, Carole, Caroline, Charlaine, Charlène, Charbelle, Charlette, Charline, Karelle.
Allemand et basque : Karlota.
Anglo-saxon : Cheryl, Lotta, Lottie.
Espagnol : Carlota. *Italien : Carlotta.*
Slave : Karélia.

Chelsea

Ce prénom apparu dans les années 1960 en Angleterre est dans la lignée des prénoms géographiques.
Origine anglaise, signifie « près du port ».

Chéryl

Forme anglo-saxonne de Charlotte, ce prénom est aussi un patronyme courant.
Origine germanique, signifie « virile ».
Chiffre 3 - couleur rouge.
La bienheureuse Charlotte, doyenne des carmélites de Compiègne, est arrêtée avec quatorze de ses compagnes, accusées d'être ennemies de la Révolution. Elles sont guillotinées.
Caractère : affectivité, générosité, intuition, communication.
Autre orthographe : Sheryl.

Chicca

Une forme italienne de Frédérique.
Origine germanique, signifie « paix du roi ».
Chiffre 9 - couleur jaune.
Fête le 18 juillet.
Saint Frédéric, évêque d'Utrecht au IXe siècle, modèle de piété, est assassiné sur ordre de l'impératrice Judith, à qui il reproche son inconduite.
Caractère : charisme, tradition, communication, générosité.

Chine

Tout comme Louisiane ou Guyenne, Chine est de ces prénoms géographiques qui commencent à apparaître à l'état civil.
Origine française, nom du pays.
Chiffre 3 - couleur bleue.
Caractère : sensibilité, charme, curiosité.

Chiona

Origine grecque, signifie « blanche comme neige ».
Chiffre 5 - couleur blanche.

C

Fête le 3 avril.
Sainte Chionie fut condamnée au martyre à Thessalonique au IVe siècle par Dioclétien.
Caractère : vivacité, activité, curiosité, adaptabilité.
Variante : Chionie.

Chloé

Chloé était, dans la mythologie grecque, la déesse des Fleurs. À Athènes, au mois de mai, non loin de l'Acropole, on célébrait son culte dans un temple qui lui était consacré. Ce prénom a pris la première place au hit-parade dans les années 1990, à la suite de Charlotte et de Camille.
Origine grecque, signifie « jeune pousse ».
Chiffre 7 - couleur verte.
Fête le 5 octobre.
Sainte Fleur, religieuse dans le Quercy au XIVe siècle, meurt de la peste en soignant les malades.
Caractère : vivacité, activité, curiosité, spontanéité.
Espagnol : Cloé.

Christel

Cette forme dérivée de Christine a eu un modeste succès dans les années 1980.
Origine grecque, signifie « messie ».
Chiffre 4 - couleur verte.
Fête le 24 mars.
Sainte Kristell est la cousine de saint Hervé ; ils sont élevés ensemble dans la lande bretonne au VIe siècle, et mènent la même vie exemplaire.
Caractère : volonté, rigueur, conscience professionnelle, fiabilité.
Autres orthographes : Christèle, Christelle.
Variante : Christale.
Breton : Kristell.

Christiane

Ce féminin de Christian a connu son apogée dans les années 1940.
Origine grecque, signifie « messie ».
Chiffre 7 - couleur verte.
Fête le 14 janvier.
Sainte Christiane, Géorgienne du IVe siècle, réputée pour sa charité et sa bonté, est appelée au chevet de la reine de Géorgie, qu'elle guérit. Refusant les biens qu'on lui offre, elle persuade les souverains de se convertir. Ils exaucent son vœu.
Caractère : fierté, indépendance, prudence, réflexion.
Italien : Cristiana.

Christine

Prénom de reine et de femmes de lettres, Christine a été en vogue dès le Moyen Âge ; il a atteint son apogée dans les années 1950.
Origine grecque, signifie « messie ».
Chiffre 6 - couleur verte.
Fête le 24 juillet.
Sainte Christine, Sicilienne du IIIe siècle, est la fille d'un gouverneur de Toscane sous Dioclétien ; elle refuse d'adorer les dieux païens, son père la tue de ses mains.
Caractère : distinction, sociabilité, sens des responsabilités, générosité.
Espagnol : Cristina.
Italien : Christina.
Russe : Kristina.
Scandinave : Christen, Kristen.

Cinderella

Ce prénom est la forme anglo-saxonne de Cendrillon, héroïne d'un conte de fées universellement connu. Elle voit le jour en 1697 sous la plume de Charles Perrault : enfant timide persécutée par sa marâtre, elle séduit le Prince charmant par sa grâce et sa beauté.
Chiffre 2 - couleur bleue.
Caractère : opportunisme, diplomatie, sensibilité, communication.

Cindy

Ce diminutif de Cynthia a connu un bref succès dans les années 1990.
Origine grecque, signifie « du mont Cynthos ».

Chiffre 1 - couleur rouge.
Caractère : réflexion, étude, réserve, volonté.

Cinnamone

Elle est, dans la Bible, une des filles de Job.
Origine hébraïque, signifie « fleur de cannelle ».
Chiffre 6 - couleur verte.
Caractère : générosité, sensibilité, sens artistique, fidélité.

Circé

Dans la mythologie grecque, Circé, reine d'Aea, est une dangereuse magicienne qui transforme en animal tout homme qui s'en approche. Ulysse envoie ses hommes en reconnaissance dans cette île. La belle les change en pourceaux. Ulysse ne les voyant pas revenir débarque à son tour ; il rencontre sur le rivage Hermès, sous l'apparence d'un jeune homme qui le met en garde contre les maléfices de Circé et lui propose une herbe pour le mettre à l'abri de ses artifices. Ulysse est reçu par Circé, qui lui fait boire un mystérieux breuvage... mais le charme n'opère pas : Ulysse est inchangé. Impressionnée, Circé s'éprend de lui, et accepte de rendre à l'équipage sa forme humaine. Elle est si généreuse que les hommes restent plus d'une année chez leur hôtesse avant de reprendre la mer.
Origine grecque, du nom de Circea, divinité grecque.
Chiffre 1 - couleur bleue.
Fête le 19 mai.
Sainte Nymphe, pieuse jeune fille qui vécut au IIe siècle en Sicile, est la protectrice de Circé.
Caractère : sociabilité, charme, vivacité, ambition.

Claire

Ce prénom indémodable est actuellement à l'honneur avec sa forme italienne Clara et sa forme anglo-saxonne mixte Clarence.
Origine latine, signifie « claire ».
Chiffre 3 - couleur verte.
Fête le 11 août.
Sainte Claire, issue d'une famille noble à Assise au XIIe siècle, fait vœu de chasteté à 12 ans. À 18, elle va suivre l'enseignement de saint François d'Assise, et entre en religion ; ses parents et ses amis viennent l'enlever de force du couvent où elle réside, mais elle résiste. Elle fonde sur les conseils de saint François l'ordre des « pauvres dames » ou « clarisses ». Atteinte par la maladie, elle passera les dernières années de sa vie à prier et à broder des vêtements liturgiques.
Caractère : éloquence, intelligence, sens de l'observation, communication.
Variantes : Clairemonde, Clarinde, Clarisse.
Anglo-saxon : Clarence.
Espagnol : Clara. *Italien :* Chiara.
Provençal : Clareto, Claro, Claroun.
Russe : Klara.

Clara

Cette forme espagnole de Claire remporte un franc succès depuis la fin du XXe siècle.
Origine latine, signifie « claire ».
Chiffre 8 - couleur verte.
Fête le 11 août.
Sainte Claire, issue d'une famille noble à Assise au XIIe siècle, fait vœu de chasteté à 12 ans. À 18, elle va suivre l'enseignement de saint François d'Assise, et entre en religion ; ses parents et ses amis viennent l'enlever de force du couvent où elle réside, mais elle résiste. Elle fonde sur les conseils de saint François l'ordre des « pauvres dames » ou « clarisses ». Atteinte par la maladie, elle passera les dernières années de sa vie à prier et à broder des vêtements liturgiques.
Caractère : courage, vitalité, franchise, dynamisme.
Variante : Claramunda.

Clarence

Ce prénom mixte est une forme anglo-américaine de Claire. Il est discrètement présent à l'état civil depuis les années 1990.

Origine latine, signifie « claire ».
Chiffre 7 - couleur bleue.
Fête le 26 avril.
Saint Clarence fut évêque de Vienne au VIIe siècle.
Caractère : sociabilité, vivacité, goût de l'aventure, émotivité.

Clarisse

Cette forme dérivée de Claire a toujours été discrète.
Origine latine, signifie « claire ».
Chiffre 5 - couleur rouge.
Fête le 12 août.
Sainte Clarisse fonde un monastère, dans les Vosges, au VIe siècle, à l'emplacement actuel de Remiremont.
Caractère : autorité, énergie, curiosité, activité.

Claude

Mixte, Claude a toujours été plus souvent attribué aux garçons. Une exception remarquable : la reine Claude de France, qui épousa François Ier.
Origine latine, signifie « de la famille Claudius », illustre famille romaine.
Chiffre 1 - couleur orange.
Fête le 15 février.
Saint Claude, précepteur des enfants de Colbert, au XVIIe siècle, prend la direction d'un collège de jésuites, puis part en mission auprès de la duchesse d'York. Il contracte la tuberculose et revient en France pour y terminer sa vie.
Caractère : générosité, élégance, vivacité, autorité.
Variante : Claudie.
Germanique, espagnol : Claudia.
Provençal : Glaudo, Glaudio.

Claudine

Cette forme féminine de Claude a connu le succès dans les années 1950.
Origine latine, signifie « de la famille Claudius, » nom d'une célèbre famille patricienne de Rome.
Chiffre 6 - orange.
Fête le 17 juillet.
La bienheureuse Claudine, prieure du carmel de Compiègne, est arrêtée avec quatorze de ses compagnes, et guillotinée sous la Révolution.
Caractère : charme, réflexion, prudence, communication.
Basque : Klodin, Klodine.
Normand : Claudile.

Clea

Ce prénom est un diminutif de Cloélia.
Origine latine, signifie « de la famille des Cloélia », famille patricienne de Rome.
Chiffre 3 - couleur verte.
Fête le 13 juillet.
Sainte Clélia fut une pieuse institutrice en Italie au XIXe siècle.
Caractère : affectivité, séduction, sens des responsabilités, intuition.

Clélie

Ce prénom est une forme francisée de Cloélia.
Origine latine, signifie « de la famille Cloelia ».
Chiffre 1 - couleur jaune.
Fête le 13 juillet.
Sainte Clélia consacre sa vie à l'éducation d'enfants, en Émilie, au XIXe siècle ; elle leur apprend à lire, à écrire, mais leur enseigne aussi à prier. Elle meurt à 23 ans.
Caractère : douceur, harmonie, sens des responsabilités, générosité.
Variante : Cloélia.

Clémence

Cette forme féminine de Clément est en vogue depuis les années 1990.
Origine latine, signifie « indulgence ».
Chiffre 6 - couleur bleue.
Fête le 21 mars.

Sainte Clémence d'Hohenberg, à la mort de son mari, le comte de Spanheim, au XIIe siècle, entre dans les ordres à l'abbaye des bénédictines de Trèves, et mène une vie exemplaire de dévotion.
Caractère : douceur, calme, générosité, prudence.
Basque : Kelmente, Klemene.
Espagnol : Clemencia.

Clémentine

Ce diminutif de Clémence mène sa carrière et se défend bien.
Origine latine, signifie « indulgente ».
Chiffre 1 - couleur verte.
Fête le 21 mars.
Sainte Clémence, veuve du comte de Spanheim, achève ses jours dans une abbaye, chez les bénédictines, où sa vie est un modèle de piété.
Caractère : travail, perfectionnisme, fidélité, sociabilité.
Espagnol : Clementina.

Cléo

Diminutif de Cléopâtre, ce prénom évoque la fastueuse reine d'Égypte au Ier siècle avant J.-C. Il fait concurrence à Clio, dont la consonance est proche.
Origine grecque, signifie « célébration du père ».
Chiffre 8 - couleur bleue.
Fête le 19 octobre.
Sainte Cléopâtre protège les chrétiens des persécutions romaines en Palestine, au IVe siècle.
Caractère : dynamisme, franchise, sens pratique, générosité.

Clervie

Origine celte, signifie « joyau ».
Chiffre 3 - couleur orange.
Fête le 3 octobre.
Sainte Klervie fut la sœur très pieuse de saint Guénolé en Bretagne au VIe siècle.
Caractère : sociabilité, créativité, expression, sens artistique.
Autre orthographe : Klervie.

Clio

Origine grecque, du nom de Kleiô, muse de la mythologie grecque.
Chiffre 3 - couleur orange.
Fête le 10 novembre.
Sainte Nymphe, fille d'un préfet romain en Sicile au IIe siècle, est emprisonnée par son père lorsqu'il apprend qu'elle s'est convertie. La légende raconte qu'un ange la délivra et que, de retour à Rome, elle multiplia les miracles.
Caractère : charme, communication, vivacité, curiosité.

Les neuf Muses

Ces déesses de la mythologie grecque présidaient aux arts libéraux dans la Grèce antique.

Calliope	Poésie épique, éloquence
Clio	Histoire
Erato	Élégie
Euterpe	Musique
Melpomène	Tragédie
Polymnie	Poésie lyrique
Thalie	Comédie
Terpsicore	Danse
Uranie	Astronomie

On retrouve certains de ces noms à l'état civil aujourd'hui : Clio et Thalie en particulier.

Cloélia

Ce prénom nous vient tout droit de l'Antiquité.
Origine latine, signifie « de la famille Cloelia », illustre famille patricienne de Rome.
Chiffre 3 - couleur rouge.
Fête le 13 juillet.
Sainte Clélia, jeune institutrice en Italie au XIXe siècle, consacre sa courte vie à enseigner la lecture, l'écriture et la prière à des enfants. Elle meurt à 23 ans.
Caractère : énergie, optimisme, douceur, patience.
Variantes : Clélie, Clélia.

C

Clotilde

Ce prénom médiéval est en pleine expansion.
Origine germanique, signifie « gloire et combat ».
Chiffre 8 - couleur orange.
Fête le 4 juin.
Sainte Clotilde épouse Clovis Ier, roi des Francs et païen endurci, qu'elle cherche à convertir grâce aux conseils avisés de saint Remi. Elle y parvient et le roi accepte de se faire baptiser avec son armée. Elle favorise l'extension du christianisme par la dotation de terres à des ordres religieux, la création de monastères, la construction d'églises, et achève sa vie déchirée par les luttes fratricides entre ses enfants et ses petits-enfants.
Caractère : dévouement, écoute, prudence, énergie.
Autre orthographe : Clothilde.

Colette

Fait partie de la famille des nombreux dérivés de Nicolas.
Origine grecque, signifie « victoire du peuple ».
Chiffre 8 - couleur bleue.
Fête le 6 mars.
Sainte Colette, fille d'un charpentier picard au XVe siècle, décide d'entrer chez les bénédictines, puis elle fait un séjour chez les clarisses, mais elle estime que les règles sont trop douces. Elle se fait emmurer dans une cellule d'un couvent pendant trois ans, puis en sort pour réformer la règle des clarisses et fonder plusieurs couvents, avec la bénédiction du pape Urbain IV.
Caractère : courage, ambition, opportunisme, travail.
Basque : Kolete. Espagnol : Coleta.

Coline

Plus moderne que Colette, cet autre féminin de Nicolas est en vogue depuis la fin du XXe siècle.
Origine grecque, signifie « victoire du peuple ».
Chiffre 4 - couleur bleue.
Fête le 6 mars.
Sainte Colette fut, au XVe siècle, la réformatrice de l'ordre des clarisses.
Caractère : travail, prudence, persévérance, sensibilité.

Colombe

Forme française du celte Colman, ce prénom est à l'honneur depuis les années 1990.
Origine celtique, signifie « colombe ».
Chiffre 2 - couleur bleue.
Fête le 31 décembre.
Sainte Colombe, jeune noble espagnole au IIIe siècle, demande le baptême et quitte sa famille pour rejoindre une colonie chrétienne à Sens, en Gaule. Elle est arrêtée par les soldats de l'empereur Aurélien et décapitée.
Caractère : vivacité, charme, fidélité, créativité.
Variantes : Colombelle, Colombine.
Breton : Koulma.
Espagnol : Coloma, Paloma.

Constance

Cette forme féminine de Constant est à l'honneur depuis le début de ce siècle.
Origine latine, signifie « persévérance ».
Chiffre 4 - couleur verte.
Fête le 17 juillet.
Sainte Constance, jeune novice du carmel de Compiègne sous la Révolution, est arrêtée et condamnée avec quatorze autres religieuses, dont la doyenne Charlotte et la prieure Claudine ; elle monte la première à l'échafaud.
Caractère : harmonie, tradition, sens des responsabilités, générosité.
Basque : Constanza, Konstantza, Kostanza.
Espagnol : Constancia.
Italien : Costanza.

Cora

Diminutif de Coralie, prénom dérivé de Corinne.
Origine grecque, signifiant « jeune fille », en référence aux korês, statues féminines de la Grèce antique.
Chiffre 3 - couleur bleue.
Fête le 18 mai.
Sainte Corinne fut martyrisée sur ordre de Dioclétien au IIIe siècle.
Caractère : énergie, vivacité, indépendance, éloquence.
Variantes : Coraline, Coralise.

Coralie

Origine grecque, signifie « jeune fille ».
Chiffre 9 - couleur rouge.
Fête le 18 mai.
Sainte Corinne fut martyrisée sur ordre de Dioclétien au IIIe siècle.
Caractère : charme, sensibilité, prudence, discrétion.
Espagnol : Coralia.

Cordelia

Origine grecque, signifie « originaire de Délos ».
Chiffre 4 - couleur bleue.
Caractère : créativité, fantaisie, communication, rêverie.
Variante : Déliane.

Corentine

Son masculin est très en vogue depuis 2000. Elle ne devrait pas tarder à faire parler d'elle.
Origine celtique, signifie « ami ».
Chiffre 4 - couleur verte.
Fête le 12 décembre.
Saint Corentin, évêque de Quimper au Ve siècle, est l'un des sept saints fondateurs de la Bretagne.
Caractère : affectivité, charme, ambition.

Corinne

Origine grecque, signifie « jeune fille ».
Ce prénom est issu du patronyme Korinna, poétesse grecque rivale de Pindare, au Ve siècle avant J.-C.
Origine grecque, signifie « jeune fille ».
Chiffre 6 - couleur orange.
Fête le 18 mai.
Sainte Corinne mourut en martyre au IIIe siècle.
Caractère : diplomatie, sensibilité, harmonie, patience.
Italien : Corinna.

Cornélie

Ce féminin de Corneille était courant dans l'Antiquité, puisque l'épouse de Pompée et la fille de Scipion le portaient déjà.
Origine latine, signifie « corneille ».
Chiffre 3 - couleur verte.
Fête le 16 septembre.
Saint Corneille, pape au IIIe siècle, est l'ami de saint Cyprien, évêque de Carthage qu'il soutient dans la défense des chrétiens parjures par crainte des persécutions. Il est arrêté par les soldats de l'empereur Gallien, emprisonné et succombe sous les mauvais traitements.
Caractère : émotivité, idéalisme, exigence, prudence.
Variante : Cornaline.
Espagnol et italien : Cornelia.

Cosima

Forme féminine de Côme, ce prénom est assez répandu dans les pays germaniques.
Origine grecque, signifie « ordre ».
Chiffre 6 - couleur jaune.
Fête le 26 septembre.
Saint Côme, médecin en Arabie au IIIe siècle, est décapité par des soldats romains.
Caractère : charme, créativité, réserve, générosité.
Variante : Cosmana.

Courtney

Ce prénom mixte est en vogue actuellement dans les pays anglo-saxons.
Origine anglaise, signifie « vallée profonde ».
Chiffre 3 - couleur jaune.
Caractère : sensibilité, prudence, réserve, travail.

Cunégonde

Ce prénom à consonance germanique n'est plus guère usité.
Origine germanique, signifie « hardi combat ».
Chiffre 7 - couleur orange.
Fête le 3 mars.
Sainte Cunégonde, jeune fille de la noblesse luxembourgeoise, épouse Henri empereur germanique au XIe siècle. Elle fonde des monastères, fait édifier des cathédrales et prend le voile à la mort de son mari pour se consacrer à la prière et aux soins des malades.
Caractère : élégance, discrétion, prudence, réflexion.
Espagnol : *Cunégunda.*

Cydalise

Ce prénom un peu précieux, dérivé d'Élisabeth, était en vogue au XVIIIe siècle.
Origine hébraïque, signifie « Dieu est plénitude ».
Chiffre 6 - couleur orange.
Fête le 17 novembre.
Sainte Élisabeth est, dans la Bible, l'épouse de Zacharie et la cousine de Marie. Elle déplore sa stérilité et lorsque la naissance prochaine d'un fils lui est annoncée malgré son grand âge, elle rend grâce à Dieu. Jean le Baptiste naît quelques mois plus tard.
Caractère : élégance, sensibilité, ténacité, courage.

Cynthia

Ce prénom mythologique qui évoque les dieux de l'Olympe est répandu dans les pays anglo-saxons.
Origine grecque, signifie « du mont Cynthos ».
Chiffre 8 - couleur blanche.
Fête le 10 novembre.
Sainte Nymphe, fille d'un préfet romain en Sicile au IIe siècle, est emprisonnée par son père lorsqu'il apprend qu'elle s'est convertie. La légende raconte qu'un ange la délivra et que, de retour à Rome, elle multiplia les miracles.
Caractère : ambition, courage, persévérance, volonté.
Variante : *Cindy.*
Espagnol : *Cintia.* *Germanique :* *Cintha, Cinthia.* *Italien :* *Cinzia.*

Cypriane

Cette forme féminine de Cyprien apparaît discrètement.
Origine grecque, signifie « originaire de Chypre ».
Chiffre 6 - couleur verte.
Fête le 16 septembre.
Saint Cyprien devient évêque de la ville de Carthage, au IIIe siècle, grâce à ses qualités d'orateur. Il est persécuté par l'empereur Dèce.
Caractère : sensibilité, créativité, douceur, prudence.

Cyrielle

Ce prénom est la forme féminine de Cyril.
Origine grecque, signifie « maître ».
Chiffre 8 - couleur jaune.
Fête le 16 juin.
Saint Cyr, enfant de 3 ans arrêté avec sa mère, est massacré avec elle en Asie Mineure au IVe siècle.
Caractère : franchise, réalisme, autorité, volonté.
Russe : *Kyriakê.*

Dagmar

Forme moderne de Dagomar, ce prénom royal est très répandu au Danemark.
Origine scandinave, signifie « gloire du dieu Dag », dieu de la Lumière.
Chiffre 8 - couleur jaune.
Caractère : sensibilité, générosité, harmonie, sens des responsabilités.

Dahud

Appelée aussi Ahès, Dahud est dans la légende bretonne la fille du roi Grallon de Cornouailles qui engloutit la cité d'Ys au large de Douarnenez à la demande du diable, travesti en soupirant.
Origine celte, signifie « bonne magie ».
Chiffre 2 - couleur rouge.
Caractère : adaptabilité, curiosité, émotivité, communication.

Daisy

Diminutif de Margaret, forme anglo-saxonne de Marguerite, Daisy était très populaire au XIXe siècle.
Origine latine, signifie « perle ».
Chiffre 4 - couleur jaune.
Fête le 16 novembre.
Sainte Marguerite d'Antioche, fille d'un païen au IIIe siècle, est convertie par sa nourrice et se fait baptiser à 7 ans. Elle est chassée par son père. Le préfet d'Orient s'éprend d'elle, la fait enlever et la somme d'abjurer. Elle refuse, elle est décapitée.
Caractère : franchise, autorité, activité, indépendance.

Daliane

Le botaniste suédois Anders Dhal est à l'origine du nom du dahlia.
Origine scandinave, du nom de cette fleur.
Chiffre 1 - couleur verte.
Fête le 5 octobre.
Sainte Fleur, religieuse dans le Quercy au XIVe siècle qui consacra sa vie à soigner les malades, est sa patronne.
Caractère : efficacité, rigueur, persévérance, fierté.

Dalila

Personnage biblique, Dalila évoque la beauté, mais aussi la trahison. Le juge Samson, qui détient une force exceptionnelle, s'oppose aux Philistins qui oppriment les Israélites. Il tombe amoureux de Dalila, belle Philistine, qui est hélas vénale.
Les Philistins lui ont promis la richesse si elle découvre le secret de la force de Samson. Elle le harcèle, et il avoue que sa force vient de sa chevelure. Pendant son sommeil, Dalila lui coupe les cheveux et appelle les Philistins qui s'emparent de Samson.
Origine hébraïque, signifie « coquette ».
Chiffre 3 - couleur verte.
Caractère : discipline, méthode, opiniâtreté, courage.
Anglo-saxon : Delilah.

Damia

Forme féminine de Damien, ce prénom est rare.
Origine grecque, du nom de la déesse romaine de la Fertilité.
Chiffre 1 - couleur rouge.
Fête le 25 septembre.
Saint Damien, frère jumeau de Côme, est médecin comme lui, en Arabie, au IIIe siècle. Il soigne les corps et les âmes, et prêche l'Évangile malgré les menaces de persécution. Il est arrêté, condamné au supplice, et décapité avec son frère.
Caractère : sérieux, stabilité, travail, réflexion.
Italien : Damiana.

Dana

L'étymologie de ce prénom est incertaine ; il pourrait s'agir du féminin du prénom bibli-

que Dan ou plus vraisemblablement d'un prénom géographique signifiant « du Danemark ».
Chiffre 2 - couleur verte.
Caractère : diplomatie, opportunisme, émotivité, communication.

Danaé

Un oracle prédit au roi d'Argos qu'un jour le fils de sa fille Danaé le tuera ; inquiet, le roi enferme la jeune fille dans une tour de bronze afin de la protéger de ses soupirants. Mais Zeus rend visite à la belle sous la forme d'une pluie d'or... et Daphné conçoit un fils, Persée. Furieux, le roi enferme sa fille et l'enfant dans un coffre et les jette à la mer, qui les dépose dans une île, où ils sont recueillis par un pêcheur. Danaé est enlevée par le roi de l'île, qui la séquestre pour la contraindre à l'épouser ; elle est délivrée par son fils, qui, de retour à Argos, tue accidentellement le roi... Danaé quitte la Grèce, se rend en Italie et y fonde une cité.
Origine grecque, du nom de l'héroïne de la mythologie.
Chiffre 7 - couleur bleue.
Fête le 10 novembre.
Sainte Nymphe est la patronne de celles qui portent des prénoms mythologiques. Cette jeune fille fut martyrisée en Asie Mineure au IIe siècle par les soldats de l'empereur Dèce.
Caractère : passion, réserve, énergie, affectivité.

Danièle

Grand classique des années 1950, ce prénom, féminin de Daniel, a presque disparu.
Origine hébraïque, signifie « Dieu est juge ».
Chiffre 5 - couleur violette.
Fête le 11 décembre.
Saint Daniel le Stylite est son patron.
Caractère : communication, vivacité, franchise, énergie.
Autre orthographe : Danielle.
Diminutifs : Dani, Dany.
Basque : Dani, Danele. *Espagnol :* Daniela.
Germanique : Daleen, Danella, Danica, Danine, Danique, Danita.
Italien : Daniela, Danila.

Daphné

Daphné, héroïne de la mythologie grecque, est une nymphe chasseresse. Apollon s'était moqué d'Éros, dieu de l'Amour, qui, pour le punir, lui décocha une flèche qui le fit soupirer pour la belle, et frappa Daphné d'une flèche qui la rendit insensible aux soupirs de son prétendant... Apollon, fou de désir, poursuivit Daphné à travers la forêt jusqu'au fleuve Pénée ; la nymphe pria si instamment le dieu du fleuve de la sauver qu'il la changea en laurier. Apollon décora sa lyre et son carquois d'une branche de laurier en souvenir de l'aimée.
Origine grecque, signifie « laurier ».
Chiffre 3 - couleur verte.
Fête le 10 novembre.
Sainte Nymphe fut martyrisée en Asie Mineure au IIe siècle par des soldats de l'empereur Dèce.
Caractère : raffinement, élégance, éloquence, vivacité.
Anglo-saxon : Daphne.
Espagnol, germanique et italien : Dafne.

Dauphine

Forme francisée de Delphine.
Origine latine, signifie « dauphin ».
Chiffre 6 - couleur verte.
Fête le 26 novembre.
Sainte Delphine a fait vœu de chasteté, dans le Vaucluse au IIIe siècle. Ses parents la contraignent au mariage avec Éléazar, qu'elle convainc de ne pas consommer l'union. Tous deux distribuent leurs biens aux pauvres, et consacrent leurs vies aux œuvres charitables.
Caractère : affectivité, harmonie, réserve, prudence.

Davina

Cette forme féminine de David est peu courante.

Origine hébraïque, signifie « bien-aimée de Dieu ».
Chiffre 6 - couleur bleue.
Fête le 29 décembre.
Saint David, moine au pays de Galles, au VIe siècle, voyage à travers le pays, créant abbayes et monastères.
Caractère : sens des responsabilités, sensibilité, harmonie, équilibre.
Variante : Davinia.

Dawn

Traduction littérale anglo-saxonne d'Aurore, Dawn apparut dans les années 1920 aux États-Unis, et connut son apogée en 1970.
Chiffre 6 - couleur rouge.
Caractère : affectivité, sens des responsabilités, équilibre, générosité.

Déborah

Prophétesse au XIIe siècle avant J.-C. dans la montagne d'Éphraïm, Deborah remercie Yahvé d'avoir donné la victoire à son peuple contre les Cananéens en composant un cantique, conservé dans la Bible.
Origine hébraïque, signifie « abeille ».
Chiffre 8 - couleur orange.
Caractère : ambition, rapidité, opportunisme, sens des affaires.
Anglo-saxon : Debbie, Debra.
Espagnol et italien : Debora.

Delphine

Ce prénom a été illustré par le personnage du roman *Delphine* de Mme de Staël, au début du XIXe siècle.
Origine latine, signifie « dauphin ».
Chiffre 1 - couleur jaune.
Fête le 26 novembre.
Sainte Delphine, née dans le Vaucluse, fait vœu de chasteté, mais ses parents la marient contre son gré à un homme âgé, Elzéar, qui accepte de ne pas consommer le mariage et de se consacrer avec elle aux œuvres charitables.
Caractère : sensibilité, détermination, charisme, puissance de travail.
Espagnol et italien : Delfina.

Denise

Très en vogue au début du XXe siècle, ce prénom est aujourd'hui très rare.
Origine latine, du nom de Dionysos, dieu de la Vigne et du Vin.
Chiffre 2 - couleur jaune.
Fête le 15 mai.
Sainte Denise, chrétienne en Tunisie au Ve siècle, répand la bonne parole autour d'elle. Elle est arrêtée et mise à mort par les Vandales avec son fils et sa sœur.
Caractère : altruisme, indépendance, ambition, persévérance.
Autre orthographe : Denyse.

Déotille

Origine latine, signifie « pareille à Dieu ».
Chiffre 7 - couleur rouge.
Fête le 4 juillet.
Sainte Déotille, fille de sainte Berthe, est renommée, en Artois, au VIIe siècle, pour sa bonté et sa dévotion.
Caractère : méthode, travail, réflexion, rigueur.

Désirée

Forme féminine de Désiré, ce prénom fut porté par Désirée Clary, à la fin du XVIIIe siècle, qui épousa le général Bernadotte et devint reine de Suède.
Origine latine, signifie « désirée, attendue ».
Chiffre 2 - couleur violette.
Fête le 8 mai.
Saint Désiré, évêque de Bourges au IXe siècle, combattit farouchement l'arianisme.
Caractère : courage, charisme, esprit d'analyse, volonté.
Italien : Desideria.

D

Diane

Voici le prénom star de la mythologie, évocateur de beauté et d'élégance, parfaitement illustré à la Renaissance par Diane de Poitiers, favorite de Henri II.
Origine latine, du nom de Diana, déesse romaine de la Chasse et de la Nature.
Chiffre 6 - couleur rouge.
Fête le 9 mai.
Sainte Diane d'Andalo, belle, intelligente, cultivée et ravissante, à Bologne, au XIIIe siècle, prend le voile, malgré l'opposition de ses parents, et devient mère supérieure d'un couvent de dominicaines.
Caractère : séduction, harmonie, sens artistique, communication.
Anglo-saxon, espagnol, italien : Diana.

Dinah

Elle est, dans la Bible, la fille de Jacob et de Léa.
Origine hébraïque, signifie « la loi ».
Chiffre 9 - couleur verte.
Caractère : indépendance, volonté, franchise, fierté.

Dionne

Ce prénom est une forme anglo-saxonne de Théodore.
Origine grecque, signifie « don de Dieu ».
Chiffre 7 - couleur rouge.
Fête le 11 novembre.
Saint Théodore, abbé d'un monastère de Constantinople, est exilé par l'empereur Nicéphore, à qui il reproche sa rigueur. Rappelé par l'empereur Michel, il s'oppose violemment aux iconoclastes, est emprisonné de nombreuses années et meurt peu après sa libération.
Caractère : étude, réflexion, spiritualité, réserve.

Djamila

Origine arabe, signifie « belle ».
Chiffre 5 - couleur verte.
Caractère : indépendance, curiosité, adaptabilité, sens de l'aventure.

Dolorès

Ce grand classique espagnol est aujourd'hui plus courant sous ses diminutifs Lola et Lolita.
Origine latine, signifie « douleur ».
Chiffre 7 - couleur bleue.
Fête le 11 juin.
Sainte Dolorès, Espagnole du XIXe siècle, veut prendre le voile dès l'adolescence, mais son père s'y oppose. Elle attend sa majorité pour entrer dans les ordres. Nommée supérieure de son couvent, elle fonde une école pour enfants pauvres.
Caractère : sensibilité, activité, sens des responsabilités, autorité.
Diminutifs : Lola, Lolita.

Dominique

Il est rare qu'un prénom soit mixte à parité ; c'est le cas de Dominique, qui, dans les années 1950, nommait aussi bien les garçons que les filles.
Origine latine, signfie « maître ».
Chiffre 8 - couleur jaune.
Fête le 8 août.
Saint Dominique de Guzman, prêtre espagnol envoyé en France par le pape au XIIIe siècle pour combattre l'hérésie des cathares, prêche la pauvreté, le jeûne et fonde l'ordre dominicain, dont il rédige la règle de vie.
Caractère : charme, efficacité, détermination, indépendance.
Basque : Domeca, Domeka, Domekato, Domenga, Dominika. Espagnol : Dominga. Italien : Domenica. Slave : Doma.

Domitille

Féminin de Domitien, ce prénom apparaît timidement à l'état civil.
Origine latine, signifie « maison ».

Chiffre 9 - couleur verte.
Fête le 28 décembre.
Sainte Domitille, mère de sept enfants à Rome, au Ier siècle, est arrêtée et exilée dans une île au large de l'Italie.
Caractère : émotivité, idéalisme, exigence, générosité.
Espagnol : Domicia.

Donatella

Cette forme féminine de Donatien est italienne ; elle est préférée à Donatienne, moins chantante.
Origine latine, signifie « donation ».
Chiffre 3 - couleur jaune.
Fête le 24 mai.
Saint Donatien est arrêté à Nantes, au IIIe siècle, avec son jeune frère par les soldats de Maximin et décapité pour avoir refusé de se prosterner devant les dieux païens.
Caractère : communication, sens artistique, harmonie, charisme.
Hongrois : Donka.

Dora

Ce prénom est un diminutif de Théodora.
Origine grecque, signifie « don de Dieu ».
Chiffre 2 - couleur jaune.
Fête le 6 février.
Sainte Dorothée, jeune vierge et martyre chrétienne de Césarée, en Asie Mineure, au IIIe siècle, est sa patronne.
Caractère : réalisme, imagination, indépendance, affectivité.
Variantes : Doria, Doriane.

Dorella

Une forme moderne de Dorothée.
Origine grecque, signifie « don de Dieu ».
Chiffre 4 - couleur rouge.
Fête le 6 février.
Sainte Dorothée, vierge et martyre à Césarée, en Asie Mineure, au IIIe siècle, est sa patronne.
Caractère : travail, rigueur, stabilité, ténacité.

Doriane

Ce prénom est une forme moderne de Théodora, en vogue depuis les années 1990.
Origine grecque, signifie « don de Dieu ».
Chiffre 3 - couleur jaune.
Fête le 6 février.
Sainte Dorothée, vierge et martyre à Césarée, en Asie Mineure, au IIIe siècle, est sa patronne.
Caractère : ambition, autorité, énergie, rapidité.
Variante : Dorienne.

Dorine

Ce prénom évoque un des personnages des comédies de Molière, jeune fille pleine de santé et de bon sens.
Origine grecque, signifie « don de Dieu ».
Chiffre 8 - couleur jaune.
Fête le 6 février.
Sainte Dorothée, jeune chrétienne de Césarée, en Asie Mineure, au IIIe siècle, marche vers le supplice après avoir converti Théophile, un avocat, et les femmes chargées de la garder.
Caractère : réalisme, imagination, indépendance, affectivité.

Doris

Elle est, dans la mythologie grecque, l'épouse de Nérée, dont elle a eu cinquante filles, appelées les Néréides.
Origine grecque, signifie « don de Dieu ».
Chiffre 2 - couleur rouge.
Fête le 10 novembre.
Sainte Nymphe, martyrisée en Asie Mineure au IIe siècle par les hommes de l'empereur romain Dèce, est sa patronne.
Caractère : énergie, courage, altruisme, passion.

Dorothée

Ce prénom est une forme féminine de Théodore.
Origine grecque, signifie « don de Dieu ».
Chiffre 8 - couleur jaune.

Fête le 6 février.
Sainte Dorothée, jeune chrétienne de Césarée, en Asie Mineure, au IIIe siècle, marche vers le supplice après avoir converti les femmes chargées de la garder.
Caractère : réalisme, imagination, indépendance, affectivité.
Anglo-saxon : Dodie, Dolly, Dorothy.
Espagnol : Dorotheo.
Germanique : Dorit, Dorothea, Dorte, Dorthe.
Italien : Dorotea.
Néerlandais : Doortje.

Dune

Ce prénom aurait une origine germanique, mais il est assez répandu en Espagne. Origine germanique, signifie « colline ».
Chiffre 8 - couleur verte.
Caractère : équilibre, sens de la justice, rigueur, ambition.
Espagnol : Duna, Dunia.

Dunvaël

Origine celte, signifie « princesse de la vallée ».
Chiffre 1 - couleur verte.
Fête le 8 mai.
Sainte Tunvel est la mère de saint Méen, fondateur d'abbayes en Armorique au VIe siècle.
Caractère : ambition, travail, persévérance, autorité.

Eden

Ce prénom mixte évocateur du paradis est en vogue depuis 2000. Dans la Bible, il nommait l'un des petits-fils de Moïse.
Origine hébraïque, signifie « délices ».
Chiffre 1 - couleur verte.
Caractère : énergie, indépendance, autorité, perfectionnisme.

Ederna

Ce prénom est le féminin d'Edern.
Origine galloise, signifie « très grande ».
Chiffre 2 - couleur verte.
Fête le 26 août.
Saint Edern, moine irlandais du IXe siècle, installe son ermitage en Bretagne, où la légende lui prête de nombreux miracles.
Caractère : autorité, tendresse, orgueil, exigence.
Diminutif : Edernez.

Édith

Origine germanique, signifie « richesse et travail ».
Chiffre 1 - couleur bleue.
Fête le 16 septembre.
Sainte Édith, fille du roi des Anglo-Saxons Edgar au Xe siècle, rejoint sa mère, sainte Wilfride, au couvent, où elle meurt à 23 ans.
Caractère : curiosité, vivacité, passion, impatience.
Espagnol : Edita. *Italien :* Edda, Editta.

Edmée

Elle est la forme féminine d'Edme.
Origine germanique, signifie « richesse et protection ».
Chiffre 5 - couleur verte.
Fête le 20 novembre.
Saint Edmond, roi des Saxons à 14 ans, au IXe siècle, est capturé par les Vikings et décapité.
Caractère : autorité, vivacité, curiosité, indépendance.
Italien : Edma.

Edna

Ce féminin d'Eden est en vogue dans les pays anglo-saxons.
Origine hébraïque, signifie « le paradis ».
Chiffre 6 - couleur jaune.
Caractère : affectivité, calme, générosité, loyauté.

Edwige

Origine germanique, signifie « richesse et combat ».
Chiffre 8 - couleur verte.
Fête le 16 octobre.
Sainte Édwige, épouse du roi de Pologne au XIIIe siècle, se retire dans un couvent à la mort de son mari.
Caractère : énergie, autorité, charme, ambition.
Autre orthographe : Hedwige.
Italien : Edvige.

Égéria

Elle était, dans la mythologie romaine, une nymphe, déesse des Sources, censée conseiller Numa, roi légendaire de Rome, successeur de Romulus.
Origine latine, du nom d'Egeria.
Chiffre 9 - couleur bleue.
Fête le 10 novembre.
Sainte Nymphe, chrétienne au IIe siècle en Asie Mineure, condamnée au supplice par l'empereur Dèce, est sa patronne.
Caractère : passion, indépendance, volonté, puissance de travail.

Églantine

Églantine rejoint la ronde des prénoms fleuris, mais a moins de succès que Capucine.
Origine latine, signifie « porteuse d'épines ».
Chiffre 6 - couleur verte.
Fête le 5 octobre.
Sainte Fleur, religieuse dans le Quercy au XIVe siècle, est sa patronne.

Caractère : charme, sensibilité, harmonie, douceur.
Italien : Eglantina.

Le Jardin des prénoms

Rose et Marguerite ont fleuri les premières à l'état civil. Marguerite avait la primeur dès le Moyen Âge, et s'est épanoui au début du XXe siècle. Rose a connu son apogée au même moment. Au jardin des prénoms ont poussé ensuite Églantine, Capucine, Anémone, Fleur, Amarillys, Adamante, Dahlia, sans oublier Hazel et Holly de l'autre côté de la Manche... Voici maintenant Althéa et Chloé.
Du côté des garçons, Yves et Olivier sont, pour l'instant, les seuls représentants notoires du règne végétal.

Eileen

Une forme irlandaise d'Hélène.
Origine grecque, signifie « éclat du soleil ».
Chiffre 5 - couleur jaune.
Fête le 18 août.
Sainte Hélène, épouse de l'empereur de Rome Constantin Chlore, au IIIe siècle, est répudiée puis rappelée à la cour par son fils. Elle se convertit à 60 ans et favorise l'implantation de la religion catholique.
Caractère : vivacité, courage, autorité, ambition.

Elea

Ce prénom est une des nombreuses variantes d'Hélène.
Origine grecque, signifie « éclat du soleil ».
Chiffre 5 - couleur jaune.
Fête le 18 août.
Sainte Hélène, mère de l'empereur Constantin au IIIe siècle, se convertit et favorisa la diffusion du christianisme dans l'empire.
Caractère : indépendance, activité, émotivité, ambition.

Électre

Dans la mythologie, elle est la fille d'Agamemnon et de Clytemnestre ; pour venger son père, elle persuada son frère Oreste de tuer sa mère et son amant Égisthe. Éschyle, Sophocle, Euripide et Jean Giraudoux en firent le thème d'une de leurs œuvres.
Chiffre 5 - couleur verte.
Caractère : adaptabilité, goût de l'aventure, des voyages, indépendance.
Italien : Elettra.

Éléonore

Médiéval, Éléonore revient au goût du jour après une éclipse de plusieurs siècles.
Origine grecque, signifie « compassion ».
Chiffre 8 - couleur orange.
Fête le 25 juin.
Sainte Éléonore, belle-sœur de saint Louis, épouse Henri III d'Angleterre. Elle place aux postes clés du royaume ses parents et ses amis, entraînant la colère des seigneurs anglais, qui emprisonnent le roi. Éléonore lève une armée pour libérer son mari, qui meurt peu après. Elle se retire alors chez les bénédictines.
Caractère : ambition, esprit d'entreprise, détermination, courage.
Variantes : Ellenore, Élinor, Léonor, Noriane.
Breton : Aanor, Aenor. Espagnol : Eleonor.
Italien : Eleonora. Occitan : Alienor.

Elfie

Ce prénom est une forme moderne et élégante d'un très vieux prénom germanique, Elfléda.
Origine germanique, signifie « noble paix ».
Chiffre 1 - couleur jaune.
Fête le 8 février.
Sainte Elfléda, princesse de Northumbrie, en Angleterre au VIIIe siècle, abandonne sa vie fastueuse pour terminer ses jours dans un monastère.

Caractère : indépendance, énergie, vivacité, sens pratique.

Elia

Ce prénom est l'une des formes féminines d'Élie, plus moderne qu'Éliane ou Éliette.
Origine hébraïque, signifie «Dieu est mon maître »
Chiffre 9 - couleur verte.
Fête le 20 juillet.
Caractère : réserve, ténacité, sensibilité, ambition.

Éliane

Dans la famille des formes féminines d'Élie, ce prénom a surpassé Éliette.
Origine hébraïque, signifie « mon maître est Dieu ».
Chiffre 1 - couleur verte.
Fête le 20 juillet.
Élie, prophète au royaume d'Israël au IXe siècle avant J.-C., participe aux affaires publiques et lutte contre les cultes idolâtres.
Caractère : activité, détermination, rigueur, réflexion.

Élianor

Ce prénom est une variante d'Aliénor, elle-même dérivée d'Éléonore.
Origine grecque, signifie « compassion ».
Chiffre 2 - couleur orange.
Fête le 25 juin.
Sainte Éléonore, belle-sœur de Saint Louis, épouse du roi d'Angleterre Henri III, se retire dans un monastère chez les bénédictines à la mort de son mari.
Caractère : autonomie, passion, sensibilité, franchise.

Éliette

Ce prénom est une forme féminine rare d'Élie.
Origine hébraïque, signifie « mon maître est Dieu ».
Chiffre 4 - couleur orange.
Fête le 20 juillet.
Élie, prophète au royaume d'Israël au IXe siècle avant J.-C., participe aux affaires publiques et lutte contre les cultes idolâtres.
Caractère : sensibilité, réserve, persévérance, volonté.

Elina

Ce prénom est des nombreux dérivés d'Hélène.
Origine grecque, signifie « éclat du soleil ».
Chiffre 5 - couleur jaune.
Fête le 18 août.
Sainte Hélène, fille d'aubergiste à Rome au IIIe siècle, est séduite par Constance Chlore, empereur romain d'Occident, dont elle a un fils, Constantin. Répudiée, elle quitte la cour, mais son fils la rappelle lorsqu'il accède au trône en 306. Hélène se convertit à 60 ans. Très influente, elle défend la cause des chrétiens, multiplie les dons et favorise la construction de monastères en Palestine.
Caractère : vivacité, courage, fierté, dynamisme.

Élisabeth

Son succès date du Moyen Âge. Il a traversé les siècles sans prendre une ride, jamais favori, mais jamais oublié. Ses multiples formes dérivées ont connu, chacune à leur tour, la faveur des parents.
Origine hébraïque, signifie « Dieu est plénitude ».
Chiffre 9 - couleur orange.
Fête le 17 novembre.
Sainte Élisabeth est, dans la Bible, l'épouse de Zacharie et la cousine de Marie. Pendant des années, elle a déploré sa stérilité et prié Dieu de la rendre mère. Elle est âgée lorsque la naissance prochaine d'un fils lui est annoncée, mais elle ne doute pas ; Jean le Baptiste naît quelques mois plus tard.

Caractère : élégance, sensibilité, tenacité, courage.
Forme originelle : Élishéva.
Diminutifs : Babette, Lili, Lily, Sissi.
Anglo-saxon : Elisabeth, Bessie, Beth, Betsey, Betsy, Betsie, Betty, Lillibet, Lilly, Lisbeth, Liza, Lizzie. Basque : Elisabete, Elixabete, Lisabe.
Breton : Eliboubann, Liboubann.
Espagnol : Elisabet. Germanique : Elisabet, Eilis, Ella, Elsbet, Lies, Liese, Liesel, Lisl, Lissy, Lysje. Italien : Elisabetta, Bettina.
Normand : Lisabe, Zabeth.
Provençal : Eisabello, Eliso, Lisabeu, Liseto, Lisoun. Russe : Lisaveta, Yelisaveta.
Scandinave : Else, Elsie.

Élise

Ce prénom sage est le premier diminutif d'Élisabeth.
Origine hébraïque, signifie « Dieu est plénitude ».
Chiffre 5 - couleur orange.
Fête le 17 novembre.
Sainte Élisabeth, épouse de Zacharie et cousine de Marie, se désole de sa stérilité. Elle est déjà âgée quand un ange lui annonce sa prochaine maternité. Elle accouche de Jean-Baptiste quelques mois plus tard.
Caractère : indépendance, autorité, passion, épicurisme.
Variantes : Élisa, Élisane.

Éliselore

Ce prénom est une forme composée d'Élisabeth et d'Éléonore.
Chiffre 1 - couleur verte.
Caractère : ambition, énergie, travail, rigueur.

Ella

Forme féminine d'Élie, elle est plus moderne qu'Éliane et Éliette.
Origine hébraïque, signifie « mon maître est Dieu ».
Chiffre 3 - couleur rouge.
Fête le 1er février.
Sainte Ella est la pieuse épouse d'un seigneur anglais volage, au XIIIe siècle. À sa mort, elle fonde une abbaye de moniales et en devient abbesse.
Caractère : charisme, humour, fantaisie, éloquence.

Elma

Origine germanique, signifie « casque ».
Chiffre 4 - couleur bleue.
Fête le 15 avril.
Saint Elme, patron d'Elma, est un évêque italien du IVe siècle martyrisé pour avoir refusé d'abjurer.
Caractère : vivacité, énergie, opiniâtreté, curiosité.

Élodie

Origine latine, signifie « propriété ».
Chiffre 5 - couleur bleue.
Fête le 22 octobre.
Sainte Alodie, fille d'un musulman et d'une chrétienne à Cordoue au IXe siècle, est arrêtée par l'émir qui la somme de renier sa foi ; elle refuse, elle est décapitée.
Caractère : secret, dynamisme, adaptabilité, indépendance.
Variante : Alodie.
Basque : Alodia, Eladio, Elodi.
Provençal : Eloudio.

Éloïse

Une forme médiévale de Louise, illustrée par le récit, au XIIe siècle, des amours d'Héloïse et d'Abélard, amants séparés dont la passion survécut à toutes les épreuves.
Origine germanique, signifie « glorieux vainqueur ».
Chiffre 2 - couleur bleue.
Fête le 1er novembre.
Sainte Louise de Marillac est la fondatrice, avec saint Vincent de Paul, de l'ordre des Filles de la charité au XVIIe siècle.

Caractère : éloquence, indépendance, énergie, vivacité.
Autre orthographe : Héloïse.
Variantes : Aloïse, Aloyse.
Espagnol : Eloïsa.

Élona

Ce prénom biblique était à l'origine masculin. Il est aujourd'hui exclusivement féminin.
Origine hébraïque, signifie « chêne ».
Chiffre 2 - couleur verte.
Caractère : indépendance, diplomatie, adaptabilité, sociabilité.

Elsa

Ce prénom, diminutif d'Élisabeth, a été illustré par le poème *Les Yeux d'Elsa* écrit pour Elsa Triolet par Louis Aragon.
Origine hébraïque, signifie « Dieu est plénitude ».
Chiffre 1 - rouge.
Fête le 17 novembre.
Sainte Élisabeth, mère de saint Jean-Baptiste, est sa patronne.
Caractère : réserve, exigence, autorité, rigueur.
Variante : Elsie.

Elvire

Origine germanique, signifie « noble gardien ».
Chiffre 8 - couleur jaune.
Fête le 16 juillet.
Sainte Elvire est abbesse d'un couvent en Rhénanie au XIIe siècle.
Caractère : courage, opiniâtreté, susceptibilité, ambition.
Basque : Elbira. *Espagnol :* Elvira.

Émilie

Féminin d'Émile, Émilie a connu son heure de gloire dans les années 1980.
Origine latine, signifie « émule ».
Chiffre 8 - couleur bleue.
Fête le 19 septembre.
Sainte Émilie de Rodat créa, en Auvergne, au XIXe siècle, une institution pour l'enseignement des enfants pauvres, la Sainte Famille.
Caractère : courage, énergie, volonté, fidélité.
Anglo-saxon : Emily.
Espagnol et italien : Emilia.
Normand : Emélie.

Emma

Ce prénom usité au XIXe siècle est réapparu dans les années 1990. Son étymologie n'est pas certaine. Certains la rattachent à Emmanuelle, dont il serait le diminutif, d'autres lui attribuent une origine germanique. Celle-ci est d'autant plus vraisemblable qu'Emma fut un prénom porté au VIIIe siècle par plusieurs princesses et par une reine de Bourgogne, à une époque où, en Europe du Nord, les prénoms étaient tous d'origine germanique.
Origine germanique, signifie « puissante ».
Chiffre 5 - couleur orange.
Fête le 19 avril.
Sainte Emma, jeune veuve, fit bâtir des églises et des monastères en Rhénanie au XIe siècle.
Caractère : volonté, activité, travail, autonomie.

Emmanuelle

Ce prénom a occupé le hit-parade dans les années 1980.
Origine hébraïque, signifie « Dieu avec nous ».
Chiffre 2 - couleur orange.
Fête le 11 octobre.
Sainte Emmanuelle, moniale espagnole, fonde au XIXe siècle un ordre de religieuses qui assiste les malades et les infirmes à domicile.
Caractère : indépendance, activité, émotivité, générosité.
Variante : Manuelle.
Espagnol : Emanuela, Manola, Manolita.
Italien : Emanuela, Manuela, Manuelita.

Emmeline

Origine germanique, signifie « douce maison ».
Chiffre 4 - couleur verte.
Fête le 27 octobre.
Sainte Emmeline, cistercienne en Champagne au XIIe siècle, est un modèle de piété.
Caractère : sensibilité, affectivité, prudence, douceur.
Autre orthographe : Émeline.

Endora

Ce prénom est une forme dérivée d'Eudora, fille d'Océan et de Thétys dans la mythologie.
Origine grecque, signifie « bon cadeau »
Chiffre 3 - couleur rouge.
Fête le 1er avril.
Sainte Théodora, martyre à Rome sous l'empereur Hadrien, au Ier siècle, est la protectrice d'Endora.
Caractère : communication, optimisme, adaptabilité, activité.

Énéa

Elle est la forme féminine d'Énée, prénom tiré de la mythologie.
Origine grecque, d'Aeneas, prince troyen, héros de l'*Énéide*, poème de Virgile.
Chiffre 7 - couleur verte.
Caractère : curiosité, goût de l'aventure, perfectionnisme, étude.

Enola

Ce prénom est l'une des formes bretonnes dérivées d'Honorine.
Origine latine, signifie « honneur ».
Chiffre 2 - couleur bleue.
Fête le 27 février.
Sainte Honorine est sa patronne.
Caractère : sens des responsabilités, harmonie, douceur, discrétion.

Énora

Origine celte, signifie « honneur ».
Chiffre 8 - couleur bleue.
Fête le 14 octobre.
Sainte Énora épouse saint Efflam, prince irlandais qui a fait vœu de chasteté ; ils vivent chacun dans un oratoire, en Bretagne à Plestin-les-Grèves, au Ve siècle.
Caractère : énergie, indépendance, vivacité, curiosité.

Erell

Ce prénom très ancien réapparaît après plusieurs siècles d'oubli.
Origine celte, signifie « lien ».
Chiffre 7 - couleur bleue.
Fête le 15 septembre.
Sainte Erell vécut pieusement en Bretagne au VIIe siècle.
Caractère : réflexion, réserve, étude, spiritualité.

Erin

Ce prénom géographique est très en vogue dans les pays anglo-saxons, comme Brittany.
Origine irlandaise, du nom de l'Irlande.
Chiffre 1 - couleur verte.
Caractère : ambition, indépendance, énergie, activité.

Ermelinde

Origine germanique, signifie « doux honneur ».
Chiffre 4 - couleur verte.
Fête le 29 octobre.
Sainte Ermelinde se réfugie dans un couvent, dans le Brabant au VIe siècle, pour échapper à ses parents, qui veulent la marier de force.
Caractère : émotivité, sensibilité, réserve, idéalisme.
Variante : Ermeline.

Ermengarde

Origine germanique, signifie « demeure d' Irmin », un dieu franc.
Chiffre 9 - couleur orange.
Fête le 5 juin.
Sainte Ermengarde, fille du comte d'Anjou, épouse du duc de Bretagne Alain IV, fonde au XIe siècle plusieurs monastères, sur les directives de saint Bernard.
Caractère : élégance, exigence, esprit critique, humour.

Ernestine

Ce féminin d'Ernest était en vogue au XIXe siècle.
Origine germanique, signifie « sérieuse ».
Chiffre 1 - couleur orange.
Fête le 7 novembre.
Saint Ernest, abbé d'un monastère à Constance au XIIIe siècle, meurt à la croisade.
Caractère : sérieux, volonté, travail, exigence.

Esméralda

Esméralda est sans doute un des personnages les plus connus de l'œuvre de Victor Hugo.
Origine grecque, signifie « émeraude ».
Chiffre 6 - couleur verte.
Fête le 10 mars.
Saint Smaragde est un soldat romain chrétien qui, refusant d'adorer les dieux païens, fut noyé avec trente-neuf compagnons dans un lac près de Sébaste, en Cappadoce, au XIIe siècle.
Caractère : vivacité, charme, optimisme, persuasion.
Variante : Smaragde.

Espéranza

Ce prénom, courant en Espagne, était, d'après la légende, celui de l'une des filles de sainte Sophie.
Origine espagnole, signifie « espérance ».
Chiffre 1 - couleur rouge.
Fête le 1er août.
Sainte Espérance a été martyrisée à Rome au Ier siècle.
Caractère : sensibilité, séduction, optimisme, curiosité.
Italien : Speranza.

Estelle

Origine latine, signifie « étoile ».
Chiffre 6 - couleur bleue.
Fête le 11 mai.
Sainte Estelle, fille du légat romain de Saintes au Ier siècle, se fait baptiser par l'évêque de la ville et part vivre en ermite. Son père, furieux, fait décapiter l'évêque, la somme de renier sa foi, et, comme elle refuse, il la décapite lui-même.
Caractère : douceur, charme, générosité, art de vivre.
Anglo-saxon : Stella.
Breton : Sterenn.
Espagnol : Estela.

Esther

Ce prénom biblique est chargé de traditions. Esther, nièce de Mardochée, un sage vieillard, épouse le roi de Perse Assuérus sans lui révéler ses origines juives, et obtient la grâce des juifs menacés d'extermination par le vizir. La fête de Pourim (le quatorzième jour du mois de mars) commémore ce jour de grâce. Le Livre d'Esther, la Méguilah, est un des plus beaux récits de l'Ancien Testament.
Origine hébraïque, signifie « je cacherai ».
Chiffre 3 - couleur rouge.
Caractère : curiosité, communication, rapidité, sens pratique.
Italien : Ester.

Éthel

Cette forme anglo-saxonne d'Adèle est très prisée aux États-Unis.
Origine germanique, signifie « noble ».
Chiffre 5 - couleur bleue.
Fête le 24 septembre.

Sainte Adèle, fille du roi d'Austrasie Dagobert II au VIIe siècle, se retire dans un monastère à son veuvage, et se consacre à l'éducation de son petit-fils et aux œuvres charitables.
Caractère : charme, énergie, indépendance, autorité.

Éthelred

Ce prénom médiéval est actuellement oublié.
Origine germanique, signifie « noble gloire ».
Chiffre 5 - couleur rouge.
Fête le 23 juin.
Sainte Éthelred, Anglaise du VIIe siècle, a fait vœu de chasteté, mais elle est mariée de force par son père à un homme âgé qui meurt rapidement ; elle est aussitôt remariée à un homme de son âge. Elle s'enfuit du domicile conjugal et se réfugie au monastère d'Ely, dont elle devient abbesse.
Caractère : réserve, charme, volonté, travail.
Variantes : Etheldred, Etheldreda, Ethelhead.

Eudeline

Ce prénom médiéval est le féminin d'Eudes.
Origine germanique, signifie « richesse ».
Chiffre 3 - couleur orange.
Fête le 19 novembre.
Saint Eude est, au VIIIe siècle, le premier abbé d'un monastère dans le Velay, où il mène une vie pieuse et discrète.
Caractère : altruisme, affectivité, harmonie, fantaisie.

Eudoxie

Ce prénom a été porté par une tsarine de Russie.
Origine grecque, signifie « bonne doctrine ».
Chiffre 2 - couleur jaune.
Fête le 1er mars.
Sainte Eudoxie, prostituée à Baalbek au IIe siècle, se fait baptiser ; elle est dénoncée par un ancien client et décapitée.
Caractère : autorité, affectivité, susceptibilité, fidélité.
Espagnol : Eudoxia.

Eugénie

En vogue au XIXe siècle, ce prénom fut illustré par l'impératrice Eugénie, femme de Napoléon III.
Origine grecque, signifie « bien née ».
Chiffre 3 - couleur bleue.
Fête le 7 février.
Saint Eugène, évêque de Carthage au IIIe siècle, consacre sa vie à lutter contre les Vandales, mais, exilé, il meurt loin de son évêché.
Caractère : élégance, vivacité, optimisme, fantaisie.
Basque : Eguene, Eguskina, Eukeni.
Espagnol et italien : Eugenia.

Eulalie

Origine grecque, signifie « bonne parole ».
Chiffre 1 - couleur rouge.
Fête le 12 février.
Sainte Eulalie, chrétienne de 12 ans en Espagne au IVe siècle, va reprocher à un juge les persécutions contre les croyants. Elle est brûlée vive.
Caractère : calme, émotivité, fantaisie, douceur.
Basque : Olalia. Catalan : Laïa.
Espagnol et italien : Eulalia.
Provençal : Aralha, Eulali, Eulalio.

Euphrasie

Origine grecque, signifie « belle élocution ».
Chiffre 4 - couleur verte.
Fête le 13 mars.
Sainte Euphrasie, fille d'un gouverneur d'une province d'Asie Mineure au Ve siècle, fait vœu de chasteté, mais son père la marie de force. Elle s'enfuit dans le désert et y vit en ermite.
Caractère : idéalisme, imagination, vivacité, calme.
Espagnol : Eufrasia.

Euphrosine

Origine grecque, signifie « bel esprit ».
Chiffre 4 - couleur rouge.

Fête le 1er janvier.
Sainte Euphrosine, vierge chrétienne en Égypte au Ve siècle, se refugie dans un couvent pour échapper au mariage.
Caractère : réserve, émotivité, susceptibilité, prudence.
Espagnol : Eufrosina.

Évaelle

Cette forme bretonne d'Ève est apparue à la fin du XXe siècle.
Origine hébraïque, signifie « vivante ».
Chiffre 8 - couleur verte.
Fête le 6 septembre.
Sainte Ève, chrétienne à Dreux au IIIe siècle, meurt en martyre.
Caractère : réflexion, intuition, adaptabilité, indépendance.

Évangeline

Ce prénom est un hymne aux Évangiles.
Origine grecque, signifie « bonne nouvelle ».
Chiffre 4 - couleur bleue.
Fête le 24 juin.
Saint Jean l'Évangéliste, auteur présumé du quatrième Évangile, de trois épîtres et de l'Apocalyse, est son patron.
Caractère : curiosité, indépendance, vivacité, opportunisme.
Variante : Évangélista. Espagnol : Evangelina.

Ève

Nos aïeux ont bonne presse ; le succès d'Ève accompagne celui d'Adam.
Origine hébraïque, signifie « vivante ».
Chiffre 5 - couleur bleue.
Fête le 6 septembre.
Sainte Ève est une jeune chrétienne gauloise du IIIe siècle, morte en martyre à Dreux.
Caractère : indépendance, volonté, opportunisme, goût du pouvoir.
Variantes : Éva, Évelyne, Maeve.
Forme biblique : Hawa.
Arabe : Haoua.
Espagnol et italien : Eva.

Évelyne

Cette forme dérivée d'Ève a été en vogue dans les années 1950.
Origine hébraïque, signifie « vivante ».
Chiffre 7 - couleur bleue.
Fête le 6 septembre.
Sainte Ève, martyre chrétienne à Dreux au IIIe siècle, est sa patronne.
Caractère : réflexion, discrétion, prudence, patience.

F

Fabienne

Ce prénom est le féminin de Fabien.
Origine latine, signifie « issue des Fabius », illustre famille romaine au Ier siècle.
Chiffre 2 - couleur jaune.
Fête le 20 janvier.
Sainte Fabiola, riche patricienne à Rome au IVe siècle, est sa patronne. Après avoir divorcé d'un premier mari homosexuel, elle épouse un riche débauché, qu'elle convertit ; ils ouvrent les portes de leur palais aux prostituées et font construire un hôpital pour les déshérités.
Caractère : affectivité, sensibilité, charme, intuition.
Basque : Fabiana.

Fabiola

La forme espagnole de Fabienne.
Origine latine, signifie « issue des Fabius », illustre famille romaine au Ier siècle.
Chiffre 1 - couleur jaune.
Fête le 20 janvier.
Sainte Fabiola, riche jeune fille patricienne à Rome au IVe siècle, est mariée par ses parents à un jeune homosexuel ; elle divorce pour épouser un débauché, qu'elle parvient à convertir ; son palais devient un refuge pour prostituées et elle finance la construction d'un hôpital pour déshérités.
Caractère : ambition, rigueur, travail, autorité.

Fanchon

Ce prénom est un diminitif de Françoise.
Origine latine, signifie « de France ».
Chiffre 7 - couleur rouge.
Fête le 9 mars.
Sainte Françoise, mariée dès l'enfance à un noble romain au XVe siècle, perd ses enfants en bas âge, voit sa maison pillée, son mari exilé, ses amis mourir de l'épidémie de peste. Elle soigne les malades et, à la mort de son époux, se retire dans le monastère qu'elle a fondé.
Caractère : réserve, élitisme, intuition, émotivité.

Fanny

Diminutif provençal de Françoise, elle évoque l'œuvre de Marcel Pagnol.
Origine latine, signifie « de France ».
Chiffre 6 - couleur verte.
Fête le 9 mars.
Sainte Françoise, noble romaine au XVe siècle, subit de multiples malheurs : ses enfants meurent, son mari est exilé, sa maison pillée, ses amis décimés par la peste. Elle soigne les malades et se retire dans un monastère.
Caractère : sensibilité, harmonie, diplomatie, générosité.
Diminutif : Fannette.

Fantine

Elle évoque l'héroïne des *Misérables* de Victor Hugo.
Origine latine, signifie « enfant ».
Chiffre 6 - couleur bleue.
Fête le 30 août.
Saint Fantin, abbé en Calabre au Xe siècle, fut réputé pour sa bonté et sa charité.
Caractère : douceur, altruisme, générosité, prudence.

Fatima

Ce prénom est celui de la quatrième fille du Prophète, épouse d'Ali.
Origine arabe, signifie « petite chamelle ».
Chiffre 5 - couleur verte.
Caractère : indépendance, adaptabilité, goût de l'aventure, charisme.

Faustine

Ce prénom a été illustré, dans l'Antiquité, par deux impératrices romaines, Faustine l'Ancienne, épouse d'Antonin le Pieux, et Faustine la Jeune, épouse de Marc-Aurèle.
Origine latine, signifie « fortunée ».

Chiffre 5 - couleur jaune.
Fête le 15 janvier.
Sainte Faustine consacre sa vie à la prière et à la contemplation, enfermée dans une cellule, au VIe siècle en Italie.
Caractère : curiosité, intuition, vivacité, adaptabilité.
Italien : Fausta, Faustina.

Faye

Cette forme anglaise de Foy, prénom qui a complètement disparu, est très en vogue dans les pays anglo-saxons.
Origine latine, signifie « foi ».
Chiffre 1 - couleur jaune.
Fête le 6 octobre.
Sainte Foy, patronne de Faye, demande le baptême à 12 ans, en 300 à Agen. Elle est aussitôt arrêtée et martyrisée.
Caractère : charme, séduction, détermination, ambition.
Variante : Faith.
Espagnol : Fe.
Italien : Fede.

Fédora

Le diminutif de Théodora.
Origine grecque, signifie « don de Dieu »
Chiffre 4 - couleur jaune.
Fête le 11 novembre.
Saint Théodore, moine en Asie Mineure au IXe siècle, passe la majeure partie de sa vie emprisonné pour sa lutte contre les iconoclastes.
Caractère : travail, rigueur, sens de l'organisation, stabilité.
Variantes : Féodora, Fjodora.

Félicie

Féminin de Félix, Félicie revient au goût du jour.
Origine latine, signifie « heureuse ».
Chiffre 4 - couleur orange.
Fête le 10 mai.
Sainte Félicie, épouse de saint Isidore, près de Madrid au XIIe siècle, cultive la terre, élève ses enfants et représente un modèle de piété pour son entourage.
Caractère : réserve, prudence, sensibilité, générosité.
Basque : Felixa, Felixi, Felixia, Felizia.
Italien : Felicia.

Félicité

Une seconde forme féminine de Félix.
Origine latine, signifie « heureuse ».
Chiffre 6 - couleur orange.
Fête le 7 mars.
Sainte Félicité, jeune esclave chrétienne à Carthage au IIIe siècle, est arrêtée ; elle accouche dans sa cellule trois jours avant d'être livrée aux jeux du cirque, et confie son enfant à une chrétienne, qui promet de l'élever.
Caractère : sensibilité, diplomatie, générosité, calme.
Anglo-saxon : Felicity.
Espagnol : Felicidad.
Germanique : Felicitas.
Italien : Felicita.

Fénella

Origine celte, signifie « jeune fille aux épaules blanches ».
Chiffre 1 - couleur verte.
Caractère : autorité, ambition, travail, persévérance.
Variantes : Finella, Fionnula.

Fernande

Ce féminin de Fernand est peu répandu.
Origine germanique, signifie « qui ose la paix ».
Chiffre 4 - couleur jaune.
Fête le 30 mai.
Saint Ferdinand, roi de Castille au XIIIe siècle, fut un modèle de piété et de vertu.
Caractère : émotivité, prudence, sociabilité, sensibilité.
Espagnol, italien et portugais : Fernanda.

F

Fiona

Ce prénom est particulièrement courant en Écosse.
Origine gaélique, signifie « blonde ».
Chiffre 9 - couleur verte.
Caractère : réserve, idéalisme, rêverie, curiosité.

Flammen

Origine celte, signifie « qui a de l'éclat ».
Chiffre 7 - couleur orange.
Caractère : réflexion, étude, travail, réserve.
Variante : Flammig.

Flavie

Les Flavius étaient une dynastie qui gouverna l'Empire romain de 69 à 96 avec Vespasien, Titus et Domitien.
Origine latine, signifie « blonde ».
Chiffre 1 - couleur jaune.
Fête le 24 février.
Saint Flavien, diacre à Carthage au IIIe siècle, meurt en martyr pour avoir refusé de renier sa foi.
Caractère : élégance, détermination, ambition, perfectionnisme.
Anglo-saxon, espagnol et italien : Flavia.

Fleur

La forme francisée de Flore.
Origine latine, signifie « fleur ».
Chiffre 8 - couleur rouge.
Fête le 5 octobre.
Sainte Fleur, religieuse dans le Quercy au XIVe siècle, consacre sa vie à soigner les malades.
Caractère : passion, activité, ambition, franchise.
Variantes : Fleurimonde, Florimonde.

Flore

Déesse des Fleurs et des Jardins à Rome, elle avait un temple sur le Quirinal et était célébrée pendant des fêtes un peu licencieuses, au mois de mai, appelées floralies.
Origine latine, signifie « fleur ».
Chiffre 2 - couleur verte.
Fête le 24 novembre.
Sainte Flora subit le martyre à Cordoue au IXe siècle.
Caractère : altruisme, générosité, idéalisme, énergie.
Diminutif : Florette.
Variantes : Fleur, Florelle, Floraine, Florie, Floriane, Florinde, Florine.
Espagnol : Flor, Flora.
Germanique : Florinda.
Italien : Flora.

Florelle

Ce prénom mélodieux est une variante de Flore.
Origine latine, signifie « fleur ».
Chiffre 4 - couleur rouge.
Fête le 24 novembre.
Sainte Flora, chrétienne à Cordoue au IXe siècle, meurt en martyre pour avoir refusé de renier sa foi.
Caractère : sens des responsabilités, affectivité, générosité, tradition.
Italien : Florella.

Florence

Ce prénom fait partie des classiques discrets, toujours présents à l'état civil.
Origine latine, signifie « florissante ».
Chiffre 6 - couleur orange.
Fête le 1er décembre.
Sainte Florence, jeune fille païenne en Asie Mineure au IVe siècle, est convertie par saint Hilaire et prend le voile en France.
Caractère : sensibilité, harmonie, ambition, indépendance.
Variantes : Florange, Florentine.
Basque : Florentxi, Florentza, Florentzia.
Espagnol : Florencia.
Italien : Fiorenza.

Floriane

Ce prénom est moins répandu que son masculin Florian.
Origine latine, signifie « fleurie ».
Chiffre 8 - couleur rouge.
Fête le 4 mai.
Saint Florian, soldat de l'armée romaine au IIIe siècle, se fait baptiser en secret et convertit son entourage ; ses supérieurs l'arrêtent et le jettent dans une rivière avec une pierre au cou.
Caractère : autorité, ambition, rapidité, énergie.
Italien : Floriana.

Florie

Cette forme dérivée de Flore était courante au Moyen Âge.
Origine latine, signifie « fleur ».
Chiffre 2 - couleur rouge.
Fête le 5 octobre.
Sainte Flore, chrétienne à Cordoue au IXe siècle, subit le martyre pour avoir refusé d'abjurer.
Caractère : imagination, intuition, fantaisie, affectivité.

Florine

Cette forme dérivée de Flore revient en vogue.
Origine latine, signifie « fleur ».
Chiffre 7 - couleur rouge.
Fête le 5 octobre.
Sainte Flore, chrétienne à Cordoue au IXe siècle, est sa patronne.
Caractère : réserve, réflexion, intuition, sociabilité.

Fortunée

Fortunée est aussi rare que son masculin Fortunat.
Origine latine, signifie « chance ».
Chiffre 5 - couleur jaune.
Fête le 23 avril.
Saint Fortunat, diacre en Gaule, est martyrisé avec son compagnon saint Félix, en Gaule, au IIIe siècle.
Caractère : sensibilité, curiosité, épicurisme, diplomatie.
Espagnol : Fortunata.

France

Ce prénom est une forme assez rare de Françoise.
Origine latine, signifie « de France ».
Chiffre 2 - couleur bleue.
Fête le 9 mars.
Sainte Françoise, mariée dès l'enfance à un noble romain au XVe siècle, perd ses enfants en bas âge, voit sa maison pillée, son mari exilé, ses amis mourir de l'épidémie de peste. Elle soigne les malades et, à la mort de son époux, se retire dans le monastère qu'elle a fondé.
Caractère : réserve, passion, exigence, intuition.
Germanique : Franka.
Italien : Franca.

Francine

Cette forme dérivée de Françoise a connu le succès dans les années 1950.
Origine latine, signifie « Franc », nom qui désignait le peuple français du VIe au IXe siècle.
Chiffre 7 - couleur orange.
Fête le 9 mars.
Sainte Françoise, noble romaine au XVe siècle, se retire dans un monastère après la mort de son mari et de ses enfants.
Caractère : réserve, autorité, exigence, goût du pouvoir.
Espagnol : Francina.

Françoise

Fut l'un des prénoms vedette du XVIe siècle et des années 1950.
Origine latine, signifie « Franc », nom du peuple français du VIe au IXe siècle.
Chiffre 9 - couleur rouge.

Fête le 9 mars.
Sainte Françoise, mariée à 12 ans à un noble romain au XVe siècle, mène une vie pieuse ; pendant l'épidémie de peste qui ravage Rome, elle soigne les malades, perd ses enfants, ses amis, son mari et se retire dans le monastère qu'elle a fondé.
Caractère : douceur, calme, altruisme, sociabilité.
Variantes : Fanchon, France, Francine.
Anglo-saxon : Frances.
Basque : Frantsesa, Frantxa, Frantziska.
Breton : Franceza, Soazic, Soizic.
Espagnol : Francisca, Paquita.
Germanique : Franciska.
Italien : Francesca, Cesca.
Provençal : Franceso, Françoun, Franceso.
Slave : Franeka, Franja.

Frédégonde

Ce prénom reste empreint de la lutte sans merci que se livrèrent Frédégonde et Brunehaut.
Origine germanique, signifie « paix du monde ».
Chiffre 2 - couleur rouge.
Caractère : adaptabilité, sociabilité, émotivité, curiosité.

Histoire de famille

Frédégonde devint reine de Neustrie, au VIe siècle, en épousant Chilpéric Ier, dont elle avait fait étrangler la première femme, Galswinthe. Brunehaut, sœur de Galswinthe, reine d'Austrasie, femme de Sigebert, intelligente et énergique, engagea une lutte sans merci contre la meurtrière. Frédégonde fit assassiner Sigebert. Clotaire II, fils de Frédégonde, captura Brunehaut et la fit périr.

Frédérique

Cette forme féminine de Frédéric a connu son apogée dans les années 1960.
Origine germanique, signifie « paix du roi ».
Chiffre 9 - couleur jaune.
Fête le 18 juillet.
Saint Frédéric, évêque d'Utrecht au IXe siècle, modèle de piété, est assassiné sur ordre de l'impératrice Judith, à qui il reproche son inconduite.
Caractère : charisme, tradition, communication, générosité.
Espagnol : Federica.
Germanique : Frederika, Frida, Friederike, Frika, Rika.
Italien : Federica, Chicca.
Provençal : Federico.

Frédérune

Ce prénom, dérivé de Frédégonde, nommait la première femme de Charles III, au début du Xe siècle.
Origine germanique, signifie « paix du monde ».
Chiffre 6 - couleur bleue.
Caractère : sensibilité, sens des responsabilités, harmonie, stabilité.

Frida

Elle est l'une des formes germaniques de Frédérique, très courante outre-Rhin.
Origine germanique, signifie « paix du roi ».
Chiffre 2 - couleur verte.
Fête le 18 juillet.
Saint Frédéric, évêque d'Utrecht au IXe siècle, modèle de piété, est assassiné sur ordre de l'impératrice Judith, à qui il reproche son inconduite.
Caractère : volonté, indépendance, autorité, activité.
Variante : Frieda.

Gabrielle

Forme féminine de Gabriel, ce joli prénom revient en vogue depuis les années 1990.
Origine hébraïque, signifie « ma force est en Dieu ».
Chiffre 8 - couleur bleue.
Fête le 26 juin.
Sainte Gabrielle, de l'ordre des Filles de la charité d'Arras, créé par saint Vincent de Paul, est guillotinée sous la Révolution.
Caractère : énergie, esprit d'entreprise, sens de l'organisation, exigence.
Provençal : Gabrielo. Espagnol : Gabriela.

Gaëlle

Le féminin de Gaël.
Origine celtique, signifie « généreux seigneur ».
Chiffre 6 - couleur jaune.
Fête le 17 décembre.
Saint Gaël, évêque de Saint-Malo au XIIe siècle, fonda de nombreux monastères en Bretagne.
Caractère : affectivité, imagination, raffinement, sens artistique.
Variante : Gaëla.

Gaïa

Gaïa, dans la mythologie grecque, est la première créature issue du chaos originel ; elle est la mère du ciel, des eaux, et des montagnes. La légende conte qu'elle fonda le sanctuaire de Delphes, où le culte lui était rendu. Elle présidait à l'accomplissement des serments, qu'on prononçait souvent en son nom, et punissait les parjures.
Origine grecque, de Gaea, le nom donné à la Terre dans la mythologie.
Chiffre 9 - couleur verte.
Fête le 22 septembre.
Sainte Gaïane, jeune vierge romaine au IVe siècle, se fait baptiser et organise des réunions de prière ; elle est arrêtée et martyrisée sur ordre de l'empereur Dioclétien.
Caractère : ambition, volonté, opiniâtreté, adaptabilité.
Variante : Gaïane.

Gaïd

Elle est une forme bretonne de Marguerite.
Origine grecque, signifie « perle ».
Chiffre 3 - couleur blanche.
Fête le 20 juillet.
Sainte Marguerite d'Antioche, fille d'un religieux païen au IIIe siècle, se fait baptiser ; elle est chassée par son père et recueillie par sa nourrice. Le préfet d'Orient l'enlève pour l'épouser ; elle se refuse à lui, il la fait décapiter.
Caractère : prudence, réflexion, sens de l'organisation, optimisme.
Variante : Gaïdig.

Gaïl

Le diminutif d'Abigaïl.
Origine hébraïque, signifie « ma joie est en Dieu ».
Chiffre 2 - couleur bleue.
Fête le 29 décembre.
Sainte Abigaël devient l'épouse du roi David à la mort de son mari tué au combat, au Xe siècle avant J.-C.
Caractère : sociabilité, adaptabilité, curiosité, diplomatie.

Galatée

Dans la mythologie grecque, Pygmalion, sculpteur, tombe amoureux d'une statue d'ivoire représentant Aphrodite et prie les dieux pour qu'elle prenne vie. Son vœu réalisé, il l'épouse. Ce thème a été illustré au cinéma et au théâtre.
Origine grecque, signifie « blanche comme le lait ».
Chiffre 6 - couleur blanche.
Fête le 10 novembre.
Sainte Nymphe, martyre chrétienne en Asie Mineure au IIe siècle, est sa patronne.

G

Caractère : sensibilité, sens des responsabilités, harmonie, affectivité.
Anglo-saxon, italien : Galatea.

Galina

Une forme russe d'Hélène.
Origine grecque, signifie « éclat du soleil ».
Chiffre 8 - couleur verte.
Fête le 18 août.
Sainte Hélène, fille d'aubergiste à Rome au IIIe siècle, séduit l'empereur Constance Chlore, qui l'épouse. Après la naissance de son fils Constantin, l'empereur la répudie. Elle est rappelée par son fils lorsqu'il accède au trône, se convertit et mène alors une vie d'aumône et de prières.
Caractère : sens de la justice, harmonie, rigueur, ambition.
Variante : Galinda.

Garance

Dans le peloton des prénoms favoris depuis les années 1990.
Origine française, du nom d'une plante à fleurs jaunes qui pousse dans les bois ; « garance » désigne également une couleur rouge foncé.
Chiffre 4 - couleur rouge.
Fête le 5 octobre.
Sainte Fleur, religieuse dans le Quercy au Ve siècle, est la patronne de Garance.
Caractère : réserve, réflexion, étude, douceur.

Gemma

Ce prénom italien date de la Renaissance.
Origine latine, signifie « pierre précieuse ».
Chiffre 3 - couleur bleue.
Fête le 11 avril.
Sainte Gemma, jeune Toscane au XIXe siècle, ne fut pas admise au couvent, à la suite d'une tuberculose ; elle présentait chaque semaine les stigmates de la Passion du Christ.
Caractère : communication, stabilité, créativité, charisme.

Geneviève

Ce prénom du haut Moyen Âge rarissime aujourd'hui a connu sa dernière vague de succès dans les années 1940.
Origine germanique, signifie « du genre féminin ».
Chiffre 4 - couleur rouge.
Fête le 3 janvier.
Sainte Geneviève, née à Nanterre au Ve siècle, prend le voile à 15 ans à Paris. Pendant la famine qui sévit dans la ville assiégée par les Huns, elle organise la résistance, va à Troyes se procurer des vivres en dépit du danger. Elle meurt à 80 ans et est enterrée dans la basilique construite sur la colline appelée aujourd'hui Montagne Sainte-Geneviève.
Caractère : travail, perfectionnisme, sensibilité, fidélité.
Forme médiévale : Genovefa.
Variantes : Génevote, Ginette.
Anglo-saxon : Guenevere. Basque : Genofa.
Espagnol : Genoveva. Italien : Genoveffa.

Genovefa

Ce prénom est la forme originelle de Geneviève.
Origine germanique, signifie « du genre féminin ».
Chiffre 3 - couleur rouge.
Fête le 3 janvier.
Sainte Geneviève, née à Nanterre au Ve siècle, prend le voile et s'établit à Paris. Elle organise la résistance de la ville assiégée par les Huns et assure le ravitaillement des habitants au péril de sa vie. Elle meurt à 80 ans.
Caractère : vitalité, activité, rêverie, réserve.

Georgette

Fut en vogue au début du XXe siècle.
Origine grecque, signifie « qui travaille la terre ».
Chiffre 3 - couleur jaune.
Fête le 23 avril.
Saint Georges, chevalier romain de Cappadoce,

se fit baptiser et fut arrêté et décapité pour avoir tenté de convertir les habitants d'un village de Libye. La légende raconte qu'il maîtrisa un dragon furieux qui terrorrisait cette ville.
Caractère : sensibilité, communication, autorité, goût du pouvoir.
Variantes : Georgiane, Georgienne, Georgine.
Espagnol : Georgetta.
Italien : Giorgetta.

Georgia

Une des formes féminines de Georges.
Origine grecque, signifie « celle qui travaille la terre ».
Chiffre 8 - couleur jaune.
Fête le 23 avril.
Saint Georges, chevalier romain originaire de Cappadoce, fut arrêté et décapité par les soldats de l'empereur. La légende raconte qu'au cours d'un voyage en Libye il terrassa un dragon qui menaçait une ville.
Caractère : harmonie, ambition, travail, réserve.
Diminutif : Georgina.

Géraldine

Origine germanique, signifie « lance » et « gouvernant ».
Chiffre 3 - couleur bleue.
Fête le 29 mai.
Sainte Géraldine, Italienne du XIIIe siècle, est mariée de force par ses parents à un jeune homme aussi pieux qu'elle ; ils se séparent d'un commun accord pour vivre dans la pauvreté et la chasteté chacun de leur côté ; elle vit en ermite dans une cellule contiguë à l'abbaye du monastère où il s'est retiré.
Caractère : enthousiasme, éloquence, curiosité, adaptabilité.

Gerda

Ce prénom allemand est la version féminine de Gérard.
Origine germanique, signifie « dure lance ».
Chiffre 8 - couleur bleue.
Fête le 3 octobre.
Saint Gérard, né à Namur au Xe siècle ,prend l'habit, puis fonde un monastère sur les terres de sa famille.
Caractère : équilibre, sens des responsabilités, rigueur, ambition.
Variantes : Garda, Gardina, Gerralda, Gerrie, Gerry.

Germaine

Cette forme féminine de Germain était courante au début du XXe siècle.
Origine germanique, signifie « de même sang ».
Chiffre 9 - couleur jaune.
Fête le 15 juin.
Sainte Germaine, jeune orpheline à Toulouse au XVIIe siècle, maltraitée par son père et par sa marâtre, garde les troupeaux, partage la pitance des vagabond, et prie pour ses bourreaux ; elle meurt à 22 ans de mauvais traitements.
Caractère : réserve, sensibilité, combativité, courage.
Basque : Germana.
Breton : Jermana.
Espagnol et italien : Germana.

Gersende

Ce prénom est médiéval.
Origine germanique, signifie « lance précieuse ».
Chiffre 5 - couleur verte.
Caractère : vivacité, autorité, ambition, curiosité.
Variante : Gersande.

Gertrude

Origine germanique, signifie « lance fidèle ».
Chiffre 8 - couleur bleue.
Fête le 16 novembre.
Sainte Gertrude, Saxonne du XIIIe siècle, est élevée par des moniales dès l'âge de 5 ans. Intelligente et curieuse, elle étudie la littérature, la phi-

losophie, la musique. À 25 ans, elle entre en religion et rédige en latin un recueil traduit en plusieurs langues pour apporter le témoignage de ses révélations divines.
Caractère : ambition, autorité, opiniâtreté, courage.
Espagnol : Gertrudis.
Germanique : Gertrud, Gertrui, Gerty, Trudi.
Italien : Gertruda.
Néerlandais : Geertruida.

Gervaise

Origine germanique, signifie « lance audacieuse »
Chiffre 5 - couleur orange.
Fête le 19 juin.
Saint Gervais subit le martyre à Rome au IIIe siècle.
Caractère : vivacité, franchise, communication, curiosité.

Ghislaine

Origine germanique, signifie « douce otage ».
Chiffre 3 - couleur bleue.
Fête le 10 octobre.
Saint Ghislain fut le fondateur d'un monastère en Belgique au VIIe siècle.
Caractère : charme, éloquence, activité, épicurisme.
Autre orthographe : Guislaine.

Gilberte

Origine germanique, signifie « lance illustre ».
Chiffre 6 - couleur orange.
Fête le 11 août.
Sainte Gilberte est une pieuse abbesse du monastère de Jouarre, au VIIe siècle.
Caractère : sensibilité, activité, indépendance, sens des responsabilités.
Variante : Wilberte. Espagnol : Gilberta.

Gilda

Ce prénom italien, qui fut lancé par le film américain Gilda dans les années 1940, est un diminutif féminin de Hermenegilde, prénom mixte au Moyen Âge.
Origine germanique, signifie « promesse et armée ».
Chiffre 6 - couleur jaune.
Fête le 14 avril.
Saint Hermenegilde, fils d'un roi wisigoth au VIe siècle, se convertit et se révolta contre son père qui le mit à mort.
Caractère : affectivité, sens des responsabilités, tradition, prudence.

Gillian

Elle est une forme dérivée de Juliana, forme germanique de Julie. Ce prénom, répandu outre-Manche au Moyen Âge puis dans les années 1940, est devenu rare.
Origine latine, signifie « de la famille Julius », famille patricienne romaine dont est issu Jules César.
Chiffre 1 - couleur rouge.
Fête le 8 avril.
Sainte Julie, jeune paralysée en Picardie au XIXe siècle, fonda une école pour l'éducation chrétienne des enfants défavorisés.
Caractère : travail, énergie, activité, ambition.

Gina

Ce prénom italien est un diminutif de Luigina, « petite Louise » en italien.
Origine germanique, signifie « glorieuse combattante ».
Chiffre 4 - couleur verte.
Fête le 15 mars.
Sainte Louise de Marillac fonda avec saint Vincent de Paul l'ordre des Filles de la Charité, au XVIe siècle.
Caractère : charme, volonté, travail, stabilité.

Ginette

Ce diminutif de Geneviève a eu ses heures de gloire au début du XXe siècle.
Origine germanique, signifie « du genre féminin ».
Chiffre 8 - couleur jaune.
Fête le 3 janvier.
Sainte Geneviève, née à Nanterre au Ve siècle, prend le voile et s'établit à Paris. Elle organise la résistance de la ville assiégée par les Huns et assure le ravitaillement des habitants au péril de sa vie. Elle meurt à 80 ans.
Caractère : courage, ambition, énergie, goût du pouvoir.

Ginger

Ce prénom est un diminutif du prénom anglais Virginia. Il est en vogue aux États-Unis depuis les années 1940.
Origine latine, signifie « vierge ».
Chiffre 6 - couleur jaune.
Fête le 7 janvier.
Sainte Virginie héberge, soigne et nourrit tous les pauvres de sa région, à Gênes, au XVIe siècle.
Caractère : sens de la justice, harmonie, équilibre, rigueur.

Gisèle

Ce prénom est une forme dérivée de Ghislaine.
Origine germanique, signifie « douce otage ».
Chiffre 3 - couleur jaune.
Fête le 7 mai.
Sainte Gisèle, épouse de saint Étienne de Hongrie au XIe siècle, est la mère de saint Éméric. Après son veuvage, elle se retire dans un monastère.
Caractère : ambition, volonté, esprit d'entreprise, sociabilité.
Anglo-saxon : Giselle.
Basque : Gisabel, Gisela.
Espagnol et germanique : Gisela.
Italien : Giselda, Gisella.

Giulia

Cette forme italienne de Julie est très en vogue en Europe depuis la fin du XXe siècle.
Origine latine, signifie « de la famille Julius », famille patricienne romaine dont est issu Jules César.
Chiffre 5 - couleur rouge.
Fête le 8 avril.
Sainte Julie, jeune paralysée en Picardie au XIXe siècle, fonda une école pour l'éducation chrétienne des enfants défavorisés.
Caractère : travail, énergie, activité, ambition.
Variante : Giulietta.

Glenda

Origine galloise, signifie « pure et bonne ».
Chiffre 7 - couleur verte.
Caractère : indépendance, altruisme, générosité, fantaisie.

Glenna

Ce prénom est le féminin de Glen.
Origine celte, signifie « vallée ».
Chiffre 7 - couleur verte.
Fête le 11 septembre.
Saint Glenn, moine au pays de Galles, vint évangéliser la Bretagne au VIe siècle.
Caractère : réserve, réflexion, harmonie, sens des responsabilités.

Gloria

Ce prénom italien a connu le succès outre-Manche dans les années 1940.
Origine latine, signifie « gloire ».
Chiffre 8 - couleur rouge.
Fête le 11 mars.
Sainte Gloria, religieuse toscane au XIe siècle, accomplissait des miracles, d'après la légende.
Caractère : volonté, efficacité, exigence, opportunisme.

G

Glwadys

Ce prénom réapparaît depuis les années 1990.
Origine celtique, signifie « richesse ».
Chiffre 1 - couleur bleue.
Fête le 29 mars.
Sainte Gladez, Galloise, au Ve siècle se convertit au christianisme à la mort de son mari et se retire dans un ermitage pour se consacrer à la prière et à la méditation.
Caractère : communication, indépendance, volonté, ambition.
Autre orthographe : Gladys.
Breton : Gladez.
Espagnol : Gladis.

Godelieve

Ce prénom médiéval a presque disparu.
Origine germanique, signifie « aimée de Dieu ».
Chiffre 3 - couleur jaune.
Caractère : charisme, éloquence, créativité, harmonie.
Anglo-saxon : Godelewa.
Espagnol : Godeliva.

Godiva

Ce prénom médiéval rare s'apparente par l'étymologie à Dorothée et à Théodora.
Origine germanique, signifie « don de Dieu ».
Chiffre 4 - couleur bleue.
Caractère : rigueur, sens de l'organisation, travail, énergie.

Goulwena

La forme féminine de Goulven.
Origine celtique, signifie « lumière sacrée ».
Chiffre 3 - couleur rouge.
Fête le 1er juillet.
Saint Goulven, fondateur d'un monastère sur ses terres, en Bretagne, dans le Léon, devient évêque de Rennes au VIe siècle.
Caractère : sociabilité, harmonie, communication, sens artistique.
Diminutif : Goulwenig.

Grace

Ce prénom fut plus courant aux États-Unis qu'en Europe.
Origine latine, signifie « grâce ».
Chiffre 7 - couleur bleue.
Fête le 21 août.
Sainte Grace, jeune musulmane prénommée Zaïda, est la fille de l'émir de Valence en Espagne au XIIe siècle ; elle se convertit en cachette de son père et prend le nom de Grace. Dénoncée, elle est arrêtée et décapitée.
Caractère : raffinement, élégance, affectivité, rigueur.
Variantes : Graciane, Gratienne.
Basque : Graxi, Graxia, Graxiana, Grazi, Grazia, Graziana.
Corse : Graziana.
Espagnol : Gracia, Graciela.
Italien : Grazia, Graziella.

Gretel

Ce prénom est une forme alsacienne de Marguerite.
Origine grecque, signifie « perle ».
Chiffre 4 - couleur violette.
Fête le 20 juillet.
Sainte Marguerite d'Antioche, fille d'un religieux païen au IIIe siècle, se fait baptiser ; elle est chassée par son père et recueillie par sa nourrice. Le préfet d'Orient l'enlève pour l'épouser ; elle se refuse à lui, il la fait décapiter.
Caractère : émotivité, travail, rigueur, conscience professionnelle.
Espagnol : Greta.
Germanique : Gretchen, Gritt, Gritta.

Griselda

Une forme dérivée de Grace.
Origine latine, signifie « grâce ».
Chiffre 3 - couleur jaune.

Fête le 21 août.
Sainte Grâce, fille de l'émir de Valence en Espagne au XIIe siècle, se convertit en cachette de son père. Dénoncée, elle est arrêtée et décapitée.
Caractère : réserve, réflexion, étude, douceur.

Gudule

Ce prénom guerrier est complètement tombé en désuétude.
Origine germanique, signifie « combat ».
Chiffre 7 - couleur jaune.
Fête le 8 janvier.
Sainte Gudule, née dans le Brabant au VIIe siècle, consacre sa vie à faire l'aumône et à soigner les malades.
Caractère : volonté, dynamisme, persévérance, autorité.
Variante : Gunilde.
Espagnol : Gudelia.

Guenièvre

Ce prénom, forme médiévale de Gwenn, est celui de l'héroïne du roman de Chrétien de Troyes, *Le Chevalier à la charrette*, paru au XIIe siècle. Il est l'emblème de la dame des romans courtois.
Origine celte, signifie « blanche et douce ».
Chiffre 7 - couleur blanche.
Fête le 18 octobre.
Sainte Gwenn, épouse de saint Fragan en Bretagne au Ve siècle, est un modèle de piété.
Caractère : rêverie, étude, réflexion, douceur.
Variantes : Gwenn, Gwennin, Gwenivar.
Anglo-saxon : Guinevere, Jennifer.
Espagnol : Ginebra. Italien : Ginevra.

Guérande

La forme féminine de Géraud.
Origine germanique, signifie « lance qui gouverne »
Chiffre 3 - couleur bleue.
Fête le 13 octobre.
Saint Géraud, comte d'Aurillac au IXe siècle, gère ses terres avec bonté et justice, affranchit les serfs, fait la charité et passe de nombreuses heures chaque jour en prières et en méditation.
Caractère : intuition, diplomatie, sociabilité, adaptabilité.

Guila

Ce prénom moderne est en vogue dans les milieux hébraïques.
Origine hébraïque, signifie « joie ».
Chiffre 5 - couleur rouge.
Caractère : générosité, détermination, énergie, activité.
Variante : Guiléa.

Guillemette

Cette forme féminine de Guillaume avait disparu de l'état civil ; elle revient dans les milieux traditionnels.
Origine germanique, signifie « volonté et protection ».
Chiffre 3 - couleur verte.
Fête le 10 janvier.
Saint Guillaume, archevêque de Bourges au XIIIe siècle, consacra sa vie aux prisonniers, aux ivrognes et aux débauchés.
Caractère : charme, imagination, créativité, sociabilité.
Basques : Guillema, Guillerma.
Germanique : Wilhelmine.
Italien : Guglielma, Guglielmina, Vilma.

Guivéa

Ce prénom moderne, féminin de Guivéone, est très en vogue en Israël.
Origine hébraïque, signifie « petite colline ».
Chiffre 2 - couleur bleue.
Caractère : réserve, stabilité, harmonie, sens de la justice.

Guyenne

Un de ces prénoms géographiques, courants dans les pays anglo-saxons. On l'apparente souvent à Guyonne, forme dérivée de Guy.

Origine française, du nom de la province d'Aquitaine, appelée Guyenne, lorsqu'elle fut possession anglaise.
Chiffre 1 - couleur bleue.
Caractère : réserve, réflexion, indépendance, sens de l'organisation.

Gwellaouen

Origine celtique, signifie « blanche ».
Chiffre 7 - couleur blanche.
Fête le 18 octobre.
Sainte Gwenn, épouse de saint Fragan en Bretagne au Ve siècle, est sa patronne.
Caractère : sensibilité, émotivité, douceur, fantaisie.

Gwenaëlle

La forme féminine de Gwenaël.
Origine celtique, signifie « ange blanc ».
Chiffre 3 - couleur blanche.
Fête le 3 novembre.
Saint Gwenaël évangélise l'Irlande au VIe siècle.
Caractère : sociabilité, sensibilité, prudence, fantaisie.

Gwendal

Origine celte, signifie « valeur sacrée ».
Chiffre 3 - couleur blanche.
Fête le 14 octobre.
Sainte Gwendoline est abbesse d'un monastère au pays de Galles au VIe siècle.
Caractère : charme, vivacité, malice, sens de l'observation.

Gwendoline

Ce prénom est une forme composée de Gwendal et de Line.
Origine celtique, signifie « valeur sacrée ».
Chiffre 9 - couleur blanche.
Fête le 14 octobre.
Sainte Gwendoline est abbesse d'un monastère au pays de Galles au VIe siècle.
Caractère : émotivité, rêverie, idéalisme, créativité.
Espagnol et italien : Guendalina.

Gwenivar

Forme bretonne de Guenièvre, épouse du roi Arthur.
Origine celte, signifie « blanche ».
Chiffre 9 - couleur blanche.
Fête le 3 mars.
Sainte Gwenivar vécut en Bretagne au VIe siècle, mais sa vie est obscure.
Caractère : altruisme, charisme, rêverie, générosité.
Variante : Gweniver.

Gwenn

Ce prénom typiquement breton s'est décliné en de nombreuses variantes.
Origine celtique, signifie « blanche ».
Chiffre 9 - couleur blanche.
Fête le 18 octobre.
Sainte Gwenn, épouse de saint Fragan, en Bretagne au Ve siècle, fut un modèle de piété. La légende nous conte qu'elle eut vingt-deux enfants.
Caractère : sensibilité, émotivité, douceur, fantaisie.
Variantes : Gwellaouen, Gwenivar, Gwenna, Gwennaïc, Gwennaïg, Gwennou.

Gwenola

La forme féminine de Gwenolé.
Origine celtique, signifie « valeureuse et sacrée ».
Chiffre 5 - couleur blanche.
Fête le 3 mars.
Saint Guénolé fonde un monastère à Landevennec, en Bretagne au Ve siècle, et le dirige pendant plus de cinquante ans.
Caractère : charme, émotivité, vivacité, communication.

Gwenwred

Origine celte, signifie « pensée sacrée ».
Chiffre 8 - couleur bleue.
Fête le 22 juin.
Sainte Gwenfrewi, vierge galloise au VIe siècle, est décapitée par un prince dont elle refuse les avances.
Caractère : ambition, rigueur, sens de la justice, équilibre.
Variantes : Gwenfredig, Gwenfrevi, Gwenfrewi.

Gwyneth

Ce prénom est une variante féminine de Gwynn, nom d'un personnage de la mythologie galloise, diable gardien des portes de l'enfer.
Origine celte, signifie « blanche ».
Chiffre 8 - couleur blanche.
Fête le 18 octobre.
Sainte Gwenn, épouse de saint Fragan, en Bretagne au Ve siècle, fut un modèle de piété.
Caractère : ambition, rigueur, équilibre, sens de la justice.
Autre orthographe : Gwynneth.
Variantes : Gweneth, Gwenith.

H

Hadassa

Ce prénom est celui que portait Esther épouse d'Assuérus, roi de Perse.
Origine hébraïque, signifie « myrte ».
Chiffre 9 - couleur bleue.
Caractère : réalisme, efficacité, sens de l'organisation, ambition.

Hadeltrude

Ce prénom fut celui de la première femme de Clotaire II au VIe siècle.
Origine germanique, signifie « noble fidélité ».
Chiffre 8 - couleur orange.
Caractère : goût du pouvoir, sens de la justice, rigueur, réalisme.

Hannah

Ce prénom est la forme originelle d'Anne.
Origine hébraïque, signifie « gracieuse ».
Chiffre 1 - couleur bleue.
Fête le 26 juillet.
Sainte Anne est la mère de la Vierge Marie.
Caractère : ambition, indépendance, dynamisme, autorité.

Hansi

Ce prénom mixte, forme germanique de Jean, est plus fréquemment féminin.
Origine hébraïque, signifie « Dieu est miéricordieux ».
Chiffre 6 - couleur bleue.
Fête le 30 mai.
Sainte Jeanne, bergère à Domrémy au XVe siècle, leva une armée pour libérer la France du joug anglais et affermir le trône du roi Charles VII.
Caractère : charme, altruisme, sens des responsabilités, perfectionnisme.

Hazel

Ce prénom est assez fréquent outre-Manche.
Origine anglaise, signifie « noisetier ».
Chiffre 7 - couleur verte.
Caractère : réserve, réflexion, étude, travail.

Heather

Ce prénom floral connaît un grand succès aux États-Unis depuis les années 1990.
Origine anglaise, signifie « bruyère ».
Chiffre 2 - couleur bleue.
Fête le 5 octobre.
Sainte Fleur, religieuse dans le Quercy au XIVe siècle, est sa patronne.
Caractère : adaptabilité, diplomatie, sociabilité, sensibilité.

Heidi

Cette forme germanique d'Adèle est courante en Allemagne.
Origine germanique, signifie « noble ».
Chiffre 8 - couleur bleue.
Fête le 24 septembre.
Sainte Adèle, fille du roi d'Austrasie Dagobert II au VIIe siècle, se retire dans un monastère à son veuvage et se consacre à l'éducation de son petit-fils et aux œuvres charitables.
Caractère : charme, énergie, indépendance, autorité.

Héléa

Dans la Bible, Héléa est membre de la tribu de Juda.
Origine hébraïque, signifie « femme d'atours ».
Chiffre 4 - couleur verte.
Caractère : patience, perfectionnisme, calme, raffinement.

Hélène

Ce prénom évoque l'héroïne de l'*Iliade*, d'Homère : Hélène est la femme de Ménélas, roi de Sparte. Pâris, fils du roi de Troie, séduit par sa beauté, l'enlève, provoquant ainsi la guerre de Troie.

Origine grecque, signifie « éclat du soleil ».
Chiffre 4 - couleur jaune.
Fête le 18 août.
Sainte Hélène, fille d'aubergiste à Rome au IIIe siècle, est séduite par Constance Chlore, empereur romain d'Occident, dont elle a un fils, Constantin. Répudiée, elle quitte la cour, mais son fils la rappelle lorsqu'il accède au trône en 306. Hélène se convertit à 60 ans. Très influente, elle défend la cause des chrétiens, multiplie les dons et favorise la construction de monastères en Palestine.
Caractère : sensibilité, idéalisme, émotivité, exigence.
Variantes : Elina, Mylène, Nelly.
Anglo-américain : Lennie.
Anglo-saxon : Aileen, Elaine, Ellen, Helen.
Basque : Eleni, Heleni, Helenia.
Breton : Laïg, Lanig, Lenaïc.
Espagnol et portugais : Helena.
Germanique : Helena, Lena, Lenchen.
Hongrois : Ilona. *Irlandais :* Aileen, Ailin, Airleen, Eilidh. *Italien :* Elena.
Provençal : Eleno. *Roumain :* Ileana.
Russe : Yelena. *Scandinave :* Elin.
Slave : Galina, Galinda. *Tchèque :* Olessia.

Helga

Une variante d'Olga en vogue aussi bien dans les pays scandinaves et germaniques qu'en Espagne.
Origine slave, signifie « consacrée aux dieux ».
Chiffre 6 - couleur rouge.
Fête le 11 juillet.
Sainte Olga, grande-duchesse de Kiev au Xe siècle, s'efforca, pendant la régence exercée pendant la minorité de son fils, de répandre le christianisme dans son pays.
Caractère : harmonie, fidélité, sens des responsabilités, stabilité.

Hélicie

Ce prénom est une forme dérivée d'Hélène.
Origine grecque, signifie « éclat du soleil ».
Chiffre 6 - couleur rouge.
Fête le 18 août.
Sainte Hélène, épouse et mère d'empereurs d'Orient, se convertit à 60 ans et eut un rôle influent dans l'extension du christianisme.
Caractère : calme, sens des responsabilités, conscience professionnelle, affectivité.

Héloïse

Ce prénom, forme médiévale de Louise, est en vogue depuis les années 1990.
Origine germanique, signifie « glorieux vainqueur ».
Chiffre 1 - couleur bleue.
Fête le 1er novembre.
Sainte Louise est sa patronne.
Caractère : charisme, éloquence, indépendance, travail.
Autre orthographe : Éloïse.
Variantes : Aloïse, Aloyse, Loïse.

L'histoire d'Abélard et d'Héloïse

Héloïse, née dans le Paris de 1101, est la nièce du chanoine Fulbert, qui tient à lui donner une parfaite éducation. Après l'avoir placée dans un monastère, il la reprend chez lui et lui donne un précepteur du nom de Pierre Abélard, philosophe et théologien breton renommé. Le maître et l'élève éprouvent vite une violente passion mutuelle. Héloïse met au monde un fils et épouse secrètement Abélard. Fulbert accuse le précepteur d'avoir trahi sa confiance et, dans un accès de fureur, le fait émasculer. Héloïse se retire au couvent du Paraclet, dont elle devient abbesse, et Abélard termine ses jours à l'abbaye de Saint-Denis. Leur amour ne s'éteint pas pour autant, et ils ne cesseront jamais de s'écrire.

Henriette

Origine germanique, signifie « maison de roi ».
Chiffre 4 - couleur rouge.
Fête le 13 juillet.
Sainte Henriette, carmélite à Compiègne, est

accusée avec quatorze autres sœurs d'être ennemie de la Révolution, et conduite à l'échafaud.
Caractère : courage, autorité, curiosité, indépendance.
Anglo-saxon : Harriet, Hettie, Hetty, Nettie.
Espagnol : Riquita.

Héraïs

Héra était, dans la mythologie grecque, la femme de Zeus, la protectrice du mariage et des épouses.
Origine grecque, du nom d'Héra.
Chiffre 6 - couleur verte.
Fête le 21 juin.
Sainte Héraïs est martyrisée avec son mari au IIIe siècle en Égypte, pour avoir refusé d'abjurer.
Caractère : ambition, réalisme, sens de l'organisation, volonté.

Hermance

Hermès est, dans la mythologie grecque, le fils de Zeus et de Maïa, l'une de ses conquêtes. Il est le messager de son père et le dieu protecteur du commerce... et des voleurs, le dieu qui accompagnait les âmes des défunts jusqu'à leur dernière demeure.
Origine grecque, du nom d'Hermès.
Chiffre 4 - couleur jaune.
Fête le 8 avril.
Saint Hermès, patron d'Hermance, fut évêque en Italie au Ier siècle.
Caractère : prudence, opiniâtreté, conscience professionnelle, affectivité.

Les prénoms des dieux de l'Antiquité

De nombreux prénoms ont pour origine les dieux de la mythologie. En voici quelques exemples :
Artémise vient d'Artémis, déesse grecque de la Chasse.
Athénaïs est issu d'Athéna, déesse grecque de la Sagesse, protectrice d'Athènes.
Apollinaire et Apolline viennent d'Apollon, dieu grec de la Beauté.
Denis a pour origine Dionysos, dieu de la Vigne et du Vin.
Héraïs est inspiré d'Héra, la femme de Zeus.
Hermance est issu d'Hermès, dieu messager de la mythologie grecque.
Joévin vient de Jupiter.
Marsile est issu de Mars, dieu romain de la Guerre.

Hermeline

Ce prénom est une forme dérivée d'Armelle.
Origine celtique, signifie « prince » et « ours ».
Chiffre 8 - couleur orange.
Fête le 16 août.
Saint Armel est son patron ; ermite au pays de Galles au VIe siècle, il fonde deux monastères en Armorique au VIe siècle.
Caractère : calme, dynamisme, curiosité, séduction.

Hermine

Ce prénom médiéval réapparaît discrètement depuis les années 1990.
Origine latine, du nom de l'hermine, rat d'Amérique fournissant une fourrure recherchée.
Chiffre 9 - couleur verte.
Fête le 9 juillet.
Sainte Hermine, franciscaine à la fin du XIXe siècle, est massacrée en Chine par les Boxers, membres d'une société secrète hostile aux Occidentaux.
Caractère : franchise, exigence, sensibilité, rêverie.
Variantes : Hermien, Hermienne, Herminie, Irma, Irmine. Espagnol : *Herminia.*

Hermione

Ce prénom fut, dans la mythologie grecque, porté par la fille de Ménélas et d'Hélène et par la femme d'Oreste.

Origine grecque, signifie « terrestre ».
Chiffre 6 - couleur rouge.
Caractère : affectivité, sens des responsabilités, harmonie, charisme.

Hervéa

Une forme féminine d'Hervé.
Origine celte, signifie « forte et ardente ».
Chiffre 5 - couleur bleue.
Fête le 17 juin.
Saint Hervé, fils de barde breton au VIe siècle, aveugle de naissance, passe sa vie dans un ermitage et fonde plusieurs monastères.
Caractère : intelligence, réalisme, autorité, franchise.
Variante : Herveline.

Hilary

La forme anglo-saxonne féminine d'Hilaire.
Origine latine, signifie « gaie ».
Chiffre 1 - couleur orange.
Fête le 3 novembre.
Saint Hilaire, diacre en Italie au IIIe siècle, est arrêté et décapité pour avoir refusé d'adorer les dieux païens.
Caractère : ambition, indépendance, lucidité, efficacité.

Hilda

L'étymologie de nombreux prénoms féminins d'origine germanique comporte le mot « hild », qui signifie « combat » : Brunehild, Clothilde, Mathilde... Hilda en est la forme la plus simple.
Origine germanique, signifie « guerrière ».
Chiffre 7 - couleur orange.
Fête le 15 juin.
Sainte Hilda fut abbesse en Angleterre au VIIe siècle.
Caractère : réserve, élégance, vivacité, exigence.
Espagnol : Hildelita.

Hildegarde

Ce prénom, très en vogue au VIIIe siècle, fut porté par la troisième femme de Charlemagne et par plusieurs princesses carolingiennes.
Origine germanique, signifie « qui sait combattre ».
Chiffre 1 - couleur rouge.
Fête le 17 septembre.
Sainte Hildegarde, une des femmes les plus cultivées du XIIe siècle en Allemagne, musicienne, moraliste, philosophe, historienne, échangea une brillante correspondance avec papes et empereurs et rédigea de très nombreux ouvrages dans des domaines aussi divers que l'astrologie, la médecine, la théologie.
Caractère : activité, audace, indépendance, combativité.
Espagnol et italien : Hildegarda.

Méroflède et les autres

Ils étaient bien différents des nôtres, les prénoms féminins du royaume franc aux VIe et VIIe siècles. L'étymologie, presque toujours germanique, leur donnait une consonance plutôt gutturale. Les reines mérovingiennes qui ont laissé leur prénom à l'histoire nous permettent d'apprécier : Austregilde, Suavegothe, Faileube, Vénérande, Galswinthe, Marcatrude se succédèrent dans des royaumes en proie bien souvent à des luttes fratricides. Elles avaient en général un caractère bien trempé, comme Brunehaut et Frédégonde, terribles rivales dont les exploits sont passés à la postérité.
Parmi ces reines, deux souveraines portent des prénoms qui nous sont familiers, car ils ont traversé les siècles jusqu'à nous avec une étonnante fraîcheur : Clotilde, la femme de Clovis, et Gisèle, femme de Childéric III.

Hiltrude

Origine germanique, signifie « fidèle au combat ».
Chiffre 7 - couleur verte.
Caractère : réflexion, discrétion, étude, conscience professionnelle.
Germanique : Hiltruda, Trudi.

Holly

Origine anglaise, signifie « houx ».
Chiffre 9 - couleur jaune.
Fête le 5 octobre.
Sainte Fleur, religieuse dans le Quercy au XIVe siècle, est sa patronne.
Caractère : altruisme, rêverie, charisme, persévérance.

Honorine

Le féminin d'Honoré.
Origine latine, signifie « honneur ».
Chiffre 8 - couleur orange.
Fête le 27 février.
Sainte Honorine, jeune chrétienne à Paris au IVe siècle, est arrêtée et martyrisée par les hommes de l'empereur Dioclétien.
Caractère : générosité, dynamisme, passion, ambition.
Variante : Honora.

Hortense

Dans l'Antiquité, ce prénom était masculin ; mais c'est au XIXe siècle et depuis les années 1990 qu'il connaît le succès pour prénommer les filles.
Origine latine, de Hortensius, patronyme d'une illustre famille romaine.
Chiffre 5 - couleur bleue.
Fête le 11 janvier.
Saint Hortens fut évêque de Césarée au IIIe siècle.
Caractère : courage, passion, discrétion, enthousiasme.

Huguette

Cette forme féminine de Hugues a connu ses heures de gloire au début du XXe siècle, comme Ginette ou Yvette.
Origine germanique, signifie « intelligence ».
Chiffre 8 - couleur violette.
Fête le 1er avril.
Saint Hugues, abbé de Cluny au Ier siècle, se consacra entièrement à la prospérité et à la renommée de son ordre ; il mourut à 80 ans après cinquante-deux ans de sacerdoce.
Caractère : volonté, ambition, travail, opportunisme.

Ida

Origine germanique, signifie « travailleuse ».
Chiffre 5 - couleur bleue.
Fête le 13 avril.
Sainte Ida, noble dame de la cour de Charlemagne au IXe siècle, entre dans les ordres et se consacre aux pauvres après la mort de son mari.
Caractère : curiosité, audace, énergie, indépendance.

Ilia

Ce prénom de l'Antiquité est, selon la légende, celui de la mère de Romulus et de Rémus, fondateurs de Rome.
Origine latine, signifie « flancs ».
Chiffre 5 - couleur verte.
Caractère : indépendance, adaptabilité, activité, curiosité.

Iliana

Une forme dérivée d'Isabelle et de Liliane.
Origine hébraïque, signifie « Dieu est plénitude ».
Chiffre 1 - couleur orange.
Fête le 17 novembre.
Sainte Élisabeth est, dans la Bible, l'épouse de Zacharie et la cousine de Marie. Pendant des années, elle a déploré sa stérilité et prié Dieu de la rendre mère. Elle est âgée lorsque la naissance prochaine d'un fils lui est annoncée, mais elle ne doute pas ; Jean le Baptiste naît quelques mois plus tard.
Caractère : ambition, puissance de travail, ténacité, courage.

Iliona

Ce prénom est un dérivé de Julie.
Origine latine, signifie « de la famille Iulius » dont était issu Jules César.
Chiffre 6 - couleur verte.
Fête le 8 avril.
Sainte Julie, institutrice paralysée, en Picardie au XIXe siècle, consacra sa courte vie aux petites filles pauvres.
Caractère : affectivité, générosité, sens des responsabilités, sensibilité.

Ilona

Forme hongroise d'Hélène, elle est très en vogue depuis 1990.
Origine grecque, signifie « éclat du soleil ».
Chiffre 6 - couleur jaune.
Fête le 18 août.
Sainte Hélène, fille d'aubergiste à Rome au IIIe siècle, est séduite par Constance Chlore, empereur romain d'Occident, dont elle a un fils, Constantin. Répudiée, elle quitte la cour, mais son fils la rappelle lorsqu'il accède au trône en 306. Hélène se convertit à 60 ans. Très influente, elle défend la cause des chrétiens, multiplie les dons et favorise la construction de monastères en Palestine.
Caractère : élégance, sensibilité, discrétion, sens artistique.
Variantes : Ilana, Ilka, Ilonka, Ilu, Iluska, Inka.

Ilse

Ce prénom est une forme dérivée d'Élisabeth.
Origine hébraïque, signifie « Dieu est plénitude ».
Chiffre 9 - couleur bleue.
Fête le 17 novembre.
Sainte Élisabeth est sa patronne.
Caractère : discrétion, rigueur, application, sens du devoir.
Variantes : Ilsabe, Ilsebey.

India

Ce prénom géographique est souvent rencontré dans les pays anglo-saxons.
Origine anglaise, du nom de l'Inde.
Chiffre 9 - couleur orange.
Caractère : sens de la justice, écoute, réserve, travail.

I

Indiana

Ce prénom est une forme anglo-saxonne de Diane assez fréquente aux États-Unis.
Origine latine, du nom de la déesse de la Chasse et de la Nature.
Chiffre 7 - couleur verte.
Fête le 9 mai.
Sainte Diane est sa patronne.
Caractère : sociabilité, vivacité, curiosité, adaptabilité.

Inès

La forme hispanique d'Agnès, très en vogue depuis les années 1990.
Origine grecque, signifie « chaste ».
Chiffre 2 - couleur rouge.
Fête le 10 septembre.
Sainte Inès Takeya, jeune veuve chrétienne au Japon au XVIIe siècle, fut décapitée pour avoir reçu des missionnaires chez elle.
Caractère : calme, affectivité, rêverie, discrétion.

Ingrid

Ce prénom est l'un des plus symboliques des pays nordiques.
Origine scandinave, signifie « chevalier du dieu Ing ».
Chiffre 7 - couleur verte.
Fête le 2 septembre.
Sainte Ingrid, petite-fille du roi Knut de Suède, au XIIIe siècle, fonde un monastère et en devient la première abbesse.
Caractère : réserve, sens de l'organisation, logique, sensibilité.
Variante : Inga.

Iphigénie

Iphigénie était, dans la mythologie grecque, la fille d'Agamemnon, lequel voulut la sacrifier à la déesse Artémis afin que les vents soient favorables à sa flotte pendant la guerre de Troie.
Origine grecque, signifie « sacrifice ».
Chiffre 1 - couleur rouge.
Fête le 21 septembre.
Sainte Iphigénie, Italienne de Bari au Ve siècle, fonda une abbaye.
Caractère : autorité, ambition, indépendance, travail.
Anglo-saxon : Iphigenia.

Irène

Origine grecque, signifie « paix ».
Chiffre 6 - couleur jaune.
Fête le 5 avril.
Sainte Irène, née de parents païens en Macédoine, au IIIe siècle, se fit baptiser avec ses sœurs et subit le martyre avec elles.
Caractère : émotivité, sensibilité, diplomatie, perfectionnisme.
Anglo-saxon : Earine, Irine.
Breton : Arine. *Occitan :* Ireneu.
Slave : Iranda, Irina, Raïssa.

Iris

Iris est, dans la mythologie grecque, la messagère ailée des dieux de l'Olympe ; elle porte l'arc-en-ciel en écharpe.
Origine grecque, d'Iris, nymphe de la mythologie.
Chiffre 1 - couleur verte.
Fête le 4 septembre.
Sainte Iris, fille de Philippe, diacre en Asie Mineure au IIe siècle, mourut en martyre peu après son père.
Caractère : autorité, exigence, indépendance, générosité.

Irma

Ce prénom est une forme dérivée d'Hermine.
Origine latine, du nom de l'hermine, rat d'Amérique fournissant une fourrure recherchée.
Chiffre 5 - couleur bleue.
Fête le 9 juillet.

Sainte Hermine, franciscaine à la fin du XIXe siècle, est massacrée en Chine par les Boxers, membres d'une société secrète hostile aux Occidentaux.
Caractère : curiosité, indépendance, vivacité, goût de l'aventure.
Variantes : Irmeline, Irmine.

Isabeau

La forme médiévale d'Isabelle, dérivée d'Élisabeth. Ce prénom fut illustré par la reine Isabeau de Bavière, épouse de Charles VI, au XVe siècle.
Origine hébraïque, signifie « Dieu est plénitude ».
Chiffre 4 - couleur orange.
Fête le 22 février.
Sainte Isabelle, sœur de Saint Louis, refuse de se marier et fonde un monastère de clarisses à Longchamp, près de Paris.
Caractère : charme, discrétion, rigueur, volonté.
Variante : Isambour.

Isabelle

Ce prénom noble, élégant et indémodable est une forme dérivée d'Élisabeth.
Origine hébraïque, signifie « Dieu est plénitude ».
Chiffre 3 - couleur jaune.
Fête le 22 février.
Sainte Isabelle, sœur de Saint Louis, refuse d'épouser le fils de l'empereur Frédéric II et fonde un monastère de clarisses à Longchamp, près de Paris ; elle s'y retire et meurt en 1270.
Caractère : générosité, sensibilité, idéalisme, imagination.
Basque : Isabela, Izaskun.
Breton : Aesa.
Écossais : Ailsa.
Espagnol : Isabel.
Italien : Isabella, Isotta, Isolda.
Normand : Isabe.
Provençal : Eisabeu, Isabeu.

Isadora

La forme féminine d'Isidore.
Origine grecque, signifie « don d'Isis ».
Chiffre 4 - couleur verte.
Fête le 4 avril.
Saint Isidore de Séville, né au VIIe siècle, élevé par son frère saint Léandre, est ce qu'on appellerait aujourd'hui un loubard ; il fugue, il se révolte, puis, sévèrement puni par sa famille, il s'amende, retourne en classe et devient un des plus grands savants de son siècle : théologien, historien, philosophe, géographe... Il rédige un Traité des étymologies *qui sera pendant tout le Moyen Âge un ouvrage de référence. Évêque de Séville pendant quarante ans, il combat les hérésies, réforme la liturgie, fonde collèges et monastères. Il est docteur de l'Église.*
Caractère : franchise, autorité, courage, détermination.

Isalis

Ce prénom est une forme composée d'Isabelle et d'Alice.
Origine hébraïque, signifie « Dieu est plénitude ».
Chiffre 6 - couleur jaune.
Fête le 22 février.
Sainte Isabelle, sœur de Saint Louis, refuse d'épouser Conrad, fils de l'empereur d'Allemagne Frédéric II, et fonde un monastère de clarisses à Longchamp, près de Paris.
Caractère : féminité, sensibilité, générosité, idéalisme.

Isaure

Origine grecque, d'Isaura, ville d'une ancienne province d'Asie Mineure.
Chiffre 1 - couleur bleue.
Fête le 19 juillet.
Sainte Aura, patronne d'Isaure, moniale à Cordoue au IXe siècle, est arrêtée et condamnée au supplice avec d'autres religieuses de sa congrégation.

Caractère : autorité, exigence, volonté, perfectionnisme.

Isis

Ce prénom est celui de la déesse égyptienne, sœur et femme d'Osiris et mère d'Horus. Elle représente dans la mythologie le type de femme et de mère idéales.
Origine égyptienne, signifie « souveraine ».
Chiffre 2 - couleur jaune.
Fête le 13 août.
Caractère : indépendance, volonté, charisme, travail.

Isolde

Ce prénom est une des formes médiévales d'Isabelle.
Origine hébraïque, signifie « Dieu est plénitude ».
Chiffre 1 - couleur jaune.
Fête le 22 février.
Sainte Isabelle, sœur de saint Louis, refuse d'épouser Conrad, fils de l'empereur d'Allemagne Frédéric II, et fonde un monastère de clarisses à Longchamp, près de Paris.
Caractère : affectivité, activité, ambition, passion.
Variantes : Iselda, Isilde, Isotta.
Breton : Izold, Izolde.

Isoline

Ce prénom est une forme composée d'Isabelle et de Line.
Origine hébraïque, signifie « Dieu est plénitude ».
Chiffre 2 - couleur jaune.
Fête le 22 février.
Sainte Isabelle, sœur de Saint Louis, fut la fondatrice d'un monastère de Clarisses près de Paris où elle passa sa vie.
Caractère : émotivité, charisme, passion, idéalisme.

Ivana

La forme slave de Jeanne.
Origine hébraïque, signifie « Dieu a fait grâce ».
Chiffre 2 - couleur rouge.
Fête le 24 juin.
Les saints Jean sont nombreux : saint Jean disciple du Christ et auteur présumé du quatrième Évangile, saint Jean Chrysostome, évêque de Constantinople au IVe siècle et docteur de l'Église, et saint Jean Bosco au XIXe siècle, prêtre fondateur d'établissements d'enseignement professionnel.
Caractère : intuition, altruisme, sensibilité, créativité.

Izoenn

Ce prénom est l'une des nombreuses formes féminines dérivées d'Yves.
Origine celte, signifie « if ».
Chiffre 2 - couleur verte.
Fête le 19 mai.
Saint Yves, prêtre et avocat au XIIIe siècle, est l'un des saints protecteurs de la Bretagne.
Caractère : adaptabilité, diplomatie, sociabilité, charisme.
Variante : Izoène.

Jacinthe

Ce prénom s'orthographie également Hyacinthe, et sous cette forme il est mixte.
Origine arabe, signifie « jacinthe ».
Chiffre 7 - couleur rouge.
Fête le 5 octobre.
Sainte Fleur, religieuse dans le Quercy au XIVe siècle, est sa patronne.
Caractère : spiritualité, réflexion, générosité, réserve.
Arabe : Yacout, Yacouta.

Jacqueline

Cette forme féminine de Jacques fut fréquente au début du XXe siècle.
Origine hébraïque, signifie « Dieu a soutenu ».
Chiffre 7 - couleur bleue.
Fête le 8 février.
Sainte Jacqueline Frangipani, noble veuve italienne fortunée au XIIIe siècle, confidente de saint François d'Assise, vend ses biens pour aider l'ordre franciscain à s'établir.
Caractère : activité, dynamisme, travail, sociabilité.
Diminutifs : Jackie, Jacotte, Jacquette.
Anglo-saxon : Jackaleen.
Basque : Jaki, Jakinda, Janekin.
Breton : Jakeza.

Jade

Ce prénom est en vogue depuis les années 1980.
Origine française, du nom de la pierre précieuse de couleur verte.
Chiffre 2 - couleur verte.
Fête le 29 juin.
Saint Pierre, apôtre du Christ, est le patron de Jade.
Caractère : passion, volonté, travail, perfectionnisme.

Les pierres précieuses

Elles sont à l'origine de beaux prénoms féminins : Béryl, Jade et Esméralda sont les plus modernes. Pierrette et Perrine ont eu leur vogue. à quand Topaze ou Saphir ?

Janine

Une forme de Jeanne qui fut courante au début du XXe siècle.
Origine hébraïque, signifie « Dieu est miséricordieux ».
Chiffre 8 - couleur verte.
Fête le 30 mai.
Sainte Jeanne d'Arc est sa patronne.
Caractère : énergie, volonté, réalisme, sociabilité.
Autres orthographes : Jeanine, Jeannine.
Variantes : Janice, Janik, Janique.

Jasmine

Origine persane, du nom du jasmin.
Chiffre 8 - couleur blanche.
Fête le 5 octobre.
Sainte Fleur, religieuse dans le Quercy au XIVe siècle, est sa patronne.
Caractère : courage, ambition, activité, perfectionnisme.
Arabe : Yasmina.

Jean

Sous cette apparence de prénom masculin, se cache un prénom féminin courant aux États-Unis, forme écossaise de Jeanne, qui doit être prononcé « djinn ».
Origine hébraïque, signifie « Dieu est miséricordieux ».
Chiffre 3 - couleur jaune.
Fête le 30 mai.
Sainte Jeanne d'Arc est sa patronne. Bergère en Lorraine au XVe siècle, elle est investie de la mission divine de chasser les Anglais de France et de rétablir le roi sur le trône. Elle parvient à prendre la tête d'une armée et à faire couronner le roi.

Faite prisonnière à Rouen, elle meurt sur le bûcher pour hérésie.
Caractère : communication, créativité, harmonie, charisme.

Jeanne

Après les faveurs du Moyen Âge, Jeanne a connu son apogée à la fin du XIXe siècle. Le prénom réapparaît depuis les années 1990.
Origine hébraïque, signifie « Dieu est miséricordieux ».
Chiffre 4 - couleur jaune.
Fête le 30 mai.
Sainte Jeanne d'Arc, bergère à Domrémy au début du XVe siècle, a 13 ans lorsqu'elle entend « des voix » qui lui demandent de chasser les Anglais de France et de rétablir le roi Charles VII sur le trône. Plusieurs années plus tard, la petite bergère combat l'envahisseur à la tête d'une armée, et fait couronner le roi. Faite prisonnière à Rouen, Jeanne est condamnée pour hérésie et meurt sur le bûcher.
Caractère : émotivité, affectivité, travail, opiniâtreté.
Variantes : Évane, Ivane, Janie, Janine.
Alsacien : Hansie. *Anglo-américain :* Geena.
Anglo-saxon : Jane, Janet, Jenna, Jenny.
Breton : Janik. *Espagnol :* Juana, Juanita.
Forme hébraïque : Johanna.
Forme médiévale : Jehanne.
Irlandais : Shona. *Italien :* Gianna, Giovanna.
Provençal : Jano. *Russe :* Ivana, Vanina, Vassina. *Slave :* Hanska.

Jenna

Cette forme anglo-américaine de Jeanne est en vogue depuis 2000, prenant le relais de Johanna.
Origine hébraïque, signifie « Dieu est miséricordieux ».
Chiffre 8 - couleur rouge.
Fête le 30 mai.
Sainte Jeanne d'Arc est sa patronne.
Caractère : sociabilité, énergie, charisme, rigueur.

Jennifer

Une forme dérivée de Guinevere, forme anglo-saxonne de Gueniѐvre.
Origine celte, signifie « blanche et douce ».
Chiffre 7 - couleur blanche.
Fête le 18 octobre.
Sainte Gwenn, épouse de saint Fragan en Bretagne au Ve siècle, modèle de piété et de bonté, est sa patronne.
Caractère : rêverie, étude, réflexion, douceur.
Autre orthographe : Jennyfer.

Jéromine

La forme féminine, peu courante, de Jérôme.
Origine grecque, signifie « nom sacré ».
Chiffre 8 - couleur verte.
Fête le 30 septembre.
Saint Jérôme, secrétaire du pape Damase au Ve siècle, se retira dans le désert pour traduire la Bible ; il y consacra vingt-deux ans de sa vie et fut nommé docteur de l'Église.
Caractère : vivacité, travail, ambition, exigence.

Jessica

Forme féminine de Jessé, prénom biblique, elle est répandue aux États-Unis.
Jesse fut le père du roi David.
Origine hébraïque, signifie « Dieu est ».
Chiffre 3 - couleur bleue.
Fête le 29 décembre.
Caractère : charme, éloquence, sens de l'observation, intuition.
Variantes : Jessie, Jessy, Seasaid.

Jessie

Ce prénom, qui est en vogue en ce début de siècle, est une forme féminine de Jessé, personnage biblique qui fut le père du roi David.
Origine hébraïque, signifie « cadeau ».
Chiffre 4 - couleur verte.
Fête le 4 novembre.

Caractère : charme, créativité, ambition, stabilité.

Jill

Ce prénom est une forme anglaise de Julie. Son succès s'inscrit dans la vogue actuelle des prénoms monosyllabiques.
Origine latine, signifie « de la famille Iulius » dont était issu Jules César.
Chiffre 7 - couleur verte.
Fête le 8 avril.
Sainte Julie, institutrice paralysée, en Picardie au XIXe siècle, consacra sa courte vie aux petites filles pauvres.
Caractère : réflexion, étude, réserve, spiritualité.

Jocelyne

Origine germanique, de Gauz, nom d'une divinité.
Chiffre 8 - couleur violette.
Fête le 13 décembre.
Saint Josse, frère de Judicaël, roi breton au VIIe siècle, préfère la solitude au faste de la cour et se retire dans un ermitage pour prier et méditer.
Caractère : charme, énergie, opportunisme, ambition.

Joëlle

Ce féminin de Joël a connu la faveur des parents dans les années 1950.
Origine hébraïque, signifie « Yahvé est Dieu ».
Chiffre 5 - couleur bleue.
Fête le 13 juillet.
Saint Joël fut prophète en Israël au VIe siècle avant J.-C. et auteur du livre de la Bible qui porte son nom.
Caractère : opportunisme, adaptabilité, mystère, réserve.
Variantes : Yoëlle, Yaëlle.

Joéva

La forme féminine de Joévin.
Origine latine, de « Jovis », nom donné à Jupiter.
Chiffre 8 - couleur orange.
Fête le 2 mars.
Saint Joévin, moine en Bretagne à la fin du VIe siècle, évangélisa la région et devint évêque de Léon.
Caractère : individualisme, ambition, persévérance, sens des affaires.

Johanna

Une forme anglicisée de Jeanne.
Origine hébraïque, signifie « Dieu est miséricordieux ».
Chiffre 9 - couleur jaune.
Fête le 30 mai.
Sainte Jeanne d'Arc, bergère à Domrémy au début du XVe siècle, a 13 ans lorsqu'elle entend « des voix » qui lui demandent de chasser les Anglais de France et de rétablir le roi Charles VII sur le trône. Plusieurs années plus tard, la petite bergère combat l'envahisseur à la tête d'une armée, et fait couronner le roi. Faite prisonnière à Rouen, Jeanne est condamnée pour hérésie et meurt sur le bûcher.
Caractère : sens de la justice, harmonie, charisme, rigueur.
Autre orthographe : Joanna.
Variante : Joanie.
Slave : Jana, Janika, Januska.

Les Jeanne

Tout comme Jehan devint Jean, Jehanne se transforma en Jeanne. Le Moyen Âge leur fit honneur et leur succès ne se démentit pas au cours des siècles suivants. Le XXe siècle donna à Jeanne des formes dérivées variées : ce fut Jeannine, écrit aussi Janine dès les années 1920. Puis Johanna dans les années 1960, qui dut probablement sa vogue à sa consonance anglo-saxonne. Jeanne revient aujourd'hui à l'état civil dans sa simplicité, à la suite de Marie et accompagné de Louise.
Dans les pays anglo-saxons, Jane, Janet et Jean sont toujours d'actualité.

J

Jonelle

Une forme dérivée de Joëlle.
Origine hébraïque, signifie « Yavhé est Dieu ».
Chiffre 1 - couleur bleue.
Fête le 13 juillet.
Saint Joël fut prophète en Israël au VIe siècle avant J.-C. et auteur du livre de la Bible qui porte son nom.
Caractère : intuition, sensibilité, émotivité, réserve.
Variantes : Jodelle, Jonella.

Jordana

Prénom d'origine araméenne, féminin de Jordan, forme moderne de Jourdain, prénom rapporté par les croisés de retour de Terre sainte.
Origine hébraïque, signifie « qui répand la vie ».
Chiffre 9 - couleur verte.
Fête le 13 février.
Saint Jourdain fut moine bénédictin au XIIIe siècle.
Caractère : énergie, activité, ambition, persévérance.

Josée

Ce prénom, qui est une des formes féminines de Joseph, est le plus souvent associé à Marie.
Origine hébraïque, signifie « Dieu ajoute ».
Chiffre 9 - couleur rouge.
Fête le 9 juin.
Saint Joseph, père nourricier de Jésus, est son protecteur.
Caractère : sensibilité, idéalisme, rêverie, créativité.
Espagnol : Josefa, Peppa.
Italien : Giuseppa, Giuseppina.

Joséphine

Cette forme féminine de Joseph était très prisée au XIXe siècle. Elle est en vogue depuis les années 1990.
Origine hébraïque, signifie « Dieu ajoute ».
Chiffre 2 - couleur rouge.
Fête le 8 février.
Sainte Joséphina, esclave soudanaise au XIXe siècle, se convertit et, une fois affranchie, entra au couvent pour y terminer sa vie.
Caractère : indépendance, sens des responsabilités, travail, volonté.
Basque : Jozephina.
Espagnol : Josefa, Josefina.
Italien : Giuseppina. *Provençal : Jouséfino.*

Josette

Lorsque Joséphine se démoda, ce furent Josette et Josiane qui prirent la relève dans les années 1940. Ces deux prénoms sont aujourd'hui oubliés.
Origine hébraïque, signifie « Dieu ajoute ».
Chiffre 4 - couleur rouge.
Fête le 19 mai.
Saint Joseph, le charpentier, fut l'époux de sainte Marie et le père nourricier de Jésus.
Caractère : sérieux, détermination, rigueur, exigence.

Josiane

Origine hébraïque, signifie « Dieu ajoute ».
Chiffre 1 - couleur rouge.
Fête le 19 mai.
Saint Joseph, époux de Marie et père nourricier de l'Enfant Jésus, est son patron.
Caractère : vivacité, curiosité, charisme, adaptabilité.

Joy

Ce prénom anglais peut être rapproché par son étymologie de Laetitia, prénom italien et français, et d'Allegria espagnol.
Il est assez courant aux États-Unis.
Origine anglaise, signifie « joie ».
Chiffre 5 - couleur jaune.
Caractère : adaptabilité, indépendance, goût de l'aventure, humour.
Variante : Joyce.

Judith

Dans la Bible, Judith, pour sauver la ville de Béthulie, séduisit le général ennemi, l'enivra, et le décapita pendant son sommeil.
Origine hébraïque, signifie « juive ».
Chiffre 9 - couleur bleue.
Fête le 5 mai.
Sainte Judith, veuve très jeune, vendit ses biens, en Thuringe, au IXe siècle et quitta son pays pour la Prusse, où elle se mit au service des indigents.
Caractère : diplomatie, communication, sensibilité, dévouement.
Anglo-saxon : Jodie, Judy.
Espagnol : Judit, Judita.
Germanique : Jetta, Juditha, Jutta.
Italien : Giuditta.
Scandinave : Jutta.

Julie

Très en vogue au XIXe siècle, Julie connut un regain de succès dans les années 1980. C'est aujourd'hui sa forme espagnole Julia qui est en vogue.
Origine latine, signifie « de la famille Iulius ».
Chiffre 3 - couleur rouge.
Fête le 8 avril.
Sainte Julie Billiart, jeune Picarde paralysée des jambes, au XIXe siècle fonda à Amiens l'Institut des sœurs de Notre-Dame pour l'éducation chrétienne des enfants pauvres.
Caractère : réalisme, sociabilité, communication, charme.
Anglo-saxon : Gill, Gillian, Jill.
Espagnol : Julia.
Hongrois : Juliska, Julka.
Italien : Giulia, Giuliana.
Néerlandais : Juliana.
Normand : Jeulie. *Russe : Yulia.*

Juliette

Ce prénom a pris la suite de Julie au hit-parade de l'état civil.
Origine latine, signifie « de la famille Iulius ».
Chiffre 3 - couleur rouge.
Fête le 30 juillet.
Sainte Juliette, appelée aussi Jullitte, chrétienne en Cappadoce au IVe siècle, est dénoncée par l'homme d'affaires véreux à qui elle a confié ses biens ; elle meurt sur le bûcher.
Caractère : charme, persévérance, esprit pratique, sensibilité.
Anglo-saxon : Juliet.
Espagnol : Julieta, Julita.
Italien : Giulietta.

June

Dans la mythologie romaine, Junon est la femme de Zeus, la déesse protectrice des Femmes, du Mariage et de la Naissance.
Le mois de juin lui était consacré.
Ce prénom est courant outre-Manche.
Origine anglaise, signifie « juin ».
Chiffre 5 - couleur rouge.
Caractère : adaptabilité, goût de l'aventure, indépendance, charisme.
Espagnol : Juny.
Germanique : Junia.

Justine

Ce prénom connut un bref succès dans les années 1990.
Origine latine, signifie « juste ».
Chiffre 8 - couleur verte.
Fête le 12 mars.
Sainte Justine, jeune païenne à Antioche au IIIe siècle, persuade ses parents et son fiancé Cyprien de se faire baptiser. Cyprien et Justine font vœu de chasteté ; il devient évêque ; elle, abbesse d'un monastère. Mais, victimes des persécutions de l'empereur Dèce, ils sont tous deux décapités.
Caractère : passion, courage, détermination, franchise.
Italien : Giustina.
Normand : Jeustène.
Russe : Yustina.

K

Karen

Ce prénom est une forme scandinave de Carine.
Origine grecque, signifie « pure ».
Chiffre 4 - couleur rouge.
Fête le 7 novembre.
Sainte Carine est une jeune mère de famille chrétienne, en Asie Mineure, au IVe siècle ; elle est arrêtée, jugée et martyrisée avec son mari et son fils.
Caractère : sensibilité, réserve, volonté, travail.

Kathalyn

Ce prénom est une forme anglo-saxonne de Catherine.
Origine grecque, signifie « pure ».
Chiffre 3 - couleur verte.
Fête le 25 novembre.
Sainte Catherine de Sienne, dominicaine italienne très érudite du XIVe siècle, fut la conseillère des papes et fut nommée docteur de l'Église.
Caractère : affectivité, imagination, intuition, fidélité.

Kathell

Ce prénom est la forme bretonne de Catherine.
Origine grecque, signifie « pure ».
Chiffre 7 - couleur rouge.
Fête le 25 novembre.
Sainte Catherine d'Alexandrie, patricienne du IIIe siècle, reprocha à l'empereur Maxence sa cruauté envers les chrétiens et son idolâtrie, convertit les philosophes chargés de la faire abjurer ainsi que les soldats de la garde et leur famille. Furieux, l'empereur la condamna au supplice.
Caractère : générosité, sociabilité, diplomatie, créativité.
Autres orthographes : Cathel, Cathell, Katell.

Katia

Ce prénom est une forme slave de Catherine.
Origine grecque, signifie « pure ».
Chiffre 6 - couleur verte.
Fête le 25 novembre.
Sainte Catherine de Sienne, jeune Italienne du XIVe siècle, dominicaine érudite, arbitra les conflits politiques, conseilla les papes et fut nommée docteur de l'Église.
Caractère : sens des responsabilités, affectivité, harmonie, générosité.

Kelly

Ce prénom en vogue aux États-Unis est une variante de Ceallagh.
Origine celte, signifie « église ».
Chiffre 2 - couleur bleue.
Fête le 1er mai.
Saint Ceallagh fut évêque en Irlande au VIe siècle.
Caractère : énergie, créativité, franchise, ambition.

Kenza

Origine arabe, signifie « trésor ».
Chiffre 3 - couleur bleue.
Caractère : sociabilité, harmonie, communication, sens artistique.

Kerin

Ce dérivé anglo-saxon de Catherine est répandu aux États-Unis.
Origine grecque, signifie « pure ».
Chiffre 3 - couleur rouge.
Fête le 7 novembre.
Sainte Carine est une jeune mère de famille chrétienne, en Asie Mineure, au IVe siècle ; elle est arrêtée, jugée et martyrisée avec son mari et son fils.
Caractère : communication, sens artistique, harmonie, charisme.

Kerry

Il fait partie des prénoms géographiques très en vogue dans les pays anglo-saxons.
Origine irlandaise, du nom d'une région de l'Irlande.
Chiffre 5 - couleur verte.
Caractère : curiosité, adaptabilité, goût de l'aventure, indépendance.

Keyna

Une variante féminine de Kenneth.
Origine celte, signifie « jaillie du feu ».
Chiffre 2 - couleur bleue.
Fête le 8 octobre.
Sainte Keyna fut ermite en Cormouailles au VIe siècle.
Caractère : indépendance, volonté, charisme, travail.

Khadija

Ce prénom fut celui de la première épouse de Mahomet.
Origine arabe, signifie « précoce ».
Chiffre 8 - couleur jaune.
Caractère : sens pratique, équilibre, sens de la justice, rigueur.

Kim

Ce prénom mixte est apprécié aux États-Unis depuis plusieurs décennies.
Origine anglaise, signifie « celle qui commande ».
Chiffre 6 - couleur orange.
Caractère : affectivité, communication, perfectionnisme, charme.

Kimberley

Ce prénom est en vogue dans les pays anglo-saxons depuis les années 1960.
Origine anglaise, signifie « prairie royale ».
Chiffre 1 - couleur verte.
Caractère : volonté, ambition, communication, activité.

Kinnie

Ce prénom est la forme féminine de Ken.
Origine celte, signifie « belle ».
Chiffre 8 - couleur orange.
Fête le 1er février.
Sainte Kinnie, jeune irlandaise noble du Ve siècle, consacra sa vie à la prière dans un monastère.
Caractère : réalisme, ambition, opiniâtreté, rigueur.

Kira

Une forme féminine de Cyril.
Origine grecque, signifie « maître ».
Chiffre 3 - couleur rouge.
Fête le 12 février.
Saint Cyril, compagnon d'études du prince Michel à Constantinople au IXe siècle, ordonné diacre, enseigne la philosophie avant de rejoindre son frère Méthode, moine sur le mont Olympe. Michel devenu empereur l'envoie en mission avec son frère en Moravie, et lui demande de transcrire en slavon la Bible et les Saintes Écritures. Cyril crée l'alphabet « cyrillique », inspiré des caractères grecs, encore en usage aujourd'hui dans les pays slaves.
Caractère : communication, sociabilité, harmonie, créativité.
Autre orthographe : Kyra.

Kirsten

La forme scandinave de Christine.
Origine grecque, signifie « messie ».
Chiffre 6 - couleur verte.
Fête le 24 juillet.
Sainte Christine, Sicilienne du IIIe siècle, est la fille d'un gouverneur de Toscane sous Dioclétien ; elle refuse d'adorer les dieux païens, son père la tue de ses mains.
Caractère : distinction, sociabilité, sens des responsabilités, générosité.
Variante : Kristen.

Kitty

Ce diminutif anglo-saxon de Catherine est devenu un prénom à part entière.
Origine grecque, signifie « pure ».
Chiffre 4 - couleur rouge.
Fête le 25 novembre.
Sainte Catherine de Sienne prit l'habit chez les dominicaines dès son jeune âge. Elle se dévoua aux malades, aux deshérités, et multiplia les conversions, arbitra les conflits, et conseilla les papes. Elle fut proclamée docteur de l'Église.
Caractère : charme, sensibilité, prudence, altruisme.

L

Labériane

Ce prénom est, avec Lacmé, une des formes féminines de Lambert.
Origine germanique, signifie « terre illustre ».
Chiffre 4 - couleur verte.
Fête le 17 septembre.
Saint Lambert, évêque de Maastricht au VIIe siècle, sermonnait vigoureusement le maire du palais, Pépin de Herstal, pour son inconduite : il le fit assassiner.
Caractère : rigueur, travail, ténacité, stabilité.

Lacmé

Ce joli prénom est une forme féminine de Lambert.
Origine germanique, signifie « terre illustre ».
Chiffre 7 - couleur verte.
Fête le 17 septembre.
Saint Lambert, évêque de Maastricht au VIIe siècle, est assassiné par le maire du palais, Pépin de Herstal, à qui il reproche son inconduite.
Caractère : séduction, créativité, communication, originalité.
Autre orthographe : Lakmé.

Laetitia

Ce prénom connut le succès dans les années 1980. Il est plus rare aujourd'hui.
Origine latine, signifie « allégresse ».
Chiffre 5 - couleur bleue.
Fête le 18 août.
Notre-Dame de Liesse est la patronne de Laetitia.
Caractère : sagesse, réflexion, discrétion, douceur.
Anglo-saxon : Letitia, Lettice, Leda.
Espagnol : Leticia. Italien : *Letizia.*

Lamia

Ce prénom est l'un des plus populaires dans les familles musulmanes.
Origine arabe, signifie « l'accordée ».
Chiffre 9 - couleur rouge.
Caractère : générosité, charisme, rêverie, sociabilité.

Lara

Dans la mythologie romaine, Lara est une nymphe, fille du fleuve Tibre et mère des dieux lares, protecteurs du Foyer.
Origine grecque, signifie « mouette ».
Chiffre 5 - couleur jaune.
Fête le 10 novembre.
Sainte Nymphe, jeune vierge martyrisée en Turquie au IIe siècle, est sa patronne.
Caractère : sociabilité, affectivité, séduction, fantaisie.

Larissa

Origine grecque, signifie « mouette ».
Chiffre 7 - couleur verte.
Fête le 18 septembre.
Sainte Larissa, jeune chrétienne grecque du IVe siècle, fut brûlée vive dans une église avec plusieurs compagnons pour avoir refusé de renier sa foi.
Caractère : réflexion, étude, spiritualité, réserve.

Latoya

Un des prénoms les plus célèbres aux États-Unis, selon la coutume récente qui consiste à composer des prénoms avec le préfixe « La » et un prénom existant : Ladonna, Lakeisha, Latania...
Chiffre 7 - couleur jaune.
Caractère : réflexion, spiritualité, étude, travail.

Laudine

Ce prénom médiéval a presque disparu.
Origine latine, signifie « celle qui loue ».
Chiffre 3 - couleur orange.
Fête le 22 septembre.

Saint Laud (Lô), évêque au VIe siècle en Normandie, demeura pendant quarante ans dans son évêché.
Caractère : réserve, détermination, diplomatie, douceur.
Variante : Laudie.

Laure

Une des formes féminines de Laurent. Sa forme italienne Laura eut un grand succès dans les années 1980.
Origine latine, signifie « laurier ».
Chiffre 3 - couleur verte.
Fête le 19 octobre.
Sainte Laure, jeune chrétienne andalouse au IXe siècle, fut condamnée au martyre par l'émir.
Caractère : charme, séduction, sensibilité, éloquence.
Variantes : Laurelle, Laurène, Laurie, Laurine.
Breton : Laora.
Anglo-saxon : Laureen, Lauren, Laurie.
Espagnol : Laura, Lorena.
Italien : Laura, Lora, Loredana, Lorella, Loretta.
Provençal : Laurina, Loreto, Lauro.

Laurence

Ce prénom fait partie des grands classiques intemporels.
Origine latine, signifie « laurier ».
Chiffre 7 - couleur verte.
Fête le 10 août.
Saint Laurent, diacre à Rome au IIIe siècle, provoque l'empereur Valérien en lui présentant comme richesse de l'Église une troupe de mendiants ; il est condamné au supplice.
Caractère : sociabilité, réflexion, ambition, exigence.
Basque : Laurentza, Laurenxa.
Espagnol : Lorentina.
Italien : Lorenza. Provençal : Lauenco.

Laurentine

Cette forme féminine de Laurent était en vogue au XIXe siècle.
Origine latine, signifie « laurier ».
Chiffre 2 - couleur orange.
Fête le 10 août.
Saint Laurent, diacre à Rome au IIIe siècle, subit le supplice pour avoir provoqué la colère de l'empereur Valérien.
Caractère : franchise, autorité, volonté, travail.

Lavena

Origine celte, signifie « gaie ».
Chiffre 1 - couleur rouge.
Fête le 3 novembre.
Sainte Lavena est la mère de saint Gwenaël, à Quimper au VIe siècle.
Caractère : dynamisme, énergie, optimisme, sens pratique.
Variante : Levenez.

Lavinia

Ce prénom était très courant dans la Rome antique.
Origine latine, signifie « originaire du Lavinium ».
Chiffre 5 - couleur jaune.
Caractère : sensibilité, charme, indépendance, goût de l'aventure.

Léa

Ce prénom est l'un des favoris des années 1990-2000.
Léa est, dans la Bible, la sœur de Rachel, l'épouse du patriarche Jacob et la mère de six fils qui devinrent les ancêtres des tribus d'Israël.
Origine hébraïque, signifie « vache sauvage ».
Chiffre 9 - couleur orange.
Fête le 22 mars.
Sainte Léa, riche veuve de la société romaine au IVe siècle, fut disciple de saint Jérôme, distribua toute sa fortune aux pauvres et termina sa vie dans un monastère.
Caractère : fantaisie, détermination, intuition, sensibilité.
Variante : Léane. Anglo-saxon : Leah.

L

Léandra

La forme féminine de Léandre.
Origine grecque, signifie « homme ».
Chiffre 5 - couleur verte.
Fête le 27 février.
Saint Léandre, évêque de Séville au VIe siècle, se dévoua à la conversion des peuples wisigoths et ariens et fit proclamer le catholicisme religion d'État.
Caractère : charme, curiosité, vivacité, épicurisme.

Leila

Symbole de l'intimité et du repos, ce prénom est très apprécié depuis des générations.
Origine arabe, signifie « douceur de la nuit ».
Chiffre 3 - couleur orange.
Caractère : sociabilité, harmonie, communication, sens artistique.

Lena

Ce prénom est un des diminutifs d'Hélène.
Origine grecque, signifie « éclat du soleil ».
Chiffre 5 - couleur jaune.
Fête le 18 août.
Sainte Hélène, fille d'aubergiste à Rome au IIIe siècle, est séduite par Constance Chlore, empereur romain d'Occident, dont elle a un fils, Constantin. Répudiée, elle quitte la cour, mais son fils la rappelle lorsqu'il accède au trône en 306. Hélène se convertit à 60 ans. Très influente, elle défend la cause des chrétiens, multiplie les dons et favorise la construction de monastères en Palestine.
Caractère : indépendance, autorité, curiosité, séduction.

Lenora

Ce prénom est une forme espagnole d'Eléonore.
Origine grecque, signifie « compassion ».
Chiffre 2 - couleur verte.
Fête le 25 juin.
Sainte Eléonore, épouse du roi d'Angleterre au XIe siècle, acheva sa vie chez les bénédictines.
Caractère : réserve, activité, ambition, discrétion.

Léocadie

Ce prénom évoque une habitante de Leucade, une île ionienne.
Origine grecque.
Chiffre 9 - couleur bleue.
Caractère : activité, courage, énergie, ambition.
Basque : Leokadia.

Léone

Ce prénom est l'une des formes féminines de Léon.
Origine latine, signifie « lionne ».
Chiffre 6 - couleur verte.
Fête le 6 décembre.
Sainte Léonie, jeune chrétienne d'Afrique du Nord au Ve siècle, fut condamnée au martyre pour avoir refusé de renier sa foi.
Caractère : ambition, sens des responsabilités, activité, perfectionnisme.
Variante : Léonie.

Léonella

La forme féminine de Lionel.
Origine latine, signifie « lionne ».
Chiffre 4 - couleur jaune.
Fête le 10 novembre.
Saint Léon, secrétaire des papes Célestin Ier et Sixte III, devint pape au Ve siècle, lutta contre le paganisme, imposa Rome comme capitale de la chrétienté, négocia avec Attila, entretint une correspondance suivie avec les intellectuels de son temps et rédigea une centaine de sermons, dont les théologiens reconnaissent la grande valeur. Il fut nommé docteur de l'Église.
Caractère : énergie, autorité, courage, activité.

Léonille

Origine latine, signifie « lionne ».
Chiffre 3 - couleur jaune.
Fête le 17 janvier.
Sainte Léonille a trois petits-fils, emprisonnés pour avoir affirmé leur foi chrétienne en Cappadoce en Asie Mineure au Ier siècle ; le préfet lui demande de les faire abjurer ; ils la convertissent et elle subit le martyre avec eux.
Caractère : optimisme, éloquence, communication, charisme.

Léonore

Ce prénom est un diminutif d'Éléonore, considéré comme un prénom à part entière depuis une dizaine d'années.
Origine grecque, signifie « compassion ».
Chiffre 3 - couleur orange.
Fête le 25 juin.
Sainte Éléonore, belle-sœur de Saint Louis, épouse du roi d'Angleterre Henri III, se retire dans un monastère chez les bénédictines à la mort de son mari.
Caractère : franchise, dynamisme, curiosité, opiniâtreté.
Variante : Liénor. *Anglo-saxon :* Lenore.
Espagnol : Lenora. *Italien :* Leonora.

Léontine

Une des formes féminines de Léon.
Origine latine, signifie « lionne ».
Chiffre 4 - couleur verte.
Fête le 10 novembre.
Saint Léon, pape au Ve siècle, lutta contre le paganisme, imposa Rome comme capitale de la chrétienté, négocia avec Attila, entretint une correspondance suivie avec les intellectuels de son temps et rédigea une centaine de sermons, dont les théologiens reconnaissent la grande valeur. Il fut nommé docteur de l'Église.
Caractère : réserve, affectivité, franchise, stabilité.

Léopoldine

Ce féminin de Léopold était courant au XIXe siècle.
Origine germanique, signifie « peuple courageux ».
Chiffre 8 - couleur jaune.
Fête le 15 novembre.
Saint Léopold, prince souverain d'Autriche au XIIe siècle, se consacra à la création de monastères et à l'éducation de ses dix-huit enfants.
Caractère : courage, détermination, autorité, sens pratique.
Italien : Leopoldina.

Leslie

Un diminutif anglo-saxon d'Élisabeth, très en vogue outre-Manche.
Origine hébraïque, signifie « Dieu est plénitude ».
Chiffre 8 - couleur orange.
Fête le 17 novembre.
Sainte Élisabeth est, dans la Bible, l'épouse de Zacharie et la cousine de Marie. Pendant des années, elle a déploré sa stérilité et prié Dieu de la rendre mère. Elle est âgée lorsque la naissance prochaine d'un fils lui est annoncée, mais elle ne doute pas ; Jean le Baptiste naît quelques mois plus tard.

Lexane

Ce prénom est une forme dérivée d'Alexia, version féminine d'Alexis.
Origine grecque, signifie « celle qui repousse ».
Chiffre 7 - couleur bleue.
Fête le 17 février.
Saint Alexis Falconieri est son patron ; riche marchand florentin au XIIIe siècle, il est fondateur de l'ordre des Servites de Marie, consacré au travail manuel et à la prière.
Caractère : secret, élitisme, fidélité, intuition.

L

Liczenn

Origine celte, signifie « pure ».
Chiffre 2 - couleur rouge.
Caractère : adaptabilité, diplomatie, émotivité, activité.

Lila

Ce prénom peut évoquer la fleur odorante, mais on peut aussi considérer qu'il s'agit d'une forme diminutive de Liliane.
Origine latine, signifie « lys ».
Chiffre 7 - couleur bleue.
Fête le 27 juillet.
Sainte Liliane, jeune chrétienne convertie, proclama sa foi et fut décapitée à Cordoue au IXe siècle.
Caractère : imagination, intuition, vivacité, charme.

Liliane

Origine latine, signifie « lys ».
Chiffre 8 - couleur jaune.
Fête le 27 juillet.
Sainte Liliane, chrétienne à Cordoue au IXe siècle, feint d'être musulmane pour échapper aux persécutions, puis un jour elle proclame sa foi. Elle est arrêtée et décapitée.
Caractère : énergie, activité, intuition, séduction.
Anglo-saxon : Lilian.
Espagnol : Liliana.

Lily

Ce prénom est un diminutif de Louise, qui commence à s'imposer aux côtés de Lou.
Origine germanique, signifie « glorieux combattant ».
Chiffre 4 - couleur bleue.
Fête le 15 mars.
Sainte Louise de Marillac, co-fondatrice de l'ordre des Filles de la charité, est sa patronne.
Caractère : réserve, rigueur, émotivité, sens des responsabilités.

Linda

Ce prénom est un diminutif d'Alida, dérivé italien d'Adèle.
Origine germanique, signifie « noble ».
Chiffre 4 - couleur verte.
Fête le 20 octobre.
Sainte Adeline est la première abbesse du monastère des Dames blanches, au début du XIIe siècle, en Normandie.
Caractère : volonté, fierté, travail, ambition.

Lindsay

Ce prénom mixte est très en vogue pour les filles aux États-Unis.
Origine anglaise, signifie « île aux tilleuls ».
Chiffre 3 - couleur verte.
Caractère : sensibilité, charme, vivacité, communication.

Line

Un diminutif d'Adeline, forme dérivée d'Adèle.
Origine germanique, signifie « noble ».
Chiffre 4 - couleur orange.
Fête le 24 septembre.
Sainte Adèle, fille du roi d'Austrasie Dagobert II au VIIe siècle, se retire dans un monastère à son veuvage et se consacre à l'éducation de son petit-fils et aux œuvres charitables.
Caractère : réalisme, sens des responsabilités, rigueur, ordre.
Variante : Lina.

Lise

Un diminutif d'Élisabeth, devenu un prénom à part entière.
Origine hébraïque, signifie « Dieu est plénitude ».
Chiffre 5 - couleur orange.
Fête le 17 novembre.
Sainte Élisabeth fut la mère de la Vierge Marie.
Caractère : détermination, travail, prudence, efficacité.

Variantes : Lisette, Lison.
Anglo-saxon : Lisa, Liz, Liza.

D'Isalis à Mabelle

Pendant des siècles, les prénoms composés étaient formés à partir des deux grands classiques Jean et Marie. Les prénoms composés ont atteint leur apogée dans les années 1950 : Jean-Pierre et Marie-Christine étaient premiers au hit-parade. Les années 1970 virent arriver les prénoms composés avec Anne et Pierre : Anne-Sophie, Anne-Charlotte, Anne-Laure, Pierre-Yves, Pierre-François... Mais peu de parents avaient l'audace de mélanger les syllabes de plusieurs prénoms pour composer un prénom original. Liselotte en était un rare exemple. Depuis les années 1990, on a vu fleurir Méloé, Chlolise, Paulien...

Voici quelques idées :
Annwenn : Anne et Gwenn
Éliselore : Élise et Laure
Garlone : Gabrielle et Léone
Homéric : Homère et Éric
Isalis : Isabelle et Alice
Liselotte : Lise et Charlotte
Maëlwenn : Maëlle et Gwenn
Maïwen : Marie et Gwenn
Méloé : Mélodie et Chloé

Lissandre

Ce prénom est un dérivé d'Alexandra.
Origine grecque, signifie « celle qui repousse ».
Chiffre 2 - couleur bleue.
Fête le 20 mars.
Sainte Alexandra est sa patronne ; chrétienne, en Asie Mineure, au IVe siècle, elle subit le martyre pour avoir refusé de renier sa foi.
Caractère : courage, détermination, franchise, travail.

Loaven

Origine celte, du nom d'une île en Bretagne.
Chiffre 6 - couleur bleue.
Caractère : fidélité, harmonie, stabilité, affectivité.
Variantes : Loèva, Loève.

Lois

Ce prénom mixte est une forme diminutive de Louis.
Origine germanique, forme dérivée de Louis, qui signifie « glorieux combattant ».
Chiffre 1 - couleur bleue.
Fête le 25 août.
Saint Louis est son patron.
Caractère : calme, stabilité, perfectionnisme, ambition.
Autres orthographes : Loys, Loyse.
Variantes : Aloïs, Aloys, Aloïse, Aloyse.

Lola

Le diminutif de Dolorès.
Origine latine, signifie « douleur ».
Chiffre 4 - couleur bleue.
Fête le 11 juin.
Sainte Dolorès, Espagnole du XIXe siècle, veut prendre le voile dès l'adolescence, mais son père s'y oppose. Elle attend sa majorité pour entrer dans les ordres. Nommée supérieure de son couvent, elle fonde une école pour enfants pauvres.
Caractère : travail, rigueur, courage, ténacité.

Lolita

Ce diminutif de Dolorès doit son succès à la littérature : il fut lancé par le roman de Vladimir Nabokov.
Origine latine, signifie « douleur ».
Chiffre 6 - couleur bleue.
Fête le 11 juin.
Sainte Dolorès, adolescente espagnole du XIXe siècle, veut entrer au couvent. Son père refuse de donner son accord. Elle attend sa majorité pour prendre le voile, devient supérieure du couvent et fonde une école.
Caractère : sens des reponsabilités, fidélité, affectivité, harmonie.

Lomane

Origine celte, signifie « lumière » et « pensée ».
Chiffre 6 - couleur orange.
Fête le 17 février.
Saint Loman, neveu de saint Patrick, consacra sa vie à évangéliser une région d'Irlande, au Ve siècle.
Caractère : charme, équilibre, générosité, sens des responsabilités.

Lomée

Ce prénom est un diminutif de Salomé. Origine hébraïque, signifie « paix ».
Chiffre 5 - couleur verte.
Fête le 22 octobre.
Sainte Marie-Salomé est la mère des disciples Jacques et Jean.
Caractère : charme, courage, franchise, professionnalisme.

Lorelei

Ce prénom est inspiré de la littérature germanique du XIXe siècle. Lorelei est une magicienne dont l'extraordinaire beauté et la voix de sirène exercent, malgré elle, une fascination maléfique sur les navigateurs, qui se jettent sur un rocher dangereux qui surplombe le Rhin. L'évêque, lui-même envoûté par les charmes de la belle, la condamne à la claustration dans un couvent. Lorelei préfère la mort et se noie dans le Rhin.
Chiffre 4 - couleur verte.
Caractère : détermination, sagesse, rigueur, réserve.

Lorena

Ce prénom est une forme italienne de Laure. Origine latine, signifie « laurier ».
Chiffre 2 - couleur jaune.
Fête le 19 octobre.
Sainte Laure, jeune chrétienne andalouse du IXe siècle, fut condamnée au martyre par l'émir.
Caractère : sensibilité, harmonie, réserve, ambition.

Lorraine

Origine française, du nom de la Lorraine, province de l'est de la France.
Chiffre 2 - couleur rouge.
Caractère : énergie, courage, travail, volonté.
Autres orthographes : Laurène, Lorène.
Espagnol : Lorena.

Lou

Ce diminutif de Louise est devenu un prénom à part entière depuis les années 1980. Origine germanique, signifie « glorieux vainqueur ».
Chiffre 3 - couleur bleue.
Fête le 15 mars.
Sainte Louise de Marillac, veuve à 35 ans, fonda avec saint Vincent de Paul en 1633 l'ordre des Filles de la charité, au service des malades et des pauvres.
Caractère : créativité, communication, sens artistique, harmonie.
Variante : Leelou.

Louane

Ce prénom en vogue est une forme composée de Louise et d'Anne.
Origine germanique et hébraïque, signifie « glorieux vainqueur » et « grâce ».
Chiffre 1 - couleur bleue.
Fête le 15 mars.
Sainte Louise de Marillac est la fondatrice avec saint Vincent de Paul de l'ordre des Filles de la charité, au service des malades et des pauvres, au XVIIe siècle.
Caractère : réflexion, détermination, autorité, ambition.
Variantes : Loana, Loane, Louana.

Louella

Une forme moderne de Louise.
Origine germanique, signifie « glorieux combattant ».
Chiffre 8 - couleur violette.
Fête le 15 mars.
Sainte Louise de Marillac, à son veuvage, fonde avec saint Vincent de Paul l'ordre des Filles de la charité, au service des malades et des pauvres.
Caractère : éloquence, séduction, intuition, réflexion.

Louise

Ce grand classique des XVIIe, XVIIIe et XIXe siècles réapparaît depuis les années 1990.
Origine germanique, signifie « glorieux combattant ».
Chiffre 9 - couleur verte.
Fête le 15 mars.
Sainte Louise de Marillac devient veuve à 35 ans. Elle rejoint saint Vincent de Paul et fonde avec lui l'ordre des Filles de la charité, consacré aux pauvres et aux malades.
Caractère : discrétion, rigueur, opiniâtreté, sens du devoir.
Variantes : Louisette, Louison.
Anglo-saxon : Louisa. *Basque :* Luixa, Luiza.
Breton : Loïeza, Loïezaïg. *Espagnol :* Luisa.
Germanique : Aloisia. *Italien :* Luigia, Gina.
Occitan : Loïsa.

Louisiane

Ce prénom, composé de Louise et d'Anne, apparaît timidement.
Origine germanique, signifie « glorieux combattant ».
Chiffre 6 - couleur bleue.
Fête le 15 mars.
Sainte Louise de Marillac fut la fondatrice, avec saint Vincent de Paul, au XVIIe siècle, de l'ordre des Filles de la charité, au service des malades et des pauvres.
Caractère : sens des responsabilités, perfectionnisme, affectivité, sensibilité.

Louison

Ce prénom est une forme diminutive mixte de Louis qui réapparaît pour les garçons comme pour les filles depuis 2000.
Origine germanique, signifie « glorieux combattant ».
Chiffre 6 - couleur bleue.
Fête le 25 août.
Saint Louis, roi de France, est son patron.
Caractère : charme, intuition, perfectionnisme, diplomatie.

Lourdes

Ce prénom, en référence à la ville de Lourdes et aux apparitions de la Vierge, est en vogue aux états-Unis.
Chiffre 4 - couleur bleue.
Caractère : travail, rigueur, sens de l'organisation, courage.
Espagnol : Lorda.

Lucie

Féminin de Luc, ce prénom est en vogue depuis les années 1980.
Origine latine, signifie « lumière ».
Chiffre 5 - couleur orange.
Fête le 13 décembre.
Sainte Lucie fit vœu de chasteté à Syracuse au IVe siècle et refusa le mari païen imposé, qui la dénonca ; elle fut condamnée au lupanar, puis, comme ceux qui l'approchaient étaient terrassés, accusée de sorcellerie, elle fut décapitée.
Caractère : sociabilité, diplomatie, communication, indépendance.
Anglo-saxon : Lucy.
Basque : Lukene, Lukesa, Luxia, Luzia.
Espagnol et italien : Lucia.

Lucienne

Le succès de cette forme féminine de Lucien n'a pas dépassé le début du XXe siècle.

L

Origine latine, signifie « lumière ».
Chiffre 2 - couleur orange.
Fête le 7 janvier.
Saint Lucien est son patron.
Caractère : affectivité, calme, rigueur, réserve.
Italien : Luciana.

Lucile

Cette forme féminine de Luc est en vogue depuis les années 1980.
Origine latine, signifie « lumière ».
Chiffre 8 - couleur rouge.
Fête le 13 décembre.
Sainte Lucie, chrétienne à Syracuse au IVe siècle, est condamnée à être enfermée dans une maison close par la fiancé qu'elle éconduit, mais ceux qui l'approchent sont terrassés. Elle est décapitée.
Caractère : activité, générosité, fierté, volonté.
Autre orthographe : Lucille.
Anglo-saxon, espagnol, germanique, Italien : Lucilla.

Lucrèce

Ce prénom mixte, porté par un poète latin, est presque exclusivement féminin aujourd'hui.
Origine latine, signifie « gagnante ».
Chiffre 4 - couleur bleue.
Fête le 15 mars.
Sainte Lucrèce, musulmane à Cordoue au IXe siècle, se convertit au christianisme en cachette de sa famille ; elle fut dénoncée, arrêtée et décapitée.
Caractère : calme, sérieux, travail, étude.
Espagnol : Lucrecia.
Germanique : Lukrezia.
Italien : Lucrezia.

Ludivine

Ce prénom a connu le succès dans les années 1980.
Origine germanique, signifie « douce amie ».
Chiffre 6 - couleur rouge.
Fête le 14 avril.
Sainte Ludivine, blessée et handicapée en Hollande au XIVe siècle, abandonnée par ses proches, aurait été miraculeusement sauvée à la suite d'une visite du Christ.
Caractère : réflexion, sensibilité, harmonie, détermination.
Variantes : Ledwine, Lidwine.
Espagnol : Liduvina.
Germanique : Lidwina.

Ludmilla

Origine slave, signifie « aimée du peuple ».
Chiffre 3 - couleur violette.
Fête le 16 septembre.
Sainte Ludmilla de Prague, grand-mère de saint Wenceslas, au Xe siècle, fut étranglée sur l'ordre de sa belle-fille.
Caractère : charme, communication, réalisme, affectivité.

Ludovique

Cette forme féminine de Ludovic est rare.
Origine germanique, signifie « glorieux combattant ».
Chiffre 9 - couleur verte.
Fête le 15 mars.
Sainte Louise de Marillac, fondatrice avec saint Vincent de Paul en 1633 de l'ordre des Filles de la charité, au service des malades et des pauvres, est sa patronne.
Caractère : discrétion, rigueur, opiniâtreté, sens du devoir.
Germanique : Ludovica.
Slave : Ludwika.

Lugana

Ce prénom est la forme féminine de Lugan.
Origine latine, signifie « qui habite la forêt ».
Chiffre 2 - couleur verte.
Fête le 4 mai.

Saint Sylvain, par analogie étymologique, est son patron.
Caractère : éclectisme, curiosité, adaptabilité, émotivité.
Variante : Lugane.

Lupita

Origine celte, signifie « lionne ».
Chiffre 7 - couleur jaune.
Fête le 27 octobre.
Sainte Lupita, sœur de saint Patrick, vécut, d'après la légende, bien des péripéties au IVe siècle en Bretagne.
Caractère : étude, réflexion, spiritualité, réserve.

Lyane

Forme diminutive de Liliane.
Origine latine, signifie « lys ».
Chiffre 3 - couleur jaune.
Fête le 27 juillet.
Sainte Liliane, chrétienne à Cordoue au IXe siècle, feint d'être musulmane pour échapper aux persécutions, puis un jour elle proclame sa foi. Elle est arrêtée, et décapitée.
Caractère : créativité, communication, éclectisme, harmonie.

Lydie

Origine latine, signifie « de Lydia », ancienne contrée d'Asie Mineure sur la mer Égée.
Chiffre 1 - couleur verte.
Fête le 3 août.
Sainte Lydie hébergea saint Paul en Macédoine au Ier siècle et fut baptisée par lui.
Caractère : discrétion, sociabilité, prudence, exigence.
Anglo-saxon : Lydia.
Espagnol et italien : Lidia.

M

Mabelle

Ce prénom est une forme féminine d'Aimable.
Origine latine, signifie « qui mérite d'être aimée ».
Chiffre 5 - couleur bleue.
Fête le 18 octobre.
Saint Aimable, prêtre en Auvergne au Ve siècle, fut connu pour sa grande charité et ses talents d'exorciste.
Caractère : sociabilité, affectivité, travail, vivacité.
Variante : Amabillis.

Macarena

Ce prénom est espagnol et plus particulièrement en vogue dans la région de Séville, où il est attribué en l'honneur de Notre-Dame de Macarena, protectrice de la ville.
Origine grecque, signifie « épée ».
Chiffre 2 - couleur rouge.
Caractère : diplomatie, émotivité, adaptabilité, charisme.

Madeleine

Ce grand classique du XIXe siècle revient discrètement à l'état civil.
Origine hébraïque, de Magdala, nom d'un village de Galilée.
Chiffre 5 - couleur violette.
Fête le 22 juillet.
Sainte Madeleine, de Galilée, appelée Marie de Magdala, sœur de Marthe et de Lazare, constata que le tombeau de Jésus était vide et alla prévenir les apôtres. C'est à elle que Jésus annonça sa résurrection. Après la Pentecôte, elle serait venue en Gaule évangéliser la Provence et terminer ses jours dans une grotte du massif de la Sainte-Baume.
Caractère : mystère, passion, sociabilité, charisme.
Variante : Magdeleine. *Diminutif :* Madelon.
Anglo-saxon : Madeline, Madly.
Basque : Madalen, Madalena, Maddi.
Breton : Madalen. *Espagnol :* Magdalena.
Italien : Madalena.
Provençal : Madaleno, Madamoun, Madeloun.

Madena

La forme féminine de Maden.
Origine celte, signifie « bonne ».
Chiffre 2 - couleur bleue.
Fête le 19 juin.
Saint Maden, moine en Armorique au VIe siècle, prêchait l'Évangile et secourait les miséreux.
Caractère : diplomatie, émotivité, adaptabilité, charisme.

Madison

Ce prénom mixte est très courant aux États-Unis. Il évoque une ville du Wisconsin, une danse des années 1960 et le patronyme d'un président des États-Unis du début du XIXe siècle. Il apparaît en Europe en 2000.
Origine celte, signifie « fils du puissant guerrier ».
Chiffre 7 - couleur verte.
Fête le 15 mai.
Caractère : activité, ambition, charme, éloquence.

Mae

Ce prénom est une forme diminutive de Maëlle. Il suit la vogue des diminutifs utilisés comme prénoms à part entière.
Origine celte, signifie « princesse ».
Chiffre 1 - couleur bleue.
Fête le 13 mai.
Saint Maël, moine gallois, au Ve siècle d'évangélisa la lande bretonne.
Caractère : autorité, travail, indépendance, ambition.

Maëlle

Ce féminin de Maël connaît un discret succès depuis les années 1980.

Origine celtique, signifie « princesse ».
Chiffre 3 - couleur bleue.
Fête le 13 mai.
Saint Maël, moine chassé du pays de Galles au Ve siècle, évangélisa la lande bretonne.
Caractère : vivacité, charisme, curiosité, séduction.

Maëna

Origine grecque, signifie « lune ».
Chiffre 7 - couleur verte.
Fête le 10 novembre.
Sainte Nymphe, patronne des Maëna, est emprisonnée par son père, le préfet Aurélien, en Sicile au IIe siècle, lorsqu'il apprend qu'elle s'est fait baptiser ; elle s'échappe, mais meurt peu après à Rome.
Caractère : réserve, perfectionnisme, spiritualité, rigueur.

Maëva

Ce prénom connaît un succès qui ne se dément pas depuis les années 1990.
Origine polynésienne, signifie « bienvenue ».
Chiffre 6 - couleur bleue.
Caractère : sensibilité, harmonie, ambition, sens des responsabilités.

Maëve

L'origine de ce prénom est imprécise ; certains y voient une forme contractée de Marie et d'Ève, d'autres une forme francisée de Maéva, qui signifie « bienvenue » en tahitien.
Chiffre 1 - couleur bleue.
Caractère : douceur, calme, rigueur, persévérance.

Mafalda

Ce prénom courant en Espagne est une forme dérivée de Mathilde.
Origine germanique, signifie « force au combat ».
Chiffre 2 - couleur rouge.
Fête le 2 mai.
Sainte Mafalda se retira dans un couvent de bénédictines au Portugal, au XIIIe siècle, après l'annulation de son mariage avec son cousin Henri Ier de Castille.
Caractère : charme, énergie, vivacité, charisme.

Magali

La forme provençale de Marguerite.
Origine latine, signifie « perle ».
Chiffre 7 - couleur verte.
Fête le 20 juillet.
Sainte Marguerite d'Antioche, au IIIe siècle, est chassée par son père furieux d'avoir appris son baptême. Courtisée par le préfet d'Orient, païen notoire, elle le repousse ; il la fait décapiter.
Caractère : séduction, activité, opportunisme, vivacité.

Maguelonne

Une forme dérivée de Marguerite.
Origine latine, signifie « perle ».
Chiffre 8 - couleur jaune.
Fête le 20 juillet.
Sainte Marguerite d'Antioche, fille d'un religieux païen au IIIe siècle, fut convertie par sa nourrice ; aussitôt son père la chassa. Le préfet d'Orient chercha à la séduire, la fit enlever, mais Marguerite refusa de l'épouser ; il la fit périr après mille tourments.
Caractère : charme, tradition, altruisme, sociabilité.

Mahalia

Ce prénom de l'Ancien Testament était en vogue au XIXe siècle aux États-Unis.
Origine hébraïque, signifie « affection ».
Chiffre 5 - couleur jaune.
Caractère : sensibilité, adaptabilité, indépendance, goût de l'aventure.

Mahaut

Ce prénom est une forme médiévale de Mathilde.
Origine germanique, signifie « force au combat ».
Chiffre 1 - couleur verte.
Fête le 14 mars.
Sainte Mathilde, épouse de Henri Ier l'Oiseleur, roi de Germanie au Xe siècle, se consacra aux œuvres de charité et à l'éducation de ses enfants, puis acheva sa vie au monastère de Quedlinburg, qu'elle avait fondé.
Caractère : vivacité, indépendance, goût de l'aventure, spontanéité.
Autres orthographes : Mahaud, Mahault.

Maider

Ce prénom basque est une forme contractée de Marie-Belle.
Chiffre 5 - couleur verte.
Fête le 15 août.
Sainte Marie, mère de Jésus, est sa patronne.
Caractère : goût de l'aventure, rigueur, sociabilité, adaptabilité.

Maiwen

Ce prénom, forme contractée de Marie et de Gwenn, est très en vogue depuis les années 1990.
Origine hébraïque et celte, signifie « goutte de mer sacrée ».
Chiffre 2 - couleur blanche.
Fête le 15 août.
Sainte Marie, mère de Jésus, est sa patronne.
Caractère : adaptabilité, diplomatie, émotivité, sensibilité.

Mallorie

Prénom mixte dérivé de Malo.
Origine celte, signifie « gage lumineux ».
Chiffre 4 - couleur bleue.
Fête le 15 novembre.
Saint Malo, moine gallois du Ve siècle et évêque d'Aleth, est son patron.
Caractère : sociabilité, réserve, exigence, volonté.
Autres orthographes : Mallaury, Malorie, Malaury.

Malvina

Ce prénom est une variante de Mauve.
Origine latine, signifie « mauve ».
Chiffre 9 - couleur bleue.
Fête le 5 octobre.
Sainte Fleur, religieuse dans le Quercy au XIVe siècle, est sa patronne.
Caractère : courage, travail, sensibilité, fidélité.
Variantes : Malva, Malvane, Malvy, Mauve.

Mannaig

Ce prénom est une contraction de Marie et d'Annaïg, forme bretonne d'Annick. Il est plus courant aujourd'hui que Marie-Annick, passé de mode.
Origine hébraïque, signifie « goutte de mer » et « grâce ».
Chiffre 5 - couleur jaune.
Fête le 15 août.
Sainte Marie est sa patronne.
Caractère : adaptabilité, indépendance, sensibilité, goût de l'aventure.

Manon

Une forme dérivée de Marianne, qui fut traditionnelle dans le Midi de la France avant de devenir un des prénoms les plus appréciés dans les années 1980.
Origine hébraïque, signifie « goutte de mer ».
Chiffre 3 - couleur rouge.
Fête le 9 juillet.
Sainte Marianne, Bellifontaine, sous la Révolution prit le voile et refusa de trahir l'Église en prêtant serment à la Constitution civile ; elle fut fusillée.
Caractère : sociabilité, fantaisie, indépendance, adaptabilité.

Marcelle

Le féminin de Marcel, qui connut le succès au début du XXᵉ siècle.
Origine latine, signifie « marteau ».
Chiffre 6 - couleur orange.
Fête le 31 janvier.
Sainte Marcelle, jeune veuve romaine du Vᵉ siècle, consacra son temps et sa fortune aux pauvres et fonda un couvent dans sa maison. Elle fut assassinée par des détracteurs.
Caractère : sociabilité, souplesse, vivacité, efficacité.

Marcelline

La forme féminine de Marcellin.
Origine latine, signifie « petit marteau ».
Chiffre 2 - couleur orange.
Fête le 17 juillet.
Sainte Marcelline prit le voile au IVᵉ siècle à Rome et consacra sa vie à la prière.
Caractère : imagination, idéalisme, intuition, fantaisie.
Variante : Céline.

Margalide

Une forme de Marguerite.
Origine latine, signifie « perle ».
Chiffre 8 - couleur jaune.
Fête le 20 juillet.
Sainte Marguerite d'Antioche est chassée par son père à la suite de son baptême ; courtisée par le préfet d'Orient, elle refuse ses avances ; il l'enlève, la menace et, devant son obstination, la fait mourir sous la torture.
Caractère : stabilité, efficacité, sens pratique, travail.

Margot

La reine Margot, Marguerite de Valois, épouse d'Henri IV, rendit ce prénom célèbre.
Origine latine, signifie « perle ».
Chiffre 2 - couleur rouge.
Fête le 20 juillet.
Sainte Marguerite d'Antioche, chassée par son père qui lui reprochait son baptême, fut enlevée par le préfet d'Orient ; elle repoussa ses avances, il la fit périr.
Caractère : indépendance, prudence, exigence, volonté.
Autre orthographe : Margaux.

Marguerite

Ce prénom apparu au Moyen Âge connut le succès au XIXᵉ siècle et revient à l'état civil depuis les années 1990.
Origine latine, signifie « perle ».
Chiffre 9 - couleur verte.
Fête le 20 juillet.
Sainte Marguerite d'Antioche, fille d'un religieux païen au IIIᵉ siècle et convertie par sa nourrice, est chassée par son père après son baptême. Le préfet d'Orient s'éprend d'elle et la fait enlever ; elle refuse ses avances, il la menace, elle avoue qu'elle est chrétienne, il la fait périr.
Caractère : persévérance, travail, opiniâtreté, altruisme.
Variantes : Maguelonne, Maguy, Margot, Rita.
Alsacien : Greten. *Anglo-saxon :* Daisy, Maggie, Margaret, Marjorie, Meg, Meggie, Peg, Peggy. *Basque :* Hostaïka, Margaïta.
Breton : Marc'haïd, Marc'halid, Marc'harid.
Champenois : Margaine, Marganne.
Gallois : Megan. *Germanique :* Greta, Gretchen, Gretel. *Hébraïque :* Margalit.
Italien : Margarita. *Normands :* Margotton, Marjerie. *Occitan :* Magalide.
Provençal : Magali. *Scandinave :* Maritte.

Marianne

Le XVIIᵉ et le XVIIIᵉ siècle virent le succès de Marianne, qui, depuis, resta rare.
Contraction de Marie et d'Anne.
Chiffre 3 - couleur bleue.
Fête le 9 juillet.
Sainte Marianne, née à Fontainebleau, devint religieuse sous la Révolution et refusa de trahir l'Église en prêtant serment à la Constitution civile ; elle fut fusillée.

Caractère : sociabilité, vivacité, indépendance, optimisme.
Anglo-saxon : Mariann.
Espagnol et italien : Mariana.

Marie

Ce prénom est, de par le monde, le plus attribué. Il est au hit-parade de l'état civil depuis les années 1980, et ses variantes sont très nombreuses.
Origine hébraïque, signifie « goutte de mer ».
Chiffre 1 - couleur bleue.
Fête le 15 août.
Sainte Marie, épouse de Joseph le charpentier, est la mère de Jésus, dont la naissance lui fut annoncée par l'archange Gabriel.
Caractère : réserve, douceur, sens des responsabilités, exigence.
Variantes : Maïté, Marielle, Mariette, Marion, Maritie, Marlène, Marylène, Maryline, Marylise, Maryse, Maryvonne, Milène, Mirabelle, Myriam.
Anglo-saxon : Mary, Mitzi, Molly.
Arabe : Myriem.
Basque : Maïa, Maïalen,Maïana, Marika, Maritxu, Marixa.
Écossais : Moïra.
Espagnol et italien : Maria.
Gallois : Molly.
Germanique : Marika.
Hébraïque : Myriam
Irlandais : Muriel.
Néerlandais : Marieke, Marijke.
Provençal : Maioun, Mireille.
Russe : Masha. Slave : Maroussia, Maruchka.

Marielle

Origine hébraïque, signifie « goutte de mer ».
Chiffre 3 - couleur bleue.
Fête le 15 août.
Sainte Marie est sa patronne.
Caractère : sens artistique, équilibre, douceur, calme.

Marilyn

Ce prénom ne fut pas fréquent, malgré l'immense succès de Marilyn Monroe.
Origine hébraïque, signifie « goutte de mer ».
Chiffre 2 - couleur bleue.
Fête le 15 août.
Sainte Marie, mère de Jésus, est sa patronne.
Caractère : réflexion, détermination, charisme, sens de l'organisation.

Marine

Cette forme féminine de Marin est un des prénoms phares des années 1990.
Origine latine, signifie « mer ».
Chiffre 6 - couleur rouge.
Fête le 20 juillet.
Au XIe siècle, sainte Marine se travestit en garçon pour accompagner son père dans un monastère. Elle se livre courageusement aux travaux des champs pour le compte d'un homme malade d'un village voisin du monastère. Or cet homme a une fille, qui met au monde un bébé de père inconnu. La jeune mère tourmentée par son père accuse Marin, alias Marine travestie, de l'avoir séduite. Le jeune moine accusé est chassé du monastère et condamné à élever l'enfant. Il se tait pour ne pas dénoncer le vrai père et retourne au couvent pour mourir d'épuisement lorsque l'enfant est adulte.
Caractère : vivacité, sensibilité, optimisme, affectivité.
Variante : Marinette.
Italien : Marinella. Russe : Marina.

Marion

Cette forme dérivée de Marie a connu le succès dans les années 1970.
Origine hébraïque, signifie « goutte de mer ».
Chiffre 7 - couleur bleue.
Fête le 15 août.
Sainte Marie, mère de Jésus, est sa patronne.
Caractère : intuition, calme, réflexion, esprit d'analyse.
Provençal : Mariona.

Marisa

On peut attibuer à ce prénom deux étymologies : il peut être une forme dérivée de Maryse, variante de Marie, ou bien être une forme européenne de Maresha, prénom hébraïque qui signifie « colline ».
Chiffre 7 - couleur bleue.
Caractère : séduction, opportunisme, originalité, réflexion.

Marjorie

La forme américaine de Marguerite.
Origine latine, signifie « perle ».
Chiffre 8 - couleur verte.
Fête le 20 juillet.
Sainte Marguerite d'Antioche, fille d'un religieux païen au IIIe siècle et convertie par sa nourrice, est chassée par son père après son baptême. Le préfet d'Orient s'éprend d'elle et la fait enlever ; elle refuse ses avances, il la menace, elle avoue qu'elle est chrétienne, il la fait périr.
Caractère : ambition, volonté, passion, vivacité.

Marlène

Ce prénom est une contraction de Marie et de Magdelène.
Origine hébraïque, signifie « goutte de mer ».
Chiffre 5 - couleur orange.
Fête le 15 août.
Sainte Marie est sa patronne.
Caractère : charme, fantaisie, affectivité, séduction.
Espagnol : Marlena.

Marthe

Ce prénom a connu ses heures de gloire à la fin du XIXe siècle.
Origine araméenne, signifie « dame ».
Chiffre 2 - couleur bleue.
Fête le 29 juillet.
Sainte Marthe, sœur de Lazare et de Marie-Madeleine au Ier siècle, à Béthanie, près de Jérusalem, supplia Jésus de ressusciter son frère. Selon la légende, après la Pentecôte, Marthe s'embarqua avec sa sœur ; leur barque s'échoua près de Marseille, Marthe évangélisa la Provence et créa un monastère à Avignon.
Caractère : dynamisme, activité, opportunisme, diplomatie.
Anglo-saxon : Martha.
Corse : Martinu.
Espagnol et italien : Marta.

Martine

Cette forme féminine de Martin a connu le succès dans les années 1950.
Origine latine, signifie « guerrier ».
Chiffre 8 - couleur jaune.
Fête le 30 janvier.
Sainte Martine est, au IIIe siècle, la fille d'un riche consul romain. Elle distribue son héritage aux pauvres. Sa générosité est dénoncée à l'empereur, qui la condamne au supplice.
Caractère : calme, réserve, énergie, travail.
Breton : Marzhine.
Espagnol et italien : Marta.

Marylène

Une forme contractée de Marie-Hélène.
Origine hébraïque, signifie « goutte de mer » et « éclat du soleil ».
Chiffre 3 - couleur orange.
Fête le 15 août.
Sainte Marie et sainte Hélène sont les patronnes de Marylène.
Caractère : élégance, émotivité, imagination, vivacité.

Maryse

Cette forme dérivée de Marie eut ses adeptes au début du XXe siècle.
Origine hébraïque, signifie « goutte de mer ».
Chiffre 9 - couleur rouge.
Fête le 15 août.
Sainte Marie, épouse de Joseph et mère de Jésus, est sa patronne.

Caractère : réalisme, imagination, indépendance, sensibilité.

Maryvonne

Ce prénom, forme contractée de Marie et d'Yvonne, fut fréquent en Bretagne jusqu'à la moitié du XXe siècle.
Origine hébraïque, signifie « goutte de mer ».
Chiffre 1 - couleur verte.
Fête le 15 août.
Sainte Marie et sainte Yvonne sont ses patronnes.
Caractère : charme, séduction, détermination, travail.

Mathilde

Fut un des prénoms favoris dans les années 1990, après avoir été fréquent au Moyen Âge.
Origine germanique, signifie « force au combat ».
Chiffre 9 - couleur jaune.
Fête le 14 mars.
Sainte Mathilde, reine de Germanie au Xe siècle, consacra sa vie à son mari Henri Ier l'Oiseleur, à ses enfants et aux œuvres de charité. Elle mourut dans le monastère qu'elle avait fondé.
Caractère : douceur, sensibilité, harmonie, curiosité.
Variantes : Mahaut, Maud, Mechtilde.
Anglo-saxon : Matilda.
Basque : Muskilda.*Espagnol :* Mafalda.
Provençal : Matido, Matildo.
Scandinave : Tilda, Tilde.

La ronde des prénoms guerriers

Mathilde est l'un des fleurons de notre état civil. Ce beau prénom doux et fort à la fois fait partie d'une grande famille, celle des prénoms féminins d'origine germanique, se terminant en « hilde », qui signifie « combat ». La plupart sont méconnus, malgré leur belle sonorité : Blichilde, Mechtilde, Nanthilde, Sichilde, Swanahilde, Théodechilde. Tous ont été en vogue en Europe entre le Ve et le VIIIe siècle.

Maud

Une variante de Mathilde.
Origine germanique, signifie « force au combat ».
Chiffre 3 - couleur verte.
Fête le 14 mars.
Sainte Mathilde, reine de Germanie au Xe siècle, voue sa vie à sa famille et aux œuvres de charité. Elle meurt dans le monastère qu'elle a créé.
Caractère : charisme, fidélité, esprit, volonté.

Maurane

Ce prénom est une forme féminine de Maurice.
Origine latine, signifie « maure ».
Chiffre 1 - couleur violette.
Fête le 22 septembre.
Saint Maurice, officier romain dans une légion composée de chrétiens comme lui au IIIe siècle, refusa de se prosterner devant les dieux païens et fut mis à mort avec ses compagnons.
Caractère : ambition, énergie, rigueur, autorité.

Maureen

La forme anglo-saxonne de Maure.
Origine latine, signifie « maure ».
Chiffre 5 - couleur rouge.
Fête le 13 juillet.
Sainte Maure, princesse scandinave du Ve siècle, est assassinée au retour d'un pèlerinage.
Caractère : sociabilité, prudence, réflexion, réserve.

Maxence

Ce prénom déjà attribué dans la Rome antique est devenu mixte et suit la vogue de Clarence.
Origine latine, signifie « la plus grande ».
Chiffre 2 - couleur rouge.
Fête le 20 novembre.
Sainte Maxence fut ermite en Île de France au IIIe siècle. Elle tenta en vain de convertir les habitants de son village, qui la décapitèrent.

Caractère : générosité, sociabilité, écoute, idéalisme.

Maya

On prête à ce prénom plusieurs origines : hébraïque, il signifie « source » ; et dans la mythologie grecque, il nommait la fille d'Atlas, mère d'Hermès, ainsi qu'une des Pléiades.
Chiffre 4 - couleur bleue.
Caractère : sagesse, discrétion, spiritualité, efficacité.

Maylis

Cette forme dérivée de Marie est très en vogue depuis le début de ce siècle.
Origine hébraïque, signifie « goutte de mer ».
Chiffre 7 - couleur verte.
Fête le 15 août.
Sainte Marie, mère de Jésus, est la patronne de Maylis.
Caractère : dynamisme, activité, ambition, sensibilité.
Autre orthographe : Mailys.

Mazarine

Jules Mazarin, prélat et diplomate d'origine italienne, fut le principal ministre d'Anne d'Autriche pendant la minorité de Louis XIV. Ses nièces, qu'il s'ingénia à marier habilement, étaient surnommées les mazarines.
Chiffre 6 - couleur violette.
Caractère : volonté, ambition, efficacité, réserve.

Mazheva

Ce prénom est la forme féminine de Mazhev, variante bretonne de Matthieu.
Origine hébraïque, signifie « don ».
Chiffre 4 - couleur jaune.
Fête le 21 septembre.
Saint Matthieu, employé au bureau de la douane à Capharnaüm, devint apôtre et évangéliste. Après la Pentecôte, il exerca son apostolat en Palestine, en Égypte puis en Éthiopie, où il serait mort martyr.
Caractère : travail, rigueur, courage, ténacité.
Diminutif : Mazheven.

Mechtilde

Ce prénom est une forme médiévale de Mathilde, il fut porté par la femme du roi Dagobert II.
Origine germanique, signifie « force au combat ».
Chiffre 9 - couleur jaune.
Fête le 14 mars.
Sainte Mathilde, reine de Germanie au Xe siècle, consacra sa vie à son mari Henri Ier l'Oiseleur, à ses enfants et aux œuvres de charité. Elle mourut dans le monastère qu'elle avait fondé.
Caractère : douceur, sensibilité, harmonie, curiosité.

Médée

Ce prénom est issu de la mythologie grecque. Médée, épouse de Jason qui l'abandonna, se vengea en égorgeant ses enfants. Elle inspira des tragédies à Euripide, Sénèque et Corneille.
Origine grecque, signifie « intransigeance ».
Chiffre 5 - couleur jaune.
Caractère : adaptabilité, sensibilité, indépendance, goût de l'aventure.
Espagnol : Medea.

Mégane

Ce prénom est la forme galloise de Marguerite ; il eut un grand succès populaire dans les années 1980.
Origine latine, signifie « perle ».
Chiffre 9 - couleur orange.
Fête le 20 juillet.
Sainte Marguerite d'Antioche, fille d'un religieux païen au IIIe siècle et convertie par sa nourrice, est chassée par son père après son baptême.

Le préfet d'Orient s'éprend d'elle et la fait enlever ; elle refuse ses avances, il la menace, elle avoue qu'elle est chrétienne, il la fait périr.
Caractère : passion, épicurisme, vivacité, goût de l'aventure.
Autres orthographes : Megan, Meghan.

Mélanie

Origine latine, signifie « noire ».
Chiffre 5 - couleur orange.
Fête le 31 décembre.
Sainte Mélanie, jeune Romaine du Ve siècle, vend ses biens à la suite de la mort de ses deux enfants, part pour la Sicile avec son mari, où ils fondent chacun un monastère. À son veuvage, elle s'établit en Palestine et crée un monastère sur le mont des Oliviers.
Caractère : franchise, curiosité, vivacité, indépendance.
Anglo-saxon : Melloney.
Espagnol et italien : Melania.
Normand : Mélonie.

Mélia

Origine latine, signifie « miel ».
Chiffre 4 - couleur rouge.
Fête le 9 mars.
Sainte Melle, jeune femme de bonne famille en Irlande au VIIIe siècle, se retire dans un couvent à son veuvage et se consacre à la prière et à la charité.
Caractère : travail, rigueur, sens de l'organisation, persévérance.
Variante : Mélinda.

Méline

Ce prénom a longtemps été connu sous sa forme Mélina. Il commence à apparaître sous sa forme française.
Origine grecque,signifie « rusée ».
Fête le 19 février.
Caractère : réserve, exigence, charme, générosité.
Variante : Mélina.

Mélisande

Ce prénom est une forme dérivée de Mélanie.
Origine latine, signifie « noire ».
Chiffre 1 - couleur verte.
Fête le 31 décembre.
Sainte Mélanie, Romaine du Ve siècle, perd ses enfants en bas âge. Elle part pour la Sicile avec son mari, où ils fondent un monastère. À la mort de son mari, elle s'établit en Palestine et fonde un monastère sur le mont des Oliviers.
Caractère : opiniâtreté, indépendance, fidélité, volonté.
Anglo-saxon : Millicent.

Mélissa

Ce prénom est une forme dérivée de Melle.
Origine latine, signifie « miel ».
Chiffre 6 - couleur bleue.
Fête le 9 mars.
Sainte Melle est la patronne de Mélissa. Jeune femme de bonne famille en Irlande au VIIIe siècle, elle se retire dans un couvent à son veuvage et se consacre à la prière et à la charité.
Caractère : douceur, harmonie, intuition, diplomatie.

Mélodie

Ce prénom a suivi la vogue d'Élodie.
Origine grecque, signifie « chanson ».
Chiffre 9 - couleur violette.
Caractère : spiritualité, altruisme, générosité, rêverie.
Anglo-saxon : Melody.

Mélusine

Mélusine est, dans les romans de chevalerie du Moyen Âge, une fée malheureuse, femme et mère exemplaire de bonté cruellement condamnée à se transformer chaque samedi en femme-serpent.
Origine latine, signifie « noire ».
Chiffre 8 - couleur bleue.

Fête le 31 décembre.
Sainte Mélanie est sa patronne. Jeune Romaine du Ve siècle, elle vend ses biens à la suite de la mort de ses deux enfants, part pour la Sicile avec son mari, où ils fondent chacun un monastère. À son veuvage, elle crée un monastère sur le mont des Oliviers, en Palestine.
Caractère : charme, diplomatie, indépendance, vivacité.

Mercédès

Ce prénom est courant dans les pays hispaniques.
Origine latine, signifie « faveur ».
Chiffre 9 - couleur jaune.
Fête le 12 juin.
Sainte Mercédès, religieuse en Équateur au XIXe siècle, consacra sa vie à la conversion des Indiens, aux soins aux orphelins, aux pauvres et aux malades.
Caractère : émotivité, curiosité, adaptabilité, harmonie.

Méredith

Ce prénom maintenant féminin a été masculin à l'origine.
Origine galloise, signifie « grand chef ».
Chiffre 1 - couleur verte.
Caractère : ambition, autorité.

Merryl

La forme féminine anglo-saxonne de Merri.
Origine germanique, signifie « courage de roi ».
Chiffre 1 - couleur bleue.
Fête le 29 août.
Saint Merri, aristocrate bourguignon du VIIIe siècle, est élu abbé de son monastère ; il part pour Paris, où il libère les prisonniers, soigne les malades, secourt les pauvres, mendie sa pitance, prie ou médite l'Évangile.
Caractère : curiosité, dynamisme, éclectisme, souplesse.

Méwena

Ce prénom est la forme féminine de Méen, prénom traditionnel breton.
Origine celte, signifie « jeune homme ».
Chiffre 7 - couleur violette.
Fête le 21 juin.
Saint Méen tout juste arrivé du pays de Galles au VIe siècle fonda un monastère dans un village devenu Saint-Méen-le-Grand.
Caractère : étude, réflexion, spiritualité, discrétion.

Mia

Une variante d'Aimée, courante aux États-Unis.
Origine latine, signifie « aimée ».
Chiffre 5 - couleur orange.
Fête le 20 février.
Sainte Aimée, jeune fille mondaine d'Assise au XIIIe siècle, abandonna les plaisirs futiles sur le conseil de sa tante sainte Claire et se consacra à l'ascèse et à la prière.
Caractère : fidélité, efficacité, détermination, sociabilité.

Michaela

Ce prénom est la forme féminine de Michaël, forme originelle de Michel.
Prénom hébraïque, signifie « comme Dieu ».
Chiffre 7 - couleur rouge.
Fête le 29 septembre.
Saint Michel archange est le chef de la milice céleste. Il conduit les défunts et pèse les âmes le jour du Jugement dernier.
Caractère : calme, harmonie, générosité, habileté.
Autres orthographes : Micaela, Mikaela.

Michèle

Ce prénom a été très répandu au milieu du XXe siècle.
Origine hébraïque, signifie « comme Dieu ».
Chiffre 1 - couleur rouge.

Fête le 29 septembre.
L'archange saint Michel est son saint patron.
Caractère : séduction, sérieux, détermination, travail.
Autre orthographe : Michelle. Basque : Mikela. Espagnol : Miguela. Italien : Michela.

Micheline

Cette variante féminine de Michel a été moins courante que Michèle.
Origine hébraïque, signifie « comme Dieu ».
Chiffre 6 - couleur rouge.
Fête le 19 juin.
Sainte Micheline entre chez les franciscaines au XIVe siècle, après avoir perdu son mari et son fils. Au cours d'un pèlerinage à Jérusalem, Jésus lui apparaît.
Caractère : sensibilité, activité, méthode, détermination.

Minna

Ce prénom est un diminutif de Wilhelmina, forme germanique de Guillemette.
Origine germanique, signifie « casque » et « volonté ».
Chiffre 6 - couleur bleue.
Fête le 10 janvier.
Saint Guillaume, archevêque de Bourges au XIIIe siècle, consacra sa vie au service des pauvres, des malades, des débauchés.
Caractère : sens des responsabilités, conscience professionnelle, affectivité, dévouement.
Autre orthographe : Mina.

Minnie

Un diminutif anglo-saxon de Wilhelmine.
Origine germanique, signifie « volonté » et « protection ».
Chiffre 1 - couleur verte.
Fête le 10 janvier.
Saint Guillaume, archevêque de Bourges au XIIIe siècle, consacra sa vie au service des pauvres, des malades, des débauchés.
Caractère : activité, volonté, ambition, autorité.

Mireille

Cette forme dérivée de Marie a été pendant plusieurs décennies un favori en Provence.
Origine hébraïque, signifie « goutte de mer ».
Chiffre 2 - couleur rouge.
Fête le 15 août.
Sainte Marie, mère de Jésus, est sa patronne.
Caractère : altruisme, indépendance, ambition.
Basque : Marai, Miren, Mireia. Espagnol : Mireya. Italien : Mirella. Occitan : Mirèia, Mireio, Mirelha. Provençal : Mirelo.

Moïra

L'origine de ce prénom est incertaine ; on peut le rattacher à Maur, dont il serait une forme féminine, ou au prénom polynésien Moïra, qui signifie « vallée fleurie ».
Chiffre 2 - couleur orange.
Fête le 26 janvier.
Sainte Maura, jeune chrétienne martyrisée à Éphèse, en Asie Mineure au Ier siècle, est la patronne de Moïra.
Caractère : sociabilité, diplomatie, volonté, travail.

Mona

Forme diminutive de Monique.
Origine grecque, signifie « seule ».
Chiffre 7 - couleur rouge.
Fête le 27 août.
Sainte Monique, patronne des Mona et Berbère convertie au christianisme au IVe siècle, fut la mère de saint Augustin, qui se révéla être un enfant difficile avant d'être touché par la grâce.
Caractère : réserve, réflexion, élitisme, émotivité.

Monique

Il fut un classique de la première moitié du XXe siècle.
Origine grecque, signifie « seule ».
Chiffre 4 - couleur bleue.

Fête le 27 août.
Sainte Monique, chrétienne d'origine berbère au IVe siècle, fut la mère de saint Augustin, qui se révéla un enfant difficile, insolent et fugueur avant de recevoir le baptême.
Caractère : réflexion, générosité, fidélité, rigueur.
Breton : Mona. Espagnol et italien : Monica.

Montserrat

Origine espagnole.
Chiffre 8 - couleur bleue.
Fête le 15 août.
Sainte Marie est sa patronne.
Caractère : esprit pratique, équilibre, sens de la justice, rigueur.

Les prénoms voués à la Vierge

En Espagne, de nombreux prénoms sont attribués aux petites filles en l'honneur de Marie ; c'est le cas de Montserrat, pour la Vierge de Montserrat, patronne de la Catalogne ; de Macarena, pour la protectrice de Séville ; de Mercédès en référence à la Vierge de la Merced (de la Merci) à Barcelone ; de Milagros pour Notre-Dame de los Milagros, patronne des Canaries ; de Nievès pour Notre-Dame des Neiges.

Morgane

Dans la légende médiévale, Morgane est la sœur du roi Arthur, fée bienveillante et guérisseuse dont les exploits sont cités dans les chansons de Merlin et d'Ogier le Danois. Ce prénom mixte a connu son apogée dans les années 1980. Il est davantage féminin que masculin.
Origine celtique, signifie « enfant de la mer ».
Chiffre 1 - couleur bleue.
Fête le 13 juillet.
Caractère : volonté, vivacité, goût de l'aventure, originalité.
Variantes : Morgaine, Morganenn, Morganez, Morrigaine, Morrigane.

Morwenna

La forme féminine de Morvan.
Origine celte, signifie « homme de la mer ».
Chiffre 2 - couleur bleue.
Fête le 22 octobre.
Saint Morvan fut évêque de Vannes au VIIe siècle.
Caractère : adaptabilité, émotivité, diplomatie, charisme.
Variante : Morvena.

Mouna

Origine arabe, signifie « désir ».
Chiffre 1 - couleur orange.
Caractère : autorité, discipline, ambition, volonté.

Muriel

La forme normande de Marie.
Origine hébraïque, signifie « goutte de mer ».
Chiffre 6 - couleur verte.
Fête le 15 août.
Sainte Marie, mère de Jésus, est sa patronne.
Caractère : détermination, discrétion, fidélité, sensibilité.

Myriam

La forme originelle de Marie.
Prénom hébraïque, signifie « goutte de mer ».
Chiffre 7 - couleur bleue.
Fête le 15 août.
Sainte Marie est la patronne de Myriam.
Caractère : dynamisme, perfectionnisme, générosité, réserve.
Arabe : Myriem. Espagnol : Miriam.

Myrtille

Origine latine, signifie « myrte ».
Chiffre 6 - couleur rouge.
Fête le 5 octobre.
Sainte Fleur, religieuse dans le Quercy au XIVe siècle, est sa patronne.
Caractère : optimisme, épicurisme, persuasion, adaptabilité.
Anglo-saxon : *Myrtle.*

N

Nabila

Origine arabe, signifie « généreuse ».
Chiffre 1 - couleur orange.
Caractère : volonté, ambition, travail, sociabilité.

Nadège

Origine slave, signifie « espérance ».
Chiffre 9 - couleur rouge.
Fête le 18 septembre.
Sainte Nadège est la fille de sainte Sophie. En Asie Mineure au IIe siècle, les hommes de l'empereur Hadrien l'arrêtent avec sa mère et ses sœurs et les condamnent au supplice.
Caractère : courage, travail, sensibilité, fidélité.
Russe : Nadejda, Nadiona, Nadioussa, Najda.

Nadia

Ce prénom est la forme espagnole de Nadège.
Origine slave, signifie « espérance ».
Chiffre 2 - couleur rouge.
Fête le 18 septembre.
Sainte Nadège est condamnée au supplice avec sa mère (sainte Sophie) et ses sœurs, en Asie Mineure au IIe siècle.
Caractère : sensibilité, intuition, idéalisme, altruisme.

Nadine

Les années 1960 ont vu le succès de Nadine, qui est depuis tombé dans l'oubli.
Origine slave, signifie « espérance ».
Chiffre 2 - couleur rouge.
Fête le 18 septembre.
Sainte Nadège meurt en martyre avec sa mère et ses sœurs en Asie Mineure au IIe siècle à la suite des persécutions de l'empereur Hadrien.
Caractère : exigence, passion, indépendance, volonté.

Naïg

Ce prénom est un diminutif d'Annaïg, forme bretonne d'Anne.
Origine hébraïque, signifie « grâce ».
Chiffre 4 - couleur bleue.
Fête le 26 juillet.
Sainte Anne, mère de la Vierge Marie, est sa patronne.
Caractère : travail, rigueur, ténacité, stabilité.

Naïs

Ce prénom est le diminutif d'Anaïs, forme méridionale d'Anne.
Origine hébraïque, signifie « grâce ».
Chiffre 8 - couleur bleue.
Fête le 26 juillet.
Sainte Anne, mère de la Vierge Marie, est sa patronne.
Caractère : énergie, sens des responsabilités, charme, franchise.

Nancy

Ce prénom est la forme anglo-saxonne d'Anne, très prisée aux États-Unis.
Origine hébraïque, signifie « grâce ».
Chiffre 3 - couleur bleue.
Fête le 26 juillet.
Sainte Anne, mère de la Vierge Marie, est sa patronne.
Caractère : charme, sociabilité, détermination, diplomatie.

Nanthilde

Ce prénom fut porté par la deuxième femme de Dagobert Ier au VIIe siècle.
Origine germanique, signifie « combat de chef ».
Chiffre 6 - couleur verte.
Caractère : fidélité, sens des responsabilités, stabilité, affectivité.

Naomi

Cette forme originelle de Noémie est en vogue aux États-Unis.
Origine hébraïque, signifie « gracieuse ».
Chiffre 7 - couleur bleue.
Fête le 21 août.
Sainte Noémie, personnage biblique, est la belle-mère de Ruth, à Bethléem en Judée.
Caractère : curiosité, goût de l'aventure, persuasion.

Nastasia

Ce prénom est une forme féminine d'Anastase, diminutif d'Anastasia.
Origine grecque, signifie « résurrection ».
Chiffre 3 - couleur verte.
Fête le 14 août.
Sainte Anastasie, fille d'un sénateur romain, au IIIe siècle, se convertit et prêche le baptême. Elle est condamnée au martyre.
Caractère : affectivité, communication, intuition, vivacité.

Natalène

Ce prénom est une variante de Nathalie.
Origine latine, signifie « natale ».
Chiffre 9 - couleur verte.
Fête le 10 novembre.
Sainte Natalène, fille d'un noble languedocien au Ve siècle, devait, sur ordre de son père, être noyée à sa naissance. La servante chargée de la besogne eut pitié et la déposa sur le bord du fleuve, où elle fut recueillie par une jeune chrétienne qui l'éleva dans la foi. Son père apprenant qu'elle était en vie la captura et la fit décapiter.
Caractère : éloquence, rapidité, séduction, adaptabilité.

Nathalie

Ce prénom connut un immense succès dans les années 1960.
Origine latine, signifie « natale ».
Chiffre 7 - couleur bleue.
Fête le 27 juillet.
Sainte Nathalie, épouse d'Aurèle à Cordoue au IXe siècle, cache un moine menacé par les persécutions de l'émir. Dénoncés, tous trois sont arrêtés et meurent en martyrs.
Caractère : réserve, esprit d'analyse, réflexion, fidélité.
Anglo-saxon et germanique : Natalie.
Espagnol : Natividad. *Italien :* Natalia.
Provençal : Natalio. *Russe :* Natasha.

Nelly

Une des formes anglo-saxonnes d'Hélène.
Origine grecque, signifie « éclat du soleil ».
Chiffre 5 - couleur rouge.
Fête le 26 octobre.
Sainte Nelly, religieuse enseignante en Égypte au début du XXe siècle, fit preuve d'un dévouement sans faille au service de sa congrégation.
Caractère : vivacité, curiosité, séduction, indépendance.

Nicole

Cette forme féminine de Nicolas fut un des classiques des années 1950.
Origine grecque, signifie « victoire du peuple ».
Chiffre 4 - couleur rouge.
Fête le 6 décembre.
Saint Nicolas, évêque de Myra en Anatolie au IIIe siècle, résista aux persécutions de Dioclétien et poursuivit son combat contre le paganisme.
Caractère : prudence, opiniâtreté, travail, affectivité.
Variantes : Coline, Nicolin, Nicky.
Italien : Nicoletta.

Nikita

Ce prénom mixte est une forme dérivée de Nicolas. Très répandu en Russie, il est apparu en Europe dans les années 1990, aussi bien pour les filles que pour les garçons.
Origine grecque, signifie « victoire du peuple ».
Chiffre 1 - couleur bleue.
Fête le 6 décembre.

Saint Nicolas évêque en Anatolie au IIIe siècle lutta contre le paganisme.
Caractère : discrétion, générosité, autorité, volonté.

Nine

Ce prénom est une forme diminutive d'Anne.
Origine hébraïque, signifie « grâce ».
Chiffre 6 - couleur orange.
Fête le 26 juillet.
Sainte Anne, mère de la Vierge Marie, est sa patronne.
Caractère : harmonie, fidélité, affectivité, sens des responsabilités.
Variantes : Nina, Ninon, Ninotchka.
Corse : Ninoun.

Ninnog

Ce prénom est un des grands traditionnels bretons.
Origine celte, signifie « sommet ».
Chiffre 1 - couleur jaune.
Fête le 4 juin.
Sainte Ninnog, née en Grande-Bretagne au Ve siècle, accosta en Bretagne avec sa famille ; elle fonda un monastère près de Lorient.
Caractère : ambition, autorité, volonté, travail.

Nioba

Dans la mythologie grecque, Niobé est la fille de Tantale et la petite-fille de Zeus ; dotée d'un mari, de sept garçons très forts et de sept filles très belles, d'une grande fortune, elle devrait louer les dieux, mais elle les provoque. Les dieux font périr sous ses yeux, les uns après les autres, tous ses enfants. La légende veut que Niobé soit changée en rocher, mais que ses larmes continuent de couler.
Origine grecque, signifie « fougère ».
Chiffre 5 - couleur rouge.
Fête le 5 octobre.
Sainte Fleur, religieuse dans le Quercy au XIVe siècle, est sa patronne.
Caractère : vivacité, intelligence, curiosité, goût de l'aventure.

Noa

Dans la Bible, Noa est une descendante de Joseph.
Origine hébraïque, signifie « la mouvante ».
Chiffre 3 - couleur verte.
Caractère : énergie, sociabilité, adaptabilité, goût de l'aventure.
Autre orthographe : Noah.

Noalig

Une variante de Nolwenn.
Origine celte, signifie « agneau blanc ».
Chiffre 4 - couleur blanche.
Fête le 6 juillet.
Sainte Nolwenn, princesse de Cornouailles au VIe siècle, quitte son pays pour la Bretagne, s'établit dans un ermitage, mais doit repousser les avances d'un païen des environs. Furieux d'être éconduit, il la fait décapiter.
Caractère : travail, sens de l'organisation, rigueur, ténacité.

Noëlle

Origine hébraïque, signifie « Dieu avec nous ».
Chiffre 9 - couleur rouge.
Fête le 25 décembre.
Caractère : sensibilité, émotivité, idéalisme, romantisme.
Breton : Nédéleg, Novela, Novelenn.
Espagnol : Noella.

Noémie

Rare pendant des siècles, Noémie apparaît discrètement à l'état civil.
Origine hébraïque, signifie « gracieuse ».
Chiffre 7 - couleur jaune.
Fête le 21 août.
Sainte Noémie est, dans la Bible, la belle-mère de Ruth.
Caractère : critique, exigence, prudence, travail.

Nolwenn

Ce prénom mixte est un des grands favoris de ce début de XXe siècle.
Origine celte, signifie « agneau blanc ».
Chiffre 7 - couleur blanche.
Fête le 6 juillet.
Sainte Nolwenn, princesse de Cornouailles au VIe siècle, se fait ermite en Bretagne. Un païen des environs la poursuit de ses assiduités. Elle le repousse, il la fait décapiter.
Caractère : sensibilité, intuition, altruisme, rêverie.
Diminutifs : Nolwenna, Nolwennig.
Variantes : Gwennoal, Gwennig, Noalig, Noluen, Noyale.

Nonn

Origine galloise, de signification inconnue.
Chiffre 3 - couleur bleue.
Fête le 2 mars.
Sainte Nonn, jeune Galloise du VIe siècle violée par un prince gallois, s'enfuit en Bretagne, où elle met au monde un fils, saint Dewi, qu'elle élève pieusement.
Caractère : communication, harmonie, éclectisme, sens artistique.
Variantes : Nonna, Nonnen.

Nora

Ce prénom peut être considéré comme le diminutif d'Éléonore.
Origine grecque, signifie « compassion ».
Chiffre 3 - couleur orange.
Fête le 25 juin.
Sainte Éléonore, belle-sœur de Saint Louis, épouse du roi d'Angleterre Henri III, se retire dans un monastère chez les bénédictines à la mort de son mari.
Caractère : sociabilité, franchise, adaptabilité, indépendance.
Irlandais : Noreen.

Noriane

Une forme dérivée d'Éléonore.
Origine grecque, signifie « compassion ».
Chiffre 4 - couleur bleue.
Fête le 25 juin.
Sainte Éléonore est sa patronne.
Caractère : séduction, vivacité, détermination, curiosité.

Norig

Ce prénom est une forme diminutive d'Énora.
Origine celte, signifie « honneur ».
Chiffre 2 - couleur verte.
Fête le 14 octobre.
Sainte Énora, femme de saint Efflam, vit dans un oratoire en Bretagne au Ve siècle.
Caractère : diplomatie, émotivité, adaptabilité, charisme.

Norma

La forme féminine de Norman.
Origine germanique, signifie « homme du Nord ».
Chiffre 7 - couleur orange.
Fête le 6 juin.
Saint Norbert, évêque de Magdebourg au XIe siècle, est son patron.
Caractère : étude, réflexion, réserve, spititualité.

Noura

Origine arabe, signifie « la lumineuse ».
Chiffre 8 - couleur rouge.
Caractère : équilibre, ambition, harmonie, sens de la justice.

Noyale

Ce prénom est une forme dérivée de Nolwenn.
Origine celte, signifie « agneau blanc ».
Chiffre 9 - couleur blanche.
Fête le 6 juillet.
Sainte Nolwenn, princesse de Cornouailles au VIe siècle, devient ermite en Bretagne, mais elle

est assassinée par un courtisan païen qu'elle repousse.
Caractère : spiritualité, altruisme, rêverie, générosité.

Oanel

Ce prénom est la forme bretonne d'Agnès.
Origine grecque, signifie « chaste ».
Chiffre 9 - couleur verte.
Fête le 21 janvier.
Sainte Agnès est sa patronne.
Caractère : générosité, altruisme, idéalisme, énergie.
Autre orthographe : Oanelle.
Diminutifs : Nelig, Oanez, Oanig.

Océane

Océan est, dans la mythologie grecque, l'aîné des Titans et le père des Océanides, nymphes de la Mer et des Eaux.
Ce prénom apparaît à l'état civil dans le sillage de Marine.
Origine grecque, signifie « océan ».
Chiffre 7 - couleur bleue.
Fête le 2 novembre.
Saint Océan est un soldat romain en garnison en Asie Mineure au début du IVe siècle. Chrétien, il refuse de renier sa foi, et meurt sur le bûcher.
Caractère : activité, dynamisme, perfectionnisme, générosité.

Ocella

Elle est une des formes féminines d'Océan.
Origine grecque, signifie « océan ».
Chiffre 3 - couleur bleue.
Fête le 2 novembre.
Saint Océan, soldat romain en garnison en Asie Mineure au IVe siècle, fut brûlé vif pour avoir refusé de renier sa foi.
Caractère : intuition, harmonie, diplomatie, équilibre.

Octavie

Cette forme féminine d'Octave était en vogue dans la Rome antique ; il fut porté par la femme de Néron et par la femme d'Antoine.
Origine latine, signifie « huitième ».
Chiffre 3 - couleur bleue.
Fête le 20 novembre.
Saint Octave, légionnaire dans l'armée romaine dans le Valais au IVe siècle, refuse d'adorer les dieux païens ; il est mis à mort.
Caractère : générosité, fantaisie, curiosité, sociabilité.
Italien : Ottavia.

Odette

Ce prénom était en vogue au début du XXe siècle.
Origine germanique, signifie « richesse ».
Chiffre 6 - couleur jaune.
Fête le 20 avril.
Sainte Odile, fille du duc d'Alsace au VIIe siècle, naît aveugle ; son père veut la tuer, sa mère la cache dans un couvent ; elle recouvre la vue le jour de son baptême. Son père, apprenant qu'elle est vivante et guérie, la fait revenir au château et veut la marier. Mais Odile s'y oppose, s'enfuit et se réfugie dans une grotte des environs. Le duc sermonné par l'évêque lui donne son château afin qu'elle l'aménage en monastère et en hospice.
Caractère : générosité, force de caractère, efficacité, séduction.

Odiane

Ce prénom est un dérivé moderne d'Odette.
Origine germanique, signifie « richesse ».
Chiffre 3 - couleur rouge.
Fête le 13 décembre.
Sainte Odile est sa patronne.
Caractère : communication, calme, équilibre, stabilité.

Odile

Origine germanique, signifie « richesse » et « combat ».
Chiffre 9 - couleur verte.
Fête le 13 décembre.
Sainte Odile, fille du duc d'Alsace au VIIe siècle, est rejetée par son père, qui veut la tuer : elle est une fille et elle est née aveugle ! Sa mère la confie à un couvent. Elle recouvre la vue à son baptême. Son père la fait revenir au château et décide de la marier. Mais Odile veut se consacrer à Dieu ; elle s'enfuit et demande à l'évêque sa protection. Celui-ci réussit à convaincre le duc de donner son château à sa fille pour l'aménager en monastère.
Caractère : spiritualité, altruisme, générosité, rêverie.
Basque : Ottilia. Espagnol : Odilia.
Provençal : Oudilo.

Odysséa

Ce prénom fait référence à *l'Iliade* et à *l'Odyssée*, d'Homère.
Chiffre 7 - couleur bleue.
Caractère : spiritualité, étude, réflexion, discrétion.

Olga

Origine slave, signifie « consacrée aux dieux ».
Chiffre 8 - couleur rouge.
Fête le 11 juillet.
Sainte Olga, grande-duchesse de Kiev au Xe siècle, s'efforça pendant la régence exercée durant la minorité de son fils de répandre le christianisme dans son pays.
Caractère : énergie, autorité, exigence, opportunisme.

Olivia

Origine latine, signifie « olive ».
Chiffre 5 - couleur jaune.
Fête le 12 juillet.
Saint Olivier, prêtre irlandais, passe quinze années à Rome au XVIIe siècle, puis revient chez lui pour être nommé évêque ; calomnié, il est pendu.
Caractère : réflexion, étude, indépendance, rapidité.
Corse : Aliveria.

Olympe

Origine grecque, d'Olumpos, nom d'une montagne de Thessalie.
Chiffre 5 - couleur orange.
Fête le 17 décembre.
Sainte Olympe, aristocrate byzantine au IVe siècle, veuve du préfet de Constantinople, prend le voile et investit sa fortune dans la construction d'un hôpital.
Caractère : dynamisme, indépendance, courage, travail.
Espagnol et italien : Olimpia.

Ombeline

Ce prénom distingué connaît un discret succès.
Origine latine, signifie « ombrelle ».
Chiffre 3 - couleur bleue.
Fête le 21 août.
Sainte Ombeline, sœur de saint Bernard, au XIIe siècle, est une jeune fille frivole que son frère sermonne. Elle prend le voile chez les cisterciennes en Bourgogne et meurt saintement.
Caractère : équilibre, sociabilité, franchise, curiosité.

Ondine

Dans la mythologie latine, Ondine est la déesse des Eaux. Ce prénom marin a précédé Marine et Océane à l'état civil.
Origine latine, signifie « onde ».
Chiffre 7 - couleur bleue.
Caractère : spiritualité, rêverie, étude, méditation.
Espagnol : Ondina.

O

Onnen

Origine celte, signifie « frêne ».
Chiffre 8 - couleur orange.
Fête le 30 avril.
Sainte Onnen, sœur du roi d'Armorique Judicaël, vécut et mourut en ermite dans la lande bretonne au VIIe siècle.
Caractère : sensibilité, réflexion, sens de la justice, altruisme.

Oona

Ce prénom, forme dérivée d'Onnen, est connu aux États-Unis.
Origine celte, signifie « frêne ».
Chiffre 9 - couleur verte.
Fête le 30 avril.
Sainte Onnen, sa patronne, sœur du roi d'Armorique Judicaël, consacra sa vie à la prière dans un ermitage, en Bretagne au VIIe siècle.
Caractère : altruisme, spitituralité, rêverie, générosité.

Ophélie

Ce prénom connut deux brèves phases de succès, au XIXe siècle et à la fin du XXe siècle.
Origine grecque, signifie « recours ».
Chiffre 7 - couleur jaune.
Fête le 18 juin.
Sainte Osanna, moniale hongroise du XVe siècle, est sa patronne.
Caractère : secret, méditation, étude, intuition.
Anglo-saxon et germanique : Ophelia.
Espagnol et italien : Ofelia.

Orane

Ce prénom est une forme dérivée d'Aura.
Origine latine, signifie « en or ».
Chiffre 8 - couleur rouge.
Fête le 19 juillet.
Sainte Aura, sa patronne, moniale espagnole, est arrêtée à Cordoue au IXe siècle ; sommée d'abjurer, elle refuse, et est condamnée à mort avec les autres religieuses de sa congrégation.
Caractère : passion, énergie, indépendance, curiosité.
Variantes : Oriane, Orianne, Aurianne.

Orlanda

Une forme espagnole de Rolande.
Origine germanique, signifie « gloire » et « terre ».
Chiffre 3 - couleur verte.
Fête le 15 septembre.
Saint Roland, son patron, fut ermite en Italie au XIVe siècle.
Caractère : sensibilité, communication, volonté, charme.

Orlane

Ce prénom est une forme dérivée d'Aura.
Origine latine, signifie « en or ».
Chiffre 2 - couleur rouge.
Fête le 19 juillet.
Sainte Aura, moniale espagnole, fut martyre à Cordoue au IXe siècle.
Caractère : charme, énergie, courage, vivacité.

Ornella

Ce prénom très en vogue est une forme italienne d'Aura.
Origine latine, signifie « en or ».
Chiffre 5 - couleur rouge.
Fête le 19 juillet.
Sainte Aura est religieuse en Espagne à Cordoue au IXe siècle. Arrêtée, elle refuse de renier sa foi ; elle est condamnée à mort avec ses compagnes.
Caractère : passion, émotivité, persévérance, exigence.

Osanna

Origine hébraïque, signifie « sauve-nous »
Chiffre 1 - couleur rouge.
Fête le 18 juin.
Sainte Osanna eut une vie de souffrances et de prière, en Lombardie au XVe siècle.
Caractère : ambition, travail, autorité, sens des responsabilités.
Variante : Osanne.

Palmyre

Origine grecque, de Palmura, nom d'une antique cité syrienne.
Chiffre 9 - couleur rouge.
Caractère : secret, idéalisme, étude, réflexion.
Espagnol : Palmira.

Paloma

Ce prénom est apprécié dans les pays hispaniques.
Origine latine, signifie « colombe ».
Chiffre 4 - couleur verte.
Fête le 31 décembre.
Sainte Colombe, jeune noble espagnole du IIIe siècle, demande le baptème et quitte sa famille pour rejoindre une colonie chrétienne à Sens, en Gaule. Elle est arrêtée par des soldats de l'empereur Aurélien et décapitée.
Caractère : franchise, courage, détermination, autorité.

Paméla

Ce prénom est inspiré d'un prénom littéraire, issu du roman *Pamela* de l'Anglais Samuel Richardson.
Chiffre 3 - couleur bleue.
Caractère : franchise, vivacité, optimisme, curiosité.

Paola

Ce prénom est la forme italienne de Paule.
Origine latine, signifie « petite ».
Chiffre 9 - couleur rouge.
Fête le 26 janvier.
Sainte Paule, veuve très jeune avec cinq enfants à Rome au IVe siècle, se convertit à la suite d'une rencontre avec saint Jérôme. Ses enfants élevés, elle s'établit à Bethléem avec sa fille et y fonde un monastère.
Caractère : autorité, activité, intelligence, goût de la perfection.

Paquita

La forme espagnole de Marguerite.
Origine latine, signifie « perle ».
Chiffre 4 - couleur verte.
Fête le 20 juillet.
Sainte Marguerite d'Antioche, fille d'un religieux païen au IIIe siècle et convertie par sa nourrice, est chassée par son père après son baptême. Le préfet d'Orient s'éprend d'elle et la fait enlever ; elle refuse ses avances, il la menace, elle avoue qu'elle est chrétienne, il la fait périr.
Caractère : volonté, travail, franchise, fidélité.

Pascale

Le féminin de Pascal.
Origine hébraïque, signifie « passage ».
Chiffre 3 - couleur orange.
Fête le 17 mai.
Saint Pascal est son patron.
Caractère : sociabilité, vivacité, curiosité, fantaisie.
Variante : Pascaline. *Basque :* Paxhalina.
Italien : Pasqualina.

Patricia

Ce féminin de Patrice connut le succès dans les années 1950.
Origine latine, signifie « patricien ».
Chiffre 5 - couleur orange.
Fête le 25 août.
Sainte Patricia, jeune chrétienne de la bonne société romaine au IVe siècle, subit le martyre avec son mari et son fils.
Caractère : franchise, charme, indépendance, rapidité.
Basque : Patxika. *Espagnol :* Tricia.
Italien : Patrizia.

Paule

Le féminin de Paul.
Origine latine, signifie « petite ».
Chiffre 1 - couleur rouge.
Fête le 26 janvier.

P

Sainte Paule, veuve très jeune avec cinq enfants à Rome au IVe siècle, se convertit à la suite d'une rencontre avec saint Jérôme. Ses enfants élevés, elle s'établit à Bethléem avec sa fille et y fonde un monastère.
Caractère : autorité, activité, intelligence, goût de la perfection.
Variante : Paulette. Anglo-saxon : Paula.
Italien : Paola. Russe : Pavla.

Pauline

Cette forme féminine de Paul a connu le succès aux XVIIIe et XIXe siècles et est à nouveau à la mode depuis les années 1980.
Origine latine, signifie « faible ».
Chiffre 6 - couleur rouge.
Fête le 9 juillet.
Sainte Pauline, religieuse missionnaire en Chine à la fin du XIXe siècle, est martyrisée puis exécutée en 1900 par les Boxers, secte de fanatiques opposés à la présence d'Occidentaux dans leur pays.
Caractère : douceur, calme, sens artistique, affectivité.
Breton : Päolina. Espagnol : Paulina.
Normand : Paolène. Provençal : Paulino.

Peggy

Ce prénom est une forme anglo-saxonne de Marguerite.
Origine latine, signifie « perle ».
Chiffre 6 - couleur verte.
Fête le 20 juillet.
Sainte Marguerite est sa patronne.
Caractère : dynamisme, curiosité, fantaisie, épicurisme.

Pélagie

Origine grecque, signifie « pleine mer ».
Chiffre 1 - couleur bleue.
Fête le 8 octobre.
Sainte Pélagie, jeune fille chrétienne en Asie Mineure au début du IVe siècle, est poursuivie par des soldats de l'empereur Dioclétien ; elle se jette par la fenêtre pour leur échapper.
Caractère : audace, passion, volonté, courage.

Pénélope

Ce prénom dérivé d'Hélène est illustré dans la mythologie grecque par la femme d'Ulysse, symbole de la fidélité conjugale, qui attendit vingt ans le retour de son mari sans céder à ses prétendants.
Origine grecque, signifie « éclat du soleil ».
Chiffre 7 - couleur bleue.
Fête le 18 août.
Sainte Hélène, fille d'aubergiste à Rome au IIIe siècle, est séduite par Constance Chlore, empereur romain d'Occident, dont elle a un fils, Constantin. Répudiée, elle quitte la cour, mais son fils la rappelle lorsqu'il accède au trône en 306. Hélène se convertit à 60 ans. Très influente, elle défend la cause des chrétiens, multiplie les dons et favorise la construction de monastères en Palestine.
Caractère : sociabilité, réserve, curiosité, sens de l'observation.
Anglo-saxon : Penny.

Perle

Origine latine, signifie « perle ».
Chiffre 2 - couleur verte.
Fête le 20 juillet.
Sainte Marguerite d'Antioche, fille d'un religieux païen au IIIe siècle et convertie par sa nourrice, est chassée par son père après son baptême. Le préfet d'Orient s'éprend d'elle et la fait enlever ; elle refuse ses avances, il la menace, elle avoue qu'elle est chrétienne, il la fait périr.
Caractère : volonté, autorité, indépendance, émotivité.
Anglo-saxon : Pearl. Breton : Perlezen.

Pernelle

Une variante de Pétronille.
Origine latine, signifie « pierre ».
Chiffre 9 - couleur verte.

Fête le 31 mai.
Sainte Pétronille, Romaine du Ier siècle, est baptisée par saint Pierre et meurt en martyre.
Caractère : sensibilité, idéalisme, dévouement, rêverie.
Anglo-saxon : Pernella.

Perrine

Origine latine, signifie « pierre ».
Chiffre 4 - couleur rouge.
Fête le 27 décembre.
Sainte Perrine, jeune Angevine de 18 ans, est arrêtée sous la Révolution et, accusée d'être chrétienne, est décapitée.
Caractère : sensibilité, prudence, passion, charisme.

Pétronille

Une autre forme féminine de Pierre, plus courante que Pierrette.
Origine latine, signifie « pierre ».
Chiffre 9 - couleur verte.
Fête le 31 mai.
Sainte Pétronille, Romaine du Ier siècle, est baptisée par saint Pierre et meurt en martyre.
Caractère : sensibilité, idéalisme, dévouement, rêverie.
Breton : Pétrounel. Espagnol : Petronila.

Phèdre

Ce prénom est porté, dans la mythologie grecque, par la fille du roi Minos ; elle épousa Thésée et tomba amoureuse d'Hippolyte, son beau-fils, qui la repoussa. Vexée, Phèdre déclara à son mari qu'Hippolyte avait tenté de la violer. Alors Minos voua le jeune homme à la colère du dieu Poséidon. Phèdre, dévorée de remords, se pendit. Son histoire fut le thème de plusieurs tragédies, de Sénèque, d'Euripide et de Racine.
Origine grecque, signifie « brillante ».
Chiffre 2 - couleur jaune.
Anglo-saxon : Phedra.

Philadelphie

Ce prénom est très en vogue aux États-Unis, probablement en raison de sa consonance en référence à la ville.
Origine grecque, signifie « qui aime les autres ».
Chiffre 6 - couleur rouge.
Fête le 10 mai.
Sainte Philadelphe, Sicilienne du IIIe siècle, est arrêtée et conduite au supplice avec la petite communauté de chrétiens à laquelle elle appartient.
Caractère : sensibilité, harmonie, générosité, écoute.
Anglo-saxon : Philadelphia.

Philippine

La forme féminine de Philippe.
Origine grecque, signifie « qui aime les chevaux ».
Chiffre 6 - couleur jaune.
Fête le 18 novembre.
Sainte Philippine, religieuse sous la Révolution, se dévoue aux prisonniers. Elle part ensuite pour la Louisiane, où elle assure l'éducation des jeunes filles.
Caractère : élégance, perfectionnisme, sensibilité, indépendance.
Anglo-saxon : Philippa.

Philomène

Origine grecque, signifie « qui aime la parole ».
Chiffre 7 - couleur orange.
Fête le 10 août.
Sainte Philomène, jeune vierge romaine, mourut en martyre à Rome au IVe siècle.
Caractère : calme, intuition, affectivité, réflexion.
Anglo-saxon : Philomena. Corse : Filumena.

Phyllis

Une forme dérivée de Philippe.
Origine grecque, signifie « qui aime les chevaux ».

Chiffre 2 - couleur verte.
Fête le 18 novembre.
Sainte Philippine, religieuse sous la Révolution, se dévoue aux prisonniers. Elle part ensuite pour la Louisiane, où elle assure l'éducation des jeunes filles.
Caractère : douceur, calme, charme, sensibilité.

Pia

Ce prénom est courant en Italie.
Origine latine, signifie « pieuse ».
Chiffre 8 - couleur verte.

Pierrette

Ce féminin de Pierre a connu le succès au début du XXe siècle.
Prénom d'origine latine, signifie « pierre ».
Chiffre 8 - couleur jaune.
Fête le 29 juin.
Saint Pierre fut le chef des apôtres et le premier pape de la chrétienté.
Caractère : volonté, courage, ambition, affectivité.
Basque : Pedruxa, Peirona, Petexa, Petra.
Gascon : Pieronia. *Espagnol :* Petra.
Italien : Piera. *Normand :* Pérotène.

Primrose

Ce prénom était souvent donné en Angleterre aux filles nées à l'aube d'une journée d'été.
Origine latine, signifie « de la rosée du matin ».
Chiffre 1 - couleur blanche.
Fête le 23 août.
Sainte Rose est sa patronne.
Caractère : travail, détermination, autorité, ambition.

Priscille

Les années 1980 ont vu son apogée.
Origine latine, signifie « antique ».
Chiffre 4 - couleur bleue.
Fête le 16 janvier.
Sainte Priscille, riche propriétaire à Rome, au Ier siècle, met sa maison à la disposition de saint Pierre pour les rencontres de fidèles. Elle y enterre les corps des martyrs chrétiens victimes des persécutions.
Caractère : réflexion, bon sens, affectivité, tradition.
Variantes : Praxilla, Prisca, Priscilla.

Prune

A connu une vague de succès dans les années 1980.
Origine française, du nom de la prune, fruit du prunellier.
Chiffre 2 - couleur verte.
Fête le 5 octobre.
Sainte Fleur, religieuse dans le Quercy au XIVe siècle, est sa patronne.
Caractère : charme, vivacité, travail, intuition.
Variante : Prunelle.
Anglo-saxon : Prunella.

Pulchérie

Origine grecque, signifie « belle ».
Chiffre 7 - couleur orange.
Fête le 10 septembre.
Sainte Pulchérie, sœur de l'empereur Théodose II, à Constantinople au Ve siècle, assuma la régence pendant la minorité de son frère et devint impératrice à sa mort.
Caractère : réflexion, étude, discrétion, travail.

Quintilla

La forme féminine de Quentin.
Origine latine, signifie « cinquième ».
Chiffre 7 - couleur rouge.
Fête le 31 octobre.
Saint Quentin, cinquième enfant d'un sénateur à Rome au IIIe siècle, devint prêtre et quitta son pays pour évangéliser la Picardie. Il fut arrêté sur l'ordre de l'empereur Maximien, emprisonné et décapité à Vermand, ville qui porte aujourd'hui le nom de Saint-Quentin.
Caractère : sens des affaires, opiniâtreté, combativité, travail.
Variante : Quintiane.

Quitterie

Origine latine, signifie « tranquille ».
Chiffre 7 - couleur rouge.
Fête le 22 mai.
Sainte Quitterie, princesse espagnole du IIIe siècle, se fit baptiser secrètement, et refusa l'époux que son père lui imposait. Il la fit décapiter.
Caractère : curiosité, vivacité, indépendance, sociabilité.
Espagnol : Quiteria.

Rachel

Rachel, personnage biblique, est la femme de Jacob, la mère de Joseph et de Benjamin.
Origine hébraïque, signifie « brebis ».
Chiffre 2 - couleur orange.
Fête le 15 janvier.
Caractère : exigence, passion, générosité, fidélité.
Espagnol : Raquel. Italien : Raquele.

Radegonde

Ce prénom médiéval fut porté par la quatrième femme de Clotaire au VIe siècle.
Origine germanique, signifie « combat et conseil ».
Chiffre 1 - couleur orange.
Caractère : ambition, énergie, volonté, indépendance.

Ramona

La forme espagnole de Raymonde.
Origine germanique, signifie « conseil du monde ».
Chiffre 8 - couleur bleue.
Fête le 7 janvier.
Saint Raymond, d'origine espagnole, est maître des dominicains en Espagne au XIIIe siècle, puis conseiller du pape, il rédige plusieurs ouvrages de théologie et fonde l'ordre de Notre-Dame de la Merci, pour le rachat des chrétiens captifs aux musulmans.
Caractère : réserve, goût de l'aventure, sensibilité, adaptabilité.

Raphaëlle

Ce féminin de Raphaël partage le succès avec lui depuis les années 1980.
Origine hébraïque, signifie « Dieu a guéri ».
Chiffre 6 - couleur jaune.
Fête le 29 septembre.
Sainte Raphaëlle, mère de famille très nombreuse en Espagne au XIXe siècle, fonde plusieurs institutions pour l'accueil et l'éducation des jeunes filles pauvres.
Caractère : communication, créativité, énergie, sociabilité.
Anglo-saxon : Raphaëla.

Raymonde

C'est dans les années 1920 que ce féminin de Raymond a connu un relatif succès ; Aymone lui est préféré aujourd'hui.
Origine germanique, signifie « conseil du monde ».
Chiffre 5 - couleur bleue.
Fête le 7 janvier.
Saint Raymond, d'origine espagnole, est maître des dominicains en Espagne au XIIIe siècle, puis conseiller du pape, il rédige plusieurs ouvrages de théologie et fonde l'ordre de Notre-Dame de la Merci, pour le rachat des chrétiens captifs aux musulmans.

Caractère : réserve, goût de l'aventure, sensibilité, adaptabilité.
Autre orthographe : Raimonde.
Variantes : Aymone, Raymondine.

Rebecca

Dans la Bible, Rebecca est la femme d'Isaac, le mère d'Ésaü et de Jacob.
Origine hébraïque, signifie « celle qui rassasie ».
Chiffre 1 - couleur orange.
Fête le 23 mars.
Sainte Rebecca, jeune Libanaise enseignante dans un monastère au début du XXe siècle, souffrit des stigmates de la Passion.
Caractère : activité, indépendance, autorité, détermination.
Espagnol : Rebeca.

Régine

Ce prénom est la forme féminine de Régis.
Origine latine, signifie « reine ».
Chiffre 4 - couleur orange.
Fête le 7 septembre.
Sainte Reine est sa patronne.
Caractère : émotivité, travail, sens des responsabilités, rigueur.
Espagnol et italien : Regina, Gina.

Reine

Ce prénom est la forme francisée de Régine.
Origine latine, signifie « reine ».
Chiffre 6 - couleur verte.
Fête le 7 septembre.
Sainte Reine, jeune chrétienne à Alésia en Bourgogne au IIIe siècle, repousse les avances du proconsul, qui la fait décapiter.
Caractère : affectivité, dévouement, diplomatie, harmonie.

Réjane

C'est la grande comédienne qui rendit ce prénom célèbre au début du XXe siècle.
Origine latine, signifie « reine ».
Chiffre 8 - couleur verte.
Fête le 7 septembre.
Sainte Reine, jeune chrétienne à Alésia en Bourgogne au IIIe siècle, est décapitée par le proconsul, dont elle refuse les avances.
Caractère : énergie, volonté, ambition, courage.

Renalda

Elle est la forme féminine italienne de Renaud.
Origine germanique, signifie « conseil de gouverneur ».
Chiffre 1 - couleur orange.
Fête le 17 septembre.
Saint Renaud, moine dans une abbaye de Soissons au XIIe siècle, termina sa vie en ermite.
Caractère : ambition, dynamisme, sensibilité, indépendance.

Rénaldine

Une forme féminine de Renaud.
Origine germanique, signifie « conseil du gouverneur ».
Chiffre 1 - couleur bleue.
Fête le 17 septembre.
Saint Renaud, moine dans une abbaye de Soissons au XIIe siècle, se retira dans un ermitage à la fin de sa vie.
Caractère : autorité, charisme, ambition, volonté.
Variante : Renilde.

Renée

Le féminin de René.
Origine latine, signifie « née à une nouvelle vie ».
Chiffre 2 - couleur bleue.
Fête le 1er février.
Sainte Renée, paysanne angevine sous la Révolution, est fusillée à 27 ans pour avoir refusé de renier sa foi.
Caractère : activité, travail, opportunisme, sens de l'organisation.
Breton : Rénéa. Italien : Renata.

Rhéa

Origine grecque, du nom de la déesse de la Terre, fille d'Ouranos et de Gaïa, épouse de Cronos, mère de Déméter, d'Héra, de Poséidon et de Zeus.
Chiffre 5 - couleur rouge.
Caractère : adaptabilité, indépendance, goût de l'aventure, sensibilité.

Rhiannon

Origine galloise, signifie « bonté ».
Chiffre 3 - couleur verte.
Caractère : créativité, communication, sens artistique, éclectisme.

Rhoda

Ce prénom évoque l'île de Rhodes, nommée l'île aux Roses.
Origine grecque, signifie « rose ».
Chiffre 1 - couleur rouge.
Fête le 23 août.
Sainte Rose, sa patronne, née à Lima au XVIe siècle, se réfugia chez les dominicaines pour fuir l'époux imposé par son père.
Caractère : ambition, travail, autorité, élitisme.

Richarde

Le féminin de Richard. Richarde fut toujours rare à l'état civil.
Origine germanique, signifie « roi fort ».
Chiffre 3 - couleur rouge.
Fête le 18 septembre.
Sainte Richarde, épouse du roi de France Charles II le Gros au IXe siècle, se retire dans le monastère qu'elle a créé près de Strasbourg à son veuvage.
Caractère : sociabilité, altruisme, adaptabilité, dévouement.
Espagnol : Rica, Ricarda. Italien : Ricca, Riccarda.

Richilde

Ce prénom médiéval est la forme féminine alsacienne de Richard.
Origine germanique, signifie « roi fort ».
Chiffre 5 - couleur rouge.
Fête le 18 septembre.
Sainte Richarde, épouse du roi Charles II le Gros au IXe siècle, est sa patronne.
Caractère : sociabilité, altruisme, adaptabilité, dévouement.

Rita

Un diminutif de Marguerite.
Origine latine, signifie « perle ».
Chiffre 3 - couleur orange.
Fête le 22 mai.
Sainte Rita, pieuse Italienne du XIVe siècle, entre au couvent à son veuvage, après avoir subi un époux violent et perdu ses deux enfants.
Caractère : charme, gentillesse, ambition, volonté.

Riwanon

Origine celte, signifie « pique du roi ».
Chiffre 4 - couleur rouge.
Fête le 19 juin.
Sainte Riwanon fut la mère de saint Hervé en Bretagne au VIe siècle.
Caractère : travail, rigueur, courage, ténacité.
Variante : Rivanone.

Roberte

La forme féminine de Robert.
Origine germanique, signifie « gloire illustre ».
Chiffre 7 - couleur rouge.
Fête le 17 septembre.
Saint Robert Bellarmin, aristocrate italien professeur de théologie au XVIe siècle, devint légat du pape Clément VIII, puis cardinal et archevêque. Il fut nommé docteur de l'Église.
Caractère : réflexion, étude, réserve, spiritualité.
Espagnol : Roberta.

Rochelle

Ce prénom est la forme féminine de Roch ; il est rare en Europe, mais sa forme hispanique est très populaire au Mexique.
Origine germanique, signifie « gloire ».
Chiffre 8 - couleur verte.
Fête le 16 août.
Saint Roch, né à Montpellier au XIVe siècle, soigna les malades de la peste avec un immense dévouement ; atteint par la maladie, il se retira dans les bois ; revenu dans sa ville natale amaigri et hirsute, il fut jeté en prison pour vagabondage et y mourut.
Caractère : courage, combativité, passion, efficacité.
Espagnol : Raquel, Roquelia, Roquelina.

Rolande

La forme féminine de Roland.
Origine germanique, signifie « gloire » et « terre ».
Chiffre 6 - couleur verte.
Fête le 15 septembre.
Saint Roland fut ermite en Italie au XIVe siècle.
Caractère : stabilité, dynamisme, fidélité, sens des responsabilités.
Espagnol : Rolanda.

Romane

Cette forme féminine de Romain connaît le succès depuis les années 1980.
Origine latine, signifie « romaine ».
Chiffre 3 - couleur verte.
Fête le 28 février.
Saint Romain, ermite dans le Jura au Ve siècle, fonda avec son frère Lupicin plusieurs monastères, parmi lesquels l'abbaye de Condat.
Caractère : vivacité, enthousiasme, charme, intuition.

Roméa

Origine latine, signifie « de la ville de Rome ».
Chiffre 7 - couleur jaune.
Fête le 25 février.
Saint Roméo, moine à Limoges, mourut de la peste au XIVe siècle en allant en pèlerinage à Rome.
Caractère : émotivité, ambition, générosité, altruisme.
Variante : Romée.
Hongrois : Romika.

Romy

Ce prénom est un diminutif de Rosemarie.
Origines latine et hébraïque, signifie « rose » et « goutte de mer ».
Chiffre 8 - couleur bleue.
Fête le 23 août.
Sainte Rose est sa patronne.
Caractère : sens pratique, équilibre, justice, rigueur.

Rosalba

Ce prénom est une forme composée d'origine latine qui signifie « rose blanche ».
Chiffre 5 - couleur blanche.
Fête le 23 août.
Sainte Rose est sa patronne.
Caractère : sensibilité, indépendance, goût de l'aventure, adaptabilité.

Rosalie

En faveur au XIXe siècle, Rosalie revient discrètement à l'état civil.
Origines latines, signifie « rose » et « lis ».
Chiffre 7 - couleur bleue.
Fête le 4 septembre.
Sainte Rosalie est ermite en Sicile au XIIe siècle.
Caractère : curiosité, étude, réflexion, secret.
Espagnol : Rosalia.
Normand : Rousalie.

Rosalinde

Origines latine et germanique, signifie « jolie rose ».
Chiffre 7 - couleur banche.

Fête le 23 août.
Sainte Rose, née à Lima au Pérou au XVIe siècle, entre chez les dominicaines pour fuir le mari qu'on lui propose et s'impose jeûnes et sévices corporels.
Caractère : équilibre, rigueur, sens de la justice, travail.
Anglo-saxon : Rosalind.
Italien : Rosalinda.

Rosanne

Ce prénom est une forme composée de Rose et d'Anne qui apparut au XVIIIe siècle en Angleterre.
Origines latine et hébraïque, signifie « rose » et « grâce ».
Chiffre 9 - couleur verte.
Fête le 23 août.
Sainte Rose, Péruvienne du XVIe siècle, refusa de se marier et se retira dans un couvent.
Caractère : équilibre, rigueur, sens de la justice, travail.
Autre orthographe : Roseanne.
Italien : Rosanna.

Rose

Ce prénom fut très répandu au XIXe siècle, dans le sillage de Marguerite.
Origine latine, signifie « rose ».
Chiffre 3 - couleur bleue.
Fête le 23 août.
Sainte Rose, née à Lima au Pérou au XVIe siècle, refuse d'obéir à son père, qui veut la marier, et se réfugie chez les dominicaines.
Caractère : dynamisme, éloquence, vivacité, charme.
Variantes : Rosemonde, Rosine.
Breton : Rozenn
Espagnol et italien : Rosa, Rosita.
Néerlandais : Rosel.

Rosemarie

Ce prénom est une forme composée de Rose et de Marie.
Origines latine et hébraïque, signifie « rose » et « goutte de mer ».
Chiffre 4 - couleur bleue.
Fête le 23 août.
Sainte Rose est sa patronne.
Caractère : grâce, ambition, travail, détermination.

Rosemonde

Origine latine, signifie « rose ».
Chiffre 5 - couleur verte.
Fête le 23 août.
Sainte Rose est sa patronne.
Caractère : indépendance, goût de l'aventure, sensibilité, adaptabilité.
Anglo-saxon : Rosamond.
Espagnol et italien : Rosamunda.

Rosine

Une variante de Rose.
Origine latine, signifie « rose ».
Chiffre 8 - couleur bleue.
Fête le 11 mars.
Sainte Rosine vit en ermite en Bavière au XIIe siècle.
Caractère : énergie, écoute, sens pratique, dévouement.
Espagnol : Rosina.

Rosita

Une forme hispanique de Rose.
Origine latine, signifie « rose ».
Chiffre 1 - couleur verte.
Fête le 23 août.
Sainte Rose, jeune Péruvienne de Lima au XVIe siècle, refuse de se marier et entre au couvent, où elle mène une vie de privations.
Caractère : autorité, ambition, travail, rigueur.

Rowena

Ce prénom gallois fut très en vogue en Angleterre au XIXe siècle.

Il est le féminin de Rowen, ou Riowen.
Origine celte, signifie « heureux roi ».
Chiffre 3 - couleur violette.
Fête le 14 août.
Saint Riowen fut moine à Redon en Bretagne au IXe siècle.
Caractère : communication, créativité, éclectisme, harmonie.

Roxane

Ce prénom a une histoire : Roxane est capturée avec son père en 327 avant J.-C. par les troupes d'Alexandre le Grand, qui, séduit par sa beauté, l'épouse.
Elle a un fils, Alexandre Aigos, qui devient roi de Macédoine à son tour, mais elle est assassinée avec lui sur ordre de Cassandre.
Origine persane, signifie « brillante comme l'aurore ».
Chiffre 5 - couleur jaune.
Fête le 7 septembre.
Caractère : écoute, dévouement, séduction, force de caractère.
Espagnol : Roxana.
Italien : Rosanna.

Rozabelle

Une forme composée de Rose et d'Isabelle.
Origines latine et hébraïque, signifie « rose » et « grâce ».
Chiffre 6 - couleur verte.
Fête le 23 août.
Sainte Rose, née à Lima au Pérou au XVIe siècle, entre chez les dominicaines pour fuir le mari qu'on lui propose et s'impose jeûnes et sévices corporels.
Caractère : affectivité, fidélité, sens des responsabilités, stabilité.

Rozenn

La forme bretonne de Rose.
Origine latine, signifie « rose ».
Chiffre 2 - couleur verte.
Fête le 23 août.
Sainte Rose est sa patronne.
Caractère : diplomatie, adaptabilité, émotivité, charme.

Ruth

Ruth, personnage biblique, veuve très jeune, s'expatrie avec sa belle-mère Noémi, puis revient à Bethléem pour épouser Booz.
Elle est l'arrière-grand-mère du roi David.
Son histoire est racontée dans le livre de Ruth.
Origine hébraïque, signifie « celle qui compatit ».
Chiffre 4 - couleur rouge.
Fête le 3 juillet.
Caractère : prudence, générosité, travail, exigence.

Sabine

Origine latine, issu des Sabini, nom d'un peuple qui occupait l'Italie centrale.
Chiffre 5 - couleur verte.
Fête le 29 août.
Sainte Sabine, riche aristocrate romaine au IIIe siècle, se fait baptiser et lègue à la communauté chrétienne son domaine.
Caractère : autorité, énergie, activité, éclectisme.
Anglo-saxon, italien : Sabina.
Espagnol : Savina.

Sabrina

Ce prénom très en vogue entre 1970 et 1990 est une forme dérivée de Sabine.
Origine latine, signifie « de la famille des Sabini ».
Chiffre 6 - couleur rouge.
Fête le 29 août.
Caractère : ambition, indépendance, affectivité, rigueur.

Saïda

Ce prénom est le féminin de Saïd.
Origine arabe, signifie « la bienheureuse ».
Chiffre 7 - couleur jaune.
Caractère : étude, réserve, intuition, prudence.

Sally

Ce prénom courant aux États-Unis est une forme diminutive de Sarah.
Origine hébraïque, signifie « princesse ».
Chiffre 6 - couleur rouge.
Fête le 20 décembre.
Sainte Sarah est la servante de Marie-Jacobi et de Marie-Salomé en Galilée, au Ier siècle ; elle les suit pendant leur voyage vers la Gaule et s'installe avec elles en Provence. Elle meurt en Camargue. La ville de Saintes-Maries-de-la-Mer les vénère toutes les trois.
Caractère : tradition, altruisme, douceur, calme.

Salomé

Ce joli prénom est une forme féminine de Salomon. Salomé, fille d'Hérodiade et nièce d'Hérode Antipas, séductrice redoutable et perverse, danse devant son oncle au cours d'une fête et lui demande en récompense qu'on lui apporte la tête de Jean le Baptiste sur un plateau.
Origine hébraïque, signifie « paix ».
Chiffre 2 - couleur verte.
Fête le 22 octobre.
Sainte Marie-Salomé est la mère des disciples Jacques et Jean.
Caractère : charme, courage, franchise, professionnalisme.

Samantha

Ce prénom est en vogue outre-Manche.
Origine germanique, signifie « juste pensée ».
Chiffre 9 - couleur rouge.
Fête le 19 décembre.
Sainte Samthann, moniale en Irlande au VIIIe siècle, recueille les enfants abandonnés, les élèves, et convertit les mécréants.
Caractère : sensibilité, force de caractère, charme, fidélité.
Autre orthographe : Samthann.

Sametane

Ce prénom est une forme francisée de Samantha.
Origine germanique, signifie « juste pensée ».
Chiffre 6 - couleur rouge.
Fête le 19 décembre.
Sainte Samthann, religieuse au VIIIe siècle en Irlande, consacre sa vie à l'éducation des enfants abandonnés.
Caractère : autonomie, détermination, autorité, affectivité.

Samia

Ce prénom très populaire est le féminin de Samy.
Origine arabe, signifie « la céleste ».
Chiffre 7 - couleur verte.
Caractère : discrétion, réflexion, conscience professionnelle, rigueur.

Samira

Origine arabe, signifie « compagne des veillées ».
Chiffre 7 - couleur violette.
Caractère : réflexion, étude, travail, réserve.

Sandra

Elle est le diminutif d'Alexandra.
Origine grecque, signifie « celle qui repousse ».
Chiffre 3 - couleur bleue.
Fête le 20 mars.
Sainte Alexandra, chrétienne en Asie Mineure au IVe siècle, fut martyrisée sur l'ordre de l'empereur Maximin pour avoir refusé de renier sa foi.
Caractère : communication, dynamisme, vivacité, séduction.

Sandrine

Ce prénom, dérivé d'Alexandre, fut un des favoris des années 1970.
Origine grecque, signifie « celle qui repousse ».
Chiffre 3 - couleur bleue.
Fête le 20 mars.
Sainte Alexandra meurt en martyre en Asie Mineure au IVe siècle sous le règne de l'empereur Dioclétien.
Caractère : raffinement, éloquence, sens de l'observation, affectivité.

Sarah

Dans la Bible, Sarah est l'épouse d'Abraham ; elle n'a pas eu d'enfant, en a toujours souffert et n'a plus l'âge d'en avoir lorsque l'ange vient annoncer sa prochaine maternité. Isaac naît dans l'année.
Ce prénom fait partie des intemporels, toujours en vogue, jamais démodés.
Origine hébraïque, signifie « princesse ».
Chiffre 2 - couleur rouge.
Fête le 20 décembre.
Sainte Sarah est la servante de Marie-Jacobi et de Marie-Salomé en Galilée, au Ier siècle ; elle les suit pendant leur voyage vers la Gaule et s'installe avec elles en Provence. Elle meurt en Camargue. La ville de Saintes-Maries-de-la-Mer les vénère toutes les trois.
Caractère : douceur, charme, générosité, affectivité.
Anglo-saxon : Sally, Zarah.
Espagnol : Sara, Saraï, Saray.

Sasha

Ce prénom, diminutif masculin d'Alexandre, est devenu mixte dans les années 1990.
Origine grecque, signifie « celui qui repousse l'ennemi ».
Chiffre 3 - couleur verte.
Fête le 3 mai.
Saint Alexandre, pape au IIe siècle sous l'empereur Trajan, mort en martyr est son patron.
Caractère : charisme, séduction, vivacité, humour.
Autre orthographe : Sacha.

Saskia

Ce prénom rare fut illustré par la première femme de Rembrandt.
Origine germanique, signifie « couteau ».
Chiffre 6 - couleur bleue.
Caractère : harmonie, sens des responsabilités, tradition, générosité.

Scholastique

Ce prénom se rencontrait au XIXe siècle.
Origine grecque, signifie « école ».
Chiffre 5 - couleur verte.

Fête le 10 février.
Sainte Scholastique était la sœur de saint Benoît. Elle fonda une communauté de moniales près du monastère de son frère, au VIe siècle.
Caractère : curiosité, activité, épicurisme, indépendance.

Ségolène

Origine germanique, signifie « douce victoire ».
Chiffre 1 - couleur verte.
Fête le 24 juillet.
Sainte Ségolène fonda un monastère destiné à soigner les lépreux près d'Albi au VIIe siècle.
Caractère : curiosité, charisme, adaptabilité, éclectisme.

Sélène

Dans la mythologie grecque, Séléné, sœur d'Hélios, le dieu soleil, est la déesse lune, jeune femme à la silhouette brillante et argentée. Une nuit, se penchant par-dessus les nuages, elle aperçoit un berger qui sommeille dans la campagne à l'abri d'une grotte. Elle s'en éprend et le maintient dans un sommeil magique pour l'éternité, afin de pouvoir, chaque nuit, s'étendre auprès de lui et l'embrasser.
Origine grecque, signifie « lune ».
Chiffre 6 - couleur blanche.
Caractère : douceur, affectivité, diplomatie, sensibilité.
Espagnol : Selena.

Selma

Ce prénom est une des formes féminines d'Anselme.
Origine germanique, signifie « protégé du dieu Ans ».
Chiffre 5 - couleur verte.
Fête le 21 avril.
Saint Anselme, Italien, est ordonné prêtre en France au XIIe siècle, puis est nommé archevêque de Cantorbéry pour son charisme et sa bonté. Il est proclamé docteur de l'Église.
Caractère : travail, volonté, opiniâtreté, rigueur.

Séphora

Ce prénom est la forme française de Tsipora, prénom biblique qui fut porté par une épouse de Moïse.
Origine hébraïque, signifie « oiselle ».
Chiffre 1 - couleur bleue.
Caractère : intuition, communication, sens pratique, harmonie.
Espagnol : Sefora.

Séraphine

Origine hébraïque, signifie « séraphin ».
Chiffre 9 - couleur bleue.
Fête le 9 septembre.
Sainte Séraphina était abbesse en Italie, au XVe siècle, dans un couvent où la vie était particulièrement dure. Elle y avait été enfermée par son mari pour la punir de son infidélité. Après deux années de réclusion, l'époux la rappela, mais elle refusa de le suivre.
Caractère : imagination, sociabilité, indépendance, altruisme.
Variantes : Séraphie, Séraphina.

Serlana

Ce prénom est une forme féminine slave de Serge.
Oigine latine, signifie « issu des Sergius », nom d'une famille romaine célèbre au Ier siècle.
Chiffre 7 - couleur bleue.
Fête le 25 septembre.
Saint Serge de Radonège, ermite en Russie au XIVe siècle, fonde le monastère de la Trinité et, devenu conseiller des princes, joue le rôle de médiateur.
Caractère : ambition, indépendance, imagination, sensibilité.
Variante : Serlane.

S

Servane

Origine latine, signifie « esclave ».
Chiffre 3 - couleur verte.
Fête le 1er juillet.
Saint Servan, prêtre au VIe siècle, évangélisa une partie de l'Écosse, puis, chassé par les barbares, se réfugia en Bretagne.
Caractère : communication, curiosité, adaptabilité, rêverie.

Séverine

Origine latine, signifie « exigeante ».
Chiffre 7 - couleur orange.
Fête le 8 janvier.
Saint Séverin, missionnaire en Europe centrale au Ve siècle, fonde plusieurs monastères pour accueillir malades, indigents et pèlerins.
Caractère : élégance, volonté, intuition, rigueur.

Shannon

Ce prénom mixte apprécié par les familles irlandaises est plus courant pour les filles.
Origine irlandaise, signifie « ancien ».
Chiffre 5 - couleur verte.
Caractère : adaptabilité, indépendance, goût de l'aventure, sensibilité.
Variante : Shana.

Sharon

Ce prénom est courant aux États-Unis pour les petites filles alors qu'en Israël il est plutôt masculin. Il fait référence, dans l'Ancien Testament, à un lieu géographique situé au pied du mont Carmel.
Origine hébraïque, signifie « plaine ».
Chiffre 3 - couleur verte.
Caractère : sociabilité, adaptabilité, optimisme, indépendance.

Shéhérazade

Shéhérazade est un personnage de la série des contes anonymes arabes *Les Mille et Une Nuits*, écrits entre le Xe et le XIIe siècle, à Bagdad, en Égypte et en Perse. Shéhérazade est l'amante séduisante, mystérieuse et pudique d'un sultan, parfaite incarnation, pour l'Occident, de la femme orientale.
Origine persane, du personnage du livre.
Chiffre 1 - couleur bleue.
Caractère : imagination, fantaisie, sensibilité, sociabilité.

Sheila

Forme anglo-saxonne de Cécilia, dérivée de Cécile.
Origine latine, signifie « aveugle ».
Chiffre 1 - couleur bleue.
Fête le 22 novembre.
Sainte Cécile, jeune patricienne romaine du IIe siècle, se fait baptiser et fait vœu de chasteté, mais elle est contrainte par ses parents d'épouser un païen, Valérien ; elle le persuade d'écouter saint Urbain qui lui enseigne la parole de Dieu. Valérien se fait baptiser avec son frère Tiburce, mais ils sont dénoncés, arrêtés et martyrisés. Cécile les ensevelit avant de subir elle aussi le martyre.
Caractère : émotivité, charme, générosité, sens artistique.

Shelley

Ce prénom est une forme anglo-saxonne de Cécile. Il est mixte en Angleterre, avec une tendance féminine.
Origine latine, signifie « aveugle ».
Chiffre 5 - couleur verte.
Fête le 22 novembre.
Sainte Cécile, patricienne romaine du IIe siècle, persuade son mari Valérien et son beau-frère Tiburce de se faire baptiser ; ils sont dénoncés et meurent en martyrs. Elle les ensevelit avant de subir le supplice à son tour.
Caractère : dynamisme, sociabilité, curiosité, indépendance.

Les prénoms mixtes

Pendant des décennies, les prénoms mixtes se limitaient aux deux grands classiques Claude et Dominique. Ils sont aujourd'hui beaucoup plus nombreux, en particulier dans les pays anglo-saxons. Voici les plus en vogue aujourd'hui : Ashley, Austen, Berckeley, Bertil, Beryl, Beverly, Calliste, Camille, Céleste, Clarence, Leslie, Lindsay, Mallaury, Maxence, Morgan, Shannon, Shelley.

Sheryl

Ce prénom est un diminutif anglo-saxon de Charlotte.
Origine germanique, signifie « virile ».
Chiffre 6 - couleur verte.
Fête le 17 juillet.
Sainte Charlotte, religieuse sous la Révolution, fut guillotinée avec ses compagnes du Carmel de Compiègne.
Caractère : sens des responsabilités, générosité, charme, tradition.

Shirley

Ce prénom anglais était masculin jusqu'à la moitié du XIXe siècle. Il est maintenant presque exclusivement attribué aux petites filles.
Origine anglaise, signifie « prairie lumineuse ».
Chiffre 6 - couleur verte.
Caractère : vivacité, sociabilité, volonté, optimisme.

Shona

Ce prénom est le féminin de Sean, forme irlandaise de Jean.
Origine hébraïque, signifie « Dieu a fait grâce ».
Chiffre 3 - couleur jaune.
Fête le 24 juin.
Caractère : curiosité, communication, exigence, charisme.

De très nombreux saints figurent au calendrier sous le prénom de Jean

Saint Jean, disciple du Christ et auteur présumé du quatrième Évangile, de trois épîtres et de l'Apocalypse.
Saint Jean Chrysostome, évêque de Constantinople au IVe siècle et docteur de l'Église.
Saint Jean le Baptiste, fils d'Élisabeth et de Zacharie, né en Palestine au début du Ier siècle, appelé par Dieu pour se retirer dans le désert et établi sur la rive du Jourdain pour baptiser tous ceux qu'il convertissait.
Saint Jean le Bosco, Piémontais du XIXe siècle, qui voua sa vie à l'éducation des enfants pauvres.

Shoshana

Ce prénom est la forme originelle de Suzanne.
Origine hébraïque, signifie « lys ».
Chiffre 2 - couleur verte.
Caractère : diplomatie, opiniâtreté, ambition, adaptabilité.

Sibylle

Sibylle est la forme européenne de Sibulla, prêtresse d'Apollon, devineresse réputée dans la mythologie grecque.
Chiffre 4 - couleur rouge.
Fête le 9 octobre.
Sainte Sibylle est religieuse dans un couvent de cisterciennes au XIIIe siècle.
Caractère : générosité, altruisme, affectivité, fantaisie.
Espagnol : Sibila.

Sichilde

Ce prénom fut porté par une reine obscure, troisième femme de Clotaire II au VIIe siècle.
Origine germanique, signifie « victoire au combat ».
Chiffre 6 - couleur rouge.
Caractère : sensibilité, harmonie, sens des responsabilités, rigueur.

S

Sidonie

Ce prénom en vogue au XIXe siècle est le féminin de Sidoine.
Origine hébraïque, du nom d'une ville du Liban, Sidon.
Chiffre 3 - couleur violette.
Fête le 21 août.
Saint Sidoine Apollinaire, né à Lyon, au Ve siècle, préfet de Rome, évêque de Clermont, auteur d'œuvres littéraires, lutta pour protéger les habitants de la région contre les Wisigoths, et fit preuve d'une charité et d'un courage exemplaires face à l'envahisseur.
Caractère : dynamisme, assurance, vivacité, curiosité.

Sigismonde

La forme féminine de Sigismond.
Origine germanique, signifie « victoire » et « protection ».
Chiffre 6 - couleur violette.
Fête le 1er mai.
Saint Sigismond, converti par le roi des Burgondes au VIe siècle, fonda un monastère dans le Valais.
Caractère : harmonie, fidélité, affectivité, sens des responsabilités.

Sigrid

Une forme dérivée de Sigrade, prénom peu usité.
Origine germanique, signifie « victoire du chevalier ».
Chiffre 2 - couleur rouge.
Fête le 8 août.
Sainte Sigrade, épouse et mère de famille exemplaire, au VIIe siècle, se réfugia dans un monastère après la mort de son mari et de son fils.
Caractère : indépendance, volonté, émotivité, sensibilité.
Variante : Sigrade.

Silvana

Ce prénom est la forme italienne de Sylvaine.
Origine latine, signifie « de la forêt ».
Chiffre 4 - couleur rouge.
Fête le 4 mai.
Saint Sylvain, évêque de Gaza, en Palestine, fut décapité au IVe siècle.
Caractère : ambition, fierté, travail, indépendance.

Simone

Cette forme féminine de Simon fut très courante au début du XXe siècle.
Origine hébraïque, signifie « exaucée ».
Chiffre 3 - couleur violette.
Fête le 19 février.
Sainte Simone, épouse d'artisan près d'Angers sous la Révolution, est condamnée à mort pour avoir refusé de renier sa foi.
Caractère : dynamisme, curiosité, charisme, adaptabilité.

Siriane

Ce prénom est une forme dérivée de Cyr.
Origine grecque, signifie « maître ».
Chiffre 3 - couleur jaune.
Fête le 16 juin.
Saint Cyr, enfant de trois ans, est arrêté et mis à mort avec sa mère sainte Juliette en Asie Mineure au IVe siècle.
Caractère : vivacité, indépendance, autorité, rigueur.
Variantes : Sirane, Sirine.

Sixtine

Ce féminin de Sixte est un des prénoms en vogue depuis les années 1990.
Origine latine, signifie « sixième ».
Chiffre 1 - couleur rouge.
Fête le 3 avril.

Saint Sixte, pape au IIe siècle, fut martyrisé sur ordre de l'empereur Hadrien.
Caractère : indépendance, goût de l'aventure, vivacité, charme.

Sklaeren

Ce prénom est l'équivalent breton de Claire.
Origine celte, signifie « claire ».
Chiffre 4 - couleur orange.
Fête le 12 août.
Saint Clair, son patron, fut le premier évêque de Nantes au IIIe siècle.
Caractère : travail, rigueur, persévérance, volonté.

Soizic

Une des formes bretonnes de Françoise.
Origine latine, signifie « de France ».
Chiffre 9 - couleur rouge.
Fête le 9 mars.
Sainte Françoise, mariée dès l'enfance à un noble romain au XVe siècle, perd ses enfants en bas âge, voit sa maison pillée, son mari exilé, ses amis mourir de l'épidémie de peste. Elle soigne les malades et, à la mort de son époux, se retire dans le monastère qu'elle a fondé.
Caractère : intuition, sensibilité, charme, idéalisme.
Autre orthographe : Soazic.

Solange

Origine latine, signifie « solennelle ».
Chiffre 1 - couleur bleue.
Fête le 10 mai.
Sainte Solange, jeune fille berrichonne du XIe siècle, décide de se consacrer à Dieu. Mais un seigneur du voisinage veut l'épouser ; elle refuse, il l'enlève, elle se défend, il la tue.
Caractère : vivacité, adaptabilité, énergie, volonté.
Provençal : Soulanjo.

Soledad

Origine espagnole, signifie « solitude ».
Chiffre 6 - couleur orange.
Fête le 11 octobre.
Sainte Marie-Soledad fut au XIXe siècle, à Madrid, la fondatrice de l'ordre des Servantes de Marie. Elle se dévoua particulièrement aux malades du choléra.
Caractère : sens des responsabilités, harmonie, énergie, persévérance.

Solène

Ce prénom, exclusivement masculin au Moyen Âge, est devenu féminin. Il est l'un des favoris depuis les années 1980.
Origine latine, signifie « annuelle ».
Chiffre 7 - couleur verte.
Fête le 25 septembre.
Saint Solène fut évêque de Chartres au Ve siècle et conseiller de Clovis.
Caractère : secret, esprit d'analyse, réflexion, sérieux.

Soline

Ce prénom est une variante de Solène.
Origine latine, signifie « annuelle ».
Chiffre 2 - couleur orange.
Fête le 17 octobre.
Sainte Soline est martyrisée par les hommes de Dioclétien à Chartres, au IIIe siècle.
Caractère : sensibilité, intuition, calme, diplomatie.

Solveig

Ce prénom scandinave est très en vogue depuis 1990.
Origine germanique, signifie « soleil » et « chemin ».
Chiffre 4 - couleur verte.
Caractère : indépendance, travail, opiniâtreté, émotivité.

S

Sonia

La forme slave de Sophie.
Origine grecque, signifie « sagesse ».
Chiffre 4 - couleur verte.
Fête le 25 mai.
Sainte Sophie, Romaine du IIe siècle, mère de Véra, Nadège et Liubba, est martyrisée avec ses filles sur l'ordre de l'empereur Hadrien.
Caractère : sens des responsabilités, sérieux, rigueur, travail.

Sophie

Ce prénom fait partie des grands classiques intemporels.
Origine grecque, signifie « sagesse ».
Chiffre 9 - couleur verte.
Fête le 25 mai.
Sainte Sophie, Romaine du IIe siècle, baptise ses filles Véra (Foi), Nadège (Espérance) et Liubba (Charité). Toutes les quatre sont martyrisées sur l'ordre de l'empereur Hadrien.
Caractère : réserve, sensibilité, exigence, fidélité.
Espagnol : Sofia. Provençal : Soufio.
Russe : Sofiya.

Soraya

Origine persane, signifie « excellente ».
Chiffre 7 - couleur bleue.
Caractère : harmonie, réserve, réflexion, générosité.

Stella

Ce prénom est une forme italienne et anglo-américaine d'Estelle.
Origine latine, signifie « étoile ».
Chiffre 6 - couleur verte.
Fête le 11 mai
Sainte Estelle, fille de païen, se fit baptiser et vécut en ermite. Son père la décapita.
Caractère : calme, harmonie, générosité, exigence.

Stéphanie

Cette forme féminine de Stéphane a connu le succès entre 1960 et 1980.
Origine grecque, signifie « couronnée ».
Chiffre 7 - couleur orange.
Fête le 2 janvier.
Sainte Stéphanie, dominicaine au XVIe siècle, consacra plus de cinquante ans de sa vie à soigner les malades et à secourir les pauvres.
Caractère : sensibilité, discrétion, affectivité, prudence.
Basque : Estebania, Estebaniz, Estefania, Stefania.
Occitan : Esteva.
Provençal : Estefano, Estieneto.

Sterenn

Origine celte, signifie « étoile ».
Chiffre 5 - couleur jaune.
Fête le 11 mai.
Sainte Estelle, fille de légat romain au Ier siècle, se fit baptiser par l'évêque de Saintes et partit vivre en ermite ; son père fit décapiter l'évêque, puis sa fille.
Caractère : indépendance, adaptabilité, goût de l'aventure, éclectisme.

Sunniva

Prénom moderne, Sunniva est très en vogue dans les pays nordiques, notamment en Norvège.
Origine scandinave, signifie « don du soleil ».
Chiffre 1 - couleur jaune.
Caractère : travail, persévérance, autorité, perfectionnisme.

Suzanne

Dans la Bible, Suzanne est une très belle jeune femme faussement accusée d'adultère par deux vieillards dont elle a repoussé les avances, mais le prophète Daniel

la sauve de la mort en confondant les accusateurs.
Origine hébraïque, signifie « lys ».
Chiffre 1 - couleur violette.
Fête le 11 août.
Sainte Suzanne, fille de sénateur romain, se fait baptiser en dépit des menaces de son père et fait vœu de virginité. Elle est décapitée pour avoir refusé d'épouser le fils de l'empereur Dioclétien.
Caractère : élégance, perfectionnisme, générosité, charisme.
Diminutifs : Suzel, Suzie, Suzon.
Anglo-saxon : Susannah.
Breton : Suzel, Suzelle. Espagnol : Susana.
Italien : Susanna. Normand : Suzoun.

Swanahilde

Swanahilde fut la femme de Charles Martel, maire du palais d'Austrasie et de Neustrie, au VIIIe siècle.
Origine germanique, signifie « combat de Swan ».
Chiffre 1 - couleur bleue.
Caractère : ambition, volonté, autorité, travail.

Swann

Ce prénom est la forme anglo-saxonne de Svan.
Origine scandinave, signifie « cygne ».
Chiffre 8 - couleur violette.
Fête le 15 août.
Caractère : équilibre, créativité, travail, sens de la justice.
Variante : Swanny.

Sylvaine

Le féminin de Sylvain.
Origine latine, signifie « de la forêt ».
Chiffre 8 - couleur verte.
Fête le 4 mai.
Saint Sylvain, évêque de Gaza, en Palestine, fut décapité au IVe siècle.
Caractère : autorité, ambition, matérialisme, volonté.
Basque : Silbana, Silbane.

Sylvie

Connut le succès dans les années 1950.
Origine latine, signifie « forêt ».
Chiffre 2 - couleur verte.
Fête le 5 décembre.
Sainte Sylvie, noble romaine du VIe siècle, est la mère du pape Grégoire le Grand.
Caractère : féminité, charme, courage, loyauté.
Diminutif : Sylvette.
Variante : Sylviane.
Espagnol et italien : Silvia.

T

Tamara

Origine hébraïque, signifie « palmier ».
Chiffre 9 - couleur jaune.
Fête le 1er mai.
Sainte Tamara, reine de Géorgie au XIIe siècle, se dévoua aux prisonniers.
Caractère : charme, prudence, émotivité, rêverie.

Tanaïs

Ce prénom est une variante de Tatiana.
Origine latine, de Tatius, nom du roi des Sabins en Italie au VIIIe siècle.
Chiffre 5 - couleur rouge.
Fête le 12 janvier.
Sainte Tatiana, jeune Romaine du IIIe siècle, subit le martyre pour avoir proclamé sa chrétienté.
Caractère : sensibilité, émotivité, adaptabilité, tradition.

Tania

Ce prénom est un diminutif de Tatiana.
Origine latine, du nom de Tatius, roi de légende, souverain des Sabins.
Chiffre 9 - couleur bleue.
Fête le 12 janvier.
Sainte Tatiana subit le martyre à Rome au IIIe siècle pour avoir refusé de renier sa foi.
Caractère : émotivité, idéalisme, courage, altruisme.

Tanit

Ce prénom vient de la mythologie carthaginoise, du nom de la déesse de la Moisson et de la Prospérité.
Chiffre 1 - couleur orange.
Caractère : autorité, ambition, travail, rigueur.

Tatiana

Ce prénom latin a eu beaucoup d'adeptes dans les pays slaves.
Origine latine, du nom de Tatius, roi de légende, souverain des Sabins.
Chiffre 3 - couleur bleue.
Fête le 12 janvier.
Sainte Tatiana, romaine chrétienne du IIIe siècle, est martyrisée pour avoir refusé d'abjurer.
Caractère : sensibilité, générosité, fantaisie, curiosité.

Tess

Ce prénom est une forme diminutive de Thérèse, assez courante aux États-Unis.
Origine grecque, signifie « chasse ».
Chiffre 8 - couleur orange.
Fête le 1er octobre.
Sainte Thérèse Martin suivit ses sœurs au Carmel à Alençon au XIXe siècle, où elle mena une vie exemplaire de piété ; elle rédigea son autobiographie, Histoire d'une âme, *et mourut à 24 ans.*
Sainte Thérèse d'Avila, carmélite au XVIe siècle, réforma l'ordre avec saint Jean de la Croix, et fonda une quinzaine de monastères réformés. Elle publia plusieurs chefs-d'œuvre de mysticisme et de pureté de la langue castillane et fut proclamée docteur de l'Église.
Caractère : affectivité, altruisme, intuition, écoute.
Variante : Tessa.

Thaïs

Ce prénom très ancien revient au goût du jour, sans doute pour sa consonance de diminutif.
Origine grecque, signifie « bandeau ».
Chiffre 3 - couleur rouge.
Fête le 8 octobre.
Sainte Thaïs, courtisane égyptienne du IVe siècle, fut convertie par un moine et se retira dans un monastère.
Caractère : séduction, optimisme, ordre, rigueur.

Thalassa

Après Marine et Océane, Thalassa pourrait bien prendre la suite des prénoms maritimes.
Origine grecque, signifie « mer ».
Chiffre 9 - couleur bleue.

Fête le 22 février.
Saint Thalasse fut ermite en Grèce au Ve siècle.
Caractère : altruisme, spiritualité, persévérance, rêverie.

Thalie

Ce prénom est le nom de la Muse de la Comédie, représentée avec un masque et une guirlande de lierre.
Origine grecque, signifie « florissant ».
Chiffre 1 - couleur bleue.
Caractère : ambition, volonté, travail, autorité.

Théa

Ce prénom est un diminutif de Théodora qui semble suivre la vogue de Théo.
Origine grecque, signifie « don de Dieu ».
Chiffre 7 - couleur rouge.
Fête le 28 avril.
Sainte Théodora fut enfermée dans un lupanar en Égypte au IVe siècle pour punition de sa conversion ; elle s'échappe avec la complicité d'un chrétien comme elle, mais ils sont repris et elle l'accompagne au supplice.
Caractère : indépendance, dynamisme, adaptabilité, curiosité.

Théana

Origine grecque, signifie « dieu ».
Chiffre 4 - couleur bleue.
Fête le 25 juillet.
Sainte Théana est condamnée au supplice en Palestine au IVe siècle.
Caractère : travail, rigueur, stabilité, ambition.

Thelma

Ce prénom est une forme féminine d'Anthelme.
Origine germanique, signifie « protégée du dieu Ans ».
Chiffre - couleur bleue.
Fête le 21 avril.
Saint Anthelme, chanoine dans le Bugey au XIIe siècle, devient premier général de l'ordre des Chartreux puis évêque de Belley.
Caractère : sensibilité, affectivité, charme, réserve.
Espagnol : Telma.

Théodechilde

Théodechilde fut la quatrième femme de Caribert.
Origine germanique, signifie « combat de Dieu ».
Chiffre 8 - couleur rouge.
Caractère : sens de la justice, harmonie, diplomatie, réserve.

Théodora

Ce prénom fut porté par deux impératrices de Byzance : l'une au VIe siècle fut la femme de Justinien dont elle dirigea le gouvernement ; l'autre, mère de Michel dont elle assura la régence et qui rétablit le culte des images jusque-là interdit.
Origine grecque, signifie « don de Dieu ».
Chiffre 5 - couleur rouge.
Fête le 28 avril.
Sainte Théodora fut enfermée dans un lupanar en Égypte au IVe siècle pour punition de sa conversion ; elle s'échappe avec la complicité d'un chrétien comme elle, mais ils sont repris et elle le suit au supplice.
Caractère : indépendance, dynamisme, adaptabilité, curiosité.

Théophanée

Théophanée, dans la mythologie grecque, est une superbe jeune fille dont Poséidon tombe amoureux. Il prend l'apparence d'un bélier et la transforme en brebis pour s'unir à elle. L'agneau qui naît de cette étreinte a une toison d'or dont Jason s'emparera plus tard.
Origine grecque, signifie « dieu lumineux ».

Chiffre 2 - couleur bleue.
Fête le 12 mars.
Saint Théophane se retire dans un ermitage après son veuvage, en Grèce au IXe siècle. Il prend la direction d'un monastère, entreprend des travaux d'historien, mais il est exilé sur ordre de l'empereur Léo l'Arménien.
Caractère : intelligence, curiosité, charisme, travail.
Anglo-saxon : Theophania.

Théoxane

Ce prénom était en vogue dans l'Antiquité.
Origine grecque, signifie « dieu étranger ».
Chiffre 2 - couleur bleue.
Fête le 24 janvier.
Sainte Xénia, épouse d'un courtisan du tsar cruel et débauché à Saint-Pétersbourg au XIXe siècle, se retire dans un couvent à la mort de son mari pour prier pour son âme.
Caractère : réalisme, sensibilité, sens artistique, volonté.

Thérèse

Fut un grand classique du début du XXe siècle.
Origine grecque, signifie « chasse ».
Chiffre 8 - couleur orange.
Fête le 1er octobre.
Sainte Thérèse Martin suivit ses sœurs au Carmel à Alençon au XIXe siècle, où elle mena une vie exemplaire de piété ; elle rédigea son autobiographie, Histoire d'une âme, *et mourut à 24 ans. Sainte Thérèse d'Avila, carmélite du XVIe siècle, réforma l'ordre avec saint Jean de la Croix, et fonda une quinzaine de monastères réformés. Elle publia plusieurs chefs-d'œuvre de mysticisme et de pureté de la langue castillane et fut proclamée docteur de l'Église.*
Caractère : affectivité, altruisme, intuition, écoute.
Diminutifs : Terry, Tess, Tessa.
Basque : Taresa, Tehexa, Terexi.
Anglo-saxon : Theresa. Espagnol : Teresa.

Tiffanie

Ce prénom est une variante de Tiphaine.
Origine grecque, signifie « illustre ».
Chiffre 7 - couleur jaune.
Fête le 6 janvier.
Saint Épiphane, évêque de Pavie au Ve siècle, joua un rôle politique important dans la société de son temps, négociateur et médiateur entre les rois et les empereurs.
Caractère : travail, courage, exigence, rigueur.

Tiphaine

Ce prénom connaît le succès depuis les années 1980.
Origine grecque, signifie « illustre ».
Chiffre 1 - couleur jaune.
Fête le 6 janvier.
Saint Épiphane, évêque de Pavie au Ve siècle, eut un rôle modérateur entre les souverains d'Europe : il réconcilia le roi des Wisigoths Euric avec l'empereur de Rome Julius Nepos et accueillit Théodoric, roi des Ostrogoths menacé par son frère.
Caractère : travail, courage, exigence, rigueur.
Autre orthographe : Tiffenn.

Toscane

Ce prénom géographique suit la vogue de Brittany et de Calédonia.
Origine latine, du nom de la province italienne, la Toscane, dont la capitale est Florence.
Chiffre 5 - couleur verte.
Caractère : intuition, générosité, adaptabilité, idéalisme.

Trifina

Ce prénom typiquement breton est lié à une légende : fille du comte de Vannes au Ve siècle, Trifina épousa Conomor, « Barbe-Bleue » veuf de quatre épouses disparues dans des conditions étranges. Il assassine Trifina, qui est ressuscitée par saint Gildas. Trifina retourne chez son père et l'époux meurtrier est traduit en justice.
Fête le 21 juillet.
Chiffre 1 - couleur bleue.
Caractère : autorité, volonté, ambition, intelligence.

Trinidad

Comme de nombreux prénoms féminins espagnols, Trinidad a une connotation religieuse. Il fait référence à la Sainte Trinité. Son diminutif Trini est mixte.
Origine espagnole, signifie « trinité ».
Chiffre 2 - couleur bleue.
Caractère : ambition, détermination, travail, rigueur.
Anglo-américain : Trinity.
Diminutif : Trini.

U

Ulphie

Ce prénom est la forme féminine d'Ulphe, vieux prénom germanique complètement tombé dans l'oubli.
Origine germanique, signifie « louve ».
Chiffre 8 - couleur rouge.
Fête le 31 janvier.
Sainte Ulphe fut ermite près d'Amiens au VIIIe siècle.
Caractère : conscience professionnelle, travail, tradition, sens des responsabilités.
Autre orthographe : Ulfie.

Uranie

Ce prénom est celui de la Muse de l'Astronomie dans la mythologie grecque.
Origine grecque, signifie « qui vient du ciel ».
Chiffre 5 - couleur bleue.
Fête le 10 novembre
Sainte Nymphe, martyre au IIIe siècle en Turquie, est sa patronne.
Caractère : sensibilité, imagination, créativité, fantaisie.
Anglo-saxon : Urania.

Urielle

Uriel est le nom d'un archange de l'armée céleste.
Origine hébraïque, signifie « Dieu est léger ».
Chiffre 1 - couleur rouge.
Fête le 1er octobre.
Sainte Urielle, sœur de Judikaël, roi de Domnonée au VIe siècle, consacra sa vie à la prière.
Caractère : franchise, loyauté, autorité, ambition.

Ursane

Ce prénom est une forme composée d'Ursule et d'Anne.
Origine latine, signifie « ourse ».
Chiffre 6 - couleur bleue.
Fête le 21 octobre.
Sainte Ursule, victime de la barbarie des Huns au IIIe siècle en Allemagne, est sa patronne.
Caractère : calme, persévérance, tradition, affectivité.

Ursule

Origine latine, signifie « ourse ».
Chiffre 3 - couleur bleue.
Fête le 21 octobre.
Sainte Ursule, jeune fille de la noblesse anglaise, mourut assassinée par les Huns, près de Cologne, au IIIe siècle, avec 11 000 autres vierges. Un ordre religieux fut fondé par Angèle Mérici en 1530 sous sa protection : les sœurs portent le nom d'ursulines.
Caractère : calme, persévérance, tradition, affectivité.
Anglo-saxon, espagnol, italien : Ursula.
Basque : Urtsola.
Corse : Orsula.

Valentine

Cette forme féminine de Valentin est en vogue depuis les années 1980.
Origine latine, signifie « vaillante ».
Chiffre 3 - couleur bleue.
Fête le 25 juillet.
Sainte Valentine, chrétienne en Palestine au IVe siècle, est martyrisée pour avoir saccagé un temple païen.
Caractère : enthousiasme, dynamisme, vivacité, éclectisme.
Anglo-saxon, espagnol, italien, russe : Valentina.

Valérie

Ce prénom classique est le féminin de Valère.
Origine latine, signifie « valeureuse ».
Chiffre 9 - couleur bleue.
Fête le 28 avril.
Sainte Valérie, chrétienne milanaise du IIe siècle, refuse de participer à une fête païenne. Elle est mise à mort.
Caractère : courage, travail, sensibilité, fidélité.
Variante : Valériane.
Provençal : Valori.

Vanessa

Elle connut le succès dans les années 1980.
Origine latine, du nom d'un papillon diurne.
Chiffre 9 - couleur bleue.
Caractère : douceur, ordre, tradition, rêverie.

Vashti

Ce prénom fut porté par la femme du roi de Perse Assuérus.
Origine persane, signifie « jolie ».
Chiffre 7 - couleur orange.
Caractère : réflexion, étude, spiritualité, altruisme.

Véïa

Ce prénom est une forme féminine bretonne d'Hervé.
Origine celte, signifie « forte » et « ardente ».
Chiffre 1 - couleur verte.
Fête le 17 juin.
Saint Hervé, fils de barde en Bretagne au VIe siècle et aveugle de naissance, fonda plusieurs monastères.
Caractère : énergie, volonté, intelligence, ambition.
Diminutifs : Veïg, Veilana.

Velma

La forme diminutive de Guglielmina, Guillemette en italien.
Origine germanique, signifie « volonté » et « protection ».
Chiffre 3 - couleur verte.
Fête le 10 janvier.
Saint Guillaume, archevêque de Bourges au XIIIe siècle, consacra sa vie aux prisonniers, aux ivrognes et aux débauchés.
Caractère : charme, imagination, créativité, sociabilité.
Variante : Vilma.

Vénus

Vénus est dans la mythologie romaine la déesse de la Beauté et de l'Amour. Ce prénom en vogue dans les pays anglo-saxons du XVIIIe au XIXe siècle est devenu rare.
Chiffre 9 - couleur rouge.
Caractère : sensibilité, harmonie, affectivité, charme.

Véra

Origine slave, signifie « foi ».
Chiffre 1 - couleur bleue.
Fête le 18 septembre.
Sainte Véra, fille de sainte Sophie, est martyrisée avec sa mère et ses sœurs Nadège et Liubba en Asie Mineure au IIe siècle.

Caractère : volonté, travail, perfectionnisme, exigence.
Variante : Veroscha.

Véronique

Après une longue période de succès entre 1950 et 1970, Véronique a cédé la place à Bérénice, qui a la même étymologie.
Origine grecque, signifie « porteuse de victoire ».
Chiffre 9 - couleur bleue.
Fête le 4 février.
Sainte Véronique, jeune lingère de Jérusalem, compatit au sort de Jésus et l'accompagne au Calvaire. Elle essuie son visage avec son voile ; ses traits restent imprimés sur l'étoffe.
Caractère : fierté, exigence, vivacité, franchise.
Anglo-saxon, espagnol, italien : Veronica.
Basque : Beronica.
Provençal : Verounico.

Vickie

Ce prénom est un diminutif de Victoire.
Origine latine, signifie « victoire ».
Chiffre 5 - couleur verte.
Fête le 15 novembre.
Sainte Victoire, chrétienne en Afrique du Nord au IVe siècle, est martyrisée avec ses compagnes de prière.
Caractère : indépendance, voyages, goût de l'aventure, adaptabilité.

Victoire

Ce féminin de Victor est un des prénoms favoris des années 1990.
Origine latine, signifie « victoire ».
Chiffre 2 - couleur verte.
Fête le 15 novembre.
Sainte Victoire, chrétienne en Afrique du Nord au IVe siècle, se réunit avec ses amies pour prier. Elles sont mises à mort.
Caractère : volonté, travail, courage, affectivité.
Variante : Victorine.
Anglo-saxon, espagnol : Victoria.
Italien : Vittoria.
Provençal : Vitori.

Victoria

La forme anglo-saxonne de Victoire, rendue célèbre par la reine Victoria d'Angleterre au XIXe siècle.
Origine latine, signifie « victoire ».
Chiffre 7 - couleur verte.
Fête le 17 novembre.
Sainte Victoria est dénoncée et martyrisée quelques jours après son baptême à Cordoue, en Andalousie, au IVe siècle.
Caractère : calme, réflexion, affectivité, réserve.

Vinciane

Ce prénom est la forme féminine de Vincent.
Origine latine, signifie « vaincre ».
Chiffre 5 - couleur bleue.
Fête le 11 septembre.
Sainte Vinciane, sœur de saint Landoald, missionnaire en Hollande au VIIe siècle, accompagne son frère dans tous ses voyages et le seconde dans sa tâche.
Caractère : intuition, volonté, curiosité, ambition.
Variante : Vincienne.
Anglo-saxon : Vincentia.

Violaine

Ce prénom est une variante de Violette.
Origine latine, signifie « violette ».
Chiffre 6 - couleur violette.
Fête le 5 octobre.
Sainte Fleur, religieuse dans le Quercy au XIVe siècle, est sa patronne.
Caractère : optimisme, éloquence, épicurisme, habileté.

Violette

A connu un court succès au début du XXe siècle, dans le sillage de Rose et de Marguerite.
Origine latine, signifie « violette ».
Chiffre 9 - couleur violette.
Fête le 5 octobre.
Sainte Fleur, religieuse dans le Quercy, est sa patronne.
Caractère : idéalisme, sensibilité, dévouement, collaboration.
Anglo-saxon : Violet.
Espagnol : Violeta. Italien : Violetta.

Virginie

Virginie fut de la génération de Véronique.
Origine latine, signifie « vierge ».
Chiffre 3 - couleur violette.
Fête le 7 janvier.
Sainte Virginie, jeune Génoise du XVIe siècle, recueille les indigents, les nourrit, les éduque dans sa propre maison après son veuvage.
Caractère : féminité, imagination, rêverie, douceur.
Anglo-saxon, espagnol, italien : Virginia.

Viridiana

Origine latine, signifie « verdure ».
Chiffre 7 - couleur verte.
Fête le 1er février.
Sainte Viridiana, née en Toscane au XIIIe siècle, passe trente ans de sa vie enfermée dans une cellule, complètement solitaire.
Caractère : travail, courage, ambition, réalisme.

Viviane

Ce prénom est illustré par la fée Viviane, qui, dans la légende bretonne, retint l'enchanteur Merlin prisonnier dans la forêt de Brocéliande.
Origine latine, signifie « vivante ».
Chiffre 1 - couleur rouge.
Fête le 2 décembre.
Sainte Viviane, fille d'un chrétien préfet de Rome châtié pour sa croyance, refuse d'abjurer ; elle est martyrisée elle aussi.
Caractère : douceur, féminité, énergie, exigence.
Variante : Vivienne.

Wallis

Ce prénom est la forme féminine de Wallace.
Origine galloise, signifie « originaire du pays de Galles ».
Chiffre 4 - couleur jaune.
Caractère : sensibilité, éclectisme, épicurisme, charme.

Waltrade

Waltrade fut la sixième femme de Clotaire Ier au VIe siècle.
Origine germanique, signifie « volonté et fidélité ».
Chiffre 3 - couleur bleue.
Caractère : communication, éloquence, charisme, sens artistique.

Wendy

Ce prénom est issu de la littérature anglo-saxonne ; Wendy est l'héroïne de Peter Pan, l'œuvre de James Barrie.
Chiffre 8 - couleur jaune.
Caractère : passion, détermination, indépendance, activité.

Whitney

Ce prénom fut mixte jusqu'à la moitié du XXe siècle ; il est majoritairement féminin depuis lors.
Origine anglaise, signifie « île blanche ».
Chiffre 9 - couleur bleue.

Caractère : charme, sensibilité, séduction, intuition.

Wilhelmine

La forme germanique de Guillemette.
Origine germanique, signifie « volonté » et « protection ».
Chiffre 2 - couleur verte.
Fête le 10 janvier.
Saint Guillaume, archevêque de Bourges au XIIIe siècle, consacra sa vie au service des pauvres, des malades, des débauchés.
Caractère : activité, volonté, altruisme, affectivité.
Diminutifs : Mina, Minnie, Wilma.

Wilma

Un diminutif de Wilhelmine.
Origine germanique, signifie « volonté » et « protection ».
Chiffre 4 - couleur verte.
Fête le 10 janvier.
Saint Guillaume, archevêque de Bourges au XIIIe siècle, consacra sa vie au service des pauvres, des malades, des débauchés.
Caractère : réserve, intuition, volonté, autorité.
Variante : Vilma.

Winifrid

Une des formes de Gwenvred.
Origine celte, signifie « pensée sacrée ».
Chiffre 6 - couleur bleue.
Fête le 22 juin.
Sainte Gwenfrewi, vierge galloise du VIe siècle, est décapitée par un prince dont elle refuse les avances.
Caractère : affectivité, générosité, sens des responsabilités, équilibre.

Winona

Ce prénom est en vogue aux États-Unis depuis les années 1990.
Origine peau-rouge, signifie « fille aînée ».
Chiffre 4 - couleur verte.
Caractère : sensibilité, imagination, épicurisme, charisme.

Wivine

Origine germanique, signifie « amie de la forêt ».
Chiffre 1 - couleur verte.
Fête le 17 décembre.
Sainte Wivine fonda un monastère en Lorraine au début du XIIe siècle avec les fonds qu'elle alla recueillir auprès des notables de la région.
Caractère : curiosité, opportunisme, énergie, goût de l'aventure.

Xavière

La forme féminine de Xavier.
Origine basque, signifie « maison neuve ».
Chiffre 3 - couleur jaune.
Fête le 3 décembre.
Saint François-Xavier fut le disciple de saint Ignace de Loyola, avec qui il fonda la Compagnie de Jésus ; il fut missionnaire en Chine et au Japon, où il mourut.
Caractère : dynamisme, enthousiasme, vivacité, activité.
Variante : Xaviera.

Xénia

Ce prénom est la forme slave d'Eugénie.
Origine grecque, signifie « bien née ».
Chiffre 8 - couleur orange.
Fête le 24 janvier.
Sainte Xénia, épouse à Saint-Pétersbourg au début du XIXe siècle à la cour de l'empereur Alexandre III, d'un libertin notoire, entre au couvent à la mort de son mari pour prier pour le repos de son âme.
Caractère : sensibilité, force de caractère, esthétisme, rigueur.

Xytilise

Ce prénom est une forme rare dérivée d'Élisabeth.
Origine hébraïque, signifie « Dieu est plénitude ».
Chiffre 6 - couleur orange.
Fête le 17 novembre.
Sainte Élisabeth est, dans la Bible, l'épouse de Zacharie et la cousine de Marie. Elle déplore sa stérilité et lorsque la naissance prochaine d'un fils lui est annoncée malgré son grand âge, elle rend grâce à Dieu. Jean le Baptiste naît quelques mois plus tard.
Caractère : élégance, sensibibité, ténacité, courage.

Yasmina

Origine arabe, signifie « jasmin ».
Chiffre 5 - couleur blanche.
Fête le 5 octobre.
Sainte Fleur, religieuse dans le Quercy au XIVe siècle, est sa patronne.
Caractère : sensibilité, créativité, imagination, épicurisme.
Variantes : Jasmine, Yasmine.

Yolande

Ce prénom médiéval a toujours été rare.
Origine latine, signifie « violette ».
Chiffre 4 - couleur jaune.
Fête le 11 juin.
Sainte Yolande, fille du roi de Hongrie, femme du roi Boleslas le Pieux, se retire au couvent chez les clarisses avec la plus jeune de ses filles, à Poznan, au XIIIe siècle.
Caractère : discrétion, émotivité, perfectionnisme, rigueur.
Basque : Jolenda. Espagnol : Yola, Yolanda.
Provençal : Ioulando.

Yona

Mixte à l'origine, dans la Bible, ce prénom est dorénavant exclusivement féminin.
Origine hébraïque, signifie « colombe ».
Chiffre 1 - couleur rouge.
Caractère : indépendance, réflexion, volonté, étude.

Youna

Une forme dérivée d'Yves.
Origine celte, signifie « if ».
Chiffre 4 - couleur verte.
Fête le 19 mai.
Saint Yves, prêtre et avocat au XIIIe siècle, est l'un des saints protecteurs de la Bretagne.
Caractère : travail, rigueur, sens de l'organisation, stabilité.
Variante : Younen.

Y

Yseult

Ce prénom médiéval fait partie
de la légende de Tristan et Yseult.
Origine celte, signifie « belle ».
Chiffre 5 - couleur bleue.
Fête le 22 février.
Sainte Isabelle, sœur de Saint Louis, moniale à Longchamp, est sa patronne.
Caractère : communication, charme, altruisme, exigence.
Autres orthographes : Iseult, Iseut, Yseut.
Variantes : Isolde, Zolda.

Yvette

Ce prénom est une forme féminine d'Yves un peu désuète aujourd'hui.
Origine celtique, signifie « if ».
Chiffre 7 - couleur bleue.
Fête le 13 janvier.
Sainte Yvette, veuve à 18 ans, consacre sa vie à soigner les lépreux.
Caractère : activité, dynamisme, perfectionnisme, charme.
Breton : Erwana, Erwane, Youna.

Yvonne

Ce prénom est la forme féminine d'Yvon.
Origine celte, signifie « if ».
Chiffre 5 - couleur bleue.
Fête le 19 mai.
Saint Yves Hélouri, avocat au XIIIe siècle, est son patron.
Caractère : indépendance, dynamisme, curiosité, vivacité.

Zahra

Origine arabe, signifie « blanche ».
Chiffre 9 - couleur rouge.
Caractère : spiritualité, altruisme, rêverie, générosité.

Zaïde

Origine arabe, signifie « grâce ».
Chiffre 9 - couleur rouge.
Fête le 21 août.
Zaïda, fille de l'émir de Valence, en Espagne, au XIIe siècle, se convertit en cachette de son père et prend le nom de Grace. Dénoncée, elle est arrêtée ; elle refuse d'abjurer : elle est décapitée.
Caractère : énergie, volonté, charisme, autorité.
Espagnol : Zaïda.

Zelda

Ce prénom est une forme dérivée de Zita.
Origine grecque, de la sixième lettre de l'alphabet grec (zêta).
Chiffre 3 - couleur bleue.
Fête le 27 avril.
Sainte Zita est sa patronne.
Caractère : énergie, travail, négociation, sociabilité.

Zélie

Une variante de Solène.
Origine latine, signifie « annuelle ».
Chiffre 3 - couleur verte.
Fête le 25 septembre.
Saint Solène fut évêque de Chartres au Ve siècle et conseiller de Clovis.
Caractère : secret, esprit d'analyse, réflexion, sérieux.
Variante : Zéline.

Zénaïde

Le féminin de Zénas.
Origine grecque, signifie « cadeau de Zeus ».
Chiffre 1 - couleur verte.
Fête le 11 octobre.
Sainte Zénaïde, convertie par saint Paul en Asie Mineure au Ier siècle, se retire du monde et consacre sa vie à soigner les malades.
Caractère : intuition, rapidité, détermination, finesse.
Espagnol : Zenaïda.

Zénobie

Origine grecque, signifie « pouvoir de Zeus ».
Chiffre 4 - couleur verte.
Fête le 10 novembre.
Sainte Nymphe, martyre au IIe siècle à Nicée, est sa patronne.
Caractère : travail, détermination, rigueur, volonté.

Zilpa

Dans la Bible, Zilpa est la mère de deux fils de Jacob, Gad et Asher, à l'origine de deux tribus d'Israël.
Origine hébraïque, signifie « qui coule ».
Chiffre 1 - couleur verte.
Caractère : énergie, autorité, indépendance, charisme.

Zita

Origine grecque, de la sixième lettre de l'alphabet grec (zêta).
Chiffre 2 - couleur jaune.
Fête le 27 avril.
Sainte Zita, employée de maison chez un tisseur de laine au XIIIe siècle, travaille très dur, fait l'aumône ; devenue gouvernante des enfants de la maison, elle consacre plus de temps aux pauvres, aux malades, aux prisonniers.
Caractère : sensibilité, indépendance, écoute, altruisme.

Zoé

Origine grecque, signifie « vie ».
Chiffre 1 - couleur bleue.
Fête le 2 mai.

Z

Sainte Zoé, esclave chez un citoyen romain, en Turquie au IIe siècle, avec son mari et ses deux fils, est brûlée vive avec sa famille parce qu'elle refuse d'abjurer.
Caractère : indépendance, ambition, affectivité, rigueur.

Zolda

Ce prénom est un dérivé d'Isabelle.
Origine hébraïque, signifie « Dieu est plénitude ».
Chiffre 4 - couleur jaune.
Fête le 22 février.
Sainte Isabelle, sœur de Saint Louis, refuse d'épouser le fils de l'empereur Frédéric II, et fonde un monastère de clarisses à Longchamp, près de Paris.
Caractère : féminité, sensibilité, générosité, idéalisme.

Zoubida

Ce prénom fut porté par une reine d'Arabie au VIIIe siècle.
Ce prénom est une variante de Zbéïda.
Orgine arabe, signifie « cadeau ».
Chiffre 6 - couleur rouge.
Caractère : émotivité, activité, indépendance, harmonie.

Certains prénoms de consonances très différentes ont la même signification selon l'étymologie.

En voici quelques exemples

• Aurore

- *Aurore* pour les Latins.
- *Dawn* pour les Anglais.
- *Anatole* pour les Grecs.

• Blonde

- *Flavie, Fulvie* pour les Latins.
- *Fiona* pour les Celtes.

• Blanc, blanche

- *Alban, Albane, Albin, Albine* pour l'étymologie latine « albus ».
- *Canut, Knut* pour les Scandinaves.
- *Gwenn, Alwena, Guenièvre, Jennifer* pour les formes celtes.
- *Laban* pour la forme hébraïque.
- *Zahra* pour la langue arabe.

• Clair

- *Clair, Claire, Clarisse, Clarence, Clara, Chiara* pour les Latins.

• Colombe

- *Colman, Colomban, Colombe, Colombine* pour les Celtes.
- *Yona* pour la forme hébraïque.
- *Koulm* pour la forme arabe.

• Dieu

- *Théodore, Théodora, Théophile, Théotime, Théoxane, Dionne, Dorella, Dorine, Dorothée, Dorian, Doriane* selon l'étymologie grecque.

• Glorieux combattant

- *Clovis, Ludovic, Louis, Louise, Lou, Aloys, Héloïse* selon l'étymologie germanique.

• Étoile

Esther, Estelle, Sterenn.

• Laurier

Laura, Laure, Laurène, Laurent, Laurence, Laurie, Laurine.

• Lumière

- *Luc, Luce et Lucette, Lucas, Lucie et Lucile* pour l'étymologie latine.
- *Noor, Nour, Noura* pour les Arabes.

• Maison

- *Aymar, Aymeric, Emmeline, Henri* pour les Germaniques.

• Maure

Amaury, Maurice, Maurane, Maureen selon l'étymologie latine.

• Noble

- *Adèle, Adélaïde, Adeline, Aldo, Alda, Alice, Aline, Alix, Alisson* d'après l'origine germanique.

• Victoire

Victor, Victoria, Victoire, Nicolas, Colin, Colette, Coline, Nicole selon l'étymologie grecque.

Index

Index

Les prénoms indiqués en capitales sont développés dans ce livre

Index

Index

C

Index

Index

Index

G

I

J

M

N

P

Notes

Notes

ISBN : 978-2-501-04945-0
NUART : 40 9878 6 - Édition 01
Dépôt légal : 80848 - juin 2007
Imprimé en Espagne par Estella Graficas